新时代中国国有企业治理体系和治理能力现代化研究

Study on Modernization of Governance System and Governance Capacity of Chinese State-owned Enterprises

卢 俊◎著

经济管理出版社
ECONOMY & MANAGEMENT PUBLISHING HOUSE

图书在版编目（CIP）数据

新时代中国国有企业治理体系和治理能力现代化研究/卢俊著．—北京：经济管理出版社，2019.12
ISBN 978－7－5096－6958－7

Ⅰ.①新…　Ⅱ.①卢…　Ⅲ.①国有企业—企业管理—研究—中国　Ⅳ.①F279.241

中国版本图书馆 CIP 数据核字(2019)第 287840 号

组稿编辑：梁植睿
责任编辑：梁植睿
责任印制：黄章平
责任校对：张晓燕

出版发行：经济管理出版社
（北京市海淀区北蜂窝 8 号中雅大厦 A 座 11 层　100038）
网　　址：www. E－mp. com. cn
电　　话：（010）51915602
印　　刷：三河市延风印装有限公司
经　　销：新华书店
开　　本：787mm×1092mm/16
印　　张：19.75
字　　数：456 千字
版　　次：2019 年 12 月第 1 版　　2019 年 12 月第 1 次印刷
书　　号：ISBN 978－7－5096－6958－7
定　　价：78.00 元

序

当代中国正经历着我国历史上最为广泛而深刻的社会变革，正进行着人类历史上最为宏大而独特的实践创新。这种前无古人的伟大实践，必将为理论创造、学术繁荣提供强大动力和广阔空间。关于目前的国有企业改革，有为之欢呼鼓舞的、有为之冷静解析的、有为之推演路径的，也有为之担心焦虑的。观点、观念不尽相同，但无论何种，均为国有企业改革发展带来积极建树和建设性作用。

卢俊同志的新书《新时代中国国有企业治理体系和治理能力现代化研究》即将出版。该书从理论归纳到实践铺展，无不是基于作者长期从事国有企业改革实践和研究的深厚积淀和独特思考，无不是作者对国企改革发展拳拳之心的真实写照和全面呈现。可以说本书是作者献给新时代的一份厚礼，为我们提供了新时代中国特色社会主义国有企业改革的大智慧和新思路，值得郑重推荐给大家！

从选题看，卢俊同志从治理体系和治理能力现代化视角出发研究国有企业治理创新是当前国有企业改革的热点和方向。当前国有企业的公司治理还普遍存在着有名无实的形式主义问题。有些国有企业虽然建立了股东会、董事会和监事会，但这些机构很难发挥实质性的积极作用，存在着运转不畅、制衡失灵的老大难问题；有些国有企业“一把手”“一言堂”现象严重，决策机制不规范；有些国有企业的官本位现象严重，锐意进取、开拓创新、勇于担当的企业家精神匮乏；有些国有企业的内部管理人员能上不能下、员工能进不能出、收入能增不能减；有些国有企业既缺乏长效激励机制，也缺乏长效约束机制；有些国有企业决策程序不规范，缺乏经营投资责任追究制度；有些国有企业财务和经营等重大信息不透明。

破解国有企业公司治理有名无实的形式主义问题，推进国有企业治理创新，需要与治理体系和治理能力现代化视角相结合。党的十八届三中全会通过的《中共中央关于全面深化改革若干重大问题的决定》确定了我国全面深化改革的总体目标是：“完善和发展中国特色社会主义制度，推进国家治理体系和治理能力现代化。”推进国家治理体系和治理能力现代化，必须完善社会主义市场经济体制，其核心就是处理好政府和市场的关系，坚决破除制约市场在资源配置中起决定性作用、更好地发挥政府作用的体制机制弊端。国有企业作为市场经济的重要参与者，其治理创新是社会主义市场经济体制改革的重要环节，是进一步理顺政府与市场关系，推动实现更高质量、更有效率、更加公平、更可持续发展的关键。因此，将治理体系和治理能力现代化与国有企业治理创新结合起来，从治理体系和治理能力现代化视角出发研究国有企业治理创新问题是实现国家治理体系和治理能力现代化的必然要求，是当前研究国有企业改革的重要课题。

卢俊同志的选题正是基于上述考虑，以治理体系和治理能力现代化为视角，在结构严密的逻辑框架中，用层层剥茧、娓娓道来的方式对新时代国有企业治理创新进行深入研究。我们可以从中挖掘出诸多值得我们学习借鉴的新思维、新观点。例如，通过横向国际比较的方法，对国外具有代表性的国有企业治理模式、治理结构和发展趋势进行分析，为我国国有企业改革总结经验和教训。通过对中国国有企业治理发展历程的分析，科学地揭示出中国国有企业治理模式呈现出从行政型治理模式向经济型治理模式演化的特征。针对当前国有企业存在的问题，从治理结构、执行效率、监督机制等方面构建国有企业治理体系和治理能力的现状及评价指标体系。分别从市场化、阳光化、法治化、国际化、全民化五个方面，勾勒了新时代推进国有企业治理体系和治理能力现代化的蓝图。

国有企业治理体系和治理能力现代化研究极具挑战性。对国内外有关国有企业改革、国有企业治理等浩如烟海的文献进行系统梳理本身就十分困难，更不用说还要从中归纳治理体系和治理能力现代化的思想溯源、理论内涵和实施路径，勾勒国有企业治理创新的新蓝图。这正印证了一句俗语："功夫不负有心人。"只要自己铁了心要做，就没有不成功的事。卢俊同志站位正确，勤勉刻苦，在诸多前辈的"肩上"闯出一片新天地，作为博导的我感到非常满意，在专著即将付梓之际，借此序，我衷心地祝贺他，愿他的未来更加辉煌，前程更加光明。当然，此书并非十全十美，还存在着许多不足，希望读者不吝赐教。要知道，你们的宝贵建议恰是卢俊同志前进的动力与方向。

新时代，新作为，目前所要做的不是从过去的辉煌和成功中寻找慰藉，更不是躺在功劳簿上为回避困难和问题寻找借口，而是总结历史经验，把握历史规律，增强开拓前进的勇气和力量。

是为序！

陈淮

2019 年 10 月 16 日

目　录

第1章　绪论

党的十八届三中全会通过的《中共中央关于全面深化改革若干重大问题的决定》和党的十九大报告明确提出，全面深化改革的总目标是完善和发展中国特色社会主义制度，推进国家治理体系和治理能力现代化。党的十九届四中全会审议通过的《中共中央关于坚持和完善中国特色社会主义制度、推进国家治理体系和治理能力现代化若干重大问题的决定》明确提出，中国特色社会主义制度是党和人民在长期实践探索中形成的科学制度体系，我国国家治理一切工作和活动都依照中国特色社会主义制度展开，我国国家治理体系和治理能力是中国特色社会主义制度及其执行能力的集中体现。坚持和完善中国特色社会主义制度、推进国家治理体系和治理能力现代化，是全党的一项重大战略任务。国有企业深化改革是经济体制改革的重要组成部分，国有企业治理是国家治理的重要一环。“明者因时而变，知者随事而制。”在新时代，我们党要统揽伟大斗志、伟大工程、伟大梦想，加快推进国家治理体系和治理能力现代化，努力形成更加成熟、更加定型的中国特色社会主义制度，就必须将推进国有企业治理体系和治理能力现代化作为全面深化国有企业改革的重要目标。

本书试图用现代经济理论和经济哲学，秉持历史与现实、中国与世界、理论与实践相统一的理念，以治理体系和治理能力现代化为视角，对新时代国有企业治理体系和治理能力现代化进行深入研究。

1.1　选题背景和研究价值

1.1.1　选题背景

历史车轮滚滚向前，时代潮流浩浩荡荡。当今世界正面临百年未有之大变局，国与国的竞争日益激烈，归根结底是国家制度的竞争。党的十八大以来，改革开放和社会主义现代化建设取得了历史性成就，我国发展站到了新的历史起点上，中国特色社会主义进入新的发展阶段。站在新的历史起点，面对复杂多变的国际形势、艰巨繁重的发展稳定任务，必须统筹推进“五位一体”总体布局，协调推进“四个全面”战略布局，全面深化改革，保持经济平稳健康发展；必须着力于社会主要矛盾的变化，构建新时代的宏伟蓝图，加快推进国家治理体系和治理能力现代化，努力形成更加成熟、更加定型的中国特色社会主义制度。

天下大治，是古往今来无数治国者孜孜以求的理想，也是中国共产党带领中国人民矢志不渝的追寻。国家治理体系和治理能力是一个国家制度和制度执行能力的集中体现。国家治理体系是在党的领导下管理国家的制度体系，包括经济、政治、文化、社会、生态文明和党的建设等各领域体制机制、法律法规安排，是一整套紧密相连、相互协调的国家制度。国家治理体系和治理能力现代化是马克思主义国家学说与习近平新时代中国特色社会主义实践相结合的产物，是全面建成小康社会、建成富强民主文明和谐美丽的社会主义现代化强国的题中应有之义。

国有企业改革是中国经济体制改革的重要内容，经历了气势磅礴、跌宕起伏、不断创新的发展历程。在国有企业改革过程中产生的理论创新和实践创新为继续深化国有企业改革和发展中国特色社会主义奠定了坚实的基础，为世界范围内社会主义事业的发展提供了宝贵经验和重要借鉴。经过40多年的改革发展，国有企业改革取得了重大进展，基本已经与社会主义市场经济相融合，经营质量和经济效益显著提高，在激烈的市场竞争中诞生了一大批掌握核心竞争力的大型企业，有力地推动了社会经济的发展，促进了民生改善，开拓了国际市场，增强了综合国力。党的十九大指出，要完善各类国有资产管理体制，改革国有资本授权经营体制，加快国有经济布局优化、结构调整、战略性重组，促进国有资产保值增值，推动国有资本做强做优做大，有效防止国有资产流失。深化国有企业改革，发展混合所有制经济，培育具有全球竞争力的世界一流企业。在新的历史起点上，以习近平同志为核心的党中央对国有企业改革做出重大战略部署，吹响了建设社会主义新时代的号角，是对新时代国有企业改革发展的新号召、新期盼、新指引。[1]目前，国际竞争日趋激烈，国内经济面临转型升级的巨大挑战，国有企业在确保中国经济维持中高速增长、完善中国特色社会主义制度、实现中华民族伟大复兴中国梦的进程中担负着重大使命和责任。深入推进国有企业改革，坚持“四个全面”战略布局，以问题为导向，通过体制机制的创新破除阻碍国有企业发展的障碍，做强做优做大国有企业。

党的十九届四中全会聚焦国家治理现代化，开辟“中国之治”新境界，开启了新时代坚持和发展中国特色社会主义，推进国家治理体系和治理能力现代化的新征程。站在新的历史起点上，以习近平同志为核心的党中央将制度建设问题摆在更加突出的位置，强调推进国家治理体系和治理能力现代化建设，具有特别鲜明的时代特征和重大意义。坚持和完善社会主义基本经济制度，加快推进国资国企改革，完善国资监管体制，持续增强国有经济的竞争力、创新力、控制力、影响力、抗风险能力，做强做优做大国有资本，不断厚植中国特色社会主义物质基础和政治基础。坚持新发展理念，坚持以供给侧结构性改革为主线，坚持创新驱动发展，推动国有企业下更大的力气抓好科技创新，真正成为国家科技创新的主力军、排头兵；深入贯彻落实“两个一以贯之”要求，完善中国特色现代企业制度，为推动企业高质量发展、培育具有全球竞争力的世界一流企业提供坚实的制度保障；坚持以管资本为主加强国有资产监管，加快构建国资监管大格局，不断提升监管的系统性针对性有效性；深化国有资本授权经营体制改革，总结国有资本投资、运营公司改革试点成效，更好发挥国有资本投资、运营公司功能作用。坚持问题导向和实践导向，加强改革创新，推动制度更加健全完善，更加与中国特色社会主义实践发展相适应。深化国有企业改革，完善中国特色现代企业制度，着力推进混合所有制改革，探索公有制多种实现形式，促进国有企业转换机制、放大国有资本功能、国企民企合作共赢；着力完善公司法人治理结构，进一步理清各治理主体职责边界，配优做实董事会，对国有独资和控股参股企业分层分类管控，形成有效制衡的治理机制；着力健全市场化经营机制，推进市场化薪酬分配、选人用人制度，充分激发企业活力动力；着力抓好综合性改革，更好营造改革氛围，形成改革强大合力；着力加强党的领导党的建设，突出加强党的政治建设、干部队伍建设、党风廉政建设和反腐败工作，为企业深化改革提供坚强政治保证。

国有企业属于全民所有，是推进国家现代化、保障人民共同利益的重要力量，是我们党和国家事业发展的重要物质基础和政治基础。公司治理是国家治理的微观系统，国有企业治理是国家治理的重要内容，国有企业治理体系和治理能力现代化是国家治理体系和治理能力现代化的微观系统和重要内容。推进国有企业治理体系和治理能力现代化，是新时代全面深化改革的重要目标、深化国有企业改革的客观要求、做强做大做优国有企业的必然要求。

1.1.2　研究价值

在新时代推进国家治理体系和治理能力现代化的背景下，理论和实践相结合地系统梳理总结国有企业改革发展取得的历史性成就，深入研究国有企业改革重大问题，深入研究国有企业治理体系和治理能力现代化，是新时代深化国有企业改革的客观要求，具有重大的理论意义和实践价值。

1.1.2.1　推进国有企业治理体系和治理能力现代化是中央对国有企业的期待和要求，是实现“四个全面”战略布局的重要举措和努力方向

“鸦片战争”后中国沦为半殖民地半封建社会，如何在一个落后的农业国中探索出一条符合国情的工业化、现代化道路，成为每一位仁人志士关心的重大议题。每个国家的工业化、现代化必然带有本国的历史文化特点。以毛泽东同志为代表的党的第一代领导集体，始终把争取新民主主义革命胜利和实现中国的工业化紧密联系在一起，把中国由半殖民地半封建国家变为独立、自由、统一和富强的社会主义国家，由落后的农业国变为先进的工业国，作为宏伟的奋斗目标。早在 1949 年 1 月，毛泽东同志就说过：“中共二十八年，再加二十九年、三十年两年，完成全国革命任务，这是铲地基，花了三十年。但是起房子，这个任务要几十年工夫。”新中国成立之初，帝国主义国家对新生政权进行全面封锁，国民经济受到战争的严重破坏，缺乏重工业基础，国家面临的工业化任务非常繁重，但毛泽东同志就满怀信心地说：“一切事实都证明：我们的人民民主专政的制度，较之资本主义国家的政治制度具有极大的优越性。在这种制度的基础上，我国人民能够发挥其无穷无尽的力量。”中国共产党紧紧依靠人民群众，充分调动工人、农民和广大知识分子的积极因素，团结一切可以团结的力量，社会主义基本制度得以建立巩固并发展壮大。1952 年，中国共产党就开始把实现工业化作为党的重要历史任务，提出的过渡时期总路线把发展重工业作为重点，在今后相当长的时期内逐步实现社会主义工业化，以国有企业为主体

推进实施一大批重大项目，迅速实现社会主义工业化。1957 年，毛泽东同志提出，我国的社会主义制度还刚刚建立，还没有完全建成，还不完全巩固。1964 年，我们党正式提出了“实现农业、工业、国防和科学技术现代化”四个现代化的宏伟目标。经过近 30 年艰苦奋斗，我国拥有了“两弹一星”等国防重器，建立了独立完整的机械、冶金、石油、电力、交通、化工、航空航天等工业体系，极大地促进了我国的工业化，维护了国家安全和经济安全。

成熟定型的中国特色社会主义国家制度，进而实现国家治理体系和治理能力现代化，是第一个一百年奋斗目标的重要内容。制度在中国特色社会主义中的重要性，在改革开放之初就认识到并被一再提及。邓小平同志认为，制度建设是一场革命，要坚定不移地向前推进。为了保障人民民主，必须加强法制。必须使民主制度化、法律化，使这种制度和法律不因领导人的改变而改变，不因领导人看法和注意力的改变而改变。一国的领导制度、组织制度是具有根本性、全局性、稳定性和长期性的问题。在 1992 年的南方谈话中，邓小平同志提出，到 2012 年中国将建立一整完整、成熟、定型的制度体系，相应的各项方针、政策也将更定型化。改革开放以来，中国共产党确立了社会主义初级阶段基本经济制度，强调在所有制领域坚持以公有制为主体、多种所有制经济共同发展，公有制为主体成为社会主义市场经济与资本主义市场经济最本质的区别。邓小平同志指出，我们学习了外国的技术，利用外资，是为了搞好社会主义建设，而不能离开社会主义道路。我们要发展社会主义生产力，发展社会主义公有制，增加全民所得。国有企业发挥资本密集、技术密集的优势，以服务国家战略为目标，实现信息化和工业化的整合融合，在信息、国防、汽车、高铁、能源、冶金、装备制造等领域取得了令人瞩目的成绩，高铁、特高压输电、核电、智能电网已经成为中国的“名片”。在 2010 年，我国超越美国成为全球第一制造业大国，工业品产量居世界第一位，这一地位不断得到加强，越来越难以被撼动。改革开放取得举世瞩目的伟大成就，离不开国有企业在工业化、现代化方面所做的贡献。

党的十八大以来，以习近平同志为核心的党中央从坚持和发展中国特色社会主义全局出发，提出并形成了“四个全面”的战略布局，确立了当前和今后一个时期党和国家各项工作的战略方向、重点领域和主攻目标，开辟了我们党治国理政的新境界。国有企业是全面建成小康社会的重要力量，搞好国有企业事关“四个全面”战略布局的顺利推进，事关我国经济社会持续健康发展，事关中华民族伟大复兴中国梦的实现。习近平总书记多次指出，国有企业特别是中央管理企业，在关系国家安全和国民经济命脉的主要行业和关键领域占据支配地位，是推进国家现代化的重要力量。国有企业治理体系和治理能力现代化是国家治理体系和治理能力现代化的微观系统和重要内容。国有企业治理体系和治理能力现代化是实现“四个全面”战略布局的重要举措和努力方向，是我国政治、经济、文化、生态体制治理体系和治理能力现代化的重要环节。

习近平总书记强调，新中国成立 70 年来，我们党领导人民不断探索实践，逐步形成了中国特色社会主义国家制度和法律制度，为当代中国发展进步提供了根本保障，也为新时代推进国家制度和法律制度建设提供了重要经验。我们要在坚持好、巩固好已经建立起来并经过实践检验的根本制度、基本制度、重要制度的前提下，坚持从我国国情出发，继续加强制度创新，加快建立健全国家治理急需的制度、满足人民日益增长的美好生活需要必备的制度。要及时总结实践中的好经验好做法，成熟的经验和做法可以上升为制度、转化为法律。我们要积极吸收借鉴人类制度文明有益成果，但决不能动摇或放弃我国制度的根基。

党的十九大报告明确提出，“从二〇二〇年到本世纪中叶可以分两个阶段来安排。第一个阶段，从二〇二〇年到二〇三五年……各方面制度更加完善，国家治理体系和治理能力现代化基本实现……第二个阶段，从二〇三五年到本世纪中叶……实现国家治理体系和治理能力现代化……”根据党的十九大的构思和部署，到21世纪中叶，国有企业治理方面将会形成一套成熟、完备、稳定、有效、定型的制度体系，实现国有企业治理体系和治理能力的现代化。国有企业应当顺应市场化、国际化的趋势，以规范决策程序、实现国有资产保值增值、提升企业运营效率、提高企业活力、积极履行社会责任为重点，深化国有企业治理体系和治理能力改革，建立健全协调运转、有效制衡、互相监督的法人治理结构。

刚刚闭幕的党的十九届四中全会审议通过了《中共中央关于坚持和完善中国特色社会主义制度、推进国家治理体系和治理能力现代化若干重大问题的决定》。要大力推进国有企业治理体系和治理能力现代化，自觉从坚持和完善社会主义基本经济制度的大局出发，加快推进国资国企改革，完善国资监管体制，持续增强国有经济的竞争力、创新力、控制力、影响力、抗风险能力，做强做优做大国有资本。要深入贯彻落实“两个一以贯之”要求，完善中国特色现代企业制度，为培育具有全球竞争力的世界一流企业提供坚实的制度保障。要践行新发展理念，推动国有企业高质量发展，不断厚植中国特色社会主义物质基础和政治基础，为坚持和完善中国特色社会主义制度、推进国家治理体系和治理能力现代化作出国有企业应有的贡献。

1.1.2.2 推进国有企业治理体系和治理能力现代化是顺应时代发展趋势，做强做大做优国有企业的必然要求，有利于进一步提升国有企业治理能力

当前，中国处于现代化和全球化的双重进程之中，世界政治、经济正在经历一场有史以来最大的变革，经济全球化的深入推进和互联网经济的发展使企业面临的经营环境日益复杂多变，所有企业将会被卷入这场变革之中，不可能独善其身。新的阶段性特征需要企业经营者采取新的思维方式。由于企业所处的环境是一个复杂、动态、非线性的体系，因此企业的经营行为也是动态性、复杂性、非线性、概率性的体系。面对如此大的挑战，企业必须进行深入的组织变革，重塑治理架构，推动战略转型，创新商业模式。2008年全球金融危机的爆发暴露出现代公司治理模式存在内生缺陷，既对公司治理构成了巨大挑战，又提供了完善公司治理体系的历史性机遇，促使有识之士认真思考公司治理创新问题及变革方向。

中国经济已经进入新常态阶段，增长速度由高速向中高速转变，更加强调增长的高效率，实现经济增长的转型升级迫切需要实现国有企业治理体系和治理能力的现代化。新常态下经济增速放缓，一方面是由于需求不足，另一方面是由于需求结构正在发生深刻变化，社会需求日益多样化、高端化、服务化，而受传统体制束缚的供给不能满足需求结构

的变化，导致供需之间出现结构性错配和扭曲。旧的增长模式导致投资效率低下，债务杠杆上升，金融风险加大，难以从根本上扭转经济持续下行的趋势。在这一背景下，中国开始推进供给侧结构性改革，供给侧改革成为本轮经济转型升级的主线。从更长期看，推进供给侧改革，推动新一轮经济转型，提高经济增长的质量和效益，根本在于经济增长从要素驱动转向创新驱动，推动产业迈向中高端水平。

当前，新一轮科技革命和产业变革与中国经济进入新常态形成历史性交汇，为增强创新对经济增长的驱动力提供了重要的时间窗口。要深化国有企业改革，推动以管企业为主转向以管资本为主，增强国有资本流动性，推动以市场为导向的企业兼并重组，鼓励发展混合所有制经济，盘活存量资产，促进生产要素由低效率企业向高效率企业流动。促进产业政策从特惠向普惠转型，建立和完善公平竞争的市场环境，强化企业创新主体地位和主导作用，形成一批有国际竞争力的创新型领军企业。顺应国家发展的战略部署和要求，理顺国有企业改革重点，完善国有企业的治理制度，健全国有企业治理体系，提高国有企业治理水平并加快现代化进程，是在当前我国全面深化改革趋势下国有企业改革亟须解决的重要问题。因此，在我国经济新常态和全面深化改革背景下，推进国有企业治理体系和治理能力现代化势在必行。

1.1.2.3　推进国有企业治理体系和治理能力现代化是提升国际竞争能力、推动世界经济持续稳定发展的重要动力，有利于提高企业核心竞争力

改革开放以来，中国建立了社会主义市场经济体制，国有企业现代公司制改革基本完成，国有企业整体上看已经能够很好地同市场经济相互融合，国有企业的市场化、法治化、国际化程度不断加深，社会责任意识不断增强，核心竞争力不断提高。

当下，作为一个世界性的大国，中国正积极融入全球经济体系。国有企业是中国企业“走出去”的“领头羊”，是海外“中国兵团”最为重要的构成力量。国有企业实施“走出去”战略和有效融入国际市场的竞争，需要企业制度形式向着更加符合国际惯例要求的方向演化。现代化治理结构的建立有利于国有企业建立与世界接轨的治理机制，加速实现其市场化、法制化、国际化目标。提升国有企业核心竞争力是国有企业改革的一项重要任务，实现国有企业治理体系和治理能力的现代化尤为必要。

国家间经济竞争的实质表现为企业之间的市场竞争，以跨国公司在全球市场上的角力作为突出表现。中国参与的国际竞争，就是以国有企业为主体的大企业组成的“中国兵团”与国际跨国公司的竞争。唯有如此，才能充分发挥国有企业的资源优势，确保中国企业在国际竞争中脱颖而出。

21 世纪以来，世界 500 强中中国企业的数量大幅度增加，长期以来欧美日跨国公司垄断世界经济的格局已经被打破。“世界 500 强排行榜”由美国《财富》杂志每年公布，以营业收入作为排名依据，并参考资产总额、利润、员工规模等指标，确定排名在前 500 位的企业名单，是当今世界衡量大型企业最具权威性的排行榜。1989 年，中国银行跻身世界 500 强排行榜，成为第一家进入世界 500 强的内地公司，2002 年有 11 家，而后这一数量迅速增加。2019 年，中国大陆位列世界 500 强的企业达 129 家，历史上首次超过美国（121 家），其中国务院国资委监管的中央企业有 48 家，12 家财政部出资企业上榜，

28家地方国有企业上榜，国有企业上榜总数为88家。[2]由此可见，国有企业是中国企业“走出去”的中流砥柱。从中国企业在世界500强中的分布特征可知，国有企业仍然存在覆盖面不广、产业结构不合理的问题，与欧美日等发达国家的差距仍然较大。这表明，中国国有企业需要进一步提升企业治理能力，提高企业核心竞争力。

在国际舞台上，国有企业特别是中央企业可谓“走出去”战略的“航空母舰”，正是国有企业和外国跨国公司的竞争才打破了西方长期以来在经济和产业领域的垄断地位，同时国有企业积极开展同跨国公司的合作，实现互利共赢。国有企业的国际化应当以“世界一流、中国特色、知名品牌”作为目标，这是促进中国发展的客观必然和中国国有企业顺应时代发展的自身需要。将“创建世界一流、中国特色、知名品牌的中国跨国企业”作为国家战略，甚至作为国家提高国际竞争力的核心战略。企业兴，则国家兴；企业强，则国家强。而企业强的实质是国企强、央企强。从世界角度来看，中国企业兴，则“南方”（全世界的发展中国家）兴；中国企业强，则“南方”强。因此，提高国有企业竞争力，推动和深化国有企业进一步改革和发展，是新时代中国经济社会发展的必然要求，是推动中国经济社会持续稳定发展的重要保障。

1.1.2.4　推进国有企业治理体系和治理能力现代化是国有企业自身发展的迫切需要，有利于推动国有企业健全协调运转、有效制衡的公司法人治理结构

近年来，国有企业改革从全面“播种”到发力推进，从立柱架梁到落地见效，在公司制股份制改革、产业升级、国资监管等方面取得了显著成效，但仍然存在治理结构有名无实的形式主义、权力缺乏约束、有关国有经济管理的政策不统一不规范、激励机制不健全等问题，制约了国有资产的保值增值与国有资本的合理配置，威胁到国有企业核心竞争能力的提高，对国有企业的经营效率和产品质量构成负面影响，抑制了企业的创新能力，对国有企业的公信力产生了负面影响。

治理结构方面。现代化公司治理结构有利于通过分权与制约防止个人独断与专权，保护各股东利益尤其是中小股东利益和整个公司的利益。董事会、股东会、监事会各司其职，互相监督与制约，可防治“内部人控制”的专权现象，亦可以有效地抑制腐败、形成约束机制。有些国有企业虽已建立了股东会、董事会和监事会，但这些机构很难发挥实质性积极作用，存在着运转不畅、制衡失灵的老大难问题。有些国有企业“一把手”“一言堂”现象严重、决策机制不规范；有些国有企业的官本位现象严重，锐意进取、开拓创新、勇于担当的企业家精神匮乏；有些国有企业的内部管理人员能上不能下、员工能进不能出、收入能增不能减。

治理机制方面。“内部人控制”使企业缺乏相应的约束机制，权力无法得到制衡。部分国有企业监事会有职无权，不能发挥应有作用，形同虚设。独立董事比例较小，难以发挥主导作用，公司专门委员会职能发挥不明显，无法形成有效的监督机制。国有企业管理层人员贪污腐败和滥用职权等问题屡禁不绝，在国有企业混合所有制改革过程中出现了国有企业盲目改制和资产流失等现象。有些国有企业既缺乏长效激励机制，又缺乏长效约束机制；有些国有企业的决策程序不规范，缺乏经营投资责任追究制度；有些国有企业的财务和经营等重大信息不透明；有些国有企业的管理人员任免缺乏公开透明、公平竞争机

制，任人唯亲的现象普遍存在，德才兼备的管理人才难以脱颖而出。有些高管缺乏对法治的信仰与敬畏，肆无忌惮地损公肥私、滥用公权、挥霍公款、侵蚀国有资产。

治理能力方面。我国仍缺乏较为完善的国有企业治理体系和制度，“没有好的纲领就没有好的执行”。事实上，我国国有企业存在的产权不明晰、政企不分离、分类不明确、契约不完全等现象，使国有企业的全面深化改革陷入困境，这不仅在一定程度上影响了国有企业治理体系的健全和完善，也使国有企业治理的执行大打折扣。尤其突出的是，国有企业存在委托—代理机制下的多级代理现象，国有企业存在契约不完全的情况，影响了国有企业治理体系的健全完善和国有企业治理的执行。

实践已经并将继续证明，公司治理乃公司命运之所系。公司治理可谓公司命运的根本，公司治理水平之高低与股东投资价值、公司核心竞争力和民族经济竞争力紧密相关。针对国有企业在建立现代企业制度尤其是公司治理制度方面的突出问题，推动国有企业完善现代企业制度，健全协调运转、有效制衡的公司法人治理结构，必须大刀阔斧地推进公司治理创新，推动国有企业治理体系和治理能力现代化。坚持加强党的领导和完善公司治理相统一，将党的领导内嵌到公司治理的各个环节，把党组织内嵌到公司治理结构之中，探索和建立健全具有中国特色的、科学完善的现代国有企业公司治理结构和机制。

1.2 文献综述

中国的改革历程表明，国有企业改革始终是经济体制改革的重点和中心环节，也是学术界研究的热点与争论的焦点。虽然国有企业改革取得了显著成绩，效益和效率有所提高，竞争力不断增强，总体上已经同市场经济相融合，但从完善社会主义市场经济体制的角度及决胜建成小康社会、开创中国特色社会主义新局面的战略要求看，国有企业治理创新、国有企业治理体系和治理能力现代化的任务还远没有完成。

1.2.1 关于国有企业的公司治理

1.2.1.1 国有企业治理的内涵

（1）治理的含义。很多学者认为，“治理”并非新词，治理行为也是古已有之。有学者考证，在西方，“治理”在词源上来源于古希腊文（kybenan）与拉丁文（kybernets），其原意分别是掌舵和引导或操纵。[3] 我国古典文献中有“治理”一词。《荀子·君道》：“明分职，序事业，材技官能，莫不治理，则公道达而私门塞矣，公义明而私事息矣。”《汉书·赵广汉传》：“壹切治理，威名远闻。”《孔子家语·贤君》：“吾欲使官府治理，为之奈何？”清王士禛《池北偶谈·谈异六·风异》：“帝王克勤天戒，凡有垂象，皆关治理。”上述“治理”，意指管理与统治，是处理国家政务的活动，或者说治国理政，其内涵与当时的社会背景相适应。被认为是治理理论主要创始人的罗西瑙认为，所谓“治理”是指一种由共同目标支持的活动，这个目标未必出自合法的以及正式规定的职责，而且不一定需要强制力量克服挑战而使别人服从。从西方治理理论中对“治理”的定义和中西方古典文献对“治理”一词的运用，我们至少可以得出以下结论：第一，治理并不是西方治理理论的专有名词，而是自古就有；第二，在治理概念的界定上，西方治理理论并没有达成一致的看法，而是基于研究者不同的立场和视角，给出了不同的解释；第三，治理实际上是对人类治理行为的形而上的概括。虽然在不同的社会，治理都有治国理政之意，但在不同形态的社会里，治理行为不同，对治理必然有不同的理解。我国古代的治理是按照统治者的意志治理朝政、治理国事，具有强烈的人治、专制特征，显然与现代社会的治理不同。因此我们讲当代的国家治理，必然要着眼于现代化，从现代化的角度加以审视。如果离开现代化，国家治理就根本讲不清楚。[4]

（2）公司治理的含义。公司治理源于英文“Corporate Governance”，一般认为是美国学者伯利和米恩斯在《现代公司与公司财产》（1932）一书中首次提出来的。学界对于公司治理问题的内涵有着各种各样的理解。罗茨则详细列举了六种关于治理的不同定义：作为最小国家的管理活动的治理；作为公司管理的治理；作为新公共管理的治理；作为善治的治理；作为社会控制体系的治理；作为自组织网络的治理。罗茨特别强调治理是指自组织、组织间网络，并主张这些网络作为治理结构，补充了市场与官僚制组织，以实现权威性分配的资源及行使控制与协调。[3]

根据世界银行的定义，治理是利用机构资源和政治权威管理社会问题与事务的实践。联合国发展计划署认为，治理是基于法律规则和正义、平等的高效系统的公共管理框架，贯穿于管理和被管理的整个过程，要求建立可持续的体系，赋权于人民，使其成为整个过程的支配者。全球治理委员会对治理的界定是：各种公共的或私人的个人和机构管理共同事务的诸多方式的总和。[5]经济合作与发展组织（Organization for Economic Co - operation and Development，OECD）在《OECD公司治理原则》中指出，公司治理是一种据以对工商企业进行管理和控制的体系，明确规定了企业各参与者的责任和权利分布，诸如董事会、经理层、股东和其他利益相关者，并且清楚地说明了企业决策所应遵循的规则和程序，以及如何实现企业经营目标的治理结构和监控手段。公司治理提供了一个架构，通过这个架构，公司的目标、实现目标的方法、监督实施的手段也得以确定。良好的公司治理应当能提供适当的激励，使董事会和管理层有效地实施有益于公司和股东的目标，能提供有效的监督，从而激励公司更有效地利用资源。李维安（2001）[6]认为，狭义的公司治理是指所有者对经营者的一种监督和制衡机制，即通过一种制度安排来合理地配置所有者与经营者之间的权利与责任关系。公司治理的目标是保证股东利益的最大化，防止经营者对所有者利益的背离。其主要特点是通过股东大会、董事会、监事会及管理层所构成的公司治理结构的内部治理。广义的公司治理并不局限于股东对经营者的制衡，而是涉及广泛的利害关系者，包括股东、债权人、供应商、雇员、政府和社区等与公司有利害关系的集团。公司治理是通过一套正式的或非正式的、内部的或外部的制度与机制来协调公司与所有利害相关者之间的利益关系，以保证公司决策的科学化，从而维护公司各方面的利益。刘文虎（2015）[7]在总结分析的基础上，提出有关公司治理内涵的三种代表性观点：①公司治理是一种制度安排。公司治理是一种制度框架或机制，这些制度决定一笔交易如何完成，如何进行交易谈判和履约，这种制度安排就是治理机制，可以选择的治理机制有市场和企业两种。②公司治理是一种组织结构。在公司中，股东、董事会、经营者三者之间相互制衡，这种制衡关系的体现就是公司治理结构，因此公司治理实质上是一种组织结构。这一观点并没有否定公司治理是制度安排。③公司治理是一种决策机制。公司治理的存在是为了解决代理问题与契约的不完全性，其核心问题是如何在不同的企业参与人之间分配企业的剩余索取权和控制权，有效的治理结构只能建立在有效的产权安排之上。费方域(1998)[8]认为，公司治理的焦点在于使所有者与经营者的利益相一致，公司治理研究的是所有权与经营权分离情况下的代理人问题。吴敬琏（1994）[9]认为，公司治理结构是指所有者、董事会和高级经理人员组成的一种组织结构，在这种组织结构中，三者之间形成一定的制衡关系。刘俊海（2014）[10]在全面推进国有企业治理体系和治理能力现代化的思考中提出，企业治理泛指企业管理层对股东和利益相关者负责的理念、制度安排和商业实践。严若森、贾伟娟（2015）[11]认为，企业的使命在于为社会提供有益的产品与服务，并保证其所创造经济价值的公平分配，公司治理的目标则在于实现企业复杂系统的整体协同效应，强调道德自律及其对信任特殊资源交换有效性的促进作用。

1.2.1.2　国有企业的公司治理结构和路径

刘丽文（2017）[12]认为，公司治理结构作为现代企业制度的“核心”，一直是理论界和实践重点研究的课题。国企改革在公司治理结构上还存在一些亟待解决的突出矛盾，如高层管理者腐败、内部管理制度僵化且管理混乱、现代企业制度不健全、市场主体地位未真正确立、内部人控制等问题尚未完全解决。李洋（2016）[13]提出，只有改变公司治理结构才可以提高国有企业的效率，通过理论分析得到公司治理结构的核心、基础和条件，并从这三个方面分析国有企业现在的治理结构和现有的改革方案，得到国有企业治理结构不完善、现有改革方案也不能解决国企存在问题的结论。

严若森（2013）[14]坚持，在国有企业改革中，政府与企业经营者之间的权威博弈具有不同的路径选择与状态特征，具有不同效用函数的政府与企业经营者各自拥有权威博弈中的占优策略，并能借此达成相应的权威博弈均衡。政府须对比其政治收益与企业补贴支出的大小，选择适宜的国有企业改革策略，并促进形成国有企业治理结构变革赖以实现的制度环境，企业经营者则须基于合理掌控国有企业的剩余索取权及控制权结构而内生地推动国有企业治理结构模式的嬗变与优化。此前，严若森（2008）[15]还提出，中国国有企业的改革进程即中国国有企业治理的历史演化进程。超越国有企业治理的政府主导模式是中国国有企业改革深化的题中之意，其要义在于重新定义中国政府在国有企业中的治理边界，其实质则在于重新明晰中国政府在国有企业中的职能范围、责任担负与权利分配及其对中国国有企业权责利划分结构产生效应的界限。

汪婧（2017）[16]选取了 2013～2015 年 261 家 A 股上市国有企业作为研究样本，实证研究结果表明，国有企业第一大股东持股比例与公司绩效负相关，第二大股东至第五大股东、第九大股东与第一大股东的制衡度与公司绩效正相关，而高层席位中民营股东比例越低反而公司绩效越好，并相应地提出建议，即在推进国有企业改革的过程中，要注意降低国有企业第一大股东的持股比例，建立有效的股权制衡机制，健全公司治理制度规范操作流程，注重引入民营股东的质量。

李维安（1996）[17]提出，国有企业的行政型治理的三个维度是资源配置行政化、经营目标行政化和高管任免行政化。经营目标行政化程度可以通过股权结构和社会捐赠两个指标测量。股权结构是公司治理的基础，对公司治理的组织形式、模式选择以及公司治理的效率有重要的影响。随后，学术界对该理论的研究逐步系统化和深化，李维安、邱艾超和古志辉（2010）[18]研究指出，中国面临"双重公司治理环境"，且两种不同的治理环境对公司绩效有差异性的影响。李维安、邱艾超和牛建波（2010）[19]的研究首次提出了行政型治理和经济型治理的二维分析框架，将研究聚焦于"中国特色的双重治理环境"的分析上。另外，相关学者对政府干预与内部人控制的研究对行政治理的研究具有直接的借鉴意义，钟海燕、冉茂盛和文守逊（2010）[20]以国有上市公司为样本，全面考察了行政干预下内部人控制的控制权安排对公司投资行为的影响。李维安（2018）[21]又提出，深化国企改革的根本目标在于建立现代企业制度，实现从企业治理模式向公司治理模式的转型，以加快形成有效的治理机制和灵活的市场化经营机制。因此，深化国企改革就是要全面进入公司治理新阶段。

1.2.1.3 国有企业的治理原则

刘丽文（2017）[12]提出，确立构建原则从理论上为进一步优化国有企业治理结构奠定了基础，为国有企业治理结构的改革创新指明了方向，对深化我国国有企业改革具有十分重要的现实意义。李维安（2018）[21]提出，公司是有着盈利性目标、按照自身逻辑、在法治化的市场中运行的经济组织，需要经济型治理加以匹配，政府、资本市场、债权人等外部治理的重要主体在参与公司的治理时，也要遵循经济型治理的逻辑和规则。许耀桐、刘祺（2014）[22]提出，治理有以下四个基本特征：治理不是一整套规则，也不是一种活动，而是一个过程；治理过程的基础不是控制，而是协调；治理既涉及公共部门，也包括私人部门；治理不是一种正式的制度，而是持续的互动。党印、鲁桐（2012）[23]回顾了企业理论和公司治理理论的演进历程，认为企业的性质可以归结为创新，公司治理作为企业运行的基本制度，需服务于企业的性质和生产功能，以创新和价值创造为导向；并提出以创新为导向的公司治理理念，公司治理应随着企业发展阶段和内外部条件的变化而进行调整，不同行业和不同类型的公司应采取不同的治理行动；公司治理促进创新，既需要以创新为导向的内部治理机制，也需要有利于创新的外部治理环境，而后者需要地方政府和中央政府共同营造。刘丽文（2017）[12]提出，公司治理结构本质上说是一种在特定国家和地区的历史文化、政策法律、经济发展中形成的制度安排，并不存在适合所有时期、所有国家和地区的公司治理结构，更多的是一种动态的演进过程。通过对英美治理模式和德日治理模式的比较可以发现，英美模式和德日模式各有优劣，现如今两者具有趋同的迹象，其演进正好说明此问题。虽然我们无法构建出一个放之天下而皆准的公司治理结构模式，但是可以也应该把优化治理结构作为一个不断趋向的目标。国有企业治理结构优化的原则包括：分权制衡原则、协调发展原则、效率兼顾公平原则。

1.2.1.4 国有企业治理存在的问题和不足

（1）一股独大的利弊。国有企业的性质决定了国有资本必须在企业中占有支配性地位，但此种现实背景下亦滋生了许多问题。张承耀（1995）[24]、费方域（1996）[25]等深入研究了国有企业中出现的“内部人控制”现象，提出了解决这一问题的相应措施。卢昌崇（1999）[26]认为，国有企业治理的主要问题是国有股份过度集中并由此导致的政府对企业过度干预。徐晓东、陈小悦（2003）[27]对国有企业治理主体进行的实证分析结果证明，当第一大股东为非国有股股东时，企业价值更高，盈利能力更强，治理效率更好。韩贵义（2010）[28]认为，由于产权主体性质不明和股权结构不合理，且国家产权双重代理会导致所有者缺位，使在大股东控制的董事会中，董事会、监事会和股东大会无法实现权力制衡，国有股的控制地位也会造成新的“政企不分”。岳福斌（2007）[29]指出投资主体单一、产权过于集中已成为制约国有企业发展的最大瓶颈。刘立国、杜莹（2002）[30]认为国有股比例与公司绩效显著负相关。但也有许多学者对此不予认可。夏小林（2014）[31]多次指出，“一股独大”是世界范围内公司的普遍现象，没有证据表明其必然导致低效率，且社会对“一股独大”所持的标准不统一，对某些标准下认为的“一股独大”所导致的经济后果进行分析，未免存在偏颇的可能。另外，盲目追求股权分散未必能增加经济平等，且片面削弱国有股份将造成严重后果甚至危及国家安全。针对以上两种针锋相对的观点，蓝定香等（2012）[32]基于大量的研究发现，提出了另外一种意见，即在不削弱国有股份支配地位的前提下提升股权制衡度，“相近持股比”的股权结构最有利于公司绩效的提升，提出我国国有企业在不削弱国有股份支配地位的前提下提升股权制衡度。鲁桐（2018）[33]认为，国企公司治理的复杂性在于国有产权的存在，主要面临的挑战来自三个方面：一是如何在有效行使国家所有权职能的同时，避免对公司管理进行不适当的干预；二是如何确保在国有经济占主导地位的市场中维护公平竞争秩序，并使政府在行使其监管权力时不对市场竞争规则造成损害；三是如何在国有企业引入恰当的问责机制和提高国有企业的透明度。

（2）管理制度行政化与集权化。李维安、张国萍（2005）[34]认为，就企业领导选聘制度而言，人事任免的强行政性是阻碍中国上市公司持续发展的不利因素。余菁（2014）[35]认为，国有企业的负责人不仅具有企业家身份，也具有党政干部身份，企业家精神与政治觉悟的互补与排斥，成为了企业管理者在日常经营管理中的一大变数。依此现实来看，国有企业高管存在着一定程度上的政治关联度。潘红波、夏新平和余明桂（2008）[36]发现，盈利样本公司的并购绩效与政治关联正相关，政治关联可以作为法律保护的替代机制来保护企业产权免受政府损害。作为国有企业治理结构的另一显著特征，董事长与总经理两职合一的情况普遍存在于国企群体中，如此会导致权力集中和个人专断，影响公司整体利益。但是，也有学者提出了相左的观点，张军、王祺（2004）[37]认为，改革开放后中国企业经济绩效的持续改善是由于企业权威主体的日渐明晰化及其权威程度的不断上升所致；企业权威在一定条件下对企业的效率具有正面的影响。鲁桐（2018）[33]认为，提高国有企业治理水平，一方面是国有企业治理的内部机制的健全；另一方面是公司治理的外部机制的健全，包括国有资产管理体制的改革及全面市场化的改革。

（3）社会责任的错位和缺失。国有企业与其他企业最大的不同在于，其治理目标不仅包括股东财富最大化，也包括实现社会福利最大化，故国有企业的治理目标应照顾到各利益相关方的需求，即承担社会责任。徐传谌、刘凌波（2010）[38]认为，国有经济的功能决定了国有企业特殊的社会责任，同时其社会责任作为国家代表公众利益参与经济和干预经济的有效手段而存在。黄速建、余菁（2006）[39]认为，国有企业的社会责任由国有企业的性质所决定，具体体现为国有企业的非经济目标和经济目标，当前不乏一些国有企业因为追逐经济目标而舍弃非经济目标的案例。在对几个与国有企业履行社会责任相关案例的分析中，发现目前国有企业社会责任意识的错位和缺失，企业自我认知与社会期望之间的巨大落差直接导致了社会非议之声的产生。刘玲（2007）[40]认为，国有企业社会责任应更多地着眼于非经济目标的实现。余菁（2014）[35]把制度作为规范企业行为的文件，我国国有企业社会责任制度有效性和约束力不足，且管理层级较低，未能发挥领导力作用，社会责任制度与相关制度融合度也不够。刘粹（2012）[41]认为，我国国有企业治理存在国家双重角色目标冲突、监事会作用弱化、经理人道德风险及企业经营者激励不足等问题，提出了规范出资人行为、完善监事会制度、约束经理人行为和完善经营者激励制度等对策及建议。

（4）监督体系失衡。董事会作为公司的最高决策机构，对其的内外部监督自然是公司治理体系中的重要一环。但就目前现状而言，独立董事（或外部董事）承担着内部监督的职能作用，而监事会则作为外部监督力量而存在。温洁瑜（2017）[42]归纳整理了近年来的国有企业高管腐败信息，党的十八大以来国有企业落马高管涉及了诸多行业、区域、企业类型等，说明国有企业高管和国有资产资源的监督管理处于“盲区”或“薄弱区”。曲亮、章静和郝云宏（2014）[43]在独立董事如何提升企业绩效的研究中，发现独立董事比重对国有企业绩效存在显著影响。陆红军（2011）[44]的研究表明，目前央企大型公司中董事长兼任 CEO 的现象十分普遍，其可以凭借自身强大的影响力和权力主导独立董事的提名与任免，从而造成独立董事不管事或者管不了事的情况。独立董事作为一项“舶来品”，在中国的经济环境中往往仅扮演了“花瓶”的角色。郜峰（2003）[45]认为，从外部监督来看，在国有股权高度集中的条件下，现有国有企业监事会的职权同样存在虚化现象。滕雨格（2014）[46]认为，独立董事与监事会之间的职能存在冲突，独立董事与监事会行使监督职能可能“扯皮”或“搭便车”，从而同时弱化独立董事和监事会的监督职能。当前国有企业内外部监督体系往往只停留在形式层面，真正监督的权力有限，而且内外部监督职责的重叠与冲突，不仅会影响两者的监督效率，还将加剧监督体系的进一步失衡。汤吉军、年海石（2013）[47]认为，虽然我国国有企业建立了现代企业制度，但很多治理措施仍然存在国家行政干预、内部人控制、监事会职能流于形式等多种问题。陈军歌（2017）[48]提出当前在国有企业监督管理方面运用信息化技术是时代必然，通过归纳整理近年来的国企高管腐败信息，对党的十八大以来国有企业落马高管所涉行业、区域、企业类型、处理进程及结果等要素进行分析，剖析腐败现状及特征，为完善国有资产资源监管制度、推进国有企业惩防体系建设、建立反腐败体制机制提供参考借鉴。徐传谌等（2008）[49]强调了国有资产管理体制改革的重要性，但对经理人员约束不力仍是国有企业治理中存在的突出问题。

1.2.1.5 国有企业治理的国际经验

鲁桐（2014）[50]认为，当前国际公司治理发展的趋势主要包括国企私企平等竞争、政府监管与灵活性平衡、加强中小股东利益保护、关注公司治理对价值创造和增长的研究四个方面。黄华（2005）[51]认为，从目前世界上存在的四种公司治理模式看，每一种模式都有自己的优缺点。公司治理模式的选择应从根本上适应特定公司的需要及特定经济发展阶段的需要。周文峰、陈苗杰和陈立峰（2009）[52]通过比较分析英美公司治理模式、德国公司治理模式、日本公司治理模式和东南亚公司治理模式的异同，探究其产生的原因，并对我国公司治理模式的完善提供了参考。李角奇（2009）[53]构建了一个具有普遍意义的公司治理系统分析模型，比较分析了美、德、日公司治理模式的差异性及同一性、有效性和适应性，得出了可供中国学习和借鉴的有益经验。洪功翔（2009）[54]以激励约束机制变化为依据，把美国公司治理变迁划分为经理人员控制权地位的确立、经理人员职权的扩大、独立董事制度的引入和从强调激励到激励约束并重四个阶段，并提出，没有一成不变普遍实用的公司治理模式，形成良好的公司治理需要发挥政府的推动作用。吴小林、郭苏文（2014）[55]认为，美、德、日公司治理模式的不同选择，源于各国的政治、经济、法律、历史、文化等制度环境的差异，以及股权结构的不同特点对公司治理所表现出的不同要求。通过对三国公司治理模式的内部和外部机制的比较，揭示了现代公司治理模式的趋同化趋势。穆妍（2015）[56]通过对美英的外部监控模式及日德的内部监控模式的相关特点进行研究及梳理，结合我国公司治理的历史发展，对我国企业的公司治理模式进行分析和探讨。

1.2.1.6 国有企业治理的优化对策

迟福林（1992）[57]较早就提出从国有企业到国有资本的主张，认为国有资产市场化是国有企业改革的根本出路，建立国有控股公司是深化国企改革的重头戏。陈清泰（2002）[58]在《中国的公司治理与企业改革：建立现代市场制度》中提出，中国公司的治理要加强市场力量和监管能力，改进股权结构，加强银行和债权人在公司治理中的作用，改进政府所有权代理机制，增加公司透明度，赋予股东权利，加强职工在公司治理中的作用，培育经理人市场和诚信的社会中介机构等。陈清泰（2009）[59]对国有企业改革中所有权和经营权的二权分离问题提出质疑：如果不分离就无法建立市场经济体制，如果分离又该如何防止经营者的渎职或滥用职权。他对我国大型国有企业的整体改制提出建议：一是剥离非主业资产和不良资产，交由资产管理公司处理；二是财政将企业国有资本注入国有资本投资控股公司，成为出资人；三是引入新的投资者改制为有限责任公司；四是择机在境内或境外上市成为股份有限公司。吴凡、卢阳春（2010）[60]认为，国有企业仍然存在着公司治理法规建设的滞后性、强试错性以及制度设计不足所导致的独立董事、监事会监督弱化，国企内部治理中的董事会行政色彩严重、监事会作用有限、经理层缺乏有效激励—约束机制，国有股权一股独大所导致的行政上的强控制与产权上的弱控制并存的现象等问题，并提出做好我国国有企业治理工作应着重从完善公司治理相关法规和构建中国特色公司治理结构两方面入手。孔陆泉（2012）[61]认为，指导我国公司治理实践的理论和法律依据还不是很成熟完善，建议进一步实行政企分开和政资分离、明确国企高管的身份和薪酬、重建或新建国企董事会监事会。杜欣月（2013）[62]认为，国有企业内部治理机制存在决策运行机制不规范、监督制衡机制不完善、激励约束机制不对等、绩效评价机制不科学等问题，国有企业外部治理机制存在控制权市场不发达、经理人才市场不发达、制度环境不健全等问题，提出从改善决策运行机制、监督制衡机制、激励约束机制、绩效评价机制四个方面完善国有企业内部治理机制，从加强控制权市场约束机制建设、构建经理人市场约束机制、完善制度环境保障机制三个方面完善国有企业外部约束机制。韩烨（2013）[63]认为，国有企业治理中存在国有资本投资主体缺位、“内部人”控制、国有股一股独大、非流通股比重过高、控股股东行为不规范，以及董事会、监事会和经理层方面的问题等，提出包括国有资产经营的人格化、确保国有资产出资人到位、构建控股股东规范运营的长效机制、防止大股东侵占上市公司利益、强化外部董事作用、确保监事会独立性、健全经理层薪酬结构等政策建议。墙波（2013）[64]认为，构建全新的“全民所有制”的国有企业模式，既是尊重所有权人，回归企业治理的法理所在，也能吸收国外公众企业治理的经验，促进国有企业治理模式改革，是国有企业走上可持续健康有序发展轨道的重要机制保障。李荣融（2007）[65]提出：一是建立规范的董事会，完善公司法人治理结构，主要包括董事长、总经理各司其职，发挥企业党组织的政治核心作用和职工董事的作用；二是建立市场化选人用人机制，包括取消国有企业负责人的行政任命制，完善经营者的激励约束机制；三是加快国有经济布局结构调整，包括加快推进中央企业联合重组，建立国有资本经营预算制度等。

应在产权明晰前提下协同人本共进。常修泽（2010）[66]提出了广义产权论，“广义产权”是一个横向上“广领域”、纵向上“多功能”、内核里“四联动”的制度系统，价值追求在于内涵型经济发展、社会公正、天人和谐和为人的发展提供制度支撑，认为现代企业应该突破狭隘的企业产权框架，建立现代产权制度，但同时应该恪守“守住经济、自然与人的底线，不越产权雷池”的基本准则。常修泽（2010）[67]通过对中国国有制改革长时间的研究，运用新形势下的新思维——产权人本共进论对我国国有体制改革提出建议，“产权人本共进论”的思想框架是“一个基础”“两个顶层”“四个支柱”。其中，“一个基础”突破了“物本”改革思路，把产权和人权两条线融合起来；“两个顶层”分别指产权方面的配置格局、监管体系和人本方面的劳动就业权、财富分配权、社会保障权和民主管理权；“四个支柱”指的是“面”上的布局调整、“点”上的微观重塑、“线”上的国资体制，以及配套的政府、市场和社会改革。

应注意企业文化和包容性改革问题。陈清泰（2002）[58]提出涉及宽泛领域的公司治理是市场中诸多相关者利害关系的交汇点，因此，改善公司治理不能单靠企业自身努力，还要以政府为主导，投资者、监管者、社会中介和经理人持续共同努力。厉以宁（2011）[68]对如何把握企业文化与企业“效率”“公平”的关系，企业文化建设和消费文明建设的关联，以及企业文化如何服务于和谐社会的目标，怎么融入可持续发展、低碳经济做了分析。企业要从认同和企业凝聚力、效率和企业管理模式、公平和企业内部矛盾的化解、处理企业和政府之间关系的原则、家族企业的继承问题等方面建立自己的企业文化。企业文化共性的相对重要性将日益增大，虽然不同企业文化在各自文化传统的影响下会显示自身特色，但企业文化的共性和差异性的并存是持久的。常修泽（2013）[69]对“包容性改革”和“包容性增长”的内涵分别予以了明晰，认为前者属于“制度创新”或“体制改革”范畴，后者属于“经济增长”范畴，我国的全方位改革应该实行包容性改革论，一是有包容性思想，二是有包容性体制，三是进行包容性运作，这是我国在目前情况下比较可行且较富理性的改革方式。常修泽（2014）[70]对“会不会有人借混合所有制侵吞国资，或借混合所有制侵吞民资”问题提出了疑问，认为有必要采取措施，对此类事件提前预防和遏制，要严格把好“四关”，即资产评估关、价格确定关、交易透明关、资金到位关，不能在一片改革声浪中把混合所有制改革变成个别人浑水摸鱼的机会。此外，混合所有制实行中，国有企业的改革应具有包容性，认清现实情况，不能“一刀切”。

邹俊、张芳（2017）[71]从经济性沉淀成本和制度性沉淀成本视角，分析了沉淀成本对国有企业治理结构路径依赖的影响，并提出依法依规界定国有企业治理结构层级设置和权限、遵循市场规则改革国有企业治理结构、推进国有企业落实董事会制度和职业经理人选聘制度等系统性举措，着力降低经济性沉淀成本和制度性沉淀成本，以市场化超越路径依赖，完善国有企业治理结构。王世权、王丹（2011）[72]认为，公司治理制度变迁的重要驱动因素就是利益相关者博弈，而初始禀赋、有限理性和共有信念则构成了制度变迁的约束条件。在此基础上指出，公司治理创新不会脱离既有的路径而完全趋同，强制性移植只有在该项制度功能上与现有的公司治理模式和法律传统相一致的情况下才可能有效。公司治理理论研究的重点应该关注何种制度安排更有利于创新，能够为企业在竞争性市场下的可持续性成长提供长期稳定的保证。

1.2.1.7　现有研究的不足

从对现有的文献梳理来看，对国有企业治理的相关研究很多，但仍然有很大的研究空间。一是完善国有企业治理，牵涉到多方面，需要系统思考，做好顶层设计，而现有的对策建议系统性不强，针对性不够，比较空泛。二是经理人员激励约束机制建设滞后。三是在强调对经理人员激励的同时，忽视了对员工的激励。四是建立既能与国际接轨，又能解决中国实际问题的公司治理模式，可以借鉴他国经验，但不可完全照搬一个国家的现有模式。任何制度安排，包括公司治理合约的安排，都是特定国家的政治、法律、历史、文化等环境因素的产物。可以吸收各种模式的优点，但更需要透彻理解各种模式赖以生存的土壤环境，刻意模仿甚至照搬某种模式是非常危险的。在制定与实施各种措施时要慎重考虑其与具体制度环境的适应性。国内外研究和实践表明，企业生存和发展的关键，不仅取决于企业家的管理经验和能力，更取决于企业文化。国内虽然有一些研究，但总体来说，我国对公司治理文化的研究还处于起步阶段，甚至没有专门研究国有企业治理文化的文献。

国内外公司治理实践表明，公司治理结构不是一个静止的框架，而是一个动态的过程，没有一成不变的公司治理模式。公司治理结构总是在不断试错的过程中演进，总是存在问题，也经常遇到挑战，公司治理完善的过程就是一个不断解决问题、迎接挑战的过程。从这个意义上说，我国的公司治理只能在改革中不断完善。

1.2.2　关于国有企业的公司治理效率及评价

国有企业的绩效问题与国有企业治理息息相关，没有好的治理措施和强的执行力，国有企业的绩效将会一直存在于学界的讨论中。因此，讨论国有企业的效率问题即探讨其治理问题。学术界关于公司治理对公司绩效的影响尚未形成统一的结论，两者之间的关系还有待进一步探讨。

1.2.2.1 内部治理

内部治理是指在一个公司的可控资源范围内，为实现公司目标而采取的各种公司治理机制的总称。国内外学者对公司内部治理对公司绩效的影响的相关研究主要考察公司股权结构、董事会治理、经理层激励等方面对公司绩效的影响。

（1）股权结构。关于股权集中度与公司绩效。Berle 和 Means（1932）[73]的研究认为，股权的分散不利于统一股东与管理层的目标，管理层背离中小股东的目标，潜藏着损害中小股东利益的风险。即股权越是分散，越不利于监督，公司的绩效就越差，反之公司的绩效就越好。Tehmina（2011）[74]对英国大型上市公司的财务数据进行研究后发现：公司股权集中度越高越倾向于采取较低的股利支付率；股权集中度低的倾向于采用较高的股利支付率，即股权集中度与财务绩效负相关。Lskavyan 和 Melkonian（2011）[75]对欧洲三个国家的上市公司数据进行了分析，研究结果显示两者之间的关系不显著。张涛、朱学义（2012）[76]取 578 家在沪深两市上市的民营企业作为研究样本，研究发现股权集中度与公司绩效之间存在显著的正相关关系。Laeven 和 Valencia（2008）[77]选取 13 个欧洲国家的上市公司研究股权制衡与公司绩效的相关性，结果发现股东与管理层、大股东与中小股东之间的制衡对公司绩效有促进作用。国内学者从内生性视角研究股权制衡与公司绩效的关系，但结论并不一致。朱德胜和刘晓芹（2007）[78]在以往学者研究的基础上考虑了股权结构内生性的影响因素，研究结果显示，只有国有股与绩效之间呈显著的“U”形关系。

（2）董事会治理。Jodice（1995）[79]研究认为，独立董事不在公司任职，不受管理层和董事会的影响，其决策的独立性有助于避免破产风险。而 Hsu（1981）[80]则认为，因独立董事未参与公司的经营，与经理层没有关系而提高了公司经营风险，而灰色董事（与经理层有关系）却能够利用自身资源降低公司失败的可能性。徐金喜的研究结果显示：家族企业独立董事比例对公司绩效没有显著的影响。王明杰、朱如意（2010）[81]对沪深上市的 1227 家公司的研究发现：女董事与公司绩效存在显著的负相关关系，加入调节变量受教育程度之后才呈现正相关关系。Carpenter 和 Cook（1987）[82]研究认为，职业背景异质性的董事成员在遇到问题时更能够突破常规从多方面思考，以非常规方式分析问题、解决问题，可以降低公司的潜在风险，董事会行业经验异质性越强越能够规避因职业背景同质性忽略的风险，降低了公司破产风险。Loi 等（2006）[83]认为，董事具备有关财务的知识会降低会计重述的概率。许江波（2009）[84]研究发现董事长和总经理兼职与较低国有股持股比例的交叉作用对上市公司价值带来负面影响。对董事会行为特征与公司绩效关系的研究不多，且大多集中在董事会召开会议的次数与公司绩效关系的研究上。Chou 和 Fasman（2003）[85]利用中国台湾地区上市公司 2005～2006 年数据，研究董事会出席率、委托出席率对公司 ROA、EPS、营业收入增长的影响，研究证明董事本人出席会议对绩效有正面影响，而委托出席对绩效有负面影响。我国学者谢永珍利用 2002～2008 年上市公司样本，研究董事会会议次数与公司治理风险的关系，结果显示两者存在显著的负相关关系。国外学者普遍认为，薪酬激励机制能够很好地促进董事会成员更好地履行其职能，有利于公司绩效的提高。Hermalin（2003）[86]的研究结果表明，与公司绩效密切相关的以激励为基础的薪酬制度能提高独立董事监督企业经营的效率。国内学者刘亚铮、常建莉（2000）[87]以2006～2008年中小板上市公司为研究对象，研究显示前三名董事的薪酬与公司绩效之间存在着显著的正相关关系。张为（2010）[88]认为，董事会持股比例与ROA没有显著的相关关系，即董事会持股比例对公司绩效没有明确的积极作用或消极作用。

（3）经理层激励。董事会选择的经理层激励政策在缓和委托代理关系方面发挥着重要作用。自20世纪90年代起，虽然期权激励方式富有成效，但报酬与激励之间的不相关性、不正当激励、在职超额消费等受到普遍关注。Agrawal和Konolige（2006）[89]对期权激励与公司的激励偏好、诈骗、遇到集体诉讼的相关性研究发现激励强度与这些因素正相关。何枫（2008）[90]认为，公司管理层持股对公司效率有积极的影响，上市公司控股股东持股比率、控股股东性质以及国有控股股东持股比率等因素均与公司效率负相关。

（4）专门委员会。董事会下属的专业委员会包括审计委员会、风险委员会、薪酬委员会。关于委员会的设置与公司绩效关系的研究大致认为，委员会的设置有利于公司绩效的提高。Larsen等（2005）[91]认为，董事和审计委员会独立、有效运行时，市场对薪酬报告给予更高的可信度。

国内外学者关于股权结构、董事会治理及组织结构、资本结构对公司绩效的影响有：正相关、负相关、非线性关系、不相关。究其原因，首先，可能是国内外资本市场环境不同，导致研究不具有可复制性；其次，样本选取不同，不同行业有各自的独特之处，不同地区的公司又有不同的文化特色，样本选取未充分考虑这些因素；最后，研究所使用的模型不同也是一个重要的原因。

（5）资本结构。有关薪酬和债务代理成本之间关系的研究中，虽然股权激励降低股权融资的代理成本，但会恶化债务融资的代理问题。冉光圭（2011）[92]研究发现：第一大股东持股比例、法人股比例与公司治理绩效呈正相关；国有股比例、股权制衡度、社会公众股比例与公司治理绩效呈负相关关系；资产负债率、应付债券比例、长期负债比率、流动负债比率与公司治理绩效呈负相关关系；借款比例与公司治理绩效呈正相关关系。

此外，值得一提的是，现有研究多数只侧重单向的研究，即单考虑公司治理对公司绩效的影响，大都没有研究公司绩效对治理水平的反向作用，也就是所谓内生性问题。但内生性问题已经且应该受到重视。鲁桐、党印和仲继银（2010）[93]构建一个公司治理评价体系，对中国2008年的上市公司100强进行治理评分，将内生性问题纳入考虑，通过回归分析得出公司治理指数与公司经营绩效存在内生性，与公司市场价值、发展能力不存在内生关系，且内生性程度较低。李汉军、张俊喜（2006）[94]研究了公司治理同公司绩效两者的内生性关系，结果表明，两者之间存在着很明显的内生性关系：公司治理对公司绩效有显著的促进作用，并且公司绩效对公司治理有着明显的反向作用。郝云宏、周翼翔（2010）[95]从内生性角度研究上市公司的股权结构之一——治理维度与公司绩效之间的关系，结果显示，股权结构与公司绩效存在双向作用关系，股权结构与公司绩效呈显著的正相关关系，且公司绩效对股权机构也具有着强烈的反向作用。

1.2.2.2 外部治理

外部治理是指利用公司可控范围之外的资源，为实现该公司目标而采取的各种公司治理机制的总称。国内外学者对公司外部治理对公司绩效的影响的相关研究主要考察法律法规、市场、信息披露和公共监督等方面对公司绩效的影响。

（1）法律法规。法律或规范化的环境全面影响公司治理，因此很多学者研究了治理、法律、财务之间的关联性。郑志刚等（2007）[96]对资本市场治理和市场绩效机制进行研究时，利用个人股票交易的详细数据，构造包括担保法的三个维度的财经复合指数，发现资本市场指数的提高与股权融资成本的降低、金融市场流动性的提高、市场定价机制的高效之间具有相关性。把法律保护投资者权利作为长期努力的方向，把法律外制度保护投资者权利作为应急措施。

（2）市场。在资本市场方面，学术界重点讨论了公司治理中的所有权结构。孙凌姗和刘健（2006）[97]研究大股东与公司治理相关性后发现，大股东会增加股东财富，但股东加强监督时，会消耗公司资源。在控制权市场方面，学者普遍认为，控制权市场是最根本的公司治理机制。与产品市场竞争一样，当经理人在控制权市场中激烈竞争时，促使经理人为公司价值最大化而努力工作，从而淘汰低效率经理人。在劳动市场方面，集中研究经理人员、董事会成员、高级执行官团队。在产品市场方面，学者们对产品市场竞争与激励模式、管理者报酬和激励、执行官的更换等多种因素进行相关性研究后，没有得到一致的、明确的和具有说服力的结论。

（3）信息披露。傅建源和杨奇平（2007）[98]对资本市场信息提供者和公司治理进行研究发现，证券分析师利用监督公司管理层或向市场提供公司信息等途径降低代理成本。另外，市场参与者向机构投资者提供公司治理信息和投票建议起到监督作用。总之，有些服务型中介扮演着潜在的信息提供者和公司管理监督者的双重角色。

（4）公共监督。媒体和诉讼扮演着公司治理的公共监督角色。媒体和诉讼作为外部治理制度，与公司的内部治理制度和其他的外部治理制度产生交互作用，共同影响着公司的治理水平。吕伟等（2013）[99]通过研究上市公司实际控制人入选富豪榜的样本，发现媒体关注度的提高使公司的实际控制人实施侵害股东的行为的声誉成本变得非常高昂，从而降低了公司的代理成本。黄晓蓓、郑建明（2015）[100]研究发现，媒体关注通过降低上市公司业绩预告违规概率发挥治理作用。李明、叶勇（2016）[101]发现媒体的负面报道减少了控股股东的掏空行为。媒体除了监督抑制公司的“坏”行为，督促其改正违规行为外，还促使其主动实施一些“好”行为。李小荣、罗进辉（2015）[102]发现媒体关注的增多可以显著提高公司未来股利支付意愿和支付水平，媒体关注是除行政治理外，另一种督促上市公司支付现金股利的重要机制。

美国、日本、芬兰、德国、韩国和新加坡等国家把科技创新作为社会发展的基本战略，从而形成了强大的经济竞争优势。但我国企业主要依托传统的人力资源、财务货币、物资设备及自然资源等要素资本的会计信息进行研究，基本忽略了技术、知识和信息等新兴要素资本的利用和研究，导致了我国企业竞争力相对弱的局面。在以后的研究中应该重点研究这些新兴要素资本的产生、产权确认和交易、投入社会生产过程的系列研究，促使这些新兴要素资本被纳入公司治理的实践过程。

1.2.2.3 国有企业的公司治理定量评价

国内外现有公司治理评价系统指标体系评价内容不一，部分指标不能有效反映公司治理的真实情况，关键指标有所遗漏，导致应用偏差。

（1）国外研究进展。国外较早关于公司治理定量评价的规范研究是1952年由美国机构投资者协会所设计出的第一套正式评价董事会的程序。早期推出的公司治理定量评价大多是针对单边治理或单一方面进行的评价，未能形成一个较为完整的体系。国外最早推出公司治理评价系统的是美国标准普尔（S&P）的公司治理服务系统（1998），后经修改，推出了面向全球上市公司的公司治理评价（评分）体系（2004），并得到了广泛应用。此后，欧洲戴米诺公司（Deminor）（1999）开展了欧洲公司治理评级服务，是公司治理领域一个重大的突破，为投资者在投资决策时提供了一个基准。同时，该评级机构还代表公司客户，使用评分卡相关方法编制详细的“公司治理概要文件”，并作为公开的“公司治理评价与投资者报告”。里昂证券亚洲公司（2000）推出了面向全球的公司治理评价体系。日本公司治理研究所推出了针对公司层面的公司治理评价指标体系（JCGIndex）等。这些是国际上典型的公司治理评价体系，主要指标构成如表1.1所示。

表1.1 国内外代表性公司治理评价体系及特点

公司治理评价机构或个人	评价层面	一级指标设置	特点
标准普尔（S&P）	国家层面	法律基础、市场基础、信息披露制度、监管	一个针对全球公司的公司治理评分标准，但仅关注金融利益相关者一方，不够全面
	公司层面	所有权结构、金融利益相关者的权利和相互关系、董事会的机构与运作程序、财务透明度和信息披露	
戴米诺公司（Deminor）	国家层面	与公司治理有关的法律分析	从机构投资者的利益角度出发进行评分，关注公司治理环境对公司治理水平的影响，但未重视诸如企业社会责任、利益相关者等方面的评价
	公司层面	股东权利与义务、接管防御范围、董事会结构与功能，对公司治理的披露	
里昂证券亚洲公司（CLSA）	国家和地区层面	公司透明度、影响公司治理和公司价值最大化的政治和规制环境，综合性规则和监督条例及相关法规的实施、公司治理文化的制度性机制、国际公认会计准则的采用	一个全球性的公司治理评分系统，注重对董事会治理进行评价。这一评价体系并没有局限于对大股东的利益保护的评价，同时还关注了小股东保护或公平性方面的评价。该评价体系的一个独特优点在于关注了公司社会责任方面的评价，这在众多公司治理评价体系中是少有的
	公司层面	管理层的约束、小股东保护或公平性、透明度、董事会结构与独立性、董事会尽责性、董事会问责性、股东现金回报，公司的社会责任	

续表

公司治理评价机构或个人	评价层面	一级指标设置	特点
日本公司治理研究所公司治理评价指标体系（JCGIndex）	公司层面	经营者责任体制、董事会的权能和构成，最高经营者的经验执行体制、股东间的交流和透明性	以股东主权为核心，从绩效目标出发进行评价，符合股东的利益。该评价体系的不足之处在于评价结果未能反映其他主要利益相关者利益，评价指标的设置还可以进一步完善
南开大学公司治理研究中心（CCGI[NK]）	公司层面	控股股东行为、董事与董事会、监事与监事会、经理层、信息披露与内控系统、利益相关者	将利益相关者单独作为一级指标进行评价，评价内容的设置得到普遍的认可，但未对员工等利益相关者的利益保障进行相关评价
上海证券交易所研究中心	公司层面	股东行为规范、关键人的约束与激励、股东权利、透明度、董事会的结构	针对中国上市公司而设计，没有考虑公司治理的外部环境和宏观因素，只考虑了单个企业的特质
海通证券研究中心	公司层面	股权结构、股东权利、治理结构、治理与管理的匹配性、财务治理信息披露	服务于企业的各个利益相关主体，重点评价公司是否遵循有效的公司治理规范，但在评价指标的设置上不完整
大鹏证券有限责任公司	公司层面	所有权结构及影响、股东权利、财务透明性和信息披露、董事会结构和运作	根据标准普尔和戴米诺推出的公司治理评价体系制定，注重董事会的治理，但评价内容不够全面

除了以上公司或机构推出的典型评价系统外，国外个体学者代表性研究有：Sherman（2004）[103]认为，专注于公司治理和透明度的企业，随着时间的推移，将会创造更高的回报、经济性能，并且降低资本成本。基于超过4100家公司的相关数据组成的数据库，对董事会问责制、财务信息披露、股东权利、薪酬政策、市场控制、股东基础、企业声誉以及劳资关系、监管措施、环境行为等方面进行评价，以经济合作与发展组织（OECD）等发布的全球公司治理规范为评级标准，确定了20家在公司治理上得分最高的公司，从而提出了国际治理标准公司（Governance Metrics International，GMI）的概念。

尽管治理标准和其他新的评价措施的推出有助于公司治理的改善，但公司治理真正的改革应该是在董事会内部以及公司本身。Klapper等（2005）[104]利用14个新兴市场企业层面的公司治理的最新数据进行分析，发现公司治理水平与信息不对称程度是相关的。Christian Strenger（2004）[105]系统地阐述了德国的公司治理评分卡（The German Scorecard），该评分卡有标准化的格式，可以有效地应用于公司自我评价以及行业间的比较等。该评分卡主要评价标准为公司治理的承诺、股东与股东大会、管理委员会和监事会之间的合作、管理委员会、监事会、透明度、年度财务报表的报告和审计七个方面。该评分卡的优点在于能够应用于改善公司治理的实践中，并且被分析师和投资者在实际中广为运用。其不足之处在于在评价标准设置方面遗漏了一些关键性指标，使得评价层面不够全面。Daryl Koehn和Joe Ueng（2005）[106]比较了当时典型的两种公司治理评级体系，并进行了实证分析：公司治理国际标准公司（GMI）和美国机构投资者服务组织（ISS），两者主要的不同之处在于数据来源不同，以及 GMI 的评级体系具体包括了企业社会责任的范畴，而 ISS 的评级体系并未包含这一点。研究结果表明，投资者不应过分依赖于机构股东服务公司（ISS）所给出的公司治理评分标准，并且没有结果表明高的公司治理得分和公司治理高质量盈利有正相关关系。Chhaochharia 和 Laeven（2009）[107]的研究结果表明，虽然在欧洲公司治理在很大程度上是自发性的，但公司治理的评级似乎随时间而增加，从而促使公司治理水平更接近外部投资者的需求。这也引发了相关的讨论：公司治理是否应该由法律加以规范，或由市场这只“看不见的手”来决定。这些发现对研究遵守良好的公司治理准则的有效性提供了帮助。Themistokles Lazarides 和 Evaggelos Drimpetas（2008）[108]通过分析发现，公司治理质量的主要影响因素是公司规模、领导或权利的集中和董事会特征等方面。基于此，使用二进制变量来构建公司治理质量评价指数。同时，通过年报数据来识别公司治理的机制和实践，通过有序 Probit 模型来识别公司治理的驱动程序。这一指数的优点在于，通过识别对公司治理质量产生影响的因素进行评价，因此，决策者可以通过关注这一指数，创建一个可以改善公司治理水平的法律监管框架。但其不足之处在于数据的获取是从年度财务报告中获得的，若会计信息失真，将会直接影响到评价结果，因此信息的可靠性有待提高。Ying Zheng 和 Harry Zhou（2012）[109]以帮助投资者做出投资决策为目的，以美国证券交易委员会（SEC）所发布的公司治理相关文件中的关键因素，包括规章制度、行为准则、道德规范、董事会信息、高管薪酬制度、内幕交易信息等作为公司治理评价的出发点，建立了公司治理智能分析和评价系统（Intelligent Corporate Governance Analysis and Rating System，ICGA）。该系统可以为政府机构、投资者、证券分析师、会计师、金融机构等提供独立的、值得信赖的关于评估公司治理的相关资料。

国外对于公司治理定量评价的相关研究范围比较广泛，并且很多公司治理研究中运用到了公司治理定量评价的数据，因此，公司治理定量评价研究不仅对于公司治理水平的评价具有重要的指导性作用，也对公司治理的相关领域研究有所贡献。

（2）国内研究进展。国内学者对于公司治理评价的研究要晚于国外。裴武威（2001）[110]从公司治理评价的理论基础出发，分析了国外主要公司治理评价体系，结合我国公司治理环境、现阶段公司治理的特点，在对戴米诺、标准普尔等较为成熟的国外公司治理评价体系进行修改的基础上，提出了我国的公司治理评价体系框架。海通证券研究所上市公司治理评价项目组（2002）[111]推出了上市公司治理评价体系，并进行了实际应用。该评价体系推出的上市公司治理指数（CGI）结合我国上市公司治理的现实情况及我国的相关法律法规而建立，主要用于一个公司遵循公司治理规范的情况，服务于企业的各方相关利益主体。南开大学公司治理研究中心推出中国上市公司治理评价系统（2003）[112]，连续多年推出中国上市公司治理指数（China Corporate Governance Index，$CCGI^{NK}$），受到普遍认可及应用。以上文献中的公司治理评价体系考虑了我国公司治理的特点以及我国《上市公司治理指引》《公司法》等相关的法律、规定，符合我国现实情况。但在评价内容的设置上各有不同。这主要是由于各评价系统评价的目的、针对的信息使用者以及出发点和评价的重点有所不同而导致的。

随着我国公司治理评价体系研究的兴起，对于推出的各主要评价体系的评价研究也在进行。牛建波、李胜楠（2004）[113]将国内外主要的公司治理评价体系进行对比、分析后，对公司治理准则适用性、评价标准、评价内容等方面提出了质疑，认为公司治理评价系统中应当包含社会责任方面的评价。周繁（2004）[114]在对公司治理的原则、目标以及现有公司治理评价模式进行分析后，认为我国上市公司治理评价体系可以从公司外部治理评价、公司内部治理评价和治理与管理的匹配性三个层面来构建。张大力（2008）[115]对国内外主要的公司治理评价实践进行回顾后，对国内外公司治理评价体系进行了再评价，认为各公司治理评价体系的评价内容、赋值方式、权重分配和计算原理不尽相同，适用范围各有侧重；与国外相比，国内的评级重形式而轻实质，并指出公司治理评价应该是“公司治理绩效评价”。蒙立元、张颖（2009）[116]对国内外典型的公司治理评价体系进行了比较分析，认为应当在针对内部治理的评价中注重对股东行为、独立董事、管理层激励约束机制的评价，同时还应当注重对外部治理的评价。李维安、徐业坤和宋文洋（2011）[117]系统梳理了近几年来国外公司治理评价研究的相关文献以及基于公司治理评价指数的相关实证研究，提出公司治理评价系统的设计应该融入对公司治理环境的评价，评价的对象以及内容需要进一步拓展，要构建适合我国转型背景的公司治理评价系统。同时还指出，在利用公司治理指数进行实证研究时，要考虑到公司治理指数的有效性以及公司治理的内生性问题。

在国内公司治理评价系统中，行政型治理模式和经济型治理模式量化分析值得关注。在经济型治理模式的量化评价方面，以南开大学发布的公司治理评价指数（CCGI）为例，其一级指标包括控股股东行为、董事会治理、监事会治理、经理层治理、信息披露与利益相关者治理等。相关研究发现了经济型治理指数对公司绩效的促进作用［李维安、张国萍（2005）[34]；李维安、牛建波（2005）[118]］。CCGI－2009 显示，国有控股的上市公司的治理质量稳定地好于民营上市公司，但其治理指数 2009 年首次呈现出下降态势。在行政型治理模式的量化评价方面，有关的测度及研究还较少，这主要是由于行政型治理的实证测度比较困难，指标选取的代表性不足。邱艾超（2014）[119]认为，国有企业行政型治理的量化研究有较强的理论和现实意义：一是有助于探讨行政型治理与制度环境、公司绩效、治理效率之间的关系，验证行政型治理可能的双重效应；二是有助于指导企业的治理转型实践，把握转型进程，从而能辩证地看待中国特色的双重公司治理模式。田利辉（2005）[120]认为，国有股占比越高，则其经营目标越趋于行政化。随着国企持股机构由政府转变为国资委以后，国资委更重视企业的经济或财务指标，“行政化”的经营目标也可能逐渐经济化、市场化。此外，过高的社会捐款往往表明企业承担了过多的其他非经营性目标。高管任免行政化维度主要从关键岗位的任命来测量行政干预的程度。衡量高管任免行政化程度的关键岗位主要指的是董事长和经理层。这是因为董事会和经理层是公司治理的核心和关键所在，直接影响着公司治理的质量及企业的绩效。李维安、张国萍（2005）[121]发现经过多年的改革，近几年国有企业高管行政化任命程度呈现下降趋势。具体表现在：一是国资委任免国有独资企业负责人时重视考察候选人的企业经营经验；二是国有控股母公司任免或推荐其控股的上市子公司董事人选时主要看重其企业管理经验；三是国务院国资委开始试点中央企业副职乃至正职市场化招聘等。资源配置行政化可以从政治联系及地方政府的干预两个指标来测量。罗党论、唐清泉（2009）[122]认为，企业政治联系与制度环境是当前学界研究的热点，研究重点之一是讨论在行政型治理环境和经济型治理环境模式下不同关系渠道影响资源配置的过程。樊纲、王小鲁和朱恒鹏（2011）[123]认为，从不同的治理层级来看，如果董事会、经理层的政治联系过高，企业可以利用这种治理层级的强政治联系获取行政型的政策支持。谢在阳等（2017）[124]以中国A股国有上市公司为研究样本，研究发现国有企业董事会存在政府干预、独立董事难独立等问题，行政型董事对企业绩效具有显著的负效用，经济型董事与企业绩效存在正“U”形关系，且企业间连锁董事网络分别调节了不同类型董事对企业绩效的影响。在细分国有企业内部董事与独立董事作用的情况下，经济型内部董事与独立董事对企业绩效的影响更为显著。

国有企业作为国民经济的主体，其治理问题一直为学界和社会大众所关注。刘俊海（2014）[10]认为，国有企业在为国民经济持续注入动力的同时，也部分存在着监督激励机制缺失、人员选聘晋升不透明、财务信息披露质量不高等现象，以上问题的存在亦直接影响着国有企业提升核心竞争力和国有资产的保值增值。在全面推进国家治理体系和治理能力现代化的大背景下，如何推进国有企业治理体系和治理能力现代化也被提上议事日程，而如何客观有效地评价其治理能力现代化的程度成为了解决现有问题的前提。目前对于国有企业绩效、创新能力等因素的评价已形成一定的研究成果，但针对国有企业治理能力现代化程度的评价还处于起步阶段。一般认为，企业治理体系与企业治理能力间存在着紧密联系，且治理体系直接影响着治理能力的优劣。因此，实现企业治理能力现代化某种意义上就是要实现治理体系现代化。

（3）研究现状。关于国有企业治理能力评价已有前人的文献涉及，以往学者多从治理效率［陶虎、齐新家（2007）[125]］，经理层治理评价［李维安、张国萍（2005）[121]］，控股股东行为、董事会治理［李维安、唐跃军（2006）[126]］，经济效益、社会责任甚至行政责任［李灿（2012）[127]］，绩效评价体系、薪酬激励机制［陈霞等（2017）[128]；李武立（2008）[129]］，产权管理［张天华、张少华（2016）[130]］，外部监管［盛丹、刘灿雷（2016）[131]］等方面对公司治理能力进行量化评价，但已有文献所涉及的指标往往只能反映公司治理的某一个或某几个具体方面，其综合性程度不高。

1.2.2.4 现有研究不足

目前，鲜见国内外关于公司治理定量评价中存在问题的文献，少数的相关文献指出其问题主要包括评价标准不统一、缺乏社会责任方面的评价、公司治理准则以及评价标准的适用性欠佳、评价的信息可靠性低等。然而，这些论述不够全面和深入，忽略了一些关键的重大问题，如现有评价体系中缺乏治理效果的评价，未能将公司治理的外在形式与内在实质结合起来等。

（1）评价主体模糊，导致应用偏差。相关文献表明，最初的公司治理评价是一个单方面的评价，通常仅针对公司董事会的运作、结构与履责情况进行评价。这种评价方式通常认为公司治理的实质是董事会治理，公司治理质量很大程度上与董事会的组成及作为有关，因此选用董事会这一层面作为评价主体。但现代公司治理通常是一个由多方共同治理的格局，因此，这种评价主体的选择会直接导致评价内容设置的单一性与片面性，使评价结果有失偏颇。当前，在现有的主流公司治理评价体系中，评价主体多数由公司内部多方组成，如董事会、股东大会、监事会以及管理层等。这种评价主体的选择虽然考虑了公司治理是一个多方共同治理的过程，但其评价主体的选择几乎都是从公司内部利益相关者（尤其是股东）出发，而较少甚至没有考虑到其他参与公司治理的主要利益相关方。因此，当前关于评价主体的选择依然从公司内部视角出发，不够全面。一般认为，不同评价主体有不同的立场、评价需求和内容，但现有公司治理定量评价几乎都未明确说明评价主体，因此，评价结论可能导致其他主体错误决策。

（2）遗漏部分关键性指标，特别是忽视相关利益者的指标。在大多数公司治理评价指标体系中，一级指标没有设置相关利益者方面的评价指标。国外主流评价体系中，标准普尔的公司治理评价体系虽有涉及，但只是关注了金融利益相关者的权利。国内主流评价体系中，仅南开大学的公司治理研究中心推出的公司治理评价指标体系中涉及了相关利益者评价的一级指标，但具体指标并未涉及诸如员工利益保障等方面的评价。究其本质原因在于学术界对于公司治理的内涵尚存分歧，导致对于除股东以外的其他利益相关者的利益是否应当给予关注和保障的问题至今没有一致论调。《OECD 公司治理原则》（2008）中提出的公司治理五大原则中指出了利益相关者在公司治理中的作用，并提倡应当平等对待所有股东。[132]《美国圆桌商业会议公司治理声明》（1997）中将利益相关者放到了重要的位置，指出为了股东的长期利益以及公司的正常运营，管理层和董事会必须考虑公司其他利益相关者的利益，并提出公司有责任公平地对待雇员。[133]中国证监会《上市公司治理准则》（2002）专门针对利益相关者合法权益的保障等方面做出了规定，并将利益相关者的范围界定为以债权人、员工、供应商、消费者和社区等为主。[134]此外，出资人（主要是股东和债权人）虽然对于企业是否具备法人资格和经营条件具有决定性作用，但是企业的生产经营、生存发展还要依靠经营者、职工、客户等多个利益相关方共同参与才能实现，忽视利益相关者利益的企业必定走不长远。因此，现有指标体系中，诸如相关利益者这样的关键评价指标的缺失会导致评价的片面以及评价结果失真。所以，在公司治理评价体系中设置专门针对利益相关者进行评价的多级指标是十分必要的，并且这一指标应当是关键性的评价指标之一。

（3）缺乏对各指标的客观重要性测度，导致指标权重不科学。在实际中，运用公司治理评价体系对上市公司治理情况进行评价，评价结果通常用公司治理指数表示。不同指标在公司治理评价系统中的重要性不同，因此，大多采用权重系数衡量其重要性大小。但大多数公司治理评价指标体系中，没有对主要的相关因素所赋予的权重的由来加以说明，没有对相关因素作用关系及大小进行分析和阐释。显然，现有评价文献几乎都是采取了主观赋值或评分模式，这样的方式虽然具有操作方便的优点，但存在重要缺陷，尚未发现对各指标客观重要性测度的相关文献。只有明确了各相关因素对公司治理的影响程度，采用客观赋权方法，才能够准确地对各级指标赋予权重，进行评分。因此，现有指标体系结果的准确性受到质疑。

（4）缺乏治理效果的评价，未能将公司治理的外在形式与内在实质结合起来。公司治理定量评价可以从外在形式和内在实质两个方面来反映，公司股权结构、治理结构、董事会结构等属于外在形式，大多数文献侧重于外在形式评价。治理效果是真实治理水平，属于内在实质，但现有文献普遍忽视了这一根本性内容。公司治理的外在形式和内在实质可能统一，也可能相背离。公司治理外在形式好的企业，公司治理效果可能并不理想。因为，并不存在适用于所有公司的最佳公司治理模式，不同公司治理模式的选择会有不同的治理效果，而只要治理结果是让人满意的，即使某些非关键面并未完全遵守公司治理评价的外在标准，也可以认为其公司治理水平满足相关利益者的需要。因此，现有文献仅仅从外在形式或治理结构来评价公司治理，评价结果的真实性和可靠性较差。

1.2.3 国有企业治理体系和治理能力现代化

1.2.3.1 现代化

实现现代化是中国近代以来无数仁人志士毕生奋斗的目标，也是实现中华民族伟大复兴的核心。中国共产党人对于现代化的探索已横跨了半个多世纪。1945 年，毛泽东同志首先在《论联合政府》中提出了工业、农业现代化的问题。1959 年末到 1960 年初，毛泽东同志在读苏联《政治经济学教科书》笔记中提出了“工业现代化，农业现代化，科学文化现代化，国防现代化”的“四化”思想。1964 年，周恩来同志在第三届全国人民代表大会第一次会议上作《政府工作报告》时，正式把“四化”表述为“全面实现农业、工业、国防和科学技术的现代化”。与此同时，从中华人民共和国成立后我国就开始了社会主义革命和建设，并且探索建立了社会主义制度体系。改革开放以来，我们坚持和拓展中国特色社会主义道路，并且找到了符合中国国情的、不同于西方模式的社会主义现代化道路，经济、政治、文化、社会等各领域的建设取得突飞猛进的成就，我们比历史上任何时候都更接近现代化的目标。1992 年邓小平同志在南方谈话中指出，恐怕再有 30 年的时间，我们才会在各方面形成一整套更加成熟、更加定型的制度。在这个制度下的方针、政策，也将更加定型化。他还提出了“三步走”的战略构想，到 21 世纪中叶人均国民生产总值达到中等发达国家水平，人民生活比较富裕，基本实现现代化。更加成熟、更加定型的制度，实际上指的就是制度的现代化。

关于现代化的研究汗牛充栋，胡鞍钢（2016）[135]对于现代化的定义具有一定代表性，他指出，现代化指全社会范围内一系列现代要素以及组合方式连续发生的由低级到高级的突破性变化或变革的过程。而国家现代化指在国家的政治、经济、文化、社会和生态文明建设中最大限度扩大生产、创造财富，最大限度利用现代知识、科技、文化和信息要素的态势，意味着整个社会的变革，各种传统关系、传统思维方式、生产方式和生活方式趋向更加“现代”的一种变化。“现代”是一个历史分期术语，也是一个文化思想史范畴术语，包含着“过去”所不具有的新意，意味着更新、更好、更优越、更进步。[136]

对于现代化的追求，是很多发展中国家的共同愿望，甚而在第二次世界大战后形成了现代化浪潮。西方现代化理论也于此时兴起。根据德国学者伯恩斯坦的定义，现代化是一个社会由传统向现代转化的总体过程，以经济发展作为前提与主要驱动力，推动社会各个领域的全面发展，以达到现代性的总体要求为最终目标。但实际上，对现代化的定义有很多种，对现代化的标准也说法不一。[137]

一些人认为，现代化是一种以西欧及北美地区等地国家近现代以来形成的价值为目标，寻求新的出路的过程，因此常与西方化的内涵相近；发展中国家只有以西方发达国家为模板，才能找到现代化的出路。这一认识是不符合实际的。早期的现代化理论曾机械地遵循“传统/现代”二分法原则，且僵化地坚持西化的发展道路。但是，这样一种完全照搬西方所谓自由民主模式的现代化理论，在 20 世纪五六十年代运用于第三世界国家时，遭遇了巨大失败。与此同时，东亚地区的崛起引起了世界瞩目。在东亚国家中，即使是亲近西方的日本和韩国也没有完全照搬西方模式，而是由政府在推动经济发展方面扮演重要角色，被称为“发展型国家”，其实践受到现代化学者的重视。基于对理论的批判和现实的反思，西方现代化理论对自身做了修正：现代性与传统性不再被视为矛盾的两个发展因素，传统也不再被必然视为现代化的阻碍；更加注重发展中国家传统因素的个体差异性，改变基于西化标准的衡量方式，不再坚持单一线性的西化发展模式，开始倾向制定符合各国具体国情的发展道路。研究现代化理论的学者更多关注不同社会历史文化的比较性研究，而非抽象地对现代化进程进行阐释与分析。而且，东亚国家的发展经验也让西方学者重新认识国家在现代化中的作用。[138]

1.2.3.2　国家治理体系和治理能力现代化

“国家治理体系和治理能力现代化”，是党的十八届三中全会提出的重大理论观点，在党的文献中也是首次出现。

（1）国家治理体系和治理能力。对什么是国家治理体系和治理能力，学者们给出了不同的定义。俞可平（2013）[139]认为，国家治理体系就是规范社会权力运行和维护公共秩序的一系列制度和程序，包括规范行政行为、市场行为和社会行为的一系列制度和程序，政府治理、市场治理和社会治理是现代国家治理体系中三个最重要的次级体系。戴长征（2014）[140]认为，国家治理体系，从范围看包括政府治理体系、社会治理体系、市场治理体系，从内容看包括常态治理体系、特殊治理体系、危机治理体系，从过程看包括国家治理的规划和决策体系、国家治理的支持体系、国家治理的评估体系、国家治理的监督体系。所谓国家治理能力，是指国家在管理经济、政治、社会、文化事务过程中，为实现国家治理的战略目标，分配社会利益并实现对社会生活的有效控制和调节的能量及其作用的总称，包括国家治理的合法化能力、规范化能力（形成统一意志）、一体化能力、危机响应和管控能力。许耀桐（2014）[4]认为，当代中国国家治理涉及政治、经济、社会、文化、生态、政党等方方面面，国家治理体系就是由各个领域的指导思想、组织机构、法律法规、组织人员、制度安排等要素构成一整套紧密相连、相互协调的体系。国家治理能力，是运用国家制度管理社会各方面事务的能力，涵盖行使公共权力、履行国家职能、制定公共政策、提供公共产品、分配社会资源、应对突发事件、维护社会稳定、建设和谐社会、促进社会发展、处理国际关系等各方面的能力。

（2）国家治理体系和治理能力现代化。学界有少数学者将国家治理现代化中的“现代化”称为“第五个现代化”，主要基于如下理由：第一，根据党和政府的“现代化”的主流话语体系演变而提出。李景鹏（2014）[141]认为，国家治理现代化是自 20 世纪五六十年代提出“四个现代化”之后，党和政府提出的“第五个现代化”。第二，与四个“硬实力”现代化相对应的“软实力”现代化，如莫纪宏[142]如此认为。第三，以历史唯物主义为依据，按照现代化三个层次划分。许耀桐（2014）[143]认为，四个现代化和国家治理现代化“五化”提法，遵循历史唯物主义的路径，由浅入深地探索了现代化所包含的三大层次：生产力、生产关系、上层建筑以及意识形态，强调国家治理现代化，主要是从上层建筑和思想文化意识形态的层面探索现代化。唐皇凤（2018）[144]亦认为，社会主要矛盾是党和政府确立自身主要任务的基本依据，社会主要矛盾的转化是确定国家治理体系和治理能力现代化愿景目标、战略路径和行动议程的客观基础。社会主要矛盾转化决定了国家治理的根本任务与工作重点的重新聚焦，更大程度地满足更多人对美好生活的需要是新时代国家治理现代化的目标指向和根本归宿，着力破除发展不平衡不充分、实现更加全面而均衡的发展是新时代国家治理现代化的首要聚焦点，新时代社会主要矛盾的转化有望成为推动政府治理现代化转型的强大动力。

大部分学者是从国家治理现代化本身的内涵维度进行论述，没有将其与四个现代化并列而提出“第五个现代化”的称谓。应当看到，工业、农业、国防、军事四个现代化主要是经济的现代化，而在之后的探索中，我国的现代化逐步从经济领域扩展到其他领域，即逐步从“三位一体”发展到“四位一体”“五位一体”。按照胡鞍钢对于国家现代化的定义，四个现代化以及之后的“四位一体”“五位一体”是国家现代化的范畴，而国家治理现代化是国家现代化最重要的手段，也即“四个现代化”是国家治理现代化要实现的目标之一，国家治理现代化和四个现代化不能简单相提并论，燕继荣等（2014）[145]也指出这还需要学术界进一步讨论。

李晓乐（2018）[146]认为，中华人民共和国成立后国家治理经历了1978年改革开放和党的十八届三中全会两个节点、三个阶段，呈现出四种国家治理模式——全能主义国家治理、发展型国家治理、和谐型国家治理、现代化国家治理。从“治理权”“治理主客体”变迁等视角可以看出中华人民共和国成立60多年的国家治理总体而言经历了从“统治”“管理”到“治理”的演进轨迹。这一逻辑演进轨迹生动地反映了社会主义国家建设的历史实践，为丰富和发展马克思主义国家理论提供了鲜活的历史素材。涂小雨（2017）[147]认为，治理理念的转型是社会治理转型的先导，不同的理念会有不同的思路，不同的思路会产生不同的社会治理方式。从革命逻辑到执政逻辑的转换过程中，中国的社会治理理念经历了从管制、管理到治理的嬗变，因应了中国社会转型的不同阶段执政党社会控制方式的选择。

俞可平（2014）[148]将国家治理体系的现代化归结为公共权力运行的规范化、公共治理过程的民主化、法治、效率提升以及中央与地方的协调化五大标准。国家治理体系现代化的核心模式在于以现代治理理念重构公共权力，实现国家治理的范式转换，中心内容则是行政体系的再造，直接目标则是提升政府的治理能力，打造民主、法治、高效的现代行政体系，为国家的“善治”创造条件。周晓菲（2013）[149]认为，“治理体系现代化”是指处理好政府、市场、社会的关系，在经济治理体系中，就是要按照政府调控市场、市场引导企业的逻辑深化经济体制改革，发挥市场在配置经济资源中的决定性作用。“治理能力现代化”是指把治理体系的体制和机制转化为一种能力，发挥其功能，提高公共治理能力。“治理体系现代化”和“治理能力现代化”的关系是结构与功能的关系、硬件与软件的关系。治理体系的现代化具有本质属性，是治理结构的转型，是体制性“硬件”的更换。只有实现了治理体系的现代化，才能培养治理能力的现代化。同时，治理能力又反作用于治理体系，执政者、行政管理人员的能力强不强，作用发挥得好不好，对治理结果会产生积极或消极的影响。李军鹏[150]认为，国家治理能力是一个国家在制度管理与战略管理、政策制定与执行、社会治理与秩序维护等各方面能力的整体体现。徐邦友[151]认为，国家治理体系现代化是指国家治理体系从传统到现代的结构性变迁，这种变迁包括结构、功能、体制机制、规则、方式方法和观念文化等各个方面，具体表现为国家治理体系的结构合理化、功能区分化、运行程序化、行为规范化、组合系统化和治理高效化。国家治理体系现代化是一个政治共同体现代化发展的重要方面。陈朋[152]认为，从政治学的角度看，精良的制度、合理的结构和充分的绩效是国家治理能力现代化的主要标志。娄成武和张国勇（2018）[153]认为，作为综合实力和竞争力的重要体现，营商环境在一定程度上反映着政府治理能力的高低，是经济社会可持续发展的关键影响因素。治理理论与营商环境的内在逻辑有高度的契合性，具体表现为治理主体的多元化、治理机制的合作性、治理方式的制度化和治理目标的公共性。作为一种具有制度特征的公共产品，营商环境的建设过程是一个公共治理过程，政府是营商环境最主要的治理主体。针对当前营商环境建设中存在的突出问题，提出对策措施：①政府在营商环境建设中充当责任主体，发挥主导作用；②政府和市场主体、社会主体的协作治理促进营商环境的建设与优化；③以“放管服”改革为核心的政府治理能力提升是当前营商环境优化的关键所在；④市场主体和社会公众的评价是营商环境的最终评判标准。

（3）国家治理体系和治理能力现代化的原则。在中国国家治理实践的价值取向维度上，综合学界的观点，可以将之归结为几个“化”：第一，制度化，即坚持用制度管事管人，让人民监督权力，让权力在阳光下运行，把权力关进制度的笼子里，以及要求权力运行的程序化和规范化。第二，法治化，即在法律制度体系严密完备的情况下，做到执法必严、违法必究，久而久之，社会树立起司法公信力，市场经济所需要的遵守契约、维护产权等要素就能建立起来并发挥有效作用。第三，科学化，即通过建立健全既体现科学理念、科学精神，也具有科学规划、科学规则、科学运作的制度体系，并充分利用科学技术进行治理。第四，民主化，即国家治理要以保证人民当家做主为根本，保证民主决策、民主参与、民主监督，巩固治理合法性。代表学者如许耀桐（2014）、胡鞍钢（2014）、郑言（2014）、卢洪友（2014）等。李仪（2017）[154]指出，为进一步推进国家治理体系和治理能力现代化应做到“六化”：以标准化和程序化夯实基础，靠法治化将标准化和程序化的成果上升到刚性的制度层次，以科学化为抓手，以信息化的技术力量予以固化并提升效能，不断提升服务和监管的精细化水平，从而真正实现国家治理体系和治理能力的现代化。缪文卿（2017）[155]提出国家治理的三重维度，包括国家治理有序性、国家治理有效性和国家治理人民性。国家治理有序性是最基本的和最首要的，是国家治理有效性和国家治理人民性的前提、基础和保证。国家治理有效性承前启后，在“有序性、有效性和人民性”架构中发挥着中坚作用和传导作用，既是国家治理有序性的价值旨归又是国家治理人民性赖以生成的价值根基。国家治理人民性则既是国家治理有序性和国家治理有效性的价值旨归，也是国家治理最基本的价值追求。实现国家治理的有序性、有效性和人民性，要在借鉴、吸纳和移植先进治理理念的基础上，植根于中国实践沃土之中，结合国情实际走出一条具有中国特色的国家治理之路。

（4）国家治理体系和治理能力现代化的路径。肖春花（2017）[156]认为，国家治理现代化过程中最基本的现代化要素是治理主体和治理方式。治理主体现代化实质是打破单一化的治理主体局面，建构多元化治理主体共同参与的新常态，激发政府主体、市场主体、社会主体以及公民主体的参与活力。治理方式现代化要在政府领域、市场领域、社会领域、个人领域等层面推进国家治理现代化。唐皇凤（2018）[144]提出，始终坚持发展为第一要务，大力提升发展的质量和效益，及时而稳妥地推行“美好新政”，积极探寻国家治理现代化的战略突破口，以公共服务优化国家治理，大力促进区域和城乡协调发展，不断提高新时代我国国家治理体系和治理能力现代化的水平和境界。肖春花（2017）[157]认为，国家治理现代化是马克思主义国家理论的重大突破和创新发展，是以习近平同志为核心的党中央关于治国理政的新思想、新理念、新战略、新论断，并从四个维度分析理解国家治理现代化的科学内涵，以期更好地落实践行国家治理现代化。从价值维度看，国家治理现代化诉求于民主化；从必然维度看，国家治理现代化诉求于法治化；从生成维度看，国家治理现代化诉求于科学化；从目标维度看，国家治理现代化诉求于效能化。吴汉东（2015）[158]从现代国家制度建设要求出发，认为国家治理包含着治理体系和治理能力两个政治维度，表现出现代化与法治化两个政治向度。现代国家的成长必须依靠国家的制度化、法治化，国家治理能力的核心是法律制度供给与实施的能力。在当下中国，国家治理能力的建设目标，旨在寻求各主体执政能力、行政能力、参政能力和自治能力的协同均衡。

我国提出全面深化改革总目标，推进国家治理体系和治理能力现代化，是中国特色社会主义理论体系的最新发展，是中国特色社会主义现代化理论的最新成果，既不是对西方治理理论的套用，也不是西方现代化理论的延伸，而是基于中国特色社会主义理论体系的方法、框架和内容提出来的，其前提是完善和发展中国特色社会主义制度。这样说，当然并不是否认西方治理理论和西方现代化理论的价值，并不是否认中国传统文化中的宝贵财富。这两种理论均含有很多对于激发社会活力、提高治理水平、促进各领域发展有益的思想和做法，我们应该大胆学习和借鉴，但必须坚持以我为主、对我有益的原则，将其纳入中国特色社会主义理论体系的理论框架和话语体系之内，而不是受其牵制，更不是要放弃中国特色社会主义道路而去走别的什么道路。

1.2.3.3 国有企业治理体系和治理能力现代化

作为“国家治理”顶层设计下的细化领域，有关“国有企业治理体系和治理能力现代化”的阐述与解释明显较少。

（1）国有企业治理体系和治理能力。俞可平（2014）[159]对国有企业治理能力的解释是“国有企业对制度的执行能力”，并认为公司治理是一系列的制度与安排组合成的有机

整体，是否符合治理能力现代化的要求可以从各项制度运行的有效性上进行测度。高闯等（2009）[160]将公司治理结构和公司治理机制看作企业的两种资源，两者对公司治理来讲是表面的和载体性的构成要素，公司治理能力则是存在于两者背后的能力。公司治理能力与公司领导者的个人能力、治理工具、治理环境等要素紧密相关，这些因素相互影响、相互作用，并综合地体现为公司治理能力。刘志丹（2014）[161]认为，一个现代化的治理体系离不开其结构要素即股东大会、董事会、监事会的规范性和完备性，各治理主体间的制衡度等。

（2）国有企业治理体系和治理能力现代化。党的十八届三中全会首次提出“国家治理能力现代化”的重要概念，其内涵包括了政治、经济等多种层面。国有企业为全民所有，且作为国民经济的重要组成部分，推进其治理能力现代化是实现国家整体治理现代化的重要一环。徐勇、吕楠（2014）[162]从概念扩展和延伸的角度认为，“国家治理能力现代化”的一系列共性阐述可迁移至国有企业治理的范畴内，治理制度化、治理民主化、治理法治化、治理高效化、治理协调化不仅是国家治理能力现代化的表征，也是国有企业治理能力现代化的表征。任瑞明（2015）[163]提出，公司治理是国家治理、公共治理与社会治理的子系统，国有企业治理体系和治理能力现代化是全面深化国企改革、完善现代企业制度的核心内容。楚序平（2014）提出，国有企业治理体系和治理能力现代化包括公有制经济价值观体系、国家所有权制度、委托代理制度、国有企业法人治理制度、激励约束制度等一整套紧密相连、相互协调的体制机制、法律法规安排。[160]国有企业治理能力现代化是在制度框架内协调发挥制度优势、搞好国有企业的综合能力，包括国有企业发展动力、内生活力、创新驱动等方面。《现代国企研究》编辑部（2018）[165]指出，国有企业作为推进国家现代化、保障人民共同利益的重要力量，在建设社会主义现代化强国这一伟大历史进程中，担负着重大使命和责任，呈现出“现代国企”新的时代特征：地位作用更加重要，立足“四个伟大”全局，国企地位作用提升到前所未有的高度；党的领导更加坚定，在深化国企改革中，党的领导只能加强，不能削弱。必须坚定不移确保国有企业和国有资产牢牢掌握在党的手中；股权结构更加多元，使国企经营机制进一步转换，国有资本功能进一步放大，国有资本配置和运行效率进一步提高；治理特色更加鲜明，建设中国特色现代国有企业制度，“特”就特在把党的领导融入公司治理各环节，把企业党组织内嵌到公司治理结构之中，落实了党组织在公司法人治理结构中的法定地位，明确了企业党委（党组）发挥领导作用，把方向、管大局、保落实，结束了长期以来“中心”与“核心”之争；目标方向更加明确，国有企业要担负起“六个力量”① 的历史使命，必须把握新时代党和国家战略需求，同国家现代化进程相一致，同社会主义现代化强国相适应，坚定不移做强做优做大，培育具有全球竞争力的世界一流企业，为实现“两个一百年”奋

---

① 2016年10月，全国国有企业党的建设工作会议在北京召开，习近平总书记指出，要通过加强和完善党对国有企业的领导、加强和改进国有企业党的建设，使国企成为党和国家最可信赖的依靠力量，成为坚决贯彻执行党中央决策部署的重要力量，成为贯彻新发展理念、全面深化改革的重要力量，成为实施“走出去”战略、“一带一路”建设等重大战略和倡议的重要力量，成为壮大综合国力、促进经济社会发展、保障和改善民生的重要力量，成为我们党赢得具有许多新的历史特点的伟大斗争胜利的重要力量。

斗目标、实现中华民族伟大复兴中国梦提供坚强支撑。

（3）国有企业治理体系和治理能力现代化的目标。新时代全面深化国有企业改革的主要目标是：到2020年，在国有企业改革重要领域和关键环节取得决定性成果，形成更加符合我国基本经济制度和社会主义市场经济发展要求的国有资产管理体制、现代企业制度、市场化经营机制，国有资本布局结构更趋合理，造就一大批德才兼备、善于经营、充满活力的优秀企业家，培育一大批具有创新能力和国际竞争力的国有骨干企业，国有经济活力、控制力、影响力、国际竞争力和抗风险能力明显增强[166]。从机制上看，国有企业公司制改革基本完成，发展混合所有制经济取得积极进展，法人治理结构更加健全，优胜劣汰、经营自主灵活、内部管理人员能上能下、员工能进能出、收入能增能减的市场化机制更加完善。从体制上看，国有资产监管制度更加成熟，相关法律法规更加健全，监管手段和方式不断优化，监管的科学性、针对性、有效性进一步提高，经营性国有资产实现集中统一监管，国有资产保值增值责任全面落实。从结构上看，国有资本配置效率显著提高，国有经济布局结构不断优化，主导作用有效发挥，国有企业在提升自主创新能力、保护资源环境、加快转型升级、履行社会责任中的引领和表率作用充分发挥。从党建上看，企业党的建设全面加强，反腐倡廉制度体系、工作体系更加完善，国有企业党组织在公司治理中的法定地位更加巩固，领导作用充分发挥。四川省委办公厅印发的《关于坚持党的领导加强党的建设推进国有企业治理现代化的意见》明确提出，推进国有企业治理现代化有四个主要目标：一是企业党组织在公司法人治理结构中的法定地位更加巩固，公司法人治理结构更加完备；二是党组织在企业运行中的体制机制更加完善，政治核心作用充分发挥；三是企业选人用人和管理监督机制进一步完善，更加适应现代企业制度要求和市场竞争需要；四是企业领导人员和专业人才考核激励机制更加完善，企业发展活力不断增强。[167]岳海峰（2014）[168]指出，国家治理能力现代化的三个维度应为治理主体多元化、治理工具民主化、治理价值人民化；与国家层面对应，在国有企业内部也应从以上三个方面着力。楚序平（2014）[169]提出，国有企业治理现代化的目标是适应市场化、国际化新形势，以规范经营决策、资产保值增值、公平参与竞争、提高企业效率、增强企业活力、承担社会责任为重点，进一步深化国有企业改革，健全协调运转、有效制衡的公司法人治理结构。昆仑岩（2014）[170]坚持实现国有企业治理体系和治理能力现代化需要建立强有力的国企制度，建立健全公有制经济价值观体系、全民所有权制度和委托代理制度、国有企业法人治理制度、激励约束制度等一整套紧密相连、相互协调的体制机制、法律法规安排，以利于在此框架内更好地协调发挥社会主义制度优势，增强国有企业的活力、控制力和影响力，为社会主义市场经济条件下国有经济的长远发展壮大提供制度保证。

（4）国有企业治理体系和治理能力现代化的原则。杨荷生（2016）[171]提出，在提高国有企业的影响力及竞争力的基础上，进行企业相关的治理体系建设，以及加强国企的治理能力，把现代化体系改革作为公司治理的主要目标，这不是口号宣传，而是深入展开实践活动。相关管理体系及制度的建立，应形成国有企业核心价值观，实现公平、公开、民主等六大重点内容，提议通过落实股东权利、改革企业盈利分红等措施，推动国企的现代化进程。李树林（2013）[172]参照国家治理现代化“综合表征说”的看法认为，国有企业

治理能力现代化体现在各治理主体、内外部监督机制的互相支撑与平衡，法治与德治的有机统一，民主与效率的相互补充与协调，其综合表征为制度化、民主化、协同化、高效化。刘俊海（2014）[10]提出，提升国企治理能力，必须牢牢把握公司良治的六大核心特征：透明度、民主性、问责性、尊重股东价值、股东平等与公司社会责任。《国企改革若干问题研究》编写组（2017）[1]提出，完善国有企业法人治理结构是全面推进依法治企、推进国家治理体系和治理能力现代化的内在要求，是新一轮国有企业改革的重要任务。国有企业治理优化的基本原则包括：坚持深化改革；坚持党的领导；坚持依法治企；坚持权责对等。

儒家管理哲学是建立在"仁者，人也"的人性可塑论基础之上的，并在此基础之上展开了"仁""德""义"的逻辑辩证，倡导以人为本，以德治为基石，这对于提高现代企业管理水平具有一定的参考意义。实践证明，儒家传统管理理念与现代企业管理的发展殊途同归。因此，基于儒家管理思想体系，梳理儒家"仁""德""义"在管理思想中的逻辑理路，阐发其理论价值，并论证儒家管理思想与现代企业管理制度的契合，可以为现代企业管理思想以及现代企业管理体系提供思想资源与理论借鉴[173]。李小雁、张文欣（2017）[174]认为，儒家思想是中国传统文化中的宝贵财富，其中管理哲学中的"以和为贵""以人为本""以义为重"等思想，对于现代企业管理制度的形成和发展有着积极影响。因此，作为现代企业的管理者，应该积极地探索儒家管理哲学理念和现代企业管理制度的契合点，更进一步推动现代企业管理上的人文发展，更好地调动企业内部人才的积极性，促进企业的可持续发展。

（5）国有企业治理体系和治理能力现代化的实现路径。中共天津市委党校第98期进修一班"从严治党问题研究"课题组（2016）[175]建议，推动国有企业法人治理结构现代化，建立科学规范的国有企业惩罚体系，是全面从严治党、全面依法治国、全面深化改革的题中之意，也是全面建成小康社会、巩固党的执政基础的重要保证。徐向艺（2015）[176]提出，有效公司治理是国有企业改革的出发点和归宿。国有企业改革的目标是建立有效的现代企业制度，而完善的公司治理是现代企业制度本质的内在特征。公司治理结构安排为国有企业改革规范了内容与边界，公司治理机制设计为国有企业改革揭示了方法与途径。国有企业制度创新与深化改革的路径包括：基于国有企业类别差异权变推进混合所有制；遏制垄断、破除垄断，推进国有企业运营市场化；深化国有资产管理体制改革，实现国资运营平台化；强化现代企业制度建设，实现国企经理报酬机制市场化；改善企业外部环境，实现外部治理规范化。李维安、邱艾超（2010）[177]提出，在现代企业制度渐进过渡的基础上，国企治理转型路径体现为两个方面：一是治理主体与治理边界的变迁；二是从传统的行政型治理到内部人控制进而到经济型治理机制建设的层次性演进。李维安（2018）[178]断言，深化国企改革的根本目标在于建立现代企业制度，实现从企业治理模式向公司治理模式的转型，以加快形成有效的治理机制和灵活的市场化经营机制。汤吉军（2015）[179]提出，实现国有企业治理体系现代化的关键在于建立合理、有效的激励与协调机制，既要重视内部治理体系，也要注重外部治理体系，为国有企业在竞争性市场配置资源起决定性作用下健康发展提供强有力的组织和制度保证。楚序平（2014）[169]提出，实现国有企业治理体系和治理能力现代化，要狠抓四个方面的工作：一是完善国有企业治理现代化的法律体系；二是进一步推进政企分开；三是大力推进国资委的变革；四是大力推进国有企业董事会制度现代化。严若森（2014）[180]提出，推进国有企业治理体系和治理能力现代化，提升企业治理绩效的制度变迁，需要重新定义政府的企业治理边界，继续坚持"有进有退，有所为与有所不为"，从战略上调整和深化国有企业经济的整体布局；继续深化国有资产管理体制改革，促进国有企业现代产权制度的建立和完善；继续强化国有企业经营者选聘的市场化与职业化导向，将之作为国有企业制度创新、管理创新的基础和源泉；不断加强国有企业改革中各利益相关主体的权责利划分结构的重构与优化，切实补偿那些在国有企业改革过程中遭受利益侵蚀或利益伤害的主体；不断完善宏观调控体系，培育并引导市场体系的完善与成熟；全面构建和优化社会保障体系，为继续深化国有企业改革创造良好的外部环境；依据国有企业分类改革的基本思路，渐次动态赋予国有企业更大经营自主权及更多剩余索取权与控制权，激发国有企业竞争活力。宋方敏（2014）[181]建议，创新完善国有资产管理和国有企业运营的一整套紧密相连、配套协调的体制机制，包括建立健全公有制经济价值观体系和国家相关法律政策体系、全民所有权制度及委托代理制度、国有企业法人治理制度、激励约束制度等，在此框架内更好地协调发挥社会主义制度优势，增强国有企业的活力、控制力和影响力，实现整个国有经济治理体系和治理能力现代化，为社会主义市场经济条件下国有经济的长远发展壮大提供制度保证。闫翠翠（2017）[182]提出，国有企业要不断完善现代企业制度，通过健全混合所有制实现治理体系和治理能力现代化，通过高效监督机制，确保国有经济的运行效率，通过加强和改善党的领导，一直保持先进性，为社会提供更多的有效供给。卢俊和王鹓（2015）[183]围绕权力制衡、契约精神和企业效率三个核心价值，就国有企业的现代化治理体系的架构提出以下构想：一是在治理结构上，要建立现代法人治理结构；二是在治理主体上，要促进中小企业和职工的参与；三是在治理制度上，要完善国资监督体系和国资管理体系；四是在治理手段上，要实现国际化、透明化、民主化；五是在治理目的上，要实现市场化、国际化、法治化和中国化。

1.3 研究方法

本书秉持历史与现实、中国与世界、理论与实践相统一的理念，综合运用多种研究方法，力求做到有关方法的有机结合，确保研究具有历史眼光和国际视野。

1.3.1 实证分析和规范分析相结合

实证分析和规范分析是经济学研究的最基本的两种方法。实证分析是关于现象是什么的研究，是事实判断；规范分析是关于现象应该是什么的研究，是价值判断。本书两种分析方法并重，以事实判断作为价值判断的基础，把规范分析建立在真实、具体的实证分析的基础上。本书研究以国有企业治理实践为基础，必须回答国有企业地位作用、国有企业治理效率、国有企业治理体系和治理能力现代化、国家所有权等问题，在理论上对这些概念或制度环境约束下的国有企业治理有关内容进行界定和论述，这种界定和论述通常表现为规范分析。研究主题是国家治理体系和治理能力现代化背景下的国有企业治理创新问题，这种分析必须以国有企业治理现状为基础，通过对研究成果及数据、文献的梳理分析，以可靠的事实和真实的资料为依据，客观描述其存在的问题，进而提出改革创新策略，这种分析多表现为实证分析。研究提出的有关概念、结论、政策建议建立在大量事实研究的基础上，揭示了国有企业治理的发展历程和现状，概括了国有企业治理体系和治理能力现代化的思想溯源、理论内涵，从市场化、阳光化、法治化、国际化、全民化、监管创新化六个方面，勾勒了新时代推进国有企业治理体系和治理能力现代化的蓝图。此外，本书旨在寻求国有企业治理创新的模式和路径，不可避免地涉及国有企业治理体系和治理能力现代化的目标、内涵等问题，必然涉及价值判断，因而表现为清晰的规范分析特征。本书研究贯穿实证分析法和规范分析法相结合的方法论思想，理论的规范界定为现实的实证分析奠定了坚实的基础，现实的实证分析又为现实的深层次规范分析提供了充分的理论依据。

1.3.2 纵向比较和横向对比相结合

在经济全球化的今天，世界各国面临着构建和革新公司治理制度的问题。相对而言，西方市场经济发达的国家研究公司治理问题较早，在实践上也有成熟的经验。本书坚持开放的研究视野，批判地吸纳国外的理论研究成果，借鉴世界各国的实践经验来研究我国国有企业治理问题，通过横向国际比较的视角，分析国外具有代表性国家的国有企业的治理模式、治理结构和治理机制，重点关注其产生的背景、改革特点和发展趋势，从中吸取成功的经验和失败的教训，并结合当前中国国有企业改革的现实，研究国有企业治理创新的正确方向。本书关于中国国有经济（国有企业）演变、外国国有企业发展历程、我国国有企业治理发展历程、我国国有企业市场化改革历程、我国国有企业信息披露制度演进历程、我国国有企业法治化历史进程、我国国有企业国际化历程、我国国有资产监管体制演变的系统总结，均是纵向历史分析。同时，通过横向对比，分析代表性国外国有企业的治理模式、治理结构及其国有企业治理结构的产生背景、改革特点和发展趋势，研究我国和外国发展混合所有制经济的实践；分析 OECD 成员国国有企业信息公开披露现状，为中国国有企业提供良好借鉴；对 OECD 成员国、挪威政府养老基金、新加坡淡马锡控股公司等为代表的资产监管体制进行比较分析，从而找出中外治理实践的共同点和不同之处，发现各自的优缺点及适用性，为我国国有企业治理创新提供良好借鉴。本书融合了纵向历史比较法和横向分析对比法，积极探寻国有企业治理创新的最优解。

1.3.3 宏观分析和微观分析相结合

本书以马克思主义政治经济学理论及习近平新时代中国特色社会主义经济思想为指导，结合国有企业改革发展实际，以治理体系和治理能力现代化为视角，对国有企业治理创新涉及的重大理论问题进行深入研究，提出实现框架和实施路径。正常情况下，对国有企业治理创新的研究着重从微观角度去分析，当然这种微观分析并不能脱离宏观分析而存在。而本书的研究与主要着眼于“微观价值追求”不同，重在探讨“宏观价值追求”（经济、社会、政治等宏观价值追求），对国有企业治理创新的研究离不开对我国所处的新时代及国有企业所处制度环境的分析，这种分析就是宏观分析。只有把宏观分析法和微观分析法结合起来才可能揭示国有企业治理问题的本质，进而发现真正有效的公司治理创新路径。本书在以微观分析为主的同时，力求较多地运用宏观分析的方法。

第2章 国有企业治理的国际比较

自地理大发现以来，世界上的民族和国家之间的联系越来越紧密，当今已经是一个地球村的时代。理论和实践的发展表明，不同的市场体制、文化背景和制度安排下的企业，治理模式、治理机构、治理机制和治理效果迥异。梳理外国国有企业治理的经验，有助于在比较中进一步认识和理解中国国有企业治理体系和治理能力现代化。

2.1 外国国有企业发展历程

相比中国而言，外国国有经济出现则晚一些，起源于古罗马帝国时代政府创办的军需物资生产作坊和金银矿工场，这可视为其国有经济的源头。[184] 从世界范围来看，几乎所有的国家都存在国有企业。各国根据自身政治经济社会发展需要，或是为了维护或巩固国家政权，抵御外敌入侵或对外侵略；或是为了增加政府收入；或是为了便于国家对经济进行宏观调控，通过国家直接投资经营，来调节社会经济结构和运行，出资开办一些国有企业。[185] 在世界主要国家国有企业仍然在其国民经济中占有重要地位，国家仍然是商业企业的重要所有者。经济合作与发展组织统计，截至2015年底，世界主要国家（40个）中央政府共有2467家国有企业，资产价值超过2.4万亿美元，雇佣人数920万。① 国家所有权在能源、交通、邮政、电信、电力和天然气、大众传媒和金融服务等基础设施以及具有战略意义的领域仍占有较高的比重，金融是国有资产占比最大的单一部门。

2.1.1 外国国有企业发展的一般历程

从世界范围看，国有企业发展总体可以分为五个阶段，其大规模出现主要集中在20世纪第一次世界大战前后和第二次世界大战前后两个阶段。[186]

2.1.1.1 第一阶段（17世纪至20世纪初）

国有企业在少数领域发挥作用。这个时期的国有企业是偶然或零星出现的，主要发挥两个作用：一是实现特定目的，如英国为了殖民统治成立东印度公司，法国出于国防需要成立法国皇家制造厂；二是在生产生活的特定领域提供服务，主要分布在供水、电力、铁路等网络型产业中。

① OECD. The Size and Sectoral Distribution of State - Owned Enterprises ［R］. 2017. 统计数据不包括中国。

2.1.1.2 第二阶段（1914～1945年）

国有企业是发展工业和克服危机的有效手段。从第一次世界大战到20世纪30年代，国有化成为西方国家进行战后重建和发展工业的重要措施。在这一时期，英、法、德等国家出现经济国有化现象。例如，德国对大部分公共设施进行国有化，包括邮政、铁路、电网等，同时在化工、食品、金属、煤炭和钢铁等领域成立大量国有企业。1929年发生的经济危机，让西方国家对自由市场经济的有效性提出质疑并要求政府对经济进行干预。因此，从20世纪30年代开始，西欧国家开始新一轮国有化，如英国对银行、航空、铁路等进行了部分国有化。

2.1.1.3 第三阶段（1945年至20世纪80年代）

国有企业是战后促进经济发展的主要手段。“二战”后，出于医治战争创伤、振兴经济、维持稳定的需要，许多发达国家特别是英国、法国、意大利等西欧国家积极推进“国有化”运动，通过直接投资兴办、购买或没收、国家持股参与等形式建立国有企业，从而形成了规模大小不等、管理方式各异的国有经济体系。法国和英国最先掀起国有化浪潮。从1945年开始，英国将银行、煤炭、航空、运输、电力、邮电和钢铁等部门和行业收归国有。欧洲国家实行国有化，主要是为了克服当时原材料短缺、集中资本和技术进行战后工业恢复、优化工业结构、提供社会经济必需服务等目标。在这一时期，除了在公共事业部门、基础设施等传统功能领域发挥主导作用外，国有经济还涉足一般竞争领域。这一时期，拉美国家、埃及、印度、韩国等发展中国家国有企业得到较快发展，主要原因包括：一是取得独立后对殖民者财产的没收；二是国有化成为发展中国家实施经济赶超的重要制度安排。

2.1.1.4 第四阶段（20世纪80年代至2004年）

掀起一轮国有企业私有化浪潮。20世纪80年代，西方发达国家国有经济运营效率低下，社会上涌现出了对国有经济弊端的怀疑，掀起了国有企业“私有化”的浪潮，国有经济逐步退出竞争领域。目前普遍认为，对国有企业私有化的浪潮始于英国撒切尔政府，英国先后对英国钢铁公司、英国石油公司等公司进行了私有化。在发展中国家，国有企业私有化也形成一种趋势，智利、巴西、阿根廷、玻利维亚等国家进行了私有化改革。经历私有化改革之后，外国国有企业主要集中在公用事业领域，发展中国家在银行、能源、军工等领域保留了部分国有企业。苏联、东欧国家以大体一致的步调实施了经济体制市场化改革，企业自主权不断提高。不少国家于90年代初期制订了大规模的私有化计划，并将改革速度视为第一要务，随后大规模私有化改革的弊端陆续暴露出来，各国纷纷加快了国有企业改革的步伐，涉及国家数量较多，分布区域较为集中，影响面较大。

2.1.1.5 第五阶段（2004年至今）

出现“再国有化”趋势。欧美发达国家进行的再国有化是应对危机的手段。特别是2008年全球爆发金融危机后，为了避免危机的进一步深化和蔓延，欧美国家开始收购金融、汽车等关键性产业。发展中国家通过再国有化，实现对银行、能源等关键领域和重要行业的控制。俄罗斯对大型企业进行再国有化，主要选择涉及国家安全和能源安全的石油、天然气、金融和大型制造业公司等企业，以及对陷入危机的公司进行反危机干预。

2008 年金融危机以来，西方资本主义国家为了尽快摆脱危机，采取多种手段推进国有资本经营改革，国外国有企业发展进入了一个新的阶段。一是国有企业与私企一样，同样将盈利作为重要的发展目标。以新加坡为例，新加坡的国有企业绝大部分都是盈利的，且经营活动较私企更富效率。究其原因，新加坡的国有经济不是计划经济的产物，国有企业被完全纳入了市场经济体系之中，严格遵循市场经济规律运营。二是国家的行政干预得到有效遏制。近年来，日本的国有企业普遍开始民营化改革，使得国有企业的垄断得到有效打破，激烈的竞争助推国企效率的提升。

2.1.2 以美国与英国为代表的发达国家国有经济的演进轨迹

美国作为当今世界上首屈一指的经济大国，其经济的影响力可见一斑。在 1929 ~ 1933 年资本主义经济危机席卷美国时，美国政府结合自身的国情有效合理地发挥国有经济的作用，将美国从经济危机的泥沼中拯救出来，这对日后美国资本主义经济霸主地位的确立有着至关重要的作用。相比之下，英国作为资本主义经济体制的发源地，虽然随着时间的流逝，其经济的昔日风采已不再，老牌日不落大帝国的地位也已经逐渐没落，但是，英国成熟的经济理论对世界各国的经济发展仍有着巨大的指导意义。发源于英国的凯恩斯主义曾一度被资本主义国家奉为国家干预经济、发展国有经济的制胜信条，风靡一时，并引领着众多资本主义国家摆脱危机的阴影，迎接新的发展机遇。[187]

2.1.2.1 美国国有经济布局与改革

美国是典型的发达市场经济国家，奉行“小政府”政策。国有企业主要以政府公司、政府主办企业为主，其组织形式包括：类似政府机构的管理局、协会，政府公司，国有民营和私有国营企业。这些企业分布在邮政、公路等基础产业、社会公益性产业以及高新技术领域的新兴行业中，市场能够调节的领域，国有企业基本不涉足。美国的国有企业不承担国有资产保值增值的责任，其主要职能是实现政府管理，保持社会经济稳定，提供公共产品和公共服务。

地理位置的优越，使美国远离“一战”战场，“一战”对美国国有经济的影响微乎其微，而资本主义经济危机的爆发大大改变了人们对传统经济体制的看法。罗斯福“新政”实施后，美国政府开始对经济实行全面的干预和调节。但是，由于市场观念的强大，共和党和民主党都反对将经济国有化。结果，尽管政府在经济生活中的作用越来越重要，直到“二战”前，美国企业国有化的规模仍然很小。从行业布局看，战前和战争期间，建立的 2600 多家大型国有工业企业，主要分布在军火、机械制造、化工、合成橡胶、电力等部门。

美国国有企业改革的主要途径是使其私有化，从而达到降低企业成本、提高企业效率、促进市场竞争的目的。政府采取的主要措施有：向私人企业出售国有企业，上市交易，破产清算，通过签订管理合同将国有企业的管理权限承包给私人（立约承包），特许经营转让以及放松管制，打破某些行业和领域国有企业的垄断，以此促进国有企业转换经营机制。近年来，美国国有企业改革的趋势是以非所有权转让方式为主，特许经营、签订管理合同、放松管制等逐渐成为国企私有化改革的重要方式。在艾森豪威尔时代，一些属于联邦政府的工厂被卖给了私人公司。到 1954 年底，在“二战”和侵朝战争中曾移交给联邦经济总署的154个工厂中，有101个被出售、36个被出租。因此，在美国国有经济的比例一直都很小，各类国有企业所创造的国民生产总值仅占全部国民生产总值的1.5%左右。与联邦政府相比，在州和地方一级，自然垄断行业的国有化较为普遍一些，其相对比例也较高。市政服务设施大多归州或地方政府所有并经营，相当一部分的公路建造和维护就是由各州负责的，联邦政府经营的行业相对有限，主要分布在邮政通信等相关领域。而20世纪70年代的“滞胀”时期的到来引起了政府的注意，1981年里根政府刚刚上台便着手对国有企业进行全面整顿，并推出《经济复兴税收法案》《税制改革法案》，在减税力度、税种调整、免征额的幅度和范围等方面进行了大力度的调整与改革。1982年政府决定向国会提出拍卖部分公有土地，1986年提出了包括出售电力销售机构、海军石油储备以及全国铁路客运系统在内的十多项私有化计划，1987年、1988年政府继续出售国有资产。1988～1992年，美国联邦政府已出售国有资产和削减各项补助金就达250亿美元。1990年为重建铀浓缩工业而建立起来的政府公司——美国浓缩铀公司，在1998年通过美国证券交易市场进行了私有化改造。与以前不同的是，近年的私有化主要采取了“竞争招标”的方式，涉及航空航天、海岸警备以及国防部所属单位等。总的来看，美国保持了尽可能小的国有经济规模，并使国有企业充分参与市场竞争。同时，虽然国有经济规模已经很小，但对国有经济的私有化并没有停止。而且，这种私有化正在渗透到理论上属于国有经济领地的自然垄断、公共服务或基础产业等行业，如美国仍在一些诸如自来水、电力、煤气、国防等行业推行私有化改革，甚至一些监狱和铸币厂都已转由私人经营。当然，在遇到经济危机等极端情况时，美国政府也会用部分“国有化”等措施来化解危机。在2008年的全球金融危机中，美国政府出手接管濒临破产的房利美和房地美公司，向这两家公司注资2000亿美元，同时美国政府还接管了美国国际集团（American International Group，AIG），向其提供850亿美元贷款，帮助AIG度过危机。

美国国有经济的管理是在“三权分立”的政治格局下进行的，有明显的分类管理的特点：联邦政府主要管理关乎国家安全、社会稳定、政局安定、经济发展的国有经济，但这部分比例相对较小；而地方州政府则主要管理涉及人们日常生活的国有经济，更好地满足公众对社会福利的要求，而这部分比例相对较大。在针对国有企业私有化的管理上，美国政府又开创了出租经营的方式，把国有企业大部分出租给私人垄断组织，承租企业以折旧加上部分利润的价格交给政府租金，政府给承租企业提供一定的资金支持。同时将一部分国有企业由特别机构直接管理，转而给予这些企业很大的自主经营权，这些都体现了美国国有经济管理的系统性与效率性。

2.1.2.2 英国国有经济布局与改革

英国是资本主义国家中最早出现国有经济的国家，国有企业在英国经济发展中有着重要地位。作为老牌的资本主义大帝国，英国国有经济发展与政治因素息息相关。随着政治、经济发展的需要，通过国有化和私有化两种方式的交替使用，达到调整和干预经济生活、缓解社会矛盾、促进经济发展的目的。20世纪40年代，工党两次组阁，并在其政治纲领中明确提出：实行工业国有化；向高收入者和资本家征重税，目的在于维持公共服务业；利用国家财政发展文化教育事业等。1945年底，议会通过大英银行国有化法案，建立了英国史上第一个国家银行，并将银行股票换成了国家股票。1946 年开始实施煤炭工业国有化，政府用 1.6 亿英镑的补偿费将全国 800 家公司收归国有，并建立煤炭工业管理局统筹经营。1947 年 8 月以后，政府先后依据一系列国有化法令，在铁路运输、电力、煤气、航空、电信、航运等企业部门推行国有化。1951 年，经过重重困难，冶金工业国有化法案也正式生效。1964 年，工党再次上台，并于 1967 年开始实行第二次国有化，在钢铁企业被重新国有化的同时，部分港口也被收归国有。1974 年，工党政府又提出要把开发的土地收归国有，建立英国国家石油公司，执行政府参加沿海油田的开发；将造船和飞机工业国有化，并把私人所有的商业港口和运输设备置于国家所有和管理之下。从英国经济大体发展情况看，20 世纪 70 年代前的 20 多年，英国经济一直“走走停停”，而 1970～1980 年，工业指数只增加了 5.1%，与这种经济上的不景气相伴的恰恰是国有经济的大规模扩张。

从 19 世纪到 20 世纪 80 年代初，英国的国有企业得到了迅速发展，其数量和涉足范围都是发达国家中最多和最广的。但是到了 20 世纪 70 年代末，英国经济增长开始放缓，通货膨胀严重，失业率上升，经济进入“滞胀”时期。此时，国有企业的问题开始暴露出来，国企效率低下，经营不善，很多企业处于亏损状态，需要政府财政拨款维持运转，亟须改革。撒切尔夫人执政期间，采纳了供给学派的经济主张，开始了以国有企业私有化为核心内容的改革。在企业层面，通过企业公开上市、整体出售给私人企业、职工内部持股等方式，分批出售国有企业的股票，减少政府对企业的控制。从政策层面，通过放松对企业的各种管制，辅之以减税政策，力争给企业创造更好的市场环境，鼓励企业自由竞争。

英国政府按照先易后难的顺序，分阶段对不同类型的国有企业实施了私有化改革，以增强行业内部竞争、提高效率为目标，最先针对盈利较好的企业进行改革，然后将那些发展前景广阔的企业改造成为有盈利与效益的企业，最后改造的对象是积累的社会问题较多、垄断程度较高、公用事业中较易改造的企业。撒切尔在她的第一个任期内，采用出售国企股权的方式，将英国石油、英国航天等处于竞争性行业的国企，卖给私人企业；在第二个和第三个任期内，则对处于自然垄断和公用事业行业的国企，以及亏损严重的国有企业进行了私有化的改革。通过私有化的改革，英国的国有企业数量锐减，国有经济大规模收缩，国有经济占其 GDP 的比重降至 6% 左右。

在私有化改革中，英国政府营造出的竞争机制环境为改革发展铺平了道路。以英国电信公司为例，在竞争机制环境下，原有凭借突出的垄断地位获利的电信公司的市场份额受到了来自政府组建莫克瑞公司与一系列地区化、专业化较强的通信公司的挑战，打破了电信公司“一枝独秀”的局面。在这种优胜劣汰的竞争机制的作用下，英国电信公司的服务质量与水平明显提高，消费者的满意度也随之上扬。可见，这种竞争机制的引入对国有经济的改革有着至关重要的作用。

2.1.3　以印度与阿根廷为代表的发展中国家国有经济的发展及改革进程

2.1.3.1　*印度国有经济布局与改革*

伴随着第二次世界大战的结束、冷战局面的瓦解，经济全球化与多极化趋势的增强，当今世界中众多新兴的经济体如雨后春笋般迅速崛起，印度便是其中一极。作为金砖国家的成员之一，印度经济发展的速度是惊人的。像软件等高新技术产业的发展水平甚至与美国并驾齐驱。无论是地理位置还是历史文化背景，甚至是经济发展的轨迹，同为亚洲发展中国家的印度与我国经济的发展有着惊人的相似之处。印度在“二战”结束后，面对百废待兴的经济局面，国有经济作为国民经济的支柱无疑发挥着中流砥柱的作用。为了实现经济早日摆脱殖民主义与战争的影响，印度政府开始了浩浩荡荡的大批量的国有化改革，由此拉开了国有经济发展的序幕。通过相关的国有化手段，印度逐渐实现了军备、原子能产业、矿业、制造业、交通运输与通信业，甚至是金融贸易产业的国有化，这些产业的国有化一度达到90%以上，甚至有的产业达到了100%的水平。

过度地发展国有经济，忽视私营经济的发展，造成了国民经济体制的畸形，由此带来国有企业严重亏损。生产经营效率低下，企业积累薄弱，造成大量国有资产浪费。面对国有经济如此严峻的形势，印度政府早在20世纪80年代中期便开始整顿国有企业，但力度较弱，成效微乎其微。1991年，印度政府开始全力推行举世瞩目的以“自由化、市场化、全球化和私有化”为特色的、被称为“四化”的新经济政策。此次改革使得印度国有企业转亏为盈，重新焕发新的活力。一是改变单一国有独资的所有制局面，允许私人股份进入。印度政府在经济改革的一开始便逐步分阶段地撤出对国有企业的投资，减少持有的国有企业的股份，允许私人股份进入国有企业。但与其他国家不同的是，印度人口众多，就业压力较大，政府减持国有企业的股份必定会给相关从业人员带来一定的就业压力，影响其经济效益。为了缓解就业的矛盾与压力，印度政府在1996年成立了中央政府一级撤资委员会，在监管国有资产撤资合理性的同时，注重资助企业工人的工作技能培训与再就业。这一创造性的举动，不但赢得了民心，缓解了社会矛盾，而且实现了国有经济的恢复发展。二是对部分出现问题的国有企业进行价值化、市场化改革。在1985年12月国会通过的《病态工业公司特别条例法》中首次提出了“病态企业”的概念。所谓“病态”企业，是指注册7年以上、连续亏损2年以及累计亏损相当于或超过了其净值的工业公司。印度政府将这些企业纳入工业与金融重组委员会的监管下，促使病态企业进行重新整合，如果企业已经积重难返，重组委员会将卖出该企业，以提高国有资产的利用效率。三是建立“谅解备忘录”制度，扩大企业经营自主权。所谓“谅解备忘录”，是指由企业、主管部门和有关专家组成的评审小组根据企业过去5年的经营状况制定现行计划目标，规定了企业和主管部门各自应有的责任、权利和义务，一般一年签订一次，旨在扩大企业的经营自主权。将企业管理人员薪金与企业绩效挂钩，进一步激发企业管理人员工作的积极性。

2.1.3.2 阿根廷国有经济布局与改革

阿根廷作为一个典型的被殖民主义征服过的拉丁美洲国家，其国有经济的发展与战争及政治因素息息相关。为了实现民族经济的恢复与振兴，在“二战”后不到10年的时间内，阿根廷工业部门的国有企业就从466家猛增到1478家。国有资本很快就在交通运输、金融、战略物资和基础工业等重要部门占据主导地位。到了20世纪70年代，阿根廷国有企业的营业额占全国营业总额的比重如下：钢铁工业为37%，造船业为45%，石油化工业为82%，电力、煤气、电话为95%。国有企业基本上垄断了主要经济部门，但是由于国家高度的指令性计划，多数国有企业经济效益低下，亏损严重，国家不得不投入巨额资金以支持国有企业的生存。

为了解决以上问题，20世纪70年代中后期，阿根廷的国有企业私有化便开始了。但是，受计划经济思想的影响，私有化改革进程缓慢，1976~1981年只有120家国有企业被私有化。阿根廷国有经济的大规模调整始于1989年，1989~1991年被全部或部分私有化的包括国有企业有电视频道、阿根廷国家航空公司、石化企业、部分公路和长达5000多公里的铁路网等11家企业。1991~1994年，共有110多家国有企业被私有化，涉及能源、天然气、自来水以及污水处理系统、钢铁、石油及其他公用设施部门。1996年实现私有化的5家企业集中在水电和天然气部门，1999年最大的国有企业YPF的98.02%的股份以150亿美元的价格被卖给西班牙雷浦索尔石油公司，这标志着阿根廷经济私有化进程已基本完成。可以看出，抛弃传统落后的计划经济观念是阿根廷国有经济私有化改革中最重要的一步。经过私有化改革，阿根廷国有企业布局状况发生了根本性变化。1989年，国家掌握着电信、石油、煤炭、航空、发电和供电、水电、天然气、银行和保险、钢铁、军工、石油化工、铁路、地铁、公路、海运、港口、电视台和广播电台等主要大型企业。到1999年，大部分公用设施和企业被转移到私人部门手中。国家掌握的企业仅剩下国家银行、造币局、核电站、与巴拉圭合资的亚西雷塔水电站和电视七频道等少数重要企业。可以看出，阿根廷国有经济私有化改革的方式比较传统，将关系国计民生和国家经济命脉的企业收归国有，其他的国有企业则采取合资参股控股的方式，国有经济由衰转盛。

2.2 外国国有企业治理模式分类

2.2.1 基于企业目标模式的分类

根据各国国有企业目标和治理的特点，外国国有企业目标可以分为三种模式：资本模式、经营模式和公共模式。

2.2.1.1 资本模式

资本模式是指国有企业目标以资本回报为主，重视资本使用效率，可能兼顾一定的社会目标。国有企业治理和董事会运作没有明显的国有特点，采用与私有或上市公司类似甚至相同的模式，大多数董事（包括董事长）来自私营部门，独立性较强。代表性的国家是瑞典、挪威、芬兰、新西兰、澳大利亚、奥地利等。

2.2.1.2 经营模式

经营模式是指政府要求企业同时实现生产、经营和财务绩效等方面的目标，国有企业治理和董事会运作有一定的国有特点，如董事会由来自公共部门和私营部门的董事组成，代表政府的董事扮演一定的与政府联系的角色，代表性的国家有新加坡、韩国等。在韩国，国有企业的所有权组织模式至少与三个机构相关，部门机构或者财政和经济部在股东大会中是代表国家的，部门机构提名董事会主席，并任命董事会成员。同时，预算和计划机构任命政府所有企业或公司的外部理事，监控其绩效，提名审计员，并和财政与经济部共同磋商一些问题，加上审计和检察委员会，一共有三个机构协作实施股权管理，其中两个委员会对国有企业进行审计。韩国国有企业董事会至少有一半是“外部成员”，即非执行董事。在信息披露方面，国有企业除了像私营公司那样提交必要的报告外，还需要提交一个名为“运作实际效果报告”的特别报告，其内容是国有企业目标的财务和非财务信息、这些目标的完成情况和“公共利益所关注的问题”。这份报告必须在每年 3 月 20 日前交到各有关监督部门，即业务部门、计划与预算部、财政和经济部及国民大会。

2.2.1.3 公共模式

公共模式是指国有企业以公共目标为主，兼顾盈利或成本，政府干预较多。国有企业治理和董事会运作有政府较多干预的特点，董事由政府、职工、大客户和经理层代表担任，总经理甚至整个经理层由政府任命。代表国家有法国、意大利，20 世纪 90 年代以前的奥地利也属于这种模式。

2.2.2 OECD 的分类

20 世纪 90 年代以来，经济日益全球化，机构投资者对公司治理参与加深，亚洲金融危机爆发，公司治理越来越受到世界各国的重视，进而形成了一个公司治理的全球化浪潮，不同模式的公司治理呈现出趋同的趋势。作为制定政策的基础，OECD 基于股权持有、监督管理机制，把公司治理分为以下三种模式。

2.2.2.1 外部人模式

外部人模式以英、美为代表，股权分散在个人和机构投资者手中，主要通过富有流动性的、生机勃勃的资本市场对公司经理进行监督，企业融资以资本市场获得为主。其特点是通过资本市场大力培育机构投资者，上市公司的股票分散和经理人持股较少，通过对经理人的激励和有效监督实现股东利益最大化，企业运作高度透明并建立比较完善的立法和执法体系。

2.2.2.2 内部人模式

内部人模式以德、日为代表，包括大部分 OECD 成员国和一些发展中国家，股权集中在银行和相互持股的企业手中，企业融资来源以银行系统为主，主要通过公司内部的直接控制机制对管理层实施监管。其特点是财团、银行持股，大股东监督，集体决策及高级管理人员的终身雇佣。

2.2.2.3 家族或国家模式

家族或国家模式主要表现在韩国、泰国、印度尼西亚、菲律宾等国和我国台湾地区，是从内部人体系中派生出来的一种模式，企业的创立家族通过复杂的交叉持股，取得对公司的绝对控制，国家则通过控制金融系统在微观经济运行中发挥重要作用，政府官员以国家名义对公司事务直接干预。其特点是公司的“一股独大”，经理人容易通过串通大股东来控制公司的重要决策，侵犯小股东和其他利益相关者的利益，造成对“内部人控制”的失控。

2.2.3 基于董事会治理模式的分类

由于董事会在公司治理中的核心地位和关键作用，人们对董事会的治理模式与公司治

理模式的认识有较大重叠。一些研究根据董事会的结构将公司治理划分为以下三种模式。

2.2.3.1　单层董事会制

以英国、新西兰及一些受英国影响较大的国家为代表。执行和非执行董事均由股东直接选举产生，两者被纳入单一结构中，确保所有董事都拥有平等的地位，共负集体决策的责任。由于设置了强有力的非执行董事，这一类型董事会可以负起广泛的职责。

2.2.3.2　双层董事会制

这是德国、荷兰等欧洲大陆国家普遍采取的模式，其监督功能和管理功能分设。监督董事会或者说“上层”，由股东选举产生，全部是非执行人员，一般主要关注于督导公司管理层；“下层”或者说管理董事会，由执行人员组成，由上层的监督董事会选聘。在德国，资金提供者代表（如银行）和劳工代表在监督董事会中拥有席位。

2.2.3.3　平行双会制

日本、中国台湾等一些亚洲国家和地区多采取平行双会制这种董事会制度，其监督功能和管理功能分设，董事会主要执行管理功能，同时负有对经理层的监督责任，与董事会地位平行的监事会没有管理职能，只是执行对董事会和经理层进行监督的功能。虽然这一平行双会制和上述的纵向双会制可以归为双会制，但是两者之间有着本质区别。这里的监事会和董事会均由股东选举产生，地位平等，谁也不能撤换谁。

外部人模式主要通过资本市场对公司经理层进行监督，在监事会设置上多为简单的单层董事会，不设立专门的监督机构。内部模式国家如日本则通过监事会对董事会的公司运作进行监督。在国有企业公司治理问题上，所有权实体有更大的话语权。事实上，国际上公司治理的董事会结构已经强烈地向着单层董事会的法律制度趋同，单层委员会已将外部董事作为重要的补充。这种趋同的实质是选择了前述的通过资本市场约束的“外部人”公司治理模式。

国有企业董事会在结构上通常与其他的股份公司一样。在那些以单层董事会制度为主导的国家中，如上面提到的新西兰和英国，也有国有企业设立双层董事会。同样，在那些具有双层董事会制度的国家中，如德国和荷兰，也有国有企业设立单层董事会。

2.2.4　基于职能履行形式的分类

所有权职能的履行主要有三种组织形式，即分权或政府行业部门模式、双重部门模式和集权模式。从20世纪80年代西方国家掀起私有化浪潮以来，伴随着国有资产监督和管理体制的变革，国家所有权组织形式从分权模式更多地朝着集权模式的方向演变，也有部分国家形成了较为稳定的双重所有权管理模式。

2.2.4.1　分权或政府行业部门模式

分权或政府行业部门模式是最传统的国家所有权模式，国有企业由其附属的政府行业部门分别负责。第二次世界大战后，西方国家掀起了一场国有化运动，旨在替代自发产业政策框架内的国家重建，结果在各行业形成了庞大的国营部门。直到20世纪70年代前，大部分经合组织国家都采取这种模式。在某些情况下，除了政府行业部门扮演主要管理角色以外，还会成立一个特别部门负责组织各行业部门之间的相互合作，并负责制定整个国家所有权政策及具体的指导方针。例如，芬兰的 50 多个国有企业分别隶属于 9 个不同的政府机构、部门。与此同时，隶属于芬兰贸易和工业部的一个特设机构扮演着各部门国有企业管理的协调角色，并负责制定整个国家所有权政策及具体的指导方针。陈皓(2016)[188]认为，政府行业部门模式属于国家所有权的分权模式，其主要优点是各行业部门的专业知识和执行能力较强，掌握有利于产业政策的工具。但分权模式的主要缺点是很难使所有权职能与其他政府职能（如监管职能和产业政策职能）相分离。分权模式的另一个弊端是企业管理责任不清。在政府行业部门负责的情况下，通常是政府行业部门而非公司的董事会来运营国有企业，结果必然是政企不分，政府部门或多或少地干涉国有企业的日常运营，导致国有企业经营效率低下。因此，自 20 世纪 80 年代后，许多国家通过增强政府部门协调机构来建立双重所有权模式。

2.2.4.2 双重模式

与分权模式相比，双重模式的好处在于各国政府的产业部门负责各自的国有企业，同时特设一个机构（通常设在财政部或经济部内）来保证各部门之间的协调，并负责制定有关国有企业的总体政策。OECD 成员国中，英国、希腊、意大利、墨西哥、新西兰、土耳其、德国都采取国家所有权双重模式。在双重模式下，责任的分担对于所有权职能是十分重要的问题，在某些特殊方面（如任命代表参加董事会），两个部门可能同时拥有双重责任和权利。在墨西哥，财政和公共信贷部与其他产业部门要向国有控股公司的董事会委派代表，国家代表人数一般占整个董事会成员的 50%，而且，董事长必须来自这些部门或者机构。杜天佳（2009）[189]认为，双重模式的政府部门和国有企业的特设机构还有权对国有企业的战略规划及大额交易等重要事项进行审批。如澳大利亚 1997 年出台的《联邦政府商业企业治理安排》，确定了共同持股部门行使权利的原则。澳大利亚财政部和行政部主要负责国有企业的财政事务，其他部门主要负责国有企业的营运问题。在新西兰的双重模式下，财政部重点关注并负责国有企业的经营业绩对财政的影响问题，有关国有企业的财务报告、资产出售、撤资等事项均由财政部批准。而新西兰的产业部门则借助于国有资产的运营机构——新西兰皇冠公司监控咨询机构（CCMAU）采取以市场为导向的立场，监控国有企业经营。韩国财政与经济部和政府产业部门代表国家参与股东大会，提名董事长或任命执行董事，预算与计划部负责任命外部董事，监控公司业绩，并与财政和经济部协商提名审计官。

2.2.4.3 集权模式

2000 年以后，随着国家所有权管理和国有资产管理的经验积累，越来越多的国家逐步过渡到国有资产管理的集权模式，即将国家所有权职能集中管理。在集权模式中，大部分国有企业由一个机构负责，有些国家设立了相对自治的专门机构，如比利时设立了国有企业参与部负责国有企业管理。近年来，越来越多的国家逐步转向国家所有权的集权模式，主要目的是将国家的所有权职能从产业政策等其他国家职能分离出来，使国家所有权政策更为一致并具有连续性和稳定性。如在丹麦，11 个国有企业的所有权职能从原来分散的各政府部门转移到财政部下属的一个专门机构。挪威的国家所有权管理机构设在工业、就业和交通部内的一个所有权部门。王军林（2014）[190]认为，实施这种集中管理的目的是通过推行明确的目标和方针，为公司寻求统一的所有权政策创造良好的条件。从实践上看，一些 OECD 成员国逐步转向国家所有权集中管理模式的原因主要有以下四个方面：一是该模式有利于将国家所有权职能从产业政策等其他职能中分离出来；二是所有权集中管理有利于国家所有权政策的连贯性和延续性，提高国有企业经营管理预期；三是有利于保持董事会任命、信息披露、高管薪酬政策等公司治理机制的协调性；四是有利于对国有企业经营业绩进行监督和管理，通过编制统一的财务报表和年度经营报告，国有企业经营绩效好坏一目了然。从实施效果看，瑞典、法国和挪威等少数国家经过多年实施所有权集中化管理，所编制的国有企业财务报告具有较高专业水平，有力地促进了国有企业经营业绩的提高。此外，国家集中所有权职能也有利于在董事会任命、董事会评估、业绩考核等方面形成专业化团队和管理能力。OECD 成员国公司治理模式比较如表 2.1 所示。

表 2.1　OECD 成员国公司治理模式比较

国家所有权模式	OECD 成员国	控股公司
分权或政府行业部门模式	芬兰 英国（2003 年以前）	
双重模式	法国 希腊 德国 意大利 墨西哥 瑞士 新西兰 土耳其 英国（特定业务） 捷克 澳大利亚 奥地利	工业重组机构 新西兰皇冠公司监控咨询机构（CCMAU） 国家财富基金[a] 工业股份公司[b]
集权模式	比利时 丹麦（2001 年以后） 法国（2004 年以后） 荷兰 挪威（2002 年以后） 波兰 西班牙 瑞典（2002 年以后） 英国（特定业务）	

注：a. http：//www. fnm. cz. ；b. http：//www. oeiag. at.

资料来源：根据 OECD 相关研究报告整理。

英国政府为扭转其国有企业经营效率低下的局面，2003 年由内阁办公室设立了股东执委会（ShEx），主要目标是从根本上改进股东角色的专业性和责任性。ShEx 负责协调跨部门的国有企业运营，确保政府在国有企业中发挥有效的作用。股东执委会职员来自私营部门和公共部门，其中大部分拥有投资银行、会计、风险投资、公司战略等专业背景的人员来自私营部门。股东执委会最初的工作是作为一个咨询机构，为政府部门提供有关股东角色方面的咨询，内容包括公司治理、目标制定、审查商业计划、绩效监督、人员任命及批准薪酬体系等。

后来，股东执委会的角色逐渐演变为代替一些政府部门行使股东权利，代表各持股部门对股权职能进行日常管理。股东执委会为自身明确了责任目标：第一，确保每一家国有企业持续创造回报，并在由政府所设定的政策参数范围内收回其资本成本；第二，在明确的政策和目标框架内，实现所属企业核心业务在三年内增长 10 亿英镑的目标。在英国股东执委会模式中，具体的管理内容有四项：一是为每家国有企业确定有延续性的长期目标，并使商业目标和政策目标相协调，最终实现股东价值最大化；二是研究公司战略，监控业绩，避免经营大起大落；三是通过适当的激励，任命具有专业技能的董事会；四是为国有企业的商业潜能和发展前景提供支持和条件。

从运行效果看，英国股东执委会取得了成功，承接的政府任务不断增加。例如，主持出售英国奎奈速克公司（QinetiQ）（2006 年）、英国能源公司（2008 年）、图特公司（Tote）（2011 年），创建了公共数据集团（2011 年）、绿色投资银行（2012 年）等。但同时，英国股东执委会模式自身面临着一些挑战，如对任何资产都没有所有权，在缺乏综合立法的条件下有时缺乏授权，当政府的政策目标和企业的商业价值目标面临冲突时，不同的利益难以协调。同时，英国股东执委会自身的激励机制也存在缺陷，因而影响其吸引和留住人才。2015 年 5 月，英国财政大臣乔治·奥斯本宣布，英国股东执行委员会和英国金融投资公司合并建立新的英国政府投资公司，并统一归财政部管理。这一举措得到了各方面的广泛认可和肯定，普遍认为可以更好地实现政府各部门专业人员的协作，协调推进国有企业管理和改革，确保纳税人的税金实现最大价值，有利于提高政府管理国有企业的效率。而且，将除英国政府各部门所办企业之外的其他各类企业统一划归财政部管理，既符合财政部作为国有企业最终出资人和实际出资人的定位，也可以使国有企业保持相对独立的地位，便于与其他政府部门合作。[191]

法国为了扭转大型国有企业运营困难的局面，在 2004 年初成立了集中代表国家所有权的机构——国家参股局（APE），财政经济部授权出台了《国家所有权特别报告》，明确划分和规制所有权职能，将国有企业的竞争性业务和非竞争性业务分开，从而避免交叉补贴，创造一个公平竞争的环境。同时，国家参股局支持国有企业对少数私人股东开放资本。

2.3　美国、日本、德国的公司治理模式

现代公司最早起源于英国、荷兰，迅速发展和创新则在美国，且美国公司制度对欧洲和世界许多国家产生了强烈影响。在当今世界经济最发达的美国、日本、德国，与其取得的巨大经济绩效相匹配，存在三种典型的公司治理模式。

2.3.1　美国公司治理的国家立法和“个人主财产权”意识导向

2.3.1.1　“个人主财产权自由市场”意识形态下的治理模式

由于受民粹主义的影响，美国体制中的企业治理是以“个人主财产权自由市场”意识形态为基础，形成美国公司治理模式的如下特点：

（1）公司内部机构由股东大会、董事会和首席执行官组成。按照《美国标准公司法》（2006）[192]规定，公司不设监事会。董事会一般由内部董事和外部董事组成，是公司的最高决策和监督机构，公司性质不同，董事会的构成也不同，公司首席执行官兼任董事会主席是一个普遍现象。

（2）美国股份公司对于经营者采取“股票期权制”激励方式。授予经营者在一定期间内，按约定价格购买股票的权利。由于股权高度分散化，股票在证券市场上的流动性强，使外部治理机制较内部治理机制具有更强的约束力，股东可以采取“用脚投票”的方式形成对经营者的约束。近年来美国开始重视公司内部治理机制的作用，并且在内部治理中通过设立独立董事实施监督和约束的作用。

（3）高度分散的、流动的股权结构，形成“市场控制主导型”公司治理模式。强大的金融市场给股东的有效监督提供了场所和手段。公司不设立专门的监事会，而是由公司聘请专门的审计事务所负责审计工作。公司董事会内部设立的审计委员会，只起协调董事会或总公司监督子公司的作用。

（4）在企业融资方面，以股权融资为主，债券融资为辅。公司资产负债率较低，银行受法律限制，表现为纯粹的资金提供者，不持有公司股票，也不直接参与公司治理，在外部治理中难以发挥作用。

（5）股权高度分散化。机构投资者和个人是公司的基本持股者，其中最主要的持股者是机构。迅速发展的机构投资者在外部治理中发挥着日趋重要的作用，但分散的股权仍限制其作用的发挥。

（6）股东财富最大化是公司治理效率的衡量标准。

2.3.1.2　法制化、市场化的国有企业监管体制

美国政府对国有企业实行分级分类管理体制。一类是资本所有权完全由联邦政府或州、地方政府掌握的完全国有企业，另一类是所有权由政府和私人资本家共同拥有的国有混合公司，联邦、州和市镇议会代表公民拥有产权。政府借助法律，结合行政、经济手段

管理国有企业。

在国有企业的外部监管构架中，实行国会和审计署双重监督体制，国会通过立法决定从公司设立、董事会组成，到经营目标、经营范围，甚至包括市场准入、销售领域及价格权限等一系列重大问题。能否组建一个国有企业，联邦政府必须经同级国会的审议和批准，州和市镇政府必须经同级国会批准。国有企业的董事长由同级议会任命。当州和市镇与国有企业在执行政策法规上与上级政府有关部门或法律发生矛盾时，州和市镇国会针对所属国有企业提出的问题，进行调查研究，并向上级国会申诉，以求调整政策和法规，保证所属国有企业权益和运行。国会决定对所属国有企业是否给予财政拨款，给予多少拨款，拨款的无偿或有偿，以及有偿款项的偿付方式。此外，国会随时审查国有企业运行情况，实行财务监控，并可相应地做出重大决策，包括撤销、兼并和出售某一国有企业。政府根据国会的决议专设委员会，运用行政、经济手段对国有企业实行监管，包括政府投资、政府采购，利用价格、补贴、税收、工资等经济杠杆对企业活动进行调节。

美国审计署对国有企业的经营状况、财务收支和债务前景进行监控。美国审计署是一个地位很高的机构，署长由国会任命，任期长达 15 年，工作向国会负责，预算由国会批准。在美国各地分 10 个大区，派驻办事处，共有工作人员 4000 多人。审计署对国有企业的监控方式有三种：一是企业内部审核机制，要求企业按规定编制报表，说明财经情况，审计署对这些报表进行审核；二是在各级行政当局，包括联邦政府有关部门和州、市镇政府，设有一定的机构进行审核；三是任何公民觉得国有企业有舞弊现象，均可给议员写信。议员转审计署，审计署则应进行调查并做出结论。美国审计署每年大致审计 5 ~ 10 个国有企业，审计署将国有企业的审计情况和结论报送国会，一旦批准则需执行。

同时，资本市场的信贷工具、股东的“用脚投票”，以及来自经理人市场和产品市场的压力，构成对企业直接或间接的监督。

当然，国家在保证其有效宏观调控的前提下，给国有企业提供程度不等的经营自主权，主要表现在国有企业市场化、法制化的运行机制中。在公平或优先的市场条件下和法律框架内，以高度的自我管理和自主经营保持企业的发展。从市场条件看，国有企业不仅享有一般的市场竞争条件，而且往往被允许有特定的销售市场领域或销售对象，在市场准入上可仰仗政府而享有特权。从法制条件上看，一些国有企业往往被赋予法律法规的特许权宜，包括市场控制权和价格制定权等。国有企业必须与私人企业一样严格执法，否则将同样受到制裁。在运营上国有企业必须享有私人企业的充分自主权。国有企业的激励机制是利润和效益，可以使个人收入增多；约束机制主要是法律和法规，一旦违反规定、舞弊或失职，按照法律规定，不仅要追究法律责任，而且还要接受严厉的经济处罚。

2.3.1.3 美国国有企业及其特点

与其他国家和地区相比，美国的法人国有企业占比较小。因此，美国政府改革国有企业的主要方式集中在政府职能的转变和国有企业经营市场化改造两个方面。

（1）政府职能的转变。转变政府职能主要采取两种办法：一种办法是出售国有资产，即联邦政府分期分批出售其控制的国有财产，重点是出售联邦政府的国有财产，让政府退出相关领域，以便私人企业来接管。通过出售国有财产，把本属于国有部门的政府职能转让给私人企业。另一种办法是政府继续给国有企业部门提供财政补助，但把大部分国有项目交由私人企业承包或进行经营管理。这种做法实质上是所有权与经营权的分离即国有民营。政府对这一类企业是通过合同条款实施监控，特别是成本分析和财务分析。

（2）国有企业经营的市场化。美国政府放松了对国有企业的市场管制，以提高国有经济的市场活力。在放松市场管制中，重点是取消对国有通信行业和公共汽车业的政府管制计划，让私人企业与国有企业展开竞争。

2.3.2 日本公司制企业的主银行制度

2.3.2.1 交叉所有权关系下的治理模式

张俊（2016）[193]认为，日本公司制企业的体制，是私人和公共所有权的混合。因而，其企业治理是通过广泛的交叉所有权关系来实现的。这种关系是一种保证所有者和企业管理层之间长期互益的体制。具体治理模式特点如下：

（1）董事会设置多重行政级别。董事和经理相互交叉兼职，基本实行业务执行机构和决策机构合二为一。董事会中股东代表极少，大部分是内部中高层经营管理人员等。董事会成员全部是内部董事，不设立独立董事和外部董事。

（2）以银行为中心的法人之间相互持股。石长江、王永钦（2004）[194]认为，以银行为中心的法人之间相互持股是日本公司股权结构的基本特征。法人相互持股虽不受法律限制，但并非漫无边际，而只是公司与公司之间、银行与公司之间相互持股。再加上大多数法人股东之间不仅保持着相互持股关系，而且保持着某种经营联系，其结果使得法人股东之间的关系变得既长期又巩固。可以说，在日本，企业在很大程度上是由建立在法人股东相互持股基础上的，既相互信任又相互支持配合的企业家阶层来控制。这是日本公司拥有强大的管理自主权，倾向于高积累和能够以较大自由度来追求长期经营效益的根源所在。

（3）严密主动的股东监控模式。日本银行的双重身份，决定了其必然在固定行使监控权力过程中发挥积极的领导作用。日本银行及其法人股东通过积极获取经营信息，对公司主管实行严密监控。银行参与公司治理的方式是“相机治理”，即公司经营正常时，银行不加干预，只是作为“平静的商业伙伴”而存在。若公司经营出现严重问题时，银行会凭借其特殊地位，随即获取信息和及时发现处理问题。在情势恶化时，还可以通过召开股东大会或董事会，更换公司的最高领导层，实施直接干预。日本公司还通过定期举行的“经理俱乐部”会议，对公司主管施加影响。

（4）自有资本率比较低，资金来源主要依靠银行贷款。商业银行是公司的主要股东，涉足经营业务，形成各具特色的主银行体系。银行在融资和企业监控方面，有实质性的参与。银行作为集团的核心，通常是集团内企业的大股东和主要债权人，对公司治理有实质性影响，控制了公司外部融资的主要渠道，对公司治理有实质性影响。

（5）以内部治理即“用手投票”机制为主，外部治理机制较弱。日本公司的个人持股只占30%左右，而法人持股则高达60%以上，这种高比率法人持股结构，内在地决定了直接“用手投票”的监控机制特征。

（6）社会资本回报最大化，是企业自己效率的衡量标准。

2.3.2.2 日本政府对国有企业的管理体制

日本中央政府和地方政府所属公有企业的管理体制基本相同，其主要制度如下：

（1）通过立法管理国有企业。日本国有企业的设立，必须依据公司法及其他公法、特别立法、行政法规等法律。如日本国铁依照《日本国有铁道法》设立。而且，对国有企业的人事、财务、业务各方面管理有详细的法律规定。

（2）公益事业国有企业的特权和义务。政府对从事公益事业的国有企业，基于公共利益的考虑，给予一般企业所没有的特权，包括垄断权、资金援助和征用特权。同时，从事公益事业的国有企业必须承担提供服务、兴办事业、发展事业和维系事业的义务，并对提供服务的费用、财务和人事等方面加以限制。

（3）政府对国有企业的人事管理。国有企业工作人员是国家公务员，在人事管理上和政府机关一样，受国家公务员法的约束。国有企业对一般工作人员有一定的人事权，但主要领导的任免权大多在国会和政府手中。地方国有企业的人事任免权由地方政府决定。

（4）政府对国有企业的财务管理。国有企业实行独立核算的企业会计制度，有一定自主权，但是企业在预算的执行、利润的分配、资金的筹集和运用等方面由政府针对不同情况进行限制。

（5）政府对国有企业的业务管理。在生产业务管理上，国有企业的经营范围、投资规划和方向、产品价格及企业发展规划等，置于议会或政府控制之下。企业的自主权很小。日本地方政府对其所属国有企业的管理与中央相似，只是对地方所属国有企业的组织、财务和施工等问题做了特殊规定。

（6）政府对国有企业的劳务管理。日本国有企业的劳动条件必须服从政府或议会的规定。日本银行、公团、事业团等企业基本没有工资决定权，大部分国有企业则由劳资双方自主确定。

2.3.2.3 日本国有企业的改革及其特色

从日本国有企业的管理体制中不难看出，日本政府对国有企业的管理存在着过度干预。因此，在20世纪80年代高速增长的日本经济显露颓势时，日本政府对国有企业进行了改革。改革的核心是调整国家经济职能，基本思路是充分发挥市场机制的作用，尽量减少政府的限制，努力扩大国有企业的自主权，以增强企业活力，促进企业行为的合理化和效率的提高。具体措施如下：

（1）减少国家对企业经营的干预，扩大企业自主权。日本政府对一些没有实行股权多元化改造的特殊国有企业，通过人事及组织管理制度的改革，使其成为具有相对独立法人特征的企业，由此充分发挥市场机制的作用，实现企业的市场化经营，提高国有企业活力。

（2）改革国家所有权，把国有企业转换为股份公司。以“三公社”为主的日本国有企业改革获得成功，民营化的股份公司改制取得了巨大经济绩效，提高了企业的经营能力，扭转了经营颓势。

（3）对不同类型的国有企业实行不同的管理模式。对于政府部门直属企业实行国有国营，由政府部门直接经营管理，企业自主权最小；对国家参股公私合营的股份制企业，

实行民营化管理，企业自主权较大；对特殊法人企业，依据企业的不同性质实行不同模式的管理，企业自主权介于上述两类公司之间。

（4）实行国会监督下的归口管理监管体制。在国会监督下，由政府有关部门对不同类型的国有企业实行差异化分类归口管理：对国家直接经营的企业，采取直接和最为严格的监管；对国家间接经营的企业，由主管大臣对其进行监督、命令；对股份制经营企业，给予较大的经营自主权，采取较为灵活的经营方式。潘华实（1999）[195]认为，采用监察人的专门监督和一般监督相结合的方式，对经营者的监督制约权限，程度不等地赋予多个公司法律关系主体，是日本企业监督体制的特点。

（5）健全法制，引入竞争。日本国会众议院通过制定相关的改革方案，取消了私有企业进入的限制，打破了铁路、电信等行业独家垄断的局面，充分鼓励竞争。

2.3.3　德国公司治理中的“双重监事会制度”和“全能银行”的核心地位

凯文·基西等（2013）[196]认为，德国企业的关键特征是以共识为导向的平等主义方式，常常被称为“莱恩兰资本主义”，公司治理有其独到之处：存在部分公司控制权市场、大股东和银行/债权人监控、监事会中股东和员工共同决策的双层董事会、管理层薪酬对业绩的不可忽视的敏感性、惩治性的产品市场，以及大体基于欧盟指南但又植根于德国规范和法律学说的公司治理监管。

2.3.3.1　公司治理模式的特点

（1）“双重董事会”的法人治理结构。双重董事会即既有董事会又有监事会。股东大会选举监事会成员，监事会再选举董事会成员。监事会是权力监督机构，是德国国有企业的最高领导和决策者，由股东代表和职工代表组成，双方各占一半名额。董事会（或理事会）是执行监事会决议、负责日常经营的执行机构。监事会有权对董事会工作提出意见和建议，但不能干预董事会工作。当监事会与董事会不能达成一致意见时，需交股东大会裁决。监事会成员不得兼任董事会成员。

（2）职工参与的民主化管理。职工参与决策制度是德国监控机制的一个重要特征。德国共同决定法规定，本企业的职工与产业工会的代表有权在公司监事会中占有一定席位参与决策，监督法规执行情况，在社会福利方面有与资方对等的表决权，对企业生产经营状况享有知情权和质询权。股份公司职工一般持有公司股票，可以分享公司利润。在国有企业的管理机构中一般采取比例代表制。例如，在德国国有企业董事会中，实行国家代表、专家和知名人士、企业职工代表各占1/3的“三分代表制”。

（3）双层董事会的监控机制。德国公司的业务执行职能和监督职能分离，成立了两种管理机构，即执行董事会和监督董事会，监督董事会是公司股东、职工利益的代表机构和监督机构，是大股东行使控制和监督权力的机构。由于大公司股权十分集中，使得大股东有足够动力去监控经理阶层。由于银行本身持有大量的投票权和股票代理权，这就使银行在德国的公司治理结构中的作用突出。

（4）企业融资以股权融资和债务融资相结合，并以债务融资为主。证券市场不发达，多数企业与银行作为主要的财务支持，政府有一部分股份，公司治理主要靠“用手投票”

而不是“用脚投票”。

（5）银行处于公司治理的核心地位。从公司治理的角度看，德国银行是公司的大股东。银行不仅直接持有公司股份（持有一家公司多少股份并没有法律上的限制），而且作为大量分散股票的“保管银行”代表小股东行使表决权。从具体功能上看，德国的银行是“全能银行”，既可以向企业提供各种贷款，又可以经营证券业务，还可以间接持有公司股票和从事保险业务。李海洪、郑庆华（2008）[197]认为，银行既是债权人，又是大股东，掌握了控制公司的大部分权力，成为公司治理中的关键角色。银行的参与创造了较稳定的治理结构，使得管理人员追求中期和长期的企业目标。

（6）追求人力资本最大化是企业治理效率的衡量标准。

2.3.3.2 社会市场经济理论指导下的政府对国有企业的监督与管理

社会市场经济理论是联邦德国新自由主义学说的核心内容，主张建立一种既非社会主义经济，又非自由放任的资本主义经济的社会经济秩序，即“有社会化明确方向的市场经济”。社会市场经济是按市场经济规律运行的，但与自由放任的资本主义经济不同，国家对经济进行有效的干预，这种干预被限制在保护自由市场经济，提供社会安全和社会保障，创造稳定的自由竞争环境的范围内。社会市场经济的理论基础是由瓦尔特·欧根所提出的“理想典型”或“理念模型”学说。

在此理论指导下，德国政府对国有企业实行分级分类管理和多渠道监督体制，德国国有企业的资产分属中央、省、地方三级所有，三级政府均拥有各自隶属的国营企业。三级国有企业的经营方向和经营目标各有侧重。在实行分级管理的同时，政府主要根据国有企业是否具有竞争性、行业是否存在规模效应、是否需要大量基础设施投资三个基本标准，把国有企业分为垄断性和竞争性企业两大类，并以此确定国有股所占比重的大小，由政府部门或国有金融机构进行分类管理。对国有资产的经营管理，德国主要采取“国家监督管理、公司经营运作、员工参与管理”的方式，实行以财政部为核心的管理模式，由财政部作为国有资产所有者代表，对各行各业的国有企业进行统一管理和监督。

在管理手段上，主要从控制、保护和监督三个方面实施有效管理。通过设立董事会控制和监督国有企业的目标、方针和重大举措。一些牵扯国计民生的重要经济部门，受到国家保护，完全不参加市场竞争，或只参加部分竞争。对竞争地位脆弱的传统工业给予大量补贴。另外，政府对国有企业实行多渠道的监督机制。除了上述“双重董事会”的监控机制外，还有来自联邦财政部、经济审计人及联邦审计署对国有企业的共同监督。其中，联邦财政部的监督着重于产权监督，代表国家行使国有资产所有权，负责审批企业的成立、解散、合并等重大经营决策事项；经济审计人的监督，主要是指对公司年终结算进行检查；联邦审计署是德国的最高稽核单位，政府所属国有企业均由联邦审计署稽核。该署的职责是稽核政府及国有企业的开支账表和经济行为的合理性。

2.3.3.3 德国股份制改革及原民主德国国有企业的托管改造

20世纪90年代以来，德国政府对国有企业着力推进股份制改革，主要对象是国有企业中的盈利竞争企业，而在一些基础设施建设和供应部门、交通邮电部门、金融保险及科研部门中，仍保持原有的国有企业规模。德国进行股份制改制的目的，不在于出售国有资

产，而是打破垄断、激励竞争、强化监督、提高盈利能力，并通过立法来规范政府对国有企业的监督和管理。

在德国政府看来，对国有企业私营化不是经济政策的目标，而是改善企业经营的手段。就国有企业的所有者来说，个人股东的参与将有利于企业效益的提高，而国家股的存在则是对公共利益起到监督作用。按照德国法律规定，持股超过25%以上的股东，就有对股东大会的否决权，持股超过50%以上的股东就拥有了决策权，可以控制该公司。为此，德国政府根据各个企业的性质，将有的股份全额出售，而有的则保持较大比例的股份。

两德统一后，德国政府对原民主德国国有企业进行托管改造。所谓托管改造，就是成立托管局（即国有资产信托管理局），利用托管形式对民主德国一大批设备落后、效率低下的国有企业进行"注资改造"。托管局作为东德国有企业控股总公司，接管国有大中型企业8000多家，国有小企业3万多家。国有企业在托管局的支持和监督下进行分类改造：对于多数可以改造的企业，政府以巨大的财政投入作为支持，通过投资、兼并或购买等多种方式进行改造整顿；对于符合破产条件的企业，按照一定程序坚决使其破产，减轻政府的负担。

2.3.4 各国公司治理模式的比较分析

通过对美国、日本、德国公司治理模式的分析和描述，我们可以看出，各类公司治理模式均有其产生原因或历史渊源，各有其存在的合理性。

美国公司治理模式借助于发达的证券市场，通过兼并收购和公司控制权的争夺，对经营者构成持续威胁，充分体现了外部机制的约束作用。同时，借助股票市场的流动性和信息的公开性，能够比较准确地反映公司经营业绩和现金分红情况。

日本公司治理模式股权高度集中，以银行为中心的治理机制可以充分发挥银行的监管作用，使公司在决策时能够立足于公司的长远稳定发展，在资金面临流动性困难时可以避免痛苦的金融衰退，在经营业绩不佳时可以避免昂贵且有破坏性的敌意接管。

德国公司治理模式和日本公司治理模式均重视银行在公司治理中的作用，且重视程度更甚。银行作为股东和债权人参与公司治理，对公司治理结构的改善起到了积极的作用，从而提高了公司经营业绩。可见，不同的治理模式在各国经济发展中发挥了不可替代的作用。

面对新的形势，上述治理模式的弊端日益显露。美国高度分散化的股权结构，弱化了股东对公司经营的监控，造成了经营者的短期行为和频繁的敌意接管。而公司股权结构相对集中的日德公司，法人相互持股或企业间交叉持股，从融资的角度看，不能增加全社会的融资总额；从治理机制看，虽然加强了对公司经营者的监控，却使得证券市场疲软。大股东相互持股，且经营者又作为本公司对其他公司持股的股权代表，使经营者被凸显出来，难免造成"内部人控制"。企业之间的相互持股人为降低自然人的持股比重，损害了最终投资者的利益，利益相关者的冲突有增无减，以致日本的"主银行制"导致"泡沫经济"产生。

对此，各国出现了改革公司治理模式的迹象，并且呈现趋同化。在美国，公司一直重视证券市场的作用，而忽视银行和机构投资者的作用，现在通过变革放松银行对持有公司股票的限制，机构法人股东的持股比例呈上升趋势。随着金融国际化的发展，日德公司开始加速证券市场的发展，强调个人股东的利益，市场直接融资在企业中的资金来源占有重要地位，公司负债率呈下降趋势，交叉持股的数额有所减少。各国的变化说明，公司治理结构正在相互靠近、互为补充，大有趋同之势。就是说，各种治理模式在某些方面的趋同将是有效率的。这一点对转型经济国家的公司治理改革提供了宝贵的经验。特别是对于我国，在建立现代企业制度过程中，如何借鉴各国公司治理改革实践的成功经验，设计出特定国情下符合自身情况的公司治理结构，是一项紧迫的任务。美、日、德公司治理比较分析如表 2. 2 所示。

表 2. 2　美、日、德公司治理比较分析

比较项目	美国	日本	德国
股权结构	相对分散，单个法人持股比例受限制	相对集中，法人交叉持股	相对集中，企业间交叉持股，股份公司职工一般持有公司股票
资本结构	证券市场是主要资金来源，负债率较低	银行贷款是企业筹资主要来源，负债率较高	银行贷款是企业筹资主要来源，政府也持有一部分股份
激励机制	股票期权制度	终身雇用、年功序列工资制度	公司职工持股并参与决策制度
控制方式	市场监控力度很大，监控主要来自企业外部各市场体系，“用脚投票”	市场监控力度相对较小，监控主要来自企业各相关利益主体，“用手投票”	证券市场不发达，监控主要来自执行董事会和监督董事会双层监控机制，以及职工参与决策制度，“用手投票”
银企关系	银企分开，银行只是纯粹的资金提供方	“主银行体系”：债权人和大股东双重身份	“全能银行”：债权人、大股东和大量分散股票的“保管银行”多重身份
治理模式	市场控制主导型	股东监控模式	股东监控模式
治理效率衡量标准	股东财富最大化	社会资本回报最大化	人力资本最大化
主要挑战	对利益相关者的关注；敌意接管频繁等	经济自由化；金融市场的开放，政企和银企关系转型等	证券市场的发展；银企关系转型等
发展或变化趋势	强化内部监控	完善和强化外部监控	完善和强化外部监控

资料来源：胡军. 跨文化管理[M]. 广州：暨南大学出版社，1996：142－143.

2.4　外国国有企业的治理机构和治理机制

2.4.1　外国国有企业的治理机构

2.4.1.1　股东会

（1）国家股东与小股东的关系。经过几轮国有企业的大规模改制，OECD 成员国基本实现了国有企业股份制改革。这就意味着依据《公司法》，国有企业必须设立股东会作为最高的权力与决策机构。不论是在单层还是双层董事会制度中，股东大会是企业的最高权力机构，董事会成员的任命与选举要经过股东大会的表决。区别是在双层制模式中，股东大会任命的是监督委员会，然后由监督委员会同时任命董事会和管理层。

王荣华（2011）[198]认为，由于国有企业国家绝对控股的特殊性，如何避免国家凌驾于小股东之上，对小股东的利益造成损害，是国有企业治理需要重点解决的问题。造成这一局面的原因是国家可以在没有小股东同意的情况下就在股东大会中做出决定。同时，国家通常处于控制董事会构成的地位。进一步而言，国家很有可能还承担其他的政治和政策目标，其中执行这些政策和政治目标可能会损害小股东的利益。

然而，在大部分 OECD 成员国中，国有企业资本是由私人股东所控制的，小股东权利是受到承认并在一般情况下受到保护的。所有权实体通常"绑住自己的双手"，采取明确的措施或采用一般政策来防止对小股东和其他非控股公司造成损害。这些权利包括董事会中小股东的代表、股东大会的决策权和获知公司相关信息的权利。这些权利可能被限定在与公司相关的普通法律框架中，即商业公司法典或公司法，或者公司治理法典；也有可能体现在国有企业宪章中，或者在具体的基本法律中被更明确地规定或涉及。此外，对其他股东的公平待遇可能是所有权实体或者与政府相关的国有企业所采取的一项基本原则。例如，在挪威，国有企业良好公司治理的政府十大原则之首便是股东应该受到公平的对待。

事实上，很多 OECD 成员国鼓励小股东参与股东大会，并通过一些特殊的安排参与到企业的决策过程中。例如，希腊的国有企业章程就包含了小股东参与董事会的相关条款。在土耳其，对于国有企业的分支机构而言，如果私人股东集体拥有的资本股份超过 20%，那么他们就有权力任命或指定一个代表 20% 的股份成员，但是在董事会的成员数目不能超过 2 人。此外，在一些法律框架体系中，小股东的知情权也是被保护的。

（2）股东权责。在国有企业中，国有企业所有权权责即为股东权责，主要包括：建立董事会提名程序决定或批准董事任免；对战略、投资等重大事项的监督和知情权；财务和资本运作的监控、审计权等。

《OECD 国有企业治理指引》指出，国家作为一个积极的所有者应该按照每个公司的法律框架行使其所有者权利。所有者权利的行使应该在国家行政管理中予以明确界定，这会便于通过建立一个协调实体或者更适于通过集中化的所有权职能来实现。国家作为一个积极的所有者应该按照每个公司的法律框架行使其所有者权利。

国家所有者职责包括：①委派代表出席全体股东大会并行使国家股投票权；②在全资或控股的国有企业建立合乎规则的和透明的董事会提名程序，积极参与所有国有企业董事会的提名；③建立报告制度，允许对国有企业经营绩效进行定期的监督和评估；④在法律制度和国家层所有权机构允许时，与外部审计员和专门的国家监控机构保持经常性对话；⑤确保国有企业董事会成员的薪酬计划，促进公司的长期利益，并能吸引和激励合格的专业人才。

瑞典工业部按照《公司法》规定的股东权责，向国有企业派出投资经理，在企业董事会中担任非执行董事，正式的决策是通过股东大会做出的，工业部直接提名国有独资公司董事或批准国有上市公司董事会提名委员会的董事提名，工业部也可直接与国有企业董事和总经理沟通。

加拿大国有股权部门就管辖范围的国有企业效益向议会报告，主要负责部长对管辖领域的国有企业整体运营情况，但对个别企业的日常运营管理只负有解释的责任。

新西兰所有权机构按照《公司法》和公司章程的规定行使股东权利，根据有关法律指导公司董事会改变企业目标报告，与董事会协商决定公司分红水平，要求董事会提供有关信息。

法国国家参股局负责在股东大会上投票，向企业董事会派出国家代表，协调国有企业董事会运作，决定审计委员会和分红政策，管理企业的并购、重组和出售，明确与国家监管和政府采购等部门的权责划分。部分 OECD 成员国股东职责如表 2.3 所示。

表 2.3　部分 OECD 成员国股东职责

股东职责		法国	意大利	瑞典	新西兰	奥地利	新加坡
遵循的法律框架			公司法	公司法	国有公司法与其他专门法	公司法	企业法 宪法
人事	任命董事	√	√	√	√	√	√
	任命董事长	√					
	任命总经理	√或建议权			建议权		推荐权
考核		√		√			
薪酬			决定小部分		决定薪酬总额		
战略	决定						
	审批	√	√				
	监督		√		√	√	
	知情			√	√	√	
	决定	√					
	审批		√				
	监督				√	√	
	知情			√	√	√	

续表

股东职责		法国	意大利	瑞典	新西兰	奥地利	新加坡
财务	预算审批		√				
	决算审批					√	
	收入分配	√					
	财务监控			√	√	√	√
	审计	√		√	√		√

资料来源：张政军．国家股东行为的国际比较及启示［R］．北京：国务院发展研究中心，2005.

2.4.1.2 董事会

（1）类型。董事会的类型可以有不同的划分标准。

1）单层、双层、平行的董事会。按照结构划分为单层、双层和平行的三种董事会，因为这种划分和公司治理的模式有高度相关性，所以是最为流行的一种划分方式。

2）小规模董事会和大规模董事会。按照组织成员规模来划分，可以分为小规模的专业人士组成的董事会和大规模的很多利益相关者组成的董事会。

3）以外部董事为主的董事会和以内部董事为主的董事会。按照董事会成员的独立性程度划分为独立性较强的董事会和以内部董事为主的董事会。董事会的独立性是董事会决策和客观评价与监督的基础，是关系董事会有效运作的首要条件，因而也是衡量董事会质量高低的第一要素。董事会独立性的强弱表现为董事会中外部董事的比例高低，以及外部董事在审计委员会、提名委员会和薪酬委员会等专门委员会中的比例的高低。一般而言，外部董事所占的比例越高，其独立性越强，越能摆脱内部人控制，有利于公司的权力制衡。

世界上绝大多数国有企业的董事会由内部董事与外部董事组成，只是在董事会的内外董事比例上存在差异，越来越多的公司在构建董事会时倾向于以外部董事为主。

邵宁、秦永法（2011）[199]梳理了部分 OECD 成员国对国有企业独立性的要求和规定，如表 2.4 所示。

表 2.4 部分 OECD 成员国关于国有企业独立性的要求和规定

国家	国有企业独立性的要求和规定	备注
新加坡	董事会由股东派出的人员、管理层代表和独立董事三方人员组成，其中派出人员担任外部董事，是非执行董事，但不被看作独立董事	国有企业董事会独立董事达半数以上，近几年比重还在提升；董事长也由来自外部的董事担任
俄罗斯	1994 年初发布法令规定国有企业内部董事的比例不得超过董事总数的 1/3。国有控股的股份公司董事会除总经理进入董事会外，其余均为外部董事，由国家财产关系部、财政部、相关行业管理人员兼任外部董事	国有独资公司不设董事会，实行总经理负责制
新西兰	国有企业董事会成员主要来自私营部门，董事长也是来自私营部门，董事会具有较强的独立性	对董事的独立性要求限于非执行及独立于管理层。澳大利亚、挪威和希腊等国家则要求董事不仅要独立于管理层，也必须独立于与公司关联的商业关系

续表

国家	国有企业独立性的要求和规定	备注
澳大利亚	国有企业董事会由两部分人组成：非执行董事，在董事会中占多数，不直接参与企业的日常经营管理；执行董事和管理董事，在董事会中占少数，但参与公司日常经营管理	
瑞典	国有企业董事会中除职工代表外，其他均为非执行董事，都不是企业的员工；首席执行官可以进入董事会，但不是必须的。外部董事占董事会成员的大多数	外部董事来源广泛，有政治家、股东派出代表、研究机构的专家学者等，但主要是私营部门的成功人士和专业人士
奥地利	国有企业的监督董事会（相当于董事会）最少 3 人、最多 20 人。股权管理机构派出代表实行向社会公开招聘制度，使监督董事会以非股东派出的外部董事为主	
挪威	国有企业的董事有执行董事和非执行董事之分，除董事长由执行董事担任外，其余董事均由非执行董事组成	
匈牙利	除总经理进入董事会外，其余均是外部董事	

资料来源：笔者根据有关资料整理。

（2）规模。很多国家的国有企业董事会总体规模非常庞大。例如，法国 1983 年颁布的《公共部门民主化法》中规定“三方”董事会结构，国有企业董事会人数在以前可能达到 30 人，但在 2005 年之后，法国重新将董事会成员从 30 人修改为 18 人。部分国家对国有企业董事会规模进行了限制，如韩国于 1983 年颁布的《政府投资企业管理基本法》限定董事会成员规模不得超过 15 人（见表 2.5）。

表 2.5　部分 OECD 成员国国有企业董事规模的规定

	希腊	韩国	墨西哥	新西兰	瑞士
最少	7	—	5	2	2
最多	13	15	15	9	9

资料来源：OECD. Gorporate Governance of State – Owned Enterprises：A Survey of OECD Countries［R］. 2005.

（3）成员组成。国有企业董事会的构成在不同国家有很大差异。产生差异的因素包括政府对企业的影响、职工代表的地位、私营部门专家的重要性和董事会成员独立性的要求等。当今外国国有企业董事会的构成呈现三大特征：

一是国家代表。在 OECD 成员国中，国有企业董事会主要在国家代表的规模上有本质区别。国家可以由所有权部分或分部部门的公务员代表，也可以由私营部门的“外部”人员或其他专家学者等代表。国家代表数可以为零，也可以是整个董事会。

丹麦、挪威等国的国有独资企业采取中央集权制，即董事会中没有国家代表。瑞典、德国等国家只派出 1 ~ 2 个代表，尽管国家股份可能在国有企业中占很大比例。然而，很多情况下，代表数量都是由国家所有权的比例决定的。如澳大利亚、新西兰的非控股国有企业。国家代表的比例在法国是固定的，根据“三方”董事会结构，国家规定国家代表、企业职工代表和企业有关专家、知名人士代表各占1/3。部分OECD成员国国有企业董事会国家代表的比例如表2.6所示。

表2.6 部分OECD成员国国有企业董事会国家代表的比例

	部门制	双元制	中央集权制
无国家代表		韩国、澳大利亚	丹麦、挪威、荷兰
1个或2个国家代表	芬兰、德国	意大利、希腊、瑞士、英国	瑞典
所有权比例或固定百分比	斯洛伐克	捷克、奥地利、新西兰、墨西哥	西班牙、法国
全部董事会成员均为国家代表		土耳其	

注：①捷克和斯洛伐克介于双层所有权制度和部门制之间；②奥地利和澳大利亚介于上层所有制和中央集权制之间。

资料来源：OECD. Gorporate Governance of State - Owned Enterprises：A Survey of OECD Countries［R］. 2005.

二是员工代表。不同国家的国有企业董事会在员工代表和其数量上也有差别，绝大多数国家员工代表产生于股份公司的通常运作之中，并且建立在公司法的相关规定基础之上，例如奥地利、捷克、瑞典、芬兰、挪威、丹麦和德国。而在前社会主义国家波兰，该要求则建立在私有化法律基础之上，在财政部所属公司监督管理委员会中员工代表占比达到40%。有些国家制定了特殊法律条文，要求国有企业董事会中员工代表达到一定的数量或比例，例如法国规定人数在2人到董事会总人数的1/3之间。

虽然越来越多的国家在员工参与方面要求国有企业比私营企业严格，但是在国有企业董事会中设立员工代表的潜在原因和上市公司的董事会是一样的，其目的是增强员工作为股东的责任心。在董事会中设立员工代表的目的是为员工提供一个讨论和协助公司各个战略的机会，使其谨记公司的总体财务目标和服务职责目标，促进员工和首席执行官及高级职员间的交流。同时，员工代表也可能成为外部董事会成员评估国有企业状况的一个重要的信息源。

但是，对于私营企业来说，设置员工代表的利弊却是一个备受争议的问题。在国有企业董事会中设立员工代表的原因可能因其在实施社会和就业政策方面的良好实践"榜样"而得到加强，事实上，还由于公共部门工会的传统力量而得到加强。曾娜（2001）[196]认为，设置员工代表带来的利益在很大程度上依赖于员工代表的能力、独立性和他们对保密义务的尊重程度，同时还依赖于他们对董事会和管理层的接受程度和合作程度。

三是独立董事。董事会在履行其职责时必须拥有自主权和独立性，且不受部长们的日常干预。因此，国有企业董事会的独立性程度将部分地依赖于上面描述的国家代表和员工代表的数量和特点。除西班牙、土耳其等少数国家外，许多国家设有独立董事，且规定其在董事会中的比例。各国对独立董事的理解和定义不尽相同，部分国家要求其不仅要独立于管理层，而且要独立于商业关系之外。如希腊就规定独立董事会成员不应该是执行人员或董事长，不应该同该公司有任何商业上或其他职业上的关系，不应该和董事会任何一位执行人员、高级执行人员或控股股东有任何层次的关系或婚姻关系。

（4）职责。从大多数西方国家国有企业的公司治理情况看，董事会一般具有以下五项权力：一是确定公司的战略规划，批准经营计划和预算；二是决定重大投资、筹资、撤资、购并、非经营交易；三是确认执行董事、经理层的经营业绩；四是任命 CEO 及经营班子成员；五是决定 CEO 及经营层其他成员的薪酬。从权力的性质看，前两项属于战略与决策权力，后三项属于监督与约束权力。按此划分，可分为决策权和监督权合一以及决策权和监督权分离两种类型的董事会职责。

一类是董事会既执行决策权又履行监督权。代表有新加坡、新西兰、瑞典、奥地利等单层董事会制度的国家。在新加坡，国有企业控股公司淡马锡公司董事会以为股东创造最大利益为目标，决定公司股息分配及配股、投资决策、资金使用等方面的重大事宜。同时，董事会作为政府资产产权代理人，拥有对其子公司的有关股本变更、公司重组、年度预决算、委任董事等重大产权经营决策的决定权，监督管理下属公司的经营活动并负有保证政府资产增值之责任。董事会负责高级经理人员的任免，但需符合新加坡共和国宪法第 22C 条的规定，并需经总统同意。经理层负责公司日常经营管理活动。

另一类是董事会只履行决策权，监督职责由监事会履行。德国、日本这样的双层制或平行制董事会的国家，董事会的决策权和监督权分别由董事会和监事会履行。在德国，监事会是公司的最高权力机关，其权力主要包括：董事会成员任免权；公司财务活动的检查监督权；公司代表权；公司章程中规定的某些业务的批准权和股东大会的召集权。董事会更多的是行使执行和决策职能。在日本，出资者作为股东享有法律赋予的最高权力，股东选举董事组成董事会作为公司的决策机关，同时选举监事组成监事会作为公司的监督机关。董事会选聘总经理及其他公司的高层经理负责日常经营工作。

国有企业董事会脱胎于一般公司的董事会，具有一般公司独立董事会的职责和功能，同时因为其国有的特殊性对其原有董事会的职责造成了改变，主要表现为以下四个方面：

第一，在国有企业的授权和最终责任方面。董事会成员任免及授权一定程度受到国家政府的干预。如韩国 2007 年改革赋予政府指导委员会宽泛的权力去选任高级经理、评估高管理层表现、为机构操作制定指引及披露管理层信息。

第二，在为国有企业管理层提供战略指引方面。董事会的薪酬受到政府控制。董事会所做的工作计划受到政府监督。捷克政府 2010 年 2 月针对国有控股 33% 以上公司的董事会及管理层的薪酬，推出了原则性政策，确立了薪酬的标准框架，以及用以实施的透明可靠的机制。芬兰 2009 年对管理层的报酬及养老福利发布了指引。希腊 2005 年修改立法，为国有企业董事会设立了义务，使其需要向财政部提交年度及中期商业计划，以及长期战略计划。挪威 2006 年对高管层的薪酬提出了指引。波兰正在起草立法用于定义国有企业董事会成员选任的规则，国有企业经理将由监事会委任。葡萄牙 2008 年采用适用于国有企业的战略指引，用于促进管理层目标的执行及经理绩效称职评估。瑞典 2009 年采用了对国有企业高层执行人员的任期指引。

第三，在董事会的构成方面。各国一方面在精简董事会的结构和人数，另一方面在董事会目标的执行力和独立判断力方面做出平衡。法国自 2005 年起将国有企业董事会的一般人数从 30 人缩减至 18 人，相对的雇员、国家董事及独立董事比重没有变化。在德国，《公共公司治理法》提高了监事会的条件以避免其矛盾，过去只适用于董事会的委任，现在明确监事会对董事成员有持续监督能力。在意大利，上市国有企业的章程在 2005 年做出了修改，增加了对董事会“名望度及专业度要求”的提名标准，个人任职董事会的数量也遭到了限制。韩国在 2007 年修改了董事会主席的委任，商业性国有企业的董事会主席必须由外部董事委任（半商业性的国有企业董事中首席执行官充当主席的角色）。在波兰，根据立法草案，将安排一个提名委员会向财政部推荐关键国有组织中监事会的成员，委员会将由 10 人组成并由总经理任命。西班牙在 2006 年修改法律用于防止董事和经理之间的利益冲突，该法提出商业及政治行为的兼容性，对公共官员在政府相关公司中持股的原则，以及商业及金融资产的披露；2011 年立法进一步修改，减少了国有企业董事会及经理的人数，以使董事会更加小而有效。

第四，在国有企业董事会专门委员会方面。越来越多的外国国有企业董事会不断成立并完善其薪酬、审计、战略等专门委员会。芬兰在 2007 年鼓励成立薪酬委员会，用于确保国有企业兼具竞争和激励的薪酬。在法国，虽然未经既成改革确定，国家所有权代表积极促进政府投资的公司去成立审计、战略和薪酬委员会。韩国 2007 年的修法暗示商业性国有企业（但不包括半商业性国有企业）应当成立审计委员会。

2.4.1.3　监事会

监事会是公司内部设立的专职监督机构，负责监督公司的一切经营活动。监事会以董事会和总经理为监督对象，对董事、经理执行公司职务时违反法律、法规或者公司章程的行为进行监督。

从国际上看，监事会的模式可以分为两大类：德国模式和日本模式，分别与其董事会制度相对应。德国、荷兰等一些欧洲大陆国家的董事会采用的是双层制，监事会（监督董事会）设立在股东大会之下，但其权力在董事会之上。日本企业的监事会（也叫监察人会）则是一个纯粹的监督机构。其主要职权就是监督评价董事的行为。日本企业的监事会虽然与董事会的地位是平等的，但是由于引进了独立董事及建立了法定监事制度，董事会的独立性较强，监督效果较好。

日本规定股份制公司（包括国有企业）必须任命法定监事，法定监事不能同时是公司的董事或员工，而且法定监事中至少一个人是“独立的”，即他在过去的 5 年内既不是公司董事，也不是公司员工。事实上，独立监事常常是来自重要的商业伙伴如集团公司和重要银行的前任雇员户或个人等。日本独立监事来源于外部利益相关者，所以将其称为“外部监事”更加合适。外部监事不受控于公司董事和经理，能够充分地行使职责，还可以避免内部监事与经营者合谋产生新的内部控制人问题。

在 2000 年之后兴起的国有企业集权化改革中，芬兰等国家废除了国有企业的监督董事会，采用了单层制的董事会体系，其实质是将公司治理模式以内部治理为主逐渐改革为以外部治理为主。

2.4.2　外国国有企业的治理机制

2.4.2.1　董事会与 CEO 的提名

（1）董事会成员任命。在许多 OECD 成员国中，确保国有企业的董事会合格正在成为所有权实体的一项关键任务和优先事项。在国有企业董事会成员任免方面，尤其是在国有企业董事会中国家代表的任命方面，所有权实体并不总是主要的决策机构。也有可能涉及不同的部委或其他政府机构，特别当那些国家实施双重所有制且经常加强政治影响力时更是如此。极少数的国家在国有企业董事会任命方面规定了明确的步骤。

在一些 OECD 成员国中，政治影响在董事会任命过程中十分强大，但是这种过程能够且经常退化为一种以“政治干预”为特点的境况。其结果是董事会中充斥着由政治关系而非商业才能得到选举的人，这通常被认为是国有企业治理的一个重要缺点。

一些 OECD 成员国试图控制国有企业董事会任命中的政治干预问题。例如，韩国已经采取了重大的改革措施以减少在政治基础上向国有企业管理层和董事会的任命中军方人员或高级官僚的数量。但是这些努力受到政府内部和各政治党派的强烈抵制，他们认为这些任命过程正是一种影响国家企业战略的重要方法。不同所有权组织模式下的国有企业董事会任免特点如表 2.7 所示。

表 2.7 不同所有权组织模式下的国有企业董事会任免特点

国家所有权中央集权国家	部分双层制或分权制国家
·国家代表和其他“独立”成员完全由所有权实体任命 ·国家代表人数通常为一两个，且来自所有权实体	·国家代表由有关的分部部长任命，但决策需要通过内阁批准 ·任命通常是集体决策，涉及分部部长和政府，需要在不同国家机关间协商

资料来源：OECD. Gorporate Governance of State – Owned Enterprises：A Survey of OECD Countries［R］. 2005.

其他一些国家使用一种更为普遍的方法对政治干预加以控制。这种方法建立在公共部门人员任命的综合过程之上。这方面的例子是英国，其国有企业董事会成员由持股部门任命（或批准）。但是该任命过程必须根据《英国政府委任部级人员实务守则》进行。该守则是任命公共部门人员的指导方针，其重点在于遴选程序中的透明度和连续性。因此，该遴选由公职任命督察长办公室实施，且在选择其他董事会成员时，国有企业董事会主席也是遴选小组成员之一。

大多数 OECD 成员国的国有企业有个混合的董事会，包括国家的董事及“独立”董事，一些国家对国有企业董事会成员具有法定要求或传统。杜丹阳、郑方（2007）[201]认为，国有企业的董事会应当有足够人数是从非国家产业聘用的非执行董事，尤其是在商业环境下运行的国有企业。如各国国有企业实践显示，当今社会的国有企业由公共产业部门代表占多数组成的董事会是很不寻常的。

许多政府通过有关国家股权的法律或下级法规，规定合格董事候选人的资格。这些规定或指引可能与个人的行为品性有关（如正直、诚信），也涉及教育或专业资格，以及其他被董事会（包括团队成员）所重视的品质。也有可能与特殊指引或限制性比例有关，如性别、种族、员工代表、国家或股东代表。对董事会规模的限制同样重要。

（2）CEO 任命。奥地利、澳大利亚、丹麦、芬兰、德国、新西兰、新加坡和挪威等国家明确了由董事会任命 CEO。另一些国家，虽然国有企业董事会正式负责 CEO 的任命，但任命过程受到很强的外来影响，如需要与相关部委进行协商，或需要得到主管部门的批准，以意大利、日本、韩国、英国等国家为代表。

有些国家则明确规定，国有企业董事会不负责CEO的任命，例如比利时、法国、墨西哥和土耳其。在法国，大型国有企业的CEO由总统任命。在墨西哥，比CEO低两级的高级管理人员也由所有权实体任免。少数国家由全体股东大会任命CEO，比如韩国的政府投资公司、匈牙利和希腊的股份有限公司。

CEO的任免权应该属于董事会。董事会如果没有任免CEO的关键职能，那么就很难充分行使其监控职能，并对公司的业绩负责。这种职责的缺失被许多国家认为是国有企业治理最重要的问题之一。部分OECD成员国国有企业董事会和CEO任命方式如表2.8所示。

表2.8 部分OECD成员国国有企业董事会和CEO任命方式

国家	董事	CEO
澳大利亚	董事会向持股部长提交候选人名单，持股部长与首相和国库部进行协商	董事会根据政府意见任命
奥地利	股东大会任命监督董事会	公开选聘，由监督董事会任命
芬兰	股东大会提名任命，国家没有特权	董事会任命
法国	部长们选举产生	国有独资公司董事长一般兼任CEO，由内阁直接任命
德国	根据股权比例决定，议会议员和部长不能成为董事	监督董事会选举产生
意大利	利用黄金股可以任命一名只有观察员身份的董事会成员	董事会负责CEO的任命，但需要与相关部委进行协商。经济财政部在正当理由的情况下可以随时撤换
日本	部长决定董事的任免	由董事会任命，选人需要得到财政部长或公共管理部长的批准
韩国	—	董事会设立一个由外部董事组成的委员会向总统推荐一个候选人，总统有权任命CEO。政府投资公司的CEO由全体股东大会任命
新西兰	有关部委的部长任命董事会成员	董事会任命（需按照政府期望）
挪威	根据股权比例决定	董事会在咨询公司的协助下任命
波兰	根据股权比例决定	监督董事会任命
瑞典	国有独资公司工业局直接任命；国有控股公司上市工作须由工业部批准	有关部委和董事长在任命之前要进行协商，董事会任命
英国	政府根据任命审批权限提名董事	政府根据董事长建议批准任命
新加坡	控股公司有推荐人选的权力；董事会下设提名委员会负责提名或再提名董事	董事会负责任命，控股公司可参与物色和推荐人选

资料来源：OECD. Gorporate Governance of State－Owned Enterprises：A Survey of OECD Countries ［R］. 2005.

2.4.2.2 绩效考核

OECD成员国很少对国有企业董事会的绩效进行系统的内部评估。根据OECD发布的报告，只有新西兰、波兰和瑞典三个被调查的国家对董事会的绩效进行系统的评估。在瑞典和新西兰，对董事会和每个董事会成员要进行评价。在波兰，国库部每季度、全体股东大会每年要对董事会成员进行一次评价。

一些国家根据对报告制度的要求，由董事会或董事长向所有权实体、行业部门或议会提交报告，国家据此对董事会业绩进行指导和评价。这些国家有希腊、斯洛伐克共和国、法国、澳大利亚等。在土耳其，负责审计国有企业的国家控制机构负责评价国有企业董事会。在韩国，计划和预算部根据详细制定的程序，每年对国有企业效益进行评价。

郝臣（2009）[202]认为，大部分国家还没有对国有企业董事会系统和定期的考核制度，但是越来越多的国家正在计划建立这样一套体系，并使其成为提高国有企业董事会专业性的一个重要工具。

2.4.2.3　激励与薪酬

在很多国家中，只要薪资水平不足以吸引和留住具有专业知识和经验的董事会成员，就很难真正提高董事会的专业水平和商业洞察力。在大多数 OECD 成员国中，董事会的薪酬依然远远达不到和董事会所担负的责任相匹配的水平。国有企业董事会薪酬水平在不同所有权模式中存在差异（见表 2.9）。

表 2.9　部分 OECD 成员国董事会的薪酬水平

所有权模式	薪酬水平	代表国家
所有权中央集权	薪酬与私营部门水平相当	瑞典、法国
分权制和双层制	薪酬水平低于私营部门	韩国、波兰
少数几个国家	没有薪酬，只有出席津贴	西班牙

资料来源：OECD. Gorporate Governance of State－Owned Enterprises：A Survey of OECD Countries［R］. 2005.

薪酬标准经常随着国有企业规模、相关的工作量、风险水平、部门或公司中的工资指标和相关部门的通常实践水平而定。一些国家设置了最高薪酬标准，例如在波兰，最高系数标准是有关工业部门平均工资的 6 倍，对于那些非常重要的国有企业来说可能存在例外情况，即比有关工业部门平均工资的 6 倍再高 50%。捷克斯洛伐克共和国的国有企业也是这样，该国规定薪酬水平最高的是全国票据工资水平的 5 倍。有些国家也考虑了董事会成员的非现金收益和所供岗位相关的个人地位问题，例如澳大利亚。极少数国家的董事会成员部分薪酬还与绩效挂钩。斯洛伐克共和国国有企业董事会成员可以得到相当于首席执行官奖金 5% 的奖金。英国的董事会成员薪酬也包含绩效奖励。

2.4.2.4　监督——审计和特殊控制

（1）外部审计。大多数 OECD 成员国的国有企业同样要接受外部审计人员的审计。在英国，国有企业每年年末公布的财务报告需要有审计人员的签名，审计人员的意见依据要包含在年度报表里面。

各国外部审计人员的特点和选择方式是不同的。在一些国家，由独立的注册外部审计人员对国有企业进行审计，这些审计人员是由公司自己选择的，更准确地说是由公司的审计委员会选择的。法国、挪威、波兰、斯洛伐克共和国就是这种做法。在英国，除了运营基金外，所有国有企业都要接受独立审计人员的审计。在比利时，每一个国有企业的审计工作由 4 个外部审计人员进行，其中 2 个是由国家控制机构任命。意大利也是如此，在没有具体法律规定的情况下（对非上市国有企业），经济和财政部要求国有企业接受独立的注册外部审计人员的审计。

在另外一些国家，国有企业由官方“审计总署”进行审计。审计总署负责澳大利亚联邦政府机构和公司的财务报表以及英国的运营基金的审计工作。审计总署是国家特殊的审计实体，在获取有关文件、进入办公场所和接触国有企业职工等方面拥有很大的权力。

在一些国家，某些特定的国有企业可以从私营部门挑选审计人员，但是同时要求审计长提供一份有关公司财务报表的审计报告。例如澳大利亚的国家电信公司。

（2）特殊的国家控制。在绝大多数 OECD 成员国中，国有企业除了与普通公众公司一样要提交报告之外，在信息披露和透明度方面最明显的特征是还需要向国家的特别控制实体提交报告。这些特殊的控制措施是由专业的国家审计实体实施的，一般负责控制公共资金的使用。

在意大利，审计法院的代表可以以无表决权观察员的身份列席董事会会议和法定的审计理事会会议。他们就每一家国有企业向议会提交一份年度报告。

在韩国，必要时审计监察委员会有权检查政府投资的公司。

在瑞典，国家审计局在业绩审计的范围内可以检查国家以有限公司形式从事的各种活动。这种检查的对象是法律规定的活动、其他法定条款规定的活动或国家在其中有重大利益的活动。国家审计署也可以任命一个或多个审计人员参与年度审计，这意味着国家审计署和其他审计人员一起根据《公司法》的审计条款对公司进行审计。

在土耳其，高等审计委员会在总理府的授权下，要对国有企业及其子公司和关联公司进行定期的审计/监控，国有企业的年度财务报表由土耳其共和国国民大会审计并批准。

这些各具特色的国家审计机构之间的一个重要区别在于其报告流程。在法国等国家，审计机构向执行机关提交报告。在上面列举的其他国家中，审计机构直接向议会提交报告，比如英国和澳大利亚的国家审计署（审计长）、奥地利的审计法院和挪威的国家审计署。

2.4.2.5　报告与问责制度及其信息披露

（1）事前报告。事前报告制度通常是普通《公司法》强制要求的补充，其内容主要是关于目标的制定。在大多数 OECD 成员国中，大型国有企业必须报告其经营目标，报告的形式各式各样，典型的模式是国有企业首先提交年度商业计划，并提交相关行业部或财政部批准；随后，每季度、每半年或每年向其所有权实体或财政部、国库部提交定量和定性的报告信息，以监控企业当前的业绩是否与既定目标相符。

然而，确定经营目标和测量经营业绩对于任何类型的公司来说是非常困难的，国有企业尤为困难，因为国有企业往往要实施政府的政策，从而需要制定一套更加复杂的目标。除了目标上的含糊不清外，目标和业绩之间进行联系也是非常困难的。这些不确定性导致了管理上的激励不当，反过来干扰了既定目标的实现。这种情况在计划经济中表现得尤为突出。国有企业公司制改革的一个关键目标就是缓解监督公司业绩时出现的这些困难。

一些国有经济占主导地位的国家采用了一种详细的、复杂的目标制定和业绩监控体系。如在土耳其，国有企业拟定项目提案，交国库部和国家计划署进行修正，最后经内阁批准并在官方公报上公布。

目标报告也存在于澳大利亚、比利时、法国、希腊和新西兰等国，这些国家实施了一种名为“经营管理合同”的特殊方法。经营管理合同体系的主要宗旨是使国有企业业绩目标（包括政策目标）的制定和监控进一步正规化，在股东利益和董事会的管理权之间做出清楚的划分。在澳大利亚，作为经营管理合同体系的一部分，国有独资企业必须提交与政府政策保持一致的公司目标声明。在法国，经营管理合同明确了国家和国有企业各自的责任，确定了测量财务盈利能力和生产效率目标等业绩指标的常用工具，还规定了管理层和职工的激励政策。在希腊，经营管理合同包含了完成商业计划目标的条件和规定、修改合同的条件、监控主要经济业绩所需的指标等内容。在新西兰，除了年度商业计划外，国有企业董事会和管理层必须拿出来未来三年的战略和财务业绩规划。

（2）同步业绩指标。为降低难以预见的较差业绩带来的风险，有些国家建立了同步业绩指标监控系统。在澳大利亚，政府商业企业（GBE）需每半年向持股部门的部长提供一份机密的业绩报告，各持股部门的部长也可以要求政府商业企业每季度提交一份这样的报告。在法国，新设的国家参股局（APE）开发了一种月度报告体系，内容包括主要的财务指标及有关的定性指标。国有企业的高管称必须经常（至少每年一次）组织召开国家参股局参加的会议，就发展和战略等方面的主要问题进行解释和讨论。在新西兰，国有企业董事会必须每月向皇冠公司监控咨询机构（CCMAU）汇报一次，报告其运营和预算的差距。在英国，国有企业参照规划和预算，定期（往往每月一次）向股东执委会报告其基于计划和预算的经营业绩情况。此外，所有权实体应该被告知任何显著改变国有企业业绩的重大事件。

在不同的国家，目标完成情况报告（即经营管理合同履行情况）具有不同的形式，且涉及不同实体单位。议会越来越多地参与到公司目标评估或任何一种绩效年度报告。在法国，《业绩合同年度评价报告》由国家稽核员实施，且直接向国家财政部汇报，这些报告的内容不予公布。在希腊，国有企业董事会必须向经济财政部、有关部委及议会的有些委员会提交《公司活动年度报告》，其内容包括与商业规划和经营管理合同目标的完成情况有关的所有信息。在意大利，非上市国家独资企业在 2 月底必须向经济财政部提交《年度报告》，其内容包括对主要管理问题的描述，以及同预测结果相比较的主要财务表现。国有企业也必须在每年年中报告其最新的财务项目和管理问题。在比利时，国有企业董事会每年要向主管国有企业的部长就其公共服务活动进行报告。在澳大利亚和加拿大，如国有企业被要求提供公司规划，也需要提供执行规划的进展报告。

（3）完善的事后报告制度。事后报告制度披露的内容包括财务报告、董事会或公司治理的报告及一些国有企业需要提供的特殊报告。

1）财务报告。近年来，大多数 OECD 成员国国有企业在财务信息披露方面有了很大提升，国有企业报告的详细程度达到了普通股份公司的水平，而且在大多数情况下，国有企业还要遵守额外的规定。

所有OECD成员国的国有企业必须提交年度报告，大多数国家的国有企业会公布半年报告，比如挪威，但只有少数几个国家的国有企业公布季度报告，如新西兰、瑞典、土耳其及挪威的部分国有企业。在法国，只有上市的国有企业需要公布半年报告，但从2004年开始，所有发行证券的国有企业承诺公布半年报告。在大多数情况下，公司可以获取年度报告，而中期报告的公开性不是很强。

各国国有企业年度报告的主要差别在于报告的综合性、质量和明确性。为了提高报告的水准，一些国家公布特殊指引或手册，规定年度报告必须包含的关键项目。例如，澳大利亚的昆士兰州规定了《昆士兰政府机构年度报告指引》，波兰制定了《财务报告指引》。

为了提高年度报告的时间效用，一些国家制定了明确的政策鼓励国有企业及时公布报告。如瑞典要求所有的国有企业在次年1月公布年度报告。

2）董事会报告和公司治理报告。越来越多的成员国要求国有企业提交董事会报告。报告内容包括：对公司主要运营活动的回顾；影响国有企业业绩或战略前景的重大事态与环境变化；可能实现的发展；有关董事会成员的信息等。而在一些国家，国有企业还需要提交公司治理报告，报告通常包含以下信息：董事会的构成和任命程序；董事可以利用的外部咨询成员；为CEO和董事会成员制定并审核薪酬计划的程序；任命外部审计人员的程序；风险管理；伦理政策。

在加拿大等一些国家，国有企业与其主管部门达成了一种特殊的治理协议，定期进行审核，一些国家虽然没有公司的治理报告，但类似内容包含在更为具体的报告或年度报告中。例如瑞典，国有企业必须提交一份关于董事会构成和本年度内工作的报告。在比利时，年度报告涵盖了董事会成员薪酬的全部信息。

3）特别报告。在一些国家中，国有企业必须提供额外的、主要涉及非财务信息的报告。内容或者是反映上市公司的报告要求或实践，如丹麦的国有企业必须就重大事件向丹麦商业和公司署以及公众报告；或者是作为所有权实体的一种前期政策而引进的特殊报告制度，如芬兰的国有企业必须在年度报告中专门介绍经济增加值。奥地利工业股份公司在提交年度会计报表的同时，必须就实施私有化项目的进展情况进行报告。在新西兰，国有企业需要实施基于价值的报告。在芬兰，国有企业除了要遵守《公司法》规定的要求之外，还必须遵守一系列额外的信息披露要求。西班牙国有企业每半年报告一次对广告和竞争原则的遵守情况，才能获得劳务合同。瑞典的《政属公司外部报告指引》规定，所有国有企业在提交年度报告时必须同时提交一份特别报告，包括综合外部环境分析，有关公司机会均等政策，鼓励多元化的工作和一份对所有激励计划账目的描述，一份公司股息政策的账目，关于公司环境记录的信息。土耳其的国有企业每季度要向国库部汇报注入职工数量等非财务信息。英国国有企业的年度报告中需要包含的非财务信息有：CEO的总体看法、董事长的声明、商业发展评估、未来商业战略、公司治理安排和董事会的详细情况（薪酬、经验和责任）。在意大利等国家，为了确保所有非政府股东能够得到平等的对待，不允许使用政府特别报告。

（4）其他报告和问责机制。在一些国家中，国有企业的年度股东大会可能向公众公开，从而把公众当作最终的股东。瑞典就是其中一例，该国认为国有独资企业“提供年度股东大会的对外联系活动”是合情合理的。

在涉及国家支出框架的评估时，或为了满足那些对国有企业业绩进行专门质询或审计的特殊规定时，国有企业可能（有时必须）要与议会委员会打交道。国有企业也可以通过回答持股部长提出的问题而间接向议会报告。一些规制部门要对国有企业遵循规制法规的情况进行规制审查。

OECD 成员国透明度和信息披露/综合表如表 2.10 所示。

表 2.10　OECD 成员国透明度和信息披露/综合表

	与上市公司的规定相同	时间	一般事项：报告类型	特殊事项：股东报告	总体信息披露
澳大利亚	是	年度、月度或季度报告	财务和非财务报告	在年度报告中，列举出有关责任和特别职能的信息	
奥地利	是	年度	向全体股东大会报告	私营公司	
芬兰	是，上市的国有企业相同，但其他国有企业没有特别的信息披露规定	与全体股东大会协商或遵循有关证券市场的立法	私人（非上市）公司向作为股东的国家报告，上市公司向市场报告	无具体义务	是，每年出版一份名为《芬兰的国家股权》的公告
法国	是（对于上市公司）	年度	以年度预算草案的形式公布		是，每年出版《国家股东》
德国	是		政府可以通过其在监督董事会和全体股东大会中的代表要求企业详细地报告		
意大利	部分是（外部审计与上市公司要求相同，但没有季度报告的要求）	上市：季度报告 非上市：年度和半年度报告	非上市国有独资企业向国库部提交定量和定性的信息报告，审计院就每家国有企业的活动向议会报告	是，采取自愿原则	
日本	部分是		日本电信：向财政部提交商业规划和报告；日本电信电话：向公共管理部提交资产负债表和经营报表		
韩国	几乎一致，政属公司提交的经营实际效益报告除外	年度（根据运营情况需要随时报告）	总裁向国民大会、计划与预算部以及行业部报告企业的经营效益	对股东不负特别的责任	
新西兰	是	季度、半年和年度报告	董事会将公司规划和年度报告提交持股部门审批	是，依照公司法	是，皇冠公司的年度报告

续表

	与上市公司的规定相同	时间	一般事项：报告类型	特殊事项：股东报告	总体信息披露
挪威	是	年度报告，上市公司还要公布其季度报告	董事会：将公司年度账目和年度报告公之于众，并提交给议会，内容包括财务和非财务信息	私营公司	是，由贸易和工业部实施
波兰	存在一些差异	季度	向国库部报告由监督董事会或年度全体股东大会批准的财务状况；向财政部报告情况	没有	
瑞典	是	季度、年度	向议会和公众提供年度报告。每季度，国有企业分支机构	与其他私营公司	是
英国	没有	年度，但也有公司半年提交一次更新数据	财务和非财务（包括CEO总体意见、董事长声明、商业发展回顾、未来商业战略和公司治理安排等）	总体上，尤其是与员工有关的事项	是（2005年开始实施）

资料来源：经济合作与发展组织．国有企业治理：对OECD成员国的调查［M］．李兆熙，谢晖译．北京：中国财政经济出版社，2008：108－116；OECD. Gorporate Governance of State－Owned Enterprises：A Survey of OECD Countries［R］. 2005.

2.5 各国国有企业治理发展的启示

国有企业因在经济社会中的特殊地位和重要性，受到世界各国政府的普遍重视。国家所有权的存在使国有企业治理更加复杂、更具难度。各国国有企业处于不同的政治、经济、文化背景及差异化的市场机制和制度安排之中，在经营和改革过程中采用了不同的治理结构模式和改革方式，积累了丰富经验。我们可以从中吸取成功的经验并受启于前车之鉴，更好地设计符合我国国情的国有企业治理结构，更好地搞好我国国有企业改革工作。

2.5.1 推进产权改革，优化产权结构

2.5.1.1 不能以产权的私有化改革代替国有企业的优化治理

有缺陷的企业产权制度是造成各国国有企业亏损的一个根本原因。产权不明晰，国有资产的保值增值很难保证，改革这种状况势在必行。将公司制应用到国有企业，企业组织形式公司化、股权结构社会化是各国国有企业实现产权清晰、责权明确、政企分开和管理

科学的有效途径。在各国公司治理实践中，采取了不同程度的产权私有化形式，表现出各自的优劣。事实上，有关国有产权的私有化对企业绩效的影响一直没有定论。有相当一部分学者支持产权中性论的观点，即产权归属与企业绩效之间的关系没有必然联系。在我国也有一些学者持有类似的观点，如林毅夫（2001）[203]。简单片面地强调产权对国有企业治理的重要性，在理论上和实践上都很难让人信服。张春霖（1998）[204]认为，在大型企业中，产权刺激的有效性高度依赖公司治理结构和金融市场的有效性。不能因为产权激励机制在中小企业中的有效性，就想当然地认为这种机制在大型企业中也一定同样有效，并因此而认为，只要用改革小型企业的方法来改革大型企业，大型企业的问题就可以迎刃而解。

国内众多上市公司的实践表明，没有良好的公司治理，国有企业改革无论采取公司化，还是采取所有权结构多元化的办法，都不会真正带来实效。私营公司如果没有完善的公司治理，也难以摆脱“短命”现象。因此，迎合趋势，按照国际规范建立和完善公司治理，是加快国有企业改革的必由之路，也是增强国有企业国际竞争力的有效途径。

2.5.1.2 推进产权改革，优化产权结构

产权改革和产权结构的多元化，本身不是国有企业改革的目的，是打破垄断、激励竞争、强化监督、提高盈利能力的重要手段。虽然各国在经营、组织产权和管理等改革形式上各异，但是，让企业自主、自律和走向市场参与竞争，是各国对国有企业改革的共同要求。政府通过减少以至取消国家保护及各类优先权，引入私人资本、消除垄断，让国有企业平等竞争，形成自我生存、自然淘汰的机制。在企业市场化改革过程中，各国采用了不同的方式。有些国家采取“财产私有化”方式，即国家直接出售一些没有必要或没有能力直接经营的企业，既可减轻财政负担，又可筹措到一笔资金用于其他方面；而有的采取“经营私有化”，即“国有民营”的经营方式，通过租赁、承包等形式出售经营权，把经营权私有化，所有权仍由政府掌握。除此之外，各国政府采取了其他一些改革措施，来改善国有企业经营，这些措施主要是消除国有企业的额外社会负担，减少国有企业的行政性，增强其商业性，尽可能创造与民间企业平等的竞争条件。

2.5.2 以市场化方式推进国有企业治理结构的改善

2.5.2.1 积极发展混合所有制

在国有企业分类的基础上和私有化政策的推动下，很多国外国家进行了国有企业产权结构改革。在此过程中，形成了大量的混合所有的现代股份制企业，如德国邮政、芬兰电网、法国电力集团、空中客车集团等，这些企业为其所在国家经济与产业发展做出了巨大贡献。

在一些国家政府看来，国有企业私营化不是经济政策的目的，而是改善企业经营的手段。就国有企业的所有者而言，个人股东的参与将提高企业效益，而国家股的存在则对公共利益起到了监督的作用，德国即是如此。同时，改善产权结构，也是根据各个行业对经济发展的影响而采取相应不同措施，以此来实现国家对国有企业的控股，而不是“一刀切”。在英国等国，改变产权结构时，即使国有股权逐步退出，国家也会在一定时期内保

留对企业一定程度的控制权，例如设立“金股”制度。一些搞国有经济大规模撤退、大规模减持，抛售国有资产的国家，不仅没有使私有化的国有企业提高效率，反而对经济发展起到了反作用。在国有企业分类基础上，国有资本可以根据需要实施绝对控股、相对控股、参股，也可以实行优先股、黄金股等形式，发展混合所有制，激发国有企业活力，有效放大国有资本的带动力，发挥影响力。

2.5.2.2 健全治理结构，加强董事会建设

国内外公司治理良好实践表明，公司治理是以董事会（德国模式下为监督董事会）为核心的治理。董事会为核心是指：董事会承担经营者（CEO）的选任和考核；董事会承担了重大战略决策和重大投资决策功能；董事会承担了对公司重大风险的识别和顶层管理。

OECD《国有企业治理指引》指出“国有企业董事会应具有必要的权威、能力和客观性，以履行其战略指导和监督管理职能，（国有企业董事会）应行正直之道，并为其行为接受问责”[205]。

在OECD于2013年出版的《国有企业董事会：各国实践的回顾》中，根据各国国有企业治理情况，指出国有企业董事会的功能一般为：任免CEO；战略指导；监控。同时，总结出四条良好实践[206]：①各国的良好实践表明，董事会在国有企业治理中发挥了中心功能，并应该在所有权功能和国有企业执行管理层之间扮演中间人的角色；②董事会的作用应该在法律，特别是普通公司法中明确加以界定；③董事会作用应该聚焦于战略指引和公司绩效，而非“合规与遵守”角色；④国家应该通过合适的渠道来明确董事会的目标和主要任务，以确保董事会最大限度地自治和独立。

2.5.3 注重有利于内部治理和外部治理相结合的制度环境建设

2.5.3.1 健全法律法规和立法监督

企业治理的有效运行离不开所在的制度环境。美国强调以外部治理为主的治理结构有效运行，完全取决于其建立了一个相对发达、监督制度比较完善的金融市场环境。同样，在内部治理中，则需要从法律制度上保证各公司利益相关者在参与公司治理中的权利和义务。王卫平（2002）[207]认为，在市场经济条件下，若对国有企业和一般竞争型企业不在法律上加以区分，则可能出现国有企业阻碍公平竞争，不利于市场经济运行的情况。为此，世界各国在修改和废除旧的限制企业进入的法律规范、打破国有企业传统组织经营方式的同时，十分注意通过法律和政策的制定，支持公平竞争环境的培育。健全法制是以市场为取向改革的一项重要任务。比如，英国先后制定符合公用事业自身利益和社会利益的相关法规，起到既有利于提高企业的运营效率，又能抑制企业经营行为损害公众利益的作用。

加强人大的立法监督。针对不同类型的国有企业制定不同的法律，对于功能型国有企业制定专门的法律，以期实现企业的社会目标；对于竞争领域的国有企业，没有单独立法，而是授予私营企业相同的法律约束，为国有企业创造与私营企业平等的竞争环境，提高企业的效益。通过立法明确国有资产管理的框架体系、方式方法及国有资产在整个经济

生活中的法律地位。完善《公司法》，建立并严格执行公司的外部监督和内部制衡机制。同时，人大还要监督法律的实施情况，审议国有资产监管部门的报告。

2.5.3.2 重视多边治理和职工在国有企业治理结构中的作用和地位

从各国公司治理模式的发展趋势看，是从以“股东至上”为基础的单边治理，向以公司利益相关者为基础的多边治理结构转变，多边治理已成大多数国家设计和制定公司治理原则和方案的基本指导思想。职工是公司重要的利益相关者，职工参与公司治理是现代工业文明的成就之一，引发了人们对公司本质与目的等一系列根本问题的再思考，更何况是职工具有国有资产所有者身份特点的国有企业。比如，德国颁布实施的一些公司治理的相关法典，不仅从制度上确保监事会对董事会的有效监督，而且在一定程度上保障了员工对公司的民主管理权，能够较好地保障员工的利益。在欧洲其他国家，如丹麦、挪威、奥地利、法国、瑞典等国家，有职工参与公司治理的立法规定。

2.5.3.3 保障股权多元化的国有企业中非国有股东的权利

在外国国有企业中，非国有独资的企业占据很大的比例，国家无论是作为控股股东或者重要股东，正确处理与其他股东之间的关系是非常重要的。国家作为控股股东，可能在没有小股东同意的情况下就在董事会中做出决定。此外，国家往往承担其他的政治和政策目标，而执行政治和政策目标可能会损害小股东利益。

在国外大部分国家中，非国有小股东的权利同国有股东一样平等受到承认和保护，国家所有权机构常常会采取明确的措施防止对小股东和其他非控股公司造成损害。中小股东的权利范围包括向董事会内派出代表的权利、股东大会的决策权和获知公司状况相关信息的权利。这些权利一般会在与公司相关的普通法律框架中和公司法中做出具体规定，也有可能在国有企业章程或一些具体基本法律中有更明确的规定。

总的来说，公平对待其他股东可能会成为所有权实体或者与政府相关的国有企业所采取的一项基本原则，例如挪威政府国有企业良好公司治理十大原则中的第一条就是：股东应该受到公平对待。在外国国有企业改革过程中，保护中小股东权益是一个重要议题，只有充分保护小股东的权益，才能调动起投资者的积极性，真正发挥资本功能，平衡多种利益主体的利益，使国有企业得以稳定、健康和持续发展。加强除立法监督之外的监管制度建设。

2.5.3.4 提高国有企业信息披露的透明度，构建国有企业信息公开披露与透明度机制

马淑萍（2016）[208]认为，由于我国没有建立完善的信息公开披露制度，至今国有企业信息披露水平和质量都处于较低水平。世界各国国有企业管理和运行的经验表明，确保企业层面充分的信息披露和透明度是改善国有企业治理和运行效率的必要途径。提高国有企业信息披露的透明度有利于公众清楚地了解国有企业经营业绩和运营情况，唤起民众和媒体对国有企业的关注和监督，有利于人大有效行使所有权职责。

2.5.4 推进国有企业的功能定位动态调整和分类管理

2.5.4.1 动态调整国有企业功能定位

外国国有企业在某些领域仍然发挥着重要的作用，功能定位主要体现在提供公共产品

或公共服务，引导产业升级，培育支柱产业和创新，经济调节和控制，发挥在社会、政治、文化方面的特定功能及其他方面的作用，如芬兰、挪威、法国和瑞典等国。国有企业功能定位和重点布局领域是战略问题，需在国家经济发展战略判断和国有企业边界分析基础上进行探讨并明确。

我国国有企业总体功能定位是：①弥补发达国家存在的一般市场失灵，特别是在依靠法律法规和行业监管难以弥补的领域；②弥补中国在市场经济初级阶段出现的阶段性市场失灵，需要阶段性地用产权控制的手段来弥补；③促进关键行业的升级和技术进步，特别是在共性技术研发和公共研发平台建设方面发挥积极作用；④发挥大企业推动经济增长的作用，国有企业已是很多行业的领导者，在未来有必要在产业关键技术研发、国际化经营、社会责任履行等方面更好地发挥作用，推动经济增长；⑤作为政府实现特定目标的抓手。

2.5.4.2　*大力推进国有企业分类改革*

在国外普遍认为国有资产管理较好的国家或地区一般对国有企业实施分类管理，反映政府对不同类别国有企业的功能目标、国有股权比重、考核与薪酬管理等方面的不同要求。我国可从有利于操作出发，借鉴法国和新加坡经验，将国有企业划分为两类：商业类和功能类。商业类企业的业务和目标是纯商业化、市场化的，功能类企业的业务和目标比较特殊，有的承担公共服务功能，有的承担政府要求的任务。在初步建立起分类管理框架后，可借鉴芬兰、挪威、瑞典、新西兰等国的经验，根据中央或地方国有企业布局情况，进一步将国有企业划分为三类或四类，三类包括商业类、特定功能类和公共保障类，四类包括一般商业类、战略重要类、特定功能类和公共保障类。对不同类别的国有企业，所有权行使和监管是不同的，其功能定位、主要目标、产权结构和公司治理要求也应有所不同。

2.5.5　动态调整优化国资管理体制

2.5.5.1　*有必要推进国资统一监管体系*

在国外，对国有企业监管有分权多部门模式、双部门模式和集中行使所有权模式，其中集中行使所有权模式在OECD成员国成为一种趋势。例如，2003年国有企业比重较高的法国集中整合原来分散在能源、交通、财政等部门的国有资产管理职能，成立国家参股局，代表政府统一行使国有资产出资人职责。2007年芬兰成立国家所有权监管局，对基于市场化运作的商业性国有企业集中监管。

在国内，目前除了金融国有资产外，中央层面的经营性国有资产中中央企业及其所属国有企业由国务院国资委负责监督管理，中央部委下属的数千户国有企业游离于该国资监管体系之外。一方面，非统一国有资产监管下的真空和漏洞存在国有资产流失风险；另一方面，这种分散的监管体制伴随着对全国国有资产全局性、整体性发展规划的缺失和国有资产资源配置效率的损失。实践证明，只有在完全、统一、规划、协调的国有资产监管体制下，才可能更好地防范国有资产流失的漏洞和风险，全国国有资产整体（资源）配置效率提高才有更好的保障，提高国家治理能力的整体水平，使国有经济推动经济社会可持续发展并造福于全体人民。

2.5.5.2 以管资本为主推动国有资产监管创新

外国国有企业监管机构的定位更多的是趋向管资本为主，作为一个积极的股东。比如，法国国家参股局的主要职责是：从出资人的角度参与国有企业发展战略的制定，对国有企业重大投资方向和规模进行管理，组织国有企业的重组和上市，对国有企业运营风险进行管理等。芬兰国家所有权监管局被赋予独立分析与监督制定其监管的国有企业的所有权战略、对企业绩效进行跟踪分析、审批国有企业所有权的交易、出席股东大会、聘任国有企业董事会成员等职责。瑞典国有企业局配备有专门的分析人员，定期分析相关行业和私营企业的主要经营指标水平，对国有企业经营提出相应的指导建议；负责对国有企业董事会业绩进行年度考评，向工交部提出相应的报告。

借鉴外国国资统一监管与职责定位的经验，在当前建立以“管资本”为主的国资管理体制的改革要求下，应当对国资委职责与定位进行调整完善，国资委的功能定位是“管资本”。国资委对国有企业履行出资人职责的方式是“管资本”，包括组建国有资本运营公司、国有资本投资公司；国有资产管理体制中需加强资本投资运营功能。为了有效行使国家所有权，国家应制定明确的所有权政策，表明国家作为所有者所要实现的总体目标，以及国有企业为实现这些总体目标而制定的实施战略。

2.5.5.3 改组组建国有资本投资运营公司

在国外，国有控股公司是政府管理国有企业和国有投资普遍采用的方式，通过建立适应市场原则的控股公司，通过控股方式实现对国有企业的控制。国有控股公司在一些国家国有企业改革中，发挥了重要平台作用。世界银行对一些国有控股公司进行了调研，认为组建国有控股公司的原因主要包括：在政企之间建立一个缓冲带，减少政府对企业的过多干预；协调企业的各种决策，对企业进行有效的战略指导，健全和完善企业的财务纪律；集中稀缺的管理人才，给企业提供专业的和管理方面的经验；发挥规模经济优势，提高规模经济效益。

在我国实践中，实质上是由各个产业集团母公司来开展国有资本投资运营的。建立国有资本运营公司和国有资本投资公司，目标就是通过建立落实主体，加强国有资本投资运营功能，可以说是在国有控股公司基础上的提升。从外国国有控股公司发展的经验来看，应坚持以下标准：①国有资本投资运营公司可以采取多种形式，在竞争性行业中发挥国民经济的主导作用，盈利目标日益被强化，其形式应当多样化，尤其是要广泛采用股份有限公司模式。②国有资本投资运营公司在新的国有资产管理体系中处于关键的位置，一端连着政府，另一端连着企业，是实现政企分开的中介。其行为不规范，就不可能真正实现政企分开。所以，必须加强立法，从制度上规范政府、国有资本投资运营公司和所属子公司的关系。③界定国有资本投资运营公司的政策性目标和盈利性目标，组建不同类型的国有资本投资运营公司。严格区分国有资本投资运营公司两类经营目标的成本费用和权责利关系，对直接服务于政策性目标的经营活动给予补偿。把国有资本投资运营公司服务的政策性目标公开化、规范化，防止政府部门随意干预，保障其按照市场化方式实现政策目标。

2.5.5.4　建立国有企业经营管理的问责机制

国资委作为国有资产出资人代表，必须要做合格股东，做负责任的股东。一方面要放权，另一方面也要问责。目前，国有企业最大的问题是“无人负责”，无人能够对国有企业的经营后果承担直接的经济责任。建立起国有企业经营者的问责机制，使国有企业高管的责任、权利和义务对等，建立合理的经营者激励机制，仍是现阶段国有企业发展混合所有制的重要内容。应在国有企业分类管理的前提下，确保国有企业董事会授权明确，并承担全部受托责任。

2.5.6　动态调整国有资本布局领域

外国国有企业分布领域是一个动态发展的过程，目前来看，更加集中在具有战略意义的领域和基础设施领域，特别是涵盖了能源、交通和通信等重要行业的公用设施和基础设施领域，集中分布于整体经济所依赖的基础性行业。总体分为四类：一是传统的自然垄断行业，如电力、电信和铁路基础设施；二是保持对战略行业的国家管控，如石油、天然气；三是履行公共政策目标，提供公共产品和服务；四是对陷入困境的“国家冠军”或大到不能倒的企业进行暂时的资产注入。

针对上述国有企业的功能定位，中国国有资本布局的重点领域主要包括：一是“公共服务”领域。既保障公共或准公共产品的有效供给，也要确保自然垄断行业效率和服务有效。二是“重要前瞻性战略性行业”。对于基础工业和战略性新兴产业以及有巨大沉淀成本的大型基础设施或大项目开发建设，承担产业稳定、启动资金提供职责并承担部分沉淀成本。三是“保护生态环境”领域。当前环境承载能力情况已经非常严峻，而环保与治理有很强的外部性，需要国有资本发挥引导、带动投资作用。四是“支持科技进步”领域。国有资本布局的领域主要是共性技术研发和技术创新，通过科技投资基金等方式，放大国有资本的带动作用。五是“保障国家安全”领域。这类领域具有很强的公共产品特征，即非排他性和非竞争性，需要国有资本投资和保持一定控制力。

第3章　中国国有企业治理的发展历程和现状

公司治理是现代企业制度的核心，系统总结我国国有企业治理的发展历程，科学分析国有企业治理模式的基本特征，探究国有企业治理的未来方向，具有十分重要的意义。新时代深化国有企业改革的根本目标在于建立现代企业制度，实现中国式公司，从行政型治理模式向经济型治理模式的转型，强化国有企业治理的政治属性，坚持党的领导在公司治理中的核心作用，加快形成有效的治理机制和灵活的市场化经营体制。

3.1　中国国有企业治理的发展历程和基本特征

由于经济、社会和文化等方面的差异以及历史演进轨迹的不同，不同国家和地区的公司治理模式存在较大差异。我国国有企业的公司治理经历了从企业所有权和经营权高度统一，各级政府部门直接监管企业运营，到所有权与经营权分离，政企分开，外部通过资本市场、产品市场、经理人市场和法律法规，内部通过股东会、董事会、监事会等机构，对企业实施监管的过程，这一演变过程可以将国有企业的公司治理模式分为行政型治理模式和经济型治理模式两种。国企改革的目标就是要建立“产权清晰、权责明确、政企分开、管理科学”的现代企业制度，其核心在于实现由企业形态下行政型治理模式向公司形态下经济型治理模式的转型。2017年7月，国务院办公厅印发《中央企业公司制改制工作实施方案》，要求在当年底前按照《全民所有制工业企业法》登记的中央“企业”全部改制为按照《公司法》注册的“公司”。公司治理是现代企业制度的核心，因此深化国企改革就是要全面进入公司治理时代。[209]

3.1.1　中国国有企业治理的发展历程

伴随中国国有企业改革及其衍生的产权结构、经营组织、法律形式的变迁，国有企业治理大体经历了以下五个阶段。[210]

3.1.1.1　行政型治理阶段（1978年以前）

改革开放以前，国有企业是在计划经济体制下运行的。国家对当时的国营企业采用的是政府直接管理的模式，企业没有决策权、经营权、收益权、分配权等权力，完全按照政府下达的指令性计划组织生产。在这个阶段，国营企业的治理模式是纯粹的行政型管理，是政府完全掌握企业的剩余索取权和控制权的高度集权制，国有企业是行政机构的附属物，完全按照政府下达的指令性计划组织生产。

国有企业的这种治理模式在实践中发挥了积极的作用，特别是面对当时的国内经济建设刚刚开始恢复、物资匮乏、供应紧张的情况，只有通过政府直接管理的模式才能实现有限资源的有效配置，保证国民经济的尽快恢复和发展，保持社会稳定。这一阶段企业治理注重的是企业内部的领导制度、组织体制和思想政治工作，集中于计划、物资、设备、技术、生产、劳动、财务成本、经济核算等职能管理，并不注重也没有必要关注企业外部流通领域等经营环境的管理，如市场调查和预测、环境分析、产品营销、人力资源管理等。虽然被称为企业，但没有进入市场交换的产品，没有生产所需要的各种生产要素的选择权、决定权和企业收益权、分配权等权力，也缺乏动力和活力机制，属于典型的生产型、执行型、封闭型的治理模式，这种传统的政企关系和企业治理机制存在严重的制度缺陷，不能在市场经济条件下产生健全的政府行为和市场行为。

3.1.1.2 开始试点由行政型治理模式向经济型治理模式转变的阶段（1978~1992年）

党的十一届三中全会以后，中国国有企业开始迈出改革的步伐，国有企业开始试点由行政型治理模式向经济型治理模式演进。国家逐步下放和扩大国营企业的自主权，在国营企业的经营管理上，由单一的政府直接管理转变为政府直接管理和企业适度自主经营相结合的“双轨制管理”。企业的称谓开始由“国营”逐步转变为“国有”。企业在完成指令性计划的同时，可以自主开发市场，经批准可以投资开办企业。以放权让利和建立经济责任制为主的改革，实质是中国进行产权结构和公司治理改革的总试点，影响深远。1978年党的十一届三中全会公告提出让企业有更多的自主权。党的十二届三中全会通过了《中共中央关于经济体制改革的决定》，提出要探索所有权与经营权适当分离条件下搞好国有企业的多种经营方式，在推行股份制试点的同时，将开始于农村的家庭联产承包责任制推广于国有大中型企业；决定要发展社会主义商品经济，明确要政企分开，增强企业活力，发展多种经济形式和多种经营方式。国有企业内部管理体制由党委领导下的厂长（经理）负责制逐步转变为厂长（经理）负责制，并于1987年进入全面实施阶段，1988年《全民所有制工业企业法》规定企业实行厂长经理负责制。1992年《全民所有制转换经营机制条例》赋予企业生产、定价、采购和销售等14项自主权。

3.1.1.3 经济型治理模式开始建立阶段（1993~2001年）

本阶段以开始公司制和股份制改革为标志，国有企业开始建立经济型治理模式。1993年11月，党的十四届三中全会通过的《关于建立社会主义市场经济体制若干问题的决定》指出了我国国有企业改革的方向是建立现代企业制度。1993年12月通过的《中华人民共和国公司法》第一次明确了公司制的法律形式。从1994年开始，中央和地方选择了2500多家企业按照现代企业制度的要求进行试点。1999年，党的十五届四中全会进一步明确公司化改制的要求，分别强调国有经济战略性调整和建立有效的公司治理的必要性，国有企业公司化改革进入了股权多元化和股份制改造的阶段。在这一阶段，中国移动、中国石化、中国联通、中国石油在香港股票交易所和纽约股票交易所同时上市，不仅为这些企业的发展筹集了大量资金，而且促进了企业按照国际市场规则迅速发展。2000年，上海证券交易所公布了《上市公司治理指引》。2001 年 8 月，证监会颁布了《关于在上市公司建立独立董事制度的指导意见》。2002 年 1 月，证监会和国家经贸委发布了《上市公司治理准则》。2002 年 6 月，中国人民银行公布了《股份制商业银行公司治理指引》和《股份制商业银行独立董事和外部董事制度指引》。虽然国有企业治理结构问题尚未真正解决，但随着国有企业改革的深入，国有企业改革的方向和改进治理结构的任务已基本明确，这一阶段为今后国有企业改革发展和治理创新奠定了基础。

3.1.1.4　经济型治理模式的初步完善阶段（2002～2012 年）

2002 年 11 月，党的十六大提出要在中央和地方设立“管人、管事、管资产相统一”的国有资产管理机构，代表国家履行出资人职责。2003 年 3 月，十届全国人大一次会议通过了国务院机构改革方案，中央政府和省、地（市）政府设立国有资产监督管理机构，代表国家履行出资人职责。国资委的成立，标志着国有企业治理改革进入了新的阶段，经济型治理模式已经得到初步完善。一是针对过去长期出资人缺位问题做了补位，制定与《企业国有资产监督管理暂行条例》相配套的规章、文件，涉及企业改制、产权转让、资产评估、业绩考核、财务监督等方面，并对中央企业做了全面清产核资，摸清家底，建立了对中央企业负责人的业绩考核制度和薪酬管理制度，建立了出资人对企业的财务监督和审计体系，并引导大多数企业建立了风险管理体系。二是继续推行国有大型企业的股份制改革和境内外上市，公司制企业户数比重由 2002 年的 30.4% 提高到 2006 年的 64.2%，国有中小企业改制面达 85% 以上。三是开展了国有独资公司建立和完善董事会的试点工作，数次向社会公开招聘企业高级经营管理者。四是核定了大多数中央企业的主业，推动中央企业联合重组和主辅分离辅业改制、分离办社会职能，进行了以资产经营公司为平台进行企业调整重组、处置不良资产的探索，建立国有企业改制和国有产权转让的监督检查，同时推进了产权交易市场的建设和规范运作。

3.1.1.5　经济型治理模式改革的深入推进阶段（2012 年至今）

通过多年来的公司治理改革，经济型治理模式已经在国有企业中得到建立和完善，但这种“自下而上”的渐进式改革走到今日，积累了大量问题。一方面，大量国有企业子公司通过资本市场上市融资、“走出去”参与国际市场竞争，成为境内外的上市公司，导入了经济型治理模式；另一方面，母公司层面作为全民制企业却依旧贯彻计划思维下的行政型治理安排，并对子公司施加行政干预，由此导致在治理改革上“子比母快”的怪象，也使得资本市场“一股独大”“掏空”“关联交易”等治理问题难以治本。由此可见，国有企业治理改革仍然任重道远，深化国有企业改革就是要全面进入经济型治理的新阶段。

《国务院办公厅关于进一步完善国有企业法人治理结构的指导意见》提出国有企业法人治理结构改革的主要目标是，到 2020 年，党组织在国有企业法人治理结构中的法定地位更加牢固，充分发挥公司章程在企业治理中的基础作用，国有独资、全资公司全面建立外部董事占多数的董事会，国有控股企业实行外部董事派出制度，完成外派监事会改革；充分发挥企业家作用，造就一大批政治坚定、善于经营、充满活力的董事长和职业经理人，培育一支德才兼备、业务精通、勇于担当的董事、监事队伍；党风廉政建设主体责任和监督责任全面落实，企业民主监督和管理明显改善；遵循市场经济规律和企业发展规

律，使国有企业成为依法自主经营、自负盈亏、自担风险、自我约束、自我发展的市场主体。通过分析上述目标，可知本阶段国有企业治理改革的主要方向：一是理顺出资人职责，转变监管方式。出资人机构重点是管资本，管国有资本布局、规范资本运作、强化资本约束、提高资本回报、维护资本安全五件事。二是加强董事会建设，落实董事会职权。三是维护经营自主权，激发经理层活力。国有独资公司经理层逐步实行任期制和契约化管理。根据企业产权结构、市场化程度等不同情况，有序推进职业经理人制度建设，逐步扩大职业经理人队伍。四是坚持党的领导，发挥政治优势。明确党组织在国有企业法人治理结构中的法定地位，将党建工作总体要求纳入国有企业章程，明确党组织在企业决策、执行、监督各环节的权责和工作方式，使党组织成为企业法人治理结构的有机组成部分。

2017 年 7 月，国务院办公厅印发《中央企业公司制改制工作实施方案》，要求在 2017 年底前按照《全民所有制工业企业法》登记的中央“企业”全部改制为按照《公司法》注册的“公司”。随着这一历史性工作的完成，国资委监管的国有企业将全部变身为国有控股公司，这一从“企业”到“公司”的转变，再次证明了深化国企改革的根本目标在于建立现代企业制度，实现从企业治理向公司治理的转型，以加快形成有效的治理机制和灵活的市场化经营机制。中央企业集团层面公司制改革方案的出台，体现的就是经济型治理的改革思路。只有在这个基础上，才能在集团层面完成深化企业改革的任务，有利于清除计划经济体制的残留，使市场在资源配置中起决定性作用。

3.1.2　中国国有企业治理演进的基本特征

国有企业改革当初并未将建立有效的治理模式作为其目标，但改革事实上却是沿着公司治理这一主线推进的，其主要体现为国有企业的剩余索取权与控制权在政府与国有企业的经营者之间分配的变化。从某种程度上而言，中国国有企业的改革进程即中国国有企业治理模式的历史演化进程。

我国国有企业的公司治理模式呈现出从行政型治理模式向经济型治理模式演化的特征，是中国国有企业治理区别于英美式和德日式发达国家公司治理，东南亚家族式公司治理的最重要、最特殊的系统性特征。[211]通过分析国有企业治理的演化过程，可以构建出中国国有企业治理转型的分析框架（见图 3.1）。

3.1.2.1　演进的渐进性

严继超等（2010）[212]认为，国有企业治理转型在模式的选择上内生于中国经济制度的变迁，主要强调连续性和稳定性。这种渐进性的发展模式保证了公司治理改革从治理理念探索、治理结构构建、治理机制建设的理性演进，是行政型治理逐渐弱化，转型中的治理风险逐渐释放的过程。基于此，理论界关于中国公司治理的研究从基本理论、治理原则、治理结构演进到治理机制、治理评价、治理环境等多个领域。

改革是一种非帕累托改进，在改革过程中不可避免地遭遇各种阻力，并引发一系列矛盾和冲突。每一种改革都存在实施成本（技术成本）和摩擦成本（政治成本）。渐进式改革的摩擦成本较低，但实施成本较高。渐进式改革之所以能够成功，不是因为简单地放慢了旧体制改革的速度，而是因为经济中新体制成分的成长为旧体制的改革创造了条件。随着改革的逐步深入，增量改革必然向存量改革过渡，进入整体推进阶段。经济型治理模式无疑已经触及存量改革范畴，就此而言，国有企业向经济型治理的顺利演进对中国的经济体制改革具有非同寻常的意义。

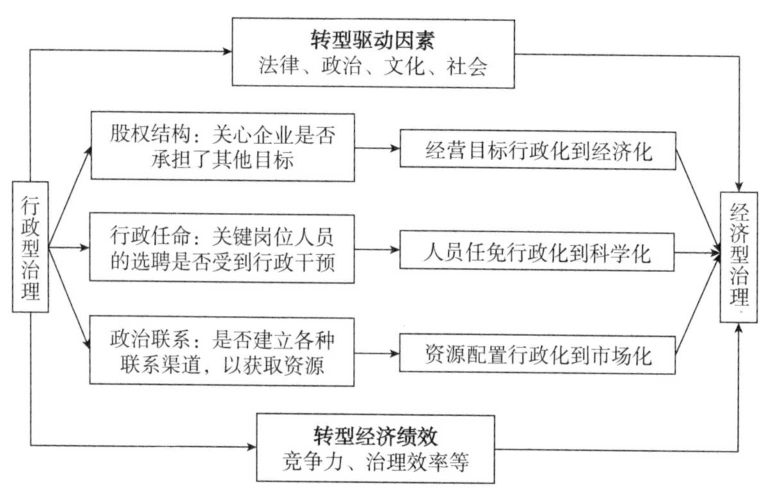

图 3.1　国有企业治理模式的演进过程

3.1.2.2　治理体系的间断均衡性

治理体系的间断均衡性是演进渐进性的另一方面，体现为转型过程中行政型治理和经济型治理的“摇摆”，以及各利益相关者呈现的多样性和动态变化。第一，政府作为国民经济的管理者与企业国有股东权利行使者这一双重身份所形成的“治理困境”，易造成“经济型治理”外壳下的“行政型治理”，从而造成行政型治理实质上的残存。第二，由于国有企业尚未建立起相对成熟的治理体系，导致行政型治理模式放松的同时，经济型治理模式也未能得以及时确立。行政型治理模式一“间断”，企业常陷入内部人控制状态，而企业经营的均衡性一旦被“打破”，往往又导致行政型治理模式的回归。因此，企业常在“内部人控制”与强有力的行政型治理之间摇摆。

3.1.2.3　治理模式的双重性

治理模式的双重性是国有企业治理转型中的典型特征，体现为行政型治理模式和经济型治理模式的区域性并存，并不断演化与共生。行政型治理是以行政为主导的自上而下的治理模式，建立在非正式的制度安排基础上，使得各个利益相关者之间的受托责任关系不清晰，进而降低了公司治理的制衡和科学决策功能。经济型治理模式主要是以现有企业制度为框架，依据委托—代理理论的科学基础，合理配置企业内部决策权力，使以往非营利导向的制度安排逐步向营利导向的制度安排体系转化，注重“自下而上”（董事会下属委员会—董事会—股东大会）的科学化决策过程。具体到国有企业转型进程，这种治理模式的双重性也导致了源于内部人控制阶段所形成的治理“越位”与“缺位”，其主要特征是“内部治理外部化，外部治理内部化”，即本来应该由内部治理的决策职能，比如高管任免、薪酬、股权激励等，现在仍由外部治理主体决定；而外部治理的很多职能，比如企业办社会的职能，却由内部治理承担。国有企业行政型治理和经济型治理间关系的错配，易导致潜在的治理风险，扭曲了国企经理人的激励约束机制。

3.1.2.4 政治联系的路径依赖性

国有企业行政型治理模式受制于我国政治、经济以及国企改革路径依赖等诸多因素，无论市场经济环境还是公权力制度安排背后的民主法治环境均有待完善，尚需与我国国企改革以及相应的经济、政治等领域的改革协同推进。[213]转型中行政型治理模式的路径依赖来源于高管的政治联系偏好，是在我国不断推进经济型治理的进程中形成的。受我国长期的行政体制、文化等因素影响，高管人员中往往存在行政型治理偏好，表现为高管非市场化的选聘机制、自上而下的任免机制等。同时，转轨时期的法律缺失及市场纠错功能的限制，使得中国上市公司的治理模式表现为既不同于英美的一元制模式，又不同于日德的二元制模式。在行政型治理逐步弱化的同时，成熟的经济型治理体系尚未完全建立，此时就会造成较高的治理转型成本。国有企业改革路径依赖有时因既得利益障碍或决策者人事变迁等因素而怠于改革，步入原有渐进式改革陷阱，甚至异化改革，从而延缓国企改革进程。现阶段，国有企业高管政治联系偏好所形成的行政型治理的路径依赖，主要表现为行政因素对企业的隐形干预。

3.1.2.5 治理模式的功能性

为保障全民股东的权益，国有企业治理模式能够发挥必要的功能。一是权力配置功能。按照产权经济学的观点，这种权力叫作剩余控制权。一般来说，谁拥有资产，或者说谁有资产所有权，谁就有剩余控制权，即对法律或合约未作规定的资产使用方式做出决策的权力。经济型治理模式是在股东、董事和经理之间配置剩余控制权，股东拥有最终控制权，董事拥有授予剩余控制权，而经理则拥有实际剩余控制权。二是制衡功能。行政型治理模式强调政企不分，企业治理行为行政化，行政权力无法得到有效制约。经济型治理模式明确划分股东大会、董事会和经理各自的权力、责任和利益，股东作为资产所有者掌握着公司的最终控制权，董事会作为公司的法人代表全权负责公司经营，经理受聘于董事会，作为公司的代理人统管企业日常经营事务。三是激励功能。激励是行为的推动力。没有有效的激励，人们就缺乏动力和积极性。公司治理结构的作用，就是使公司的代理人除了接受代理契约并且按照契约要求去完成基本的应该完成的任务之外，还能够对代理人产生强大的激励，促使其不只是例行公事，而且必须表现出创造性的革新精神。四是约束功能。约束是反向的激励。如果只有激励而没有约束，就如同只有奖励而没有惩罚一样，起不到奖优罚劣的作用。相比行政型治理模式，经济型治理模式提供的监督与惩罚机制能够对公司经理产生一种强约束力。

3.2 国有企业治理的现状

经过多年的改革，当前中国国有企业公司治理机制已初步完善。表3.1展示了国有独资企业、国有独资公司、国有控股企业的公司治理的现状，揭示了三类国有企业存在的治理问题。当前在公司治理领域存在诸多问题，国有企业治理现代化依然任重道远。

表 3.1　三类国有企业公司治理现状

<table>
<tr><th>企业类型</th><th>国有独资企业</th><th>国有独资公司</th><th>国有控股企业</th></tr>
<tr><td rowspan="5">基本特征</td><td>享有自主经营权</td><td>不设股东会，由国有资产监督管理机构行使股东会职权</td><td rowspan="3">优先股制度下的公司治理模式。国有资本转化为优先股，优先股股东享有优先分配公司利润、优先享有剩余财产分配权、优先股转换和回购等权利</td></tr>
<tr><td>以厂长为首的生产经营管理系统</td><td rowspan="2">设立有职工代表参加的董事会，行使股东会的部分职权</td></tr>
<tr><td>管理委员会协助厂长决定企业的重大问题</td></tr>
<tr><td>职工通过职工代表大会行使民主管理权利</td><td rowspan="2">监事会负责对董事会、经营层和企业财务状况进行动态监督</td><td rowspan="2">特殊管理股制度下的公司治理模式。通过特殊股权结构设计，使创始人股东（原始股东）在股份制改造和融资过程中，有效防止恶意收购，并始终保有最大决策权和控制权</td></tr>
<tr><td>厂长（经理）负责企业职工思想政治工作</td></tr>
<tr><td rowspan="4">主要问题</td><td>企业经营者的短期化行为</td><td>新“内部人控制”现象</td><td rowspan="2">董事会结构在行政干预下效力失真，独立董事的监督职能也被弱化</td></tr>
<tr><td>政府对企业经营的监管和实际控制能力弱</td><td>董事会作用无法得到正确发挥</td></tr>
<tr><td rowspan="2">缺少群策和制衡机制</td><td>监事会不规范</td><td rowspan="2">董事会作为政府代理人控制公司，具有强烈的政治动机，而非市场动机</td></tr>
<tr><td>职工参与制度存在缺陷</td></tr>
<tr><td>适用范围</td><td></td><td>公益类国有企业在社会资本参与意愿不足的情况下，应当采取国有独资的形式</td><td>主营业务关系国家安全、国民经济命脉的重要行业和关键领域，主要承担国家重大专项任务的商业类国有企业</td></tr>
</table>

3.2.1　国有独资企业治理现状分析

3.2.1.1　企业享有一定的自主经营权

企业可以要求调整指令性计划、可以销售指令性计划外的多余产品、可自行选择供货商和物资、可自行制定工资和奖金分配制度、可自行决定机构设置和人员编制、可拒绝机关单位摊派任务。

3.2.1.2　以厂长为首的生产经营管理系统

厂长由政府主管部门委任、招聘或者通过企业职工代表大会选举产生。企业建立以厂长为首的生产经营管理系统。厂长在企业中处于中心地位，对企业的物质文明建设和精神文明建设负有全面责任。厂长拥有决定或者报请审查批准企业的各项计划、行政机构的设置、中高层领导干部人事任免、薪酬调整及分配方案的提案等权利。

3.2.1.3　设立管理委员会协助厂长决定企业的重大问题

企业设立管理委员会或者通过其他形式，协助厂长决定企业的重大问题。管理委员会由企业各方面的负责人和职工代表组成，厂长任管理委员会主任。重大问题包括：经营方针、长远规划和年度计划、基本建设方案和重大技术改造方案，职工培训计划，工资调整方案，留用资金分配和使用方案，承包和租赁经营责任制方案；工资列入企业成本开支的企业人员编制和行政机构的设置和调整；制定、修改和废除重要规章制度的方案。

3.2.1.4 设立职工代表大会

职工代表大会是企业实行民主管理的基本形式，是职工行使民主管理权力的机构，职工代表大会的工作机构是企业的工会委员会。职工代表大会行使下列职权：①听取和审议厂长关于企业的经营方针、长远规划、年度计划、基本建设方案、重大技术改造方案、职工培训计划、留用资金分配和使用方案、承包和租赁经营责任制方案的报告，提出意见和建议；②审查同意或者否决企业的工资调整方案、奖金分配方案、劳动保护措施、奖惩办法以及其他重要的规章制度；③审议决定职工福利基金使用方案、职工住宅分配方案和其他有关职工生活福利的重大事项；④评议、监督企业各级行政领导干部，提出奖惩和任免建议；⑤根据政府主管部门的决定选举厂长，报政府主管部门批准。车间通过职工大会、职工代表组或者其他形式实行民主管理。

3.2.1.5 建立思想政治工作体制

1988年8月，《中华人民共和国企业法》（以下简称《企业法》）颁布实施，中共中央下发了《关于贯彻执行〈全民所有制工业企业法〉的通知》，指出“在贯彻企业法里加强党的建设，发挥党支部的战斗堡垒作用和党员的先锋模范作用，做好思想政治工作和群众工作，支持厂长按《企业法》充分行使职权，并对重大问题提出意见和建议。通过做好上述各项工作，保证监督党的方针政策和国家法律规定的贯彻执行，促进企业各项任务的完成”。1988年9月，中共中央发布《关于加强和改进企业思想政治工作的通知》，提出：“建立厂长（经理）全面负责下的企业职工思想政治工作的新体制”，“企业职工思想政治工作机构纳入行政序列”，“一般地说，党委书记可以兼任主管思想政治工作的副厂长”。

3.2.1.6 国有独资企业的公司治理模式问题

一是该治理结构并未进行深层次财产关系的改革，容易导致企业经营者的短期化行为。

二是以厂长为首的生产经营管理系统，导致企业权力的高度集中，在相应的外部监管机制缺失的情况下，实际上削弱了政府对企业经营过程的监管和实际控制能力。

三是缺少群策和制衡机制，企业内部有效的企业经营者约束机制缺失，形成事实上的“内部人控制”或极少数人实际控制着企业的内部人治理，“一言堂”现象增加了企业经营决策的风险，削弱了企业的市场竞争力。

3.2.2 国有独资公司治理现状分析

3.2.2.1 国有独资公司治理概况

《公司法》对国有独资公司的设立，以及组织机构，董事、监事、高级管理人员的资格、义务做出了明确规定，进一步加强了公司的自治权，扩大了公司章程和股东会决定事项的范围，为公司建立科学有效的治理结构提供了充分的法律依据。图 3.2 揭示了国有独资公司治理模式。

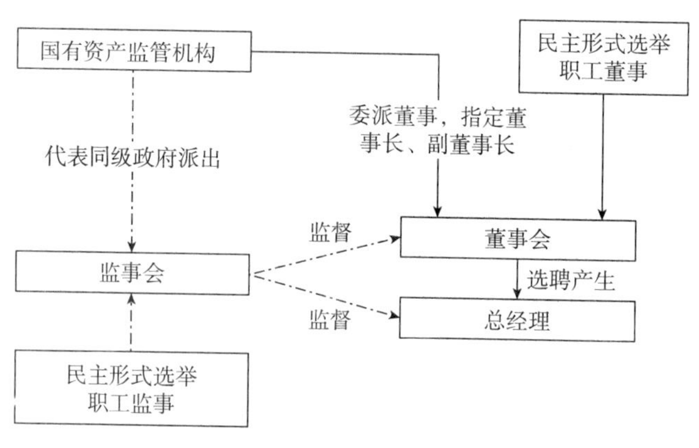

图 3.2　国有独资公司治理模式

国有独资公司是由国家授权投资的机构或国家授权的部门单独投资设立的有限责任公司，其企业公司治理与有限责任公司和股份有限公司基本相同，主要区别在于：组织结构上，国有独资公司不设股东会，由国有资产监督管理机构行使股东会职权；设立董事会而且其成员中应当有职工代表，职工代表由公司职工代表大会选举产生，其他成员由国有资产监管机构委派，董事长、副董事长由国有资产监督管理机构从董事会成员中指定；监事会成员中职工代表的比例不低于1/3，并由公司职工代表大会选举产生，其他成员由国有资产监管机构代表政府向企业派出，负责对董事会、经营层和企业财务状况进行动态监督。多元投资主体公司制企业，董事会的产生由股东（大）会决定，两个以上国有企业或两个以上的其他国有投资主体投资设立的公司，董事会成员中应有职工代表，董事长、副董事长的产生由公司章程规定；设立监事会或监事（规模比较小的企业），监事会由股东代表和适当比例公司职工代表组成；监事会和董事会中的职工代表，由公司职工通过职工代表大会、职工大会或其他民主形式选举产生。在职权上，国有资产监管机构可以将股东（大）会的部分职权授予国有独资公司董事会行使。

3.2.2.2　国有独资公司治理结构存在的问题

（1）新“内部人控制”现象。公司董事会成员与经理人员高度重合，决策机构和执行机构是“一套人马，两块牌子”。决策机构、执行机构人员上的重合，副总经理对总经理负责的制度要求、董事会成员之间在党政职务上的上下级关系等，在企业重大决策和执行性事务中，事实上仍然是“一把手”负责制。

（2）董事会作用无法得到正确发挥。一是从改革实践来看，由于没有明确的机制，有的董事会不仅不能发挥对经理层的监督制约作用，而且沦为经理人员侵吞国有资产的帮凶。二是许多国有独资公司董事会和经理班子主要是由原国有企业的生产管理班子一分为二组建的。

（3）监事会不规范。一是到期未更换，多数企业监事会已超期服役。二是监事会的产生不规范，相当一部分国有独资公司监事会的产生，既没有依据公司章程通过股东代表大会或职代会民主选举，也没有经过上级主管部门任命，而是由公司班子或由公司一把手直接任命的，企业监事会形同虚设。

（4）职工参与制度存在缺陷。一是《公司法》没有对国有独资公司的董事会人数和结构做出特别规定，实践中绝大多数国有独资公司的职工董事为 1 ~2 名，导致职工董事或监事无法有效履行职责。二是担任职工董事、监事的资格尚欠明确。公司经营者进入董事会和一般职工进入董事会是两个性质不同的概念。完全由高层经营管理人员作为职工代表进入董事会、监事会的做法是有待商榷的。三是《公司法》没有明确规定经过怎样选举产生的职工董事或者职工监事直接进入董事会或监事会，因此在实践中，有些国有独资公司在章程中规定职代会选举产生的职工董事、职工监事要向国有资产监督管理部门以及其他党政机关报批。

3.2.3　国有控股企业治理现状分析

国有控股企业，是指在中国特色社会主义市场经济环境下国有企业经过改革重组后由政府或是国有企业单位持股 50% 以上，或持有股份的比例不足 50%，但拥有实际控制权的企业。图 3.3 揭示了国有控股企业治理结构现状及影响。

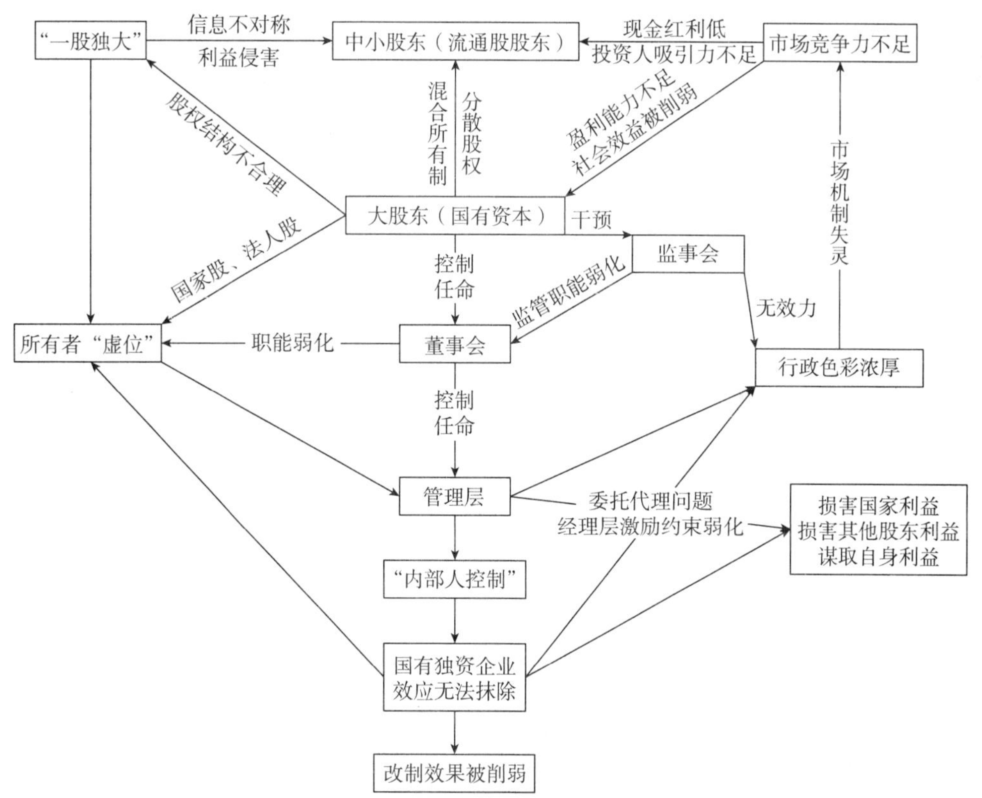

图 3.3　国有控股企业治理结构现状及影响

3.2.3.1　治理模式的特殊性

（1）公司股权结构特殊性。以公有制为主、多种混合所有制经济并存的中国特色社会主义社会市场经济的基础，决定了国有控股企业的治理目的是为社会民生、社会主义事业服务。

（2）董事会结构特殊性。每一个国有控股企业的董事长和首席执行官有相应的行政职务和级别，董事会董事多数由与政府具有密切裙带关系的人员担任，董事会结构在行政干预下效力失真，独立董事的监督职能也被弱化。

（3）企业控制权特殊性。国有控股企业股权相对集中，在股东大会选聘董事会的传导机制下，国有控股企业的董事会实际上作为政府代理人控制公司，具有强烈的政治动机，而非市场动机，国有控股企业的控制权实际上归属于国有资产管理部门。

3.2.3.2　国有控股对公司治理的影响

由于公司内国有股、法人股的比重较大，所以在我国现行证券市场机制中二级市场的中小股东基本不会对公司实际控制权产生很大影响。因此，对于公益类的国有企业，在社会资本参与意愿不足的情况下，国家作为公益服务的核心供给者，应当采取国有独资的形式，保障公益类国有企业能够按照国家和人民意志提供服务，并逐步推进国有投资主体的多元化，保障经营决策的有效制定、实施和监督；对于主营业务关系国家安全、国民经济命脉的重要行业和关键领域、主要承担国家重大专项任务的商业类国有企业，应保证国有资本的控股地位，并支持非国有资本参股，既保障企业经营方向与国家社会经济发展的战略方向相一致，又能够通过引入社会资本，增强企业的市场竞争力，提高国有资本的运行效率；对于主业处于充分竞争行业和领域的商业类国有企业，国有资本应按照企业所处的行业特点和发展阶段的需求不同，相机抉择，如在企业发展初期需要大量资本投入，而相应的社会资本投入意愿较低的时候，可以采取绝对控股的形式，在企业逐步发展成熟、社会资本投入意愿较高的时候，应以提高企业经营效率、激发企业市场竞争力、获取国有资本经营性收益为主要目的，逐步降低国有资本持股比例，采取相对控股或参股的形式。

3.2.3.3　优先股制度下的公司治理

2013 年国务院发布的《关于开展优先股试点的指导意见》和 2014 年中国证券监督管理委员会公布的《优先股试点管理办法》对优先股有明确的定义：区别于一般普通种类股份的其他类别股份，其持股人优先于普通股东分配公司利润和剩余财产，但是优先股股东的参与公司决策管理的表决权受限制。优先股股东享有优先分配公司利润、优先享有剩余财产分配权、优先股转换和回购等权利。

（1）优先股的发行及退出对公司治理的影响。优先股的发行可以采取存量转换和增量发行两种方式：一是存量转换，将大股东或控股股东的部分股份转换为优先股，可以在保证大股东或控股股东固定收益的同时，减少因股权过度集中导致的企业经营绩效下降的问题。二是存续期，一旦达到表决权恢复机制触发条款，优先股将获得对公司决策的投票权，极端情况下，一旦出现拖欠股息可直接触发破产清算程序，这些不确定性对于公司治理存在间接影响。在推进优先股制度时，需要对优先股发行比例进行限定并立法设置表决权恢复条件。优先股的退出可能会带来公司治理结构的改变。优先股的退出，意味着股权结构的调整，股东董事会成员的变化改变公司治理结构，相应的发展战略、业务模式、盈利模式等可能发生改变。

（2）优先股在国有企业改革中的应用价值。新一轮国有企业改革的最终目的是要提高国有资本在全社会的资源配置效率，服务于社会主义市场经济建设，即有利于国有资本保值增值、有利于提高国有经济竞争力、有利于放大国有资本功能。循序渐进地推进部分国有资本转化为优先股是十分必要的。一是增发优先股可以吸引社会资本参与国有资本运营，放大国有资本功能；二是将存量国有股份转换为优先股，有助于提高公司治理的综合效率，有利于国有资产的保值、增值。

（3）在国有企业长期存续的优先股股息选择。在国有企业长期存续的优先股更类似于长期债务负担，则设定合理股息率和加强现金流管理便十分重要。为防止过高的股息率对企业流动性产生威胁及过低的股息无法满足国有资产保值、增值的要求，在国际经验的基础上以长期债券为参照，考虑设定浮动型优先股，根据公司的盈利情况对股息做出调整，并加强现金流管理。

3.2.3.4 特殊管理股制度下的公司治理

设置特殊管理股是通过特殊股权结构设计，使创始人股东（原始股东）在股份制改造和融资过程中，有效防止恶意收购，并始终保有最大决策权和控制权。创始人股东（原始股东）在股份制改造和融资过程中，有效防止恶意收购，并始终保有最大决策权和控制权。特殊管理股制度是我国在借鉴国外的成熟经验后提出的新概念、新举措，在推进特殊领域的国有企业改革中，将发挥积极作用。

（1）国际上特殊股权结构设计的主要模式。特殊股权结构设计主要分为两种模式：一种模式是双层股权结构设计，国际上多用于高科技公司、家族企业和特殊的传媒公司，公司有权设计和发行由该公司章程所设定的一个或数个类别的股份及数量，并设定其类称、优先权、限制及相对权利，公司章程也可在本国公司法令允许的范围内，限制或取消任何类别股的表决权或给予其特殊表决权，该种股权结构设计可有效保证原始股东对公司的控制权，以限制公司外部股东对公司的控制，或限制外国投资者对本国产业的支配权，是对传统“一股一票”原则的最实质性突破。另一种模式是具有“终极否决权”的股权结构设计，也称黄金股。该权利行使主体主要为政府，政府通过保留特殊一股（或极少数股份）的形式，在国有企业实施混合所有制之后即使国有股权占比很低的情况下，允许政府永久性地或有期限地拥有在某些特别重要事务上的超级投票权和终极否决权。“黄金股”是为国家和政府服务的特殊股权设计，是国家利益保障与市场经济博弈的产物，当市场机制“无形之手”出现瑕疵时，需要国家政府“有形之手”的介入，以保护国家利益、重建市场机制。

（2）特殊管理股对公司治理的意义。一是在保障国家对特殊领域国有企业最终控制权的同时，提升企业的公司治理水平。二是防止恶意收购和兼并，维护特殊领域国有企业安全。三是防止重要国有资产的流失。四是确保重要国有企业战略目标的实现。五是特殊管理股制度的负面影响。

（3）在特殊领域推进国家特殊管理股制度的建议。一是遵循法制和谨慎原则。努力做到在宪法和法律法规规定与许可的范围内，合理合规地探索实践特殊管理股制度。逐步完善《公司法》《上市公司收购管理办法》等相关法律法规，避免出现法律条款冲突，目前仅在文化传媒等特殊领域试点，因此，无论是在制度设计还是试点范围选择上都应该遵从谨慎原则。此外，还应通过公开透明的信息披露，避免"暗箱操作"可能会给特殊管理股制度带来的负面消极效果。将特殊管理股的核心内容、表现形式、行权范围、行权主体、行权原则、行权程序尽可能地向社会公众公开，以便监督这些特殊领域国有企业的实践过程和结果。二是界定特殊管理股的权力范围。要合理确定政府的职能和权力边界，才能处理好政府和市场、政府和企业的关系。特殊管理股设立的初衷应是在激发企业市场竞争力的同时，防止企业偏离国家政治、经济、安全发展要求，因此特殊管理股的权力应限于涉及政治形态、舆论导向、文化安全、外资收购等重大事项，若管理范围过于宽泛进而涉足日常经营，则会产生消极作用。三是科学确定特殊管理股的行权主体。特殊领域国有企业的特殊管理股持有权应该交由行业主管部门、证监会、国有资产管理部门还是国有资本投资、运营公司，应根据企业所处领域的特殊性区别对待，科学合理地界定特殊管理股的行权主体。四是明确特殊管理股的行权程序。在公司章程中明确特殊管理股的行权程序，避免特殊管理股违反程序、滥用权力。行权程序的公开性、确定性，也会间接提升公司的治理水平。

3.2.4 国有企业治理的特点

3.2.4.1 国有企业股权多元化改革正在深入推进中

股权结构一直是公司治理研究的一个中心问题。基于代理理论，股权结构反映了公司利益分配和风险承担机制，并且能够影响对管理层的监控、投融资决策和成长机会选择等公司价值创造和分配行为。国有企业的股权形式有国有股、法人股（又可分为国有法人股与非国有法人股）、个人股与外资股等几种基本类型。由于国有股权与国有法人股权又称为国家股权，国有企业的股权结构主要由国家股、个人股、外资股三部分组成。很长一段时间，国有股权一股独大一直是改革的一个重要问题。国有股一股独大不利于国有企业真正变成市场主体，不利于国有企业由行政型治理模式向经济型治理模式转型。

国有企业改革的一个趋势表现为打破所有制形式的封闭性和狭隘性。近年来国有企业产权多元化、资产证券化改造力度加大。经过多年的改革，截至2018年10月，中央企业集团公司层面68家全民所有制企业全部完成改制，实现了历史性突破，全国国有企业公司制改制面达到94%。当前中国大型国有企业股权结构的基本特点是，国有企业在母公司层面仍以国有独资为主，在母公司直接控股一级子公司层面通常已实现股份多元化。国有企业在进入了资产证券化、股权多元化发展阶段的同时，也应建立新型的、与之相适应的公司治理和现代企业制度。具体说，就是以科学的职权配置形成法人内部各机构的功能互补和权力制约，以周密的程序安排形成各机构的高效有序运行，以严格的制约措施对各机构人员进行有效的行为规范。

3.2.4.2 国有企业法律形式已以公司制为主

《企业法》和《公司法》是企业的基本组织法。江平（1994）[214]认为，组织法不同，有关治理规则不同，国有资产代表机构与国有企业的法律关系及其责任也会有所不同。根据《国资法》，我国国家出资机构对按《企业法》注册的国有企业和按《公司法》注册的国有企业的许多管理原则是一样的，这是国资委2003年成立至今发布有关企业改制、产权转让、业绩考核、财务监督等100多个规章制度能有效运作的基础。2017年7月，国务院办公厅印发《中央企业公司制改制工作实施方案》，要求在2017年底前将按照《全民所有制工业企业法》登记的中央"企业"全部改制为按照《公司法》注册的"公司"，标志着国资委监管的全部中央企业将全面进入公司时代。截至2017年，省级国资委监管企业的改制面超过90%，全国国资监管系统的国有控股上市公司达到1082家。

从"企业"到"公司"的历史转变，再次印证了深化国有企业改革的根本目标在于建立现代企业制度，实现从企业治理模式向公司治理模式的转型，加快形成有效的治理机制和灵活的市场化经营机制。从经营机制看，国有企业已较好实现了从政府行政机构附属物向市场经济主体的转变，进入了资产资本化、股权多元化发展阶段，企业的治理结构、管理方式也发生了与之相应的深刻变化。

3.2.4.3　国有企业出资人权利更加集中

2003年以前，国有企业股权或出资人权利的行使是分散的。2003年国有资产管理体制改革在中央政府层次初步解决了非金融中央企业出资人权利分散问题。根据2003年5月颁布的《国有资产监督管理暂行条例》，国资委作为代表中央政府直接持股的非金融类企业的出资人，行使包括企业负责人、重大事项、利润分配批准等在内的股东权或国有资产管理权责。国资委成立以后，对过去长期出资人缺位问题作了补位，在人事任免、考核薪酬、战略、投资、财务监督、风险管理、资产监督和产权转让等国有股权管理方面制定了系统的管理办法。在国务院国资委的推动下，到2005年，全国各省、市已组建了国有资产监管机构，国有企业出资人权利分散的问题在全国范围内已得到初步解决。

3.2.4.4　董事会的规范化及其在公司治理中的地位得到进一步提升

针对国有企业董事会不规范、没有很好地发挥作用等问题，2004年国务院国资委决定选择部分中央企业进行建立和完善国有独资公司董事会试点工作，并颁布了《关于中央企业建立和完善国有独资公司董事会试点工作的通知》和《关于国有独资公司董事会建设的指导意见（试行）》。2005年10月，宝钢集团有限公司董事会成立，标志着我国中央企业中第一家规范的国有独资公司董事会开始正式运作。2017年5月，国务院办公厅发布的《关于进一步完善国有企业法人治理结构的指导意见》提出，到2020年前国有独资、全资公司全面建立外部董事占多数的董事会。国有企业董事会建设的主要措施包括：一是建立、完善了符合《公司法》的董事会、内部各专业委员会及董事会办事机构；二是完善了公司章程、董事会议事规则等一整套公司治理的规章制度；三是建立了外部董事制度，由国资委选聘具备条件的公司以外的人员担任试点企业的董事；四是设立经职工民主选举产生的职工董事，代表职工参加董事会行使职权。

3.2.4.5　监事会的独立性和监督有效性进一步加强

1999年12月，九届全国人大常委会修改的《公司法》明确了在国有独资公司建立监事会制度，国务院稽查特派员制度开始向国有企业监事会制度过渡。2000年3月，国务院出台了《国有企业监事会暂行条例》，规定国有重点大型企业监事会由国务院派出，对国务院负责，代表国家对国有重点大型企业的国有资产保值增值状况实施监督。国有控股企业监事会制度最大的特点就是外派性，监事会成员是国务院派出的国家公务人员，他们不属于企业人事编制，不在企业领取任何报酬，监事会和企业不发生任何经济关系，监事会在企业的办公费用统一由国家财政支出。人事和经济上的独立保证了监督的独立性，监督的有效性也因此有了基本保证。

2003 年国资委成立后，国务院授权国资委代表国家履行出资人职责，负责监事会的日常管理工作。为进一步完善监事会监督职责，改进监督工作方法，不断增强监督的权威性和有效性，国资委于 2006 年 4 月印发了《关于加强和改进国有企业监事会工作的若干意见》（以下简称《若干意见》），国有企业监事会工作办公室制定印发了《监事会当期监督工作实施办法（试行）》、《监事会分类监督工作实施办法（试行）》和《监事会利用会计师事务所审计结果实施办法（试行）》三个配套实施办法。《若干意见》强调了变事后监督为当期监督，要求监事会通过列席企业有关会议、分析企业月度财务快报、查阅企业生产经营相关资料和访谈、座谈等多种方式，随时了解、掌握和跟踪企业重要经营管理活动，对企业内控制度及执行情况做出评估，对企业重大决策及其程序的合法性、合规性做出评判。《若干意见》还强调了实行分类监督，按照企业地位作用、资产规模和管理状况，确定一批重点监督检查的企业，在检查时间和检查资产比例上予以保证，而对其他企业则在保证监督的连续性和有效性的前提下，根据企业具体情况，突出检查重点，适当简化年度监督检查报告的内容，使得监事会独立性和监督作用的发挥得到进一步增强。

3.2.4.6 经理层的激励和约束机制进一步完善

2003 年以来，国务院国资委先后颁布《中央企业负责人经营业绩考核暂行办法》等，对中央企业负责人实施经营业绩考核。2006 年，国资委开始试行经济增加值（EVA）考核，经济增加值是用于衡量企业为股东创造价值的指标，也是衡量经理人业绩的指标。2008 年，出台《中央企业负责人年度经营业绩考核补充规定》《中央企业负责人任期经营业绩考核补充规定》两个规范性文件，对目标上报、考核计分进行了更详细的规定。2009 年，国资委下发《中央企业实行经济增加值考核方案（征求意见稿）》，对 2003 年制定的《中央企业负责人经营业绩考核暂行办法》进行了再次修订，对所有中央企业实施经济增加值考核。国资委对中央企业负责人的考核办法有两个显著特点：一是引入分类考核办法，分类指标由国资委根据企业所处行业特点，针对企业管理“短板”，综合考虑企业经营管理水平、技术创新投入及风险控制能力等因素确定，具体指标在责任书中明确；二是在中央企业全面实施经济增加值的考核，从资本效率角度而非企业财务业绩的角度来评估企业的绩效，使经营者从利润导向转向价值导向。

激励制度的一个重要方面是薪酬制度。20 世纪 90 年代初，国有企业负责人工资只是职工平均工资的 2 ~ 3 倍。这种情况目前已出现根本性的改变，目前有关方面关注的是控制“一把手”薪酬在平均水平的 10 ~ 20 倍，并对垄断性行业和竞争性行业实行差别待遇。此外，在国有企业股权激励方面，国有高新技术企业率先于 2002 年开始进行股权激励试点。2006 年，国资委和财政部颁布《国有控股上市公司（境外）实施股权激励试行

办法》和《国有控股上市公司（境内）实施股权激励试行办法》，标志着国有企业股权激励机制正式开始实施。2008 年国资委发布《关于国有控股上市公司规范实施股权激励有关问题的补充通知》，加强了对国有控股上市公司股权激励计划的监督，强化了对上市公司高管的中长期激励。

3.3　国有企业治理创新的方向

随着国有企业的公司治理模式逐步向经济型治理模式演进，其公司治理体制机制的市场化、制度化、规范化程度不断提高，公司治理的结构不断优化。作为国民经济的骨干和中坚，国有企业要想真正实现做强做优做大的目标，就必须深入推进公司治理体制机制改革，尽快实现由行政型治理模式向经济型治理模式的转变。

国有企业改革是一项繁杂的系统性工程。一方面，国有企业本身体量巨大、情况复杂，对国计民生有着较大影响，需要更多元精准的改革手段，更有力地把控改革风险；另一方面，国有经济涉及社会发展的方方面面，上到经济建设，下至群众就业，改革需要兼顾的因素多、难度大，需要统筹推进。世界上也没有一个国家有类似成形的经验可以为我所用。面对新一轮国有企业改革的艰巨任务，必须按照《中共中央、国务院关于深化国有企业改革的指导意见》的要求，处理好改革发展稳定关系，处理好搞好顶层设计和尊重基层首创精神的关系，把握好改革的次序、节奏和力度，确保改革有进展、见实效。图 3.4 揭示了国有企业治理创新的方向。把国有企业打造成为独立的市场主体，充分激发和释放企业活力，提高市场竞争力和发展引领力，是深化国有企业改革的出发点和落脚点。深化国有企业改革，要沿着符合国情的道路去改，要遵循市场经济规律，也要避免市场的盲目性，推动国有企业不断提高效益和效率，提高竞争力和抗风险能力，完善企业治理结构，在激烈的市场竞争中游刃有余。要深化国有企业改革，完善企业治理模式和经营机制，真正确立企业市场主体地位，增强企业内在活力、市场竞争力、发展引领力。

3.3.1　国有企业治理优化的战略选择

中国国有企业改革以“放权让利”的动态演进、政府治理边界的边际修正与竞争性市场体系的发展及其互动关系的演化为主要内容，其实质是一种制度结构的演化与创新。

3.3.1.1　重新界定政府的企业治理边界

重新界定政府的企业治理边界的实质在于重新明晰政府在国有企业经营过程中的职能范围、责任承担、权利分配及其对国有企业权责利划分结构产生效应的界限。政府的企业治理边界应该坚持以下原则：一是继续坚持“有进有退，有所为与有所不为”，从战略上调整和深化国有企业经济的整体布局；二是继续深化国有资产管理体制改革，促进国有企业现代产权制度的建立和完善；三是继续强化国有企业经营者选聘的市场化与职业化导向，并作为国有企业制度创新、管理创新的基础和源泉；四是不断加强国有企业改革中各种利益相关主体的权责利划分结构的重构与优化，切实补偿那些在国有企业改革过程中遭受利益侵蚀或利益伤害的主体；五是不断完善宏观调控体系，培育并引导市场体系的完善与成熟；六是全面构建和优化社会保障体系，为继续深化国有企业改革创造良好的外部环境；七是依据国有企业分类改革的基本思路，不断优化公司治理机制，激发国有企业竞争活力。

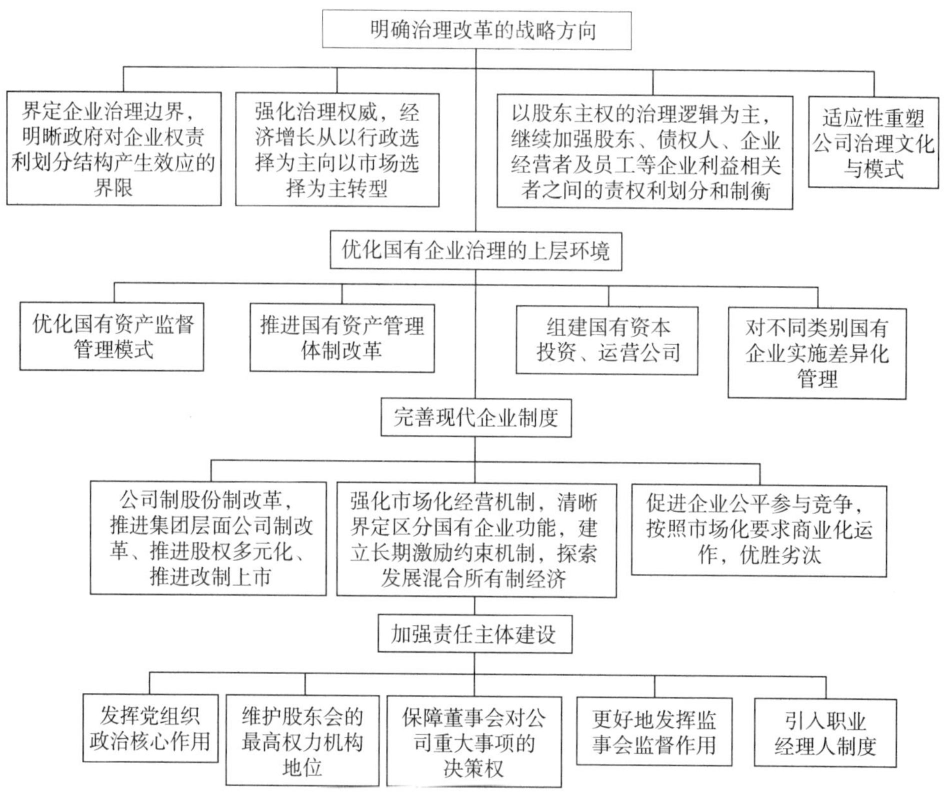

图 3.4　国有企业治理创新的方向

3.3.1.2　不断强化企业治理权威

以“放权让利”为切入点的改革，创造出了一个实实在在的企业治理权威阶层，推动了我国新兴市场资源配置机制的逐渐成熟以及我国国有企业主权模式转变的深化与优化。企业治理权威特征的强化成为国有企业改革及其深化进程中暗含的微观逻辑主线。其要义则在于推进中国经济增长从以政府或官员作为行政选择主体并过度耗费资源，向以企业家作为市场选择主体并有效配置资源的方向转型。为此，对中国国有企业治理的优化，必须不断强化企业家本位或企业治理权威的特征。

3.3.1.3　动态调整公司治理结构模式

尽管利益相关者共同治理可能会成为中国乃至世界企业公司治理的发展方向，但我国国有企业治理结构的现状、发展的阶段性以及利益相关者主权模式所必须基于的配套制度安排尚显薄弱。我国国有企业的公司治理现阶段尚需以股东主权的治理逻辑为主，继续加强股东、债权人、企业经营者及员工等企业利益相关者之间的责权利划分和制衡。不断完善提升内部治理结构与机制的特质与功能，逐步导入利益相关者主权的治理逻辑，进一步加强企业控制权市场、产品市场、经理市场与企业家市场、债权市场及一般劳动力市场等各种竞争性市场的建设。

3.3.1.4 适应性重塑公司治理文化与模式

公司治理与社会文化之间处于一种张力状态，一旦陈旧的社会文化价值模式不能适应新社会文化的发展与变迁，则会制约企业的新社会市场竞争力。创新符合文化价值取向要求的公司治理模式是发展趋势。

3.3.2 优化国有企业治理的上层环境

3.3.2.1 积极推进国有资产管理体制改革

在市场经济条件下，增强企业活力、提高经济效率的前提，是使国有企业成为独立的市场竞争主体。为此必须继续大力推进政企分开、政资分开、所有权和经营权分开。

（1）必须做到以管资本为主加强国资监管。《中共中央、国务院关于深化国有企业改革的指导意见》提出，完善国有资产管理体制，以管资本为主推进国有资产监管机构职能转变，核心是落实所有权与经营权分开，促使国有企业真正成为依法自主经营、自负盈亏、自担风险、自我约束、自我发展的独立市场主体。这就要求科学界定国有资产出资人监管的边界，建立监管权力清单和责任清单，该管的要科学管理，绝不缺位，重点管好国有资本的布局、规范资本运作、提高资本回报、维护资本安全；不该管的要依法放权、绝不越位，做到三个“归位于”，将依法应由企业自主经营决策的事项归位于企业、将延伸到子企业的管理事项原则上归位于一级企业、将配合承担的社会公共管理职能归位于相关政府部门和单位。

（2）必须改组并组建国有资本投资、运营公司。两类公司既为国有资本市场化运作提供了平台，也是实现政企分开、政资分开的一道防火墙。通过组建国有资本投资、运营公司，着眼于提升国有资本运营效率和追求资本回报为目标，主要通过持有和运营需要进行结构调整的国有股权，建立市场的资本投资、持有和流转机制，开展股权运作、价值管理、有序退出等，促进国有资本合理流动，提高资本运营效率和增值能力，实现保值增值。国有资产监管机构通过国有资本投资、运营公司落实国家战略目标、获取资本回报，不干预国有资本投资、运营公司投资运营行为。国有资本投资、运营公司在授权范围内，依照《公司法》等相关法律法规，自主开展国有资本运作，成为真正的独立市场主体。

（3）必须推动国有资本合理流动。要推动国有资本向关系国家安全、国民经济命脉和国计民生的重要行业和关键领域、重点基础设施集中，向前瞻性战略性产业集中，向具有核心竞争力的优势企业集中。要通过创新发展一批，做好增量，通过重组整合一批，盘活存量，通过清理退出一批，主动减量。优化国有资本布局结构，增强国有经济整体功能和效率。要为清理退出、重组整合、结构调整创造条件，建立健全优胜劣汰市场退出机制，切实保障退出企业依法关闭或破产，加快处置低效无形资产，淘汰落后产能。支持企业依法合规通过证券交易、产权交易等资本市场，以市场公允价格处置企业资产，实现国有资本形态转化，把变现的国有资本用于更需要的领域和行业。

（4）必须推进经营性国有资产机制统一监管。截至 2015 年 9 月，中央部委仍有 8200 多家企业没有实行政企分开，全国 28% 的经营性国有资产游离于统一的监管体系之外，监管规则和制度不统一，管理上比较分散，不利于国有资产的保值增值，不利于国有资本布局优化，不利于推动结构调整。[215] 为了提高国有经济的整体配置效率，有关党政机关、事业单位要积极稳妥推动将所属企业纳入集中统一监管体系，能脱钩的要脱钩，要依法稳妥做好资产、人员等交接和安置工作，实行政企分开，暂时不能脱钩的，也要纳入统一的监管体系。各地方政府也要积极推进本地经营性国有资产统一监管工作。要加强国有资产基础管理，按照统一制度规范、统一工作体系的原则，抓紧制定企业国有资产基础管理条例。

3.3.2.2 优化调整国有资产监督管理模式

（1）推进国有资产监管机构职能转变。一是科学界定国有资产出资人监管的边界。建立监管权力清单和责任清单；以管资本为主，重点加强战略规划引领；加强对国有资本运营质量及监管企业财务状况的监测，强化国有产权流转环节监管；按照国有企业的功能界定和类别实行分类监管；改进考核体系和办法，着力完善激励约束机制，严格规范国有企业领导人员薪酬分配；把加强党的领导和完善公司治理统一起来，建立国有企业领导人员分类分层管理制度；加强和改进外派监事会制度，建立健全国有企业违法违规经营责任追究体系、国有企业重大决策失误和失职渎职责任追究倒查机制。二是归还企业自主经营的权力。不干预企业自主经营权，实行更加市场化的监管机制，依法行权，减少行政干预。如将经理层的选聘职权交还公司董事会，并由董事会对经理层进行市场化的业绩考核和薪酬管理等。三是停止延伸监管。加强对企业集团的整体监管，将延伸到子企业的管理事项原则上归位于一级企业，由一级企业依法依规决策；国资监管机构只监管到资本投资、运营公司层级，不再对资本投资、运营公司代持有股权国有企业进行延伸监管。四是专司国有资产监管，逐步剥离政府公共管理职能。将社会公共管理职能归位于相关政府部门和单位，做好交接工作，确保归位的社会公共管理职能不落空、不弱化。五是改进国有资产监管方式和手段。改变行政化的管理方式，更多运用法治化、市场化的监管方式，切实减少出资人审批核准事项，改变行政化管理方式；针对企业不同功能定位，实施更加精准有效的分类监管；建立出资人监管信息化工作平台，推进监管工作协同，实现信息共享和动态监管；完善国有资产和国有企业信息公开制度，设立统一的信息公开网络平台，依法依规及时准确地披露国有资本运营的相关信息。

（2）加强国资监管机构参与企业治理的能力建设。一是通过任命、管理和考核董事与监事参与企业公司治理。国资监管机构向投资运营公司委派董事、监事，在董事会和监事会中分别指定董事长、监事长，并决定董事与监事的薪酬。对董事会和董事、监事会和监事履职情况进行考核、评价及责任追究。对企业高管的履职待遇、业务支出等行为进行监督。二是分类确定公司的经营方针和投资计划。对商业性投资运营公司，国资监管机构不干预企业战略和投资计划。对政策性投资运营公司，国资监管机构应在公司章程中确定

其经营主业和投资方向。政策性投资运营公司额度标准以外或主业以外的投资须报国资监管机构审核批准。三是简化对公司的绩效考核。商业性投资运营公司实行单一收益目标考核。政策性投资运营公司实行收益目标和政策目标双重考核。收益目标考核可以引入社会第三方评价机构，政策目标由公共政策部门制定，但要听取国资监管机构与投资运营公司意见。

3.3.2.3 组建国有资本投资运营公司

（1）授权国有资产监管机构依法对国有资本投资、运营公司履行出资人职责。国有资产监管机构按照“一企一策”原则，明确对国有资本投资、运营公司授权的内容、范围和方式，依法落实国有资本投资、运营公司董事会职权。将国有资产监管机构行使的投资计划、部分产权管理和重大事项决策等出资人权利，授权国有资本投资、运营公司行使；国有资本投资、运营公司依据相关法律法规，对所出资企业依法行使股东权利，承担有限责任。国资监管机构或国有资本投资、运营公司，主要管好两件事：第一，向出资企业派董事；第二，管理所出资企业的主导产业。企业的董事会应认真履行其对股东的义务和责任：一是执行股东（代表）的决定，对股东（代表）负责，最大限度地追求所有者的投资回报，完成出资人交给的任务；二是向股东（代表）提交年度经营业绩考核指标和资产经营责任制目标完成情况的报告；三是向股东（代表）提供真实、准确、全面的财务和运营信息；四是向股东（代表）提供董事会的重大投融资信息；五是向股东（代表）提供董事和经理人员的实际薪酬以及经理人员的提名、聘任或解聘的程序和方法等信息。

（2）积极发挥国有资本投资、运营公司作为国有资本市场化运作平台的积极作用。建立市场化的资本投资、持有和流转机制，开展股权运作、价值管理、有序退出，促进国有资本合理流动；根据产业结构调整升级的需求，发展一批高科技、创新型、战略性新兴企业；根据国有资本优化布局的要求，清理退出一批、重组整合一批国有资产，优化资源配置；通过股权投资基金促进国有企业股权多元化，促进混合所有制改革。

（3）投资运营公司对出资企业的股权处置采取适度监管。国有资本投资、运营公司主要从事股权投资，应在股权处置方面给予较大空间，超过一定规模可报国资监管机构备案。政策性投资运营公司也应积极调整股权结构，从成熟市场主动退出，范围以内的报国资监管机构备案，范围以外的报国资监管机构审核批准。

3.3.2.4 对不同类别国有企业实施差异化管理

（1）不同的考核目标。对于公益类企业的目标制定宜以社会利益或产业发展等目标为主，并可要求其实现财务独立，建立包含成本控制、产品服务质量、运营效率和保障能力、社会评价等内容的目标考核体系。对于战略性商业类企业，要合理确定经营业绩和国有资产保值增值指标的考核权重，加强对服务国家战略、保障国家安全和国民经济运行、发展前瞻性战略性产业以及完成特殊任务情况的考核。对于充分参与市场竞争的商业类企业，宜要求以财务回报为主要目标，重点考核经营业绩指标、国有资产保值增值和市场竞争能力。

（2）不同的合理产权结构。对于主业处于充分竞争行业和领域的商业类企业，实行股份制改革，积极引入其他资本实现股权多元化，国有资本可以绝对控股、相对控股或参股，着力推进整体上市，并按照现代公司治理的基本原则建立公司治理模式。对于战略性商业类企业，要保持国有资本控股地位，支持非国有资本参股，处于自然垄断行业的商业类国有企业，要以“政企分开、政资分开、特许经营、政府监管”为原则积极推进改革，放开竞争性业务，促进公共资源配置市场化。对于公益类企业，应坚持国有绝对控股或国有独资，推进具备条件的企业实现投资主体多元化，通过购买服务、特许经营、委托代理等方式，鼓励非国有企业参与经营。对需要实行国有全资的企业，要积极引入其他国有资本实行股权多元化。

（3）不同的监管要求。对商业类企业要重点加强对集团层面的监管，落实和维护董事会依法行使重大决策、选人用人制度。对战略性商业类企业，重点加强国有资本布局的监管，引导企业突出主业，更好地服务国家重大战略和宏观调控政策。对公益类企业，要把提供公共产品、公共服务的质量和效率作为重要监管内容，加大信息公开力度，接受社会监督。

（4）不同的立法安排。对于完全商业化企业和有一定战略利益的企业，按照《公司法》和《国有资产法》规范，并在中央企业董事会试点有关管理办法基础上，出台不低于上市公司治理准则要求的“国有企业治理原则”。对于垄断性或特定任务的企业，可采取单独或类别立法，出台特殊法来规定这类企业的目标、业务边界、国有股比重区间以及特定的企业公司治理安排。对公益类企业，除专门立法予以规范外，也可采取不同国有独资企业相互持股，以多元化的国有资本完成股份制改造，建立科学的现代企业公司治理结构。将其他类型企业中带有公益性业务部门予以剥离，以公益性业务为核心建立多元化国有资本结构的有限责任型独立法人企业。

3.3.3 进一步建立和完善现代企业制度

3.3.3.1 推进公司制股份制改革

推进公司制股份制改革是建立现代企业制度的基础工作。《中共中央、国务院关于深化国有企业改革的指导意见》提出，推进公司制股份制改革，加大集团层面公司制改革力度，积极引入各类投资者实现股权多元化，大力推动国有企业改制上市，创造条件实现集团公司整体上市。根据不同企业的功能定位，逐步调整国有股权比例，形成股权结构多元、股东行为规范、内部约束有效、运行高效灵活的经营机制。允许将部分国有资本转化为优先股，在少数特定领域探索建立国家特殊管理股制度。从推进集团层面公司制改革、推进股权多元化、推进改制上市三个方面提出了推进公司制股份制改革的具体措施；明确提出了根据不同功能定位，调整国有股权比例；阐明了建立现代企业制度所要形成的经营机制并首次对探索实施优先股和国家特殊管理股提出了要求。

（1）必须健全公司法人治理结构。这是建立现代企业制度的核心内容。《中共中央、国务院关于深化国有企业改革的指导意见》提出，健全公司法人治理结构，重点是推进董事会建设，建立健全权责对等、协调运转、有效制衡的决策执行监督机制，充分发挥董事会的决策作用、监事会的监督作用、经理层的经营管理作用、党组织的政治核心作用，

切实解决一些企业“花瓶”董事会问题，实现规范的公司治理。一方面，要切实落实和维护董事会职权，保障经理层经营自主权，法无授权任何政府部门和机构不得干预；另一方面，要切实加强董事会内部的制衡约束，规范董事长、总经理的行权行为，加强外部董事队伍建设，强化考核评价和管理，建立责任追究机制。近年来，中央企业一直在推进董事会试点，截至2016年8月试点企业已有85户[216]，取得了明显的成绩，其中一个重要做法是外部董事占多数。外部董事占多数的制度是国际上公司治理的发展趋势和通行做法，实行外部董事制度，有利于决策与执行的分离，有利于各董事从不同视角参与决策，有利于避免董事会成员与经理层人员的身份重叠和角色冲突，保证董事会独立于经理层进行公司决策和价值判断，提高决策的科学性。

（2）必须建立和完善职业经理人制度。《中共中央、国务院关于深化国有企业改革的指导意见》提出，推行职业经理人制度，实行内部培养和外部引进相结合，畅通现有经营管理者与职业经理人身份转换通道，董事会按市场化方法选聘和管理职业经理人，合理增加市场化选聘比例，加快建立退出机制。推行企业经理层任期制和契约化管理，明确责任、权利和义务，严格任期管理和目标考核。要以强化忠诚意识、拓展世界眼光、提高战略思维、增强创新精神、锻造优秀品行为重点，加强企业家队伍建设，充分发挥企业家作用。

3.3.3.2 进一步强化市场化经营机制

（1）必须清晰界定区分国有企业功能。《中共中央、国务院关于深化国有企业改革的指导意见》提出，根据国有资本的战略定位和发展目标，结合不同国有企业在经济社会发展中的作用、现状和发展需要，将国有企业分为商业类和公益类。国有企业分类是新时代深化国有企业改革的一个重要切入点，也是一项重要改革内容，是因企施策、差异化管理的前提和基础。将国有企业划分为商业类和公益类，既考虑了国有企业首先是企业的一般特征，又考虑了我国国有企业应肩负的特殊使命和责任。通过界定功能、划分类别，实行分类改革、分类发展、分类监管、分类定责、分类考核，对企业来说可以解决功能不清晰、定位不明确、发展同质化等问题；对出资人来说，可以使考核更科学、监管更精准、改革更有针对性；对市场来说，也会有一个更明确的预期导向，有利于使国有企业更好地与市场深度融合。

（2）必须建立长期激励约束机制。实行差异化的薪酬分配办法，加强企业家队伍建设，激发经营者的活力。《中共中央、国务院关于深化国有企业改革的指导意见》提出，企业内部的薪酬分配权是企业的法定权利，由企业依法依规自主决定。完善既有激励又有约束、既讲效率又讲公平、既符合企业一般规律又体现国有企业特点的分配机制。建立健全与劳动力市场基本适应、与企业经济效益和劳动生产率挂钩的工资决定和正常增长机制。通过实行员工持股建立激励约束长效机制。优先支持人才资本和技术要素贡献占比较高的转制科研院所、高新技术企业、科技服务型企业开展员工持股试点，支持对企业经营业绩和持续发展有直接或较大影响的科研人员、经营管理人员和业务骨干等持股。指出要建立健全企业各类人员公开招聘、竞争上岗等制度，深化企业内部用人制度改革，切实做到内部管理人员能上能下、员工能进能出、收入能增能减，激发广大职工的活力。

（3）必须探索发展混合所有制经济。推进资本专业化运作，引入非国有资本参与国有企业改革，放大国有资本功能，激发各类资本的活力。《中共中央、国务院关于深化国有企业改革的指导意见》提出，探索发展混合所有制经济，促进国有企业转换经营机制，放大国有资本功能，提高国有资本配置和效率，实现各种所有制资本取长补短、相互促进、共同发展。我国推进国有企业混合所有制改革，不是私有化，不是去国有化，而是基于中国国情的改革目标。从国有企业个体角度看，要着眼于切实转变经营机制、完善现代企业制度、健全企业法人治理结构、提高运行效率、增强企业活力，从而增强国有经济的活力。从国有资本配置效率和优化布局角度上看，着眼于提高国有资本配置效率，促进国有资本放大功能，优化国有经济布局，增强国有经济的控制力、影响力。

3.3.3.3　促进企业公平参与竞争

要公平维护各类投资者的权益，推动企业按照市场化要求商业化运作、优胜劣汰。对自然垄断行业的国有企业，要实行以政企分开、政资分开、特许经营、政府监管为主要内容的改革，根据不同行业特点实行网运分开，放开竞争性业务，促进公共资源配置市场化。对需要实行国有全资的企业，也要积极引入其他国有资本实行股权多元化。对特殊业务和竞争性业务实行业务板块有效分离，独立运作、独立核算。对以保障民生、服务社会、提供公共产品和服务为主要目标的公益类企业，可采取国有独资形式，具备条件也可以推进投资主体多元化，还可以通过购买服务、特许经营、委托代理等方式，鼓励非国有企业参与经营。要加快剥离企业办社会职能和解决历史遗留问题，为国有企业公平参与竞争创造条件。通过改革，为国有企业和其他所有制企业营造一个统一开放、竞争有序的市场环境，各类市场主体在公平、开放、透明的市场规则下，按照统一的市场准入制度，依法平等地进入法律法规未明确禁止进入的行业和领域，配置资源、开发市场、经营产品，公平竞争、优胜劣汰，共同促进经济繁荣与发展。

总之，要通过推进社会主义市场化方向的一系列改革措施，使国有企业真正成为市场主体，充分调动企业经营管理者和职工的积极性、主动性和创造性，激发国有企业的内生活力，发展壮大国有经济。

3.3.4　加强公司治理结构中各责任主体的建设

3.3.4.1　党组织

党的十九大修改后的《中国共产党章程》明确规定：“中国共产党的领导是中国特色社会主义最本质的特征，是中国特色社会主义制度的最大优势。党政军民学，东西南北中，党是领导一切的。”“党必须按照总揽全局、协调各方的原则，在同级各种组织中发挥领导核心作用。”“国有企业党委（党组）发挥领导作用，把方向、管大局、保落实，依照规定讨论和决定企业重大事项。”因此，在国有企业，加强党的领导还是要落在如何发挥好党组织作用，使国有企业高效率地经营，从而发挥好其在整个国民经济中的主导作用。在国有企业改革发展中，坚持党的领导，加强党的建设，一直都是一项重大课题。党组织已经成为我国国有企业中不可或缺的组成部分，对国有企业的发展起到了重要的促进作用，是中国特色现代国有企业的核心特征。

国有企业治理的政治属性就是坚持党的领导在公司治理中的核心作用。中国特色的公司治理机制，在于始终坚持中国共产党的领导。在国有企业治理中坚持党的领导有利于广泛凝聚各方共识、不断增进团结协调，充分调动各方积极性、创造性，以集体智慧、集体力量推动国有企业的可持续改革发展。

充分发挥党组织政治核心和领导核心作用，把党建制度优势内嵌到公司法人治理结构中，形成党的领导与其他治理主体有机结合的科学民主的决策机制，才能更好地发挥国有企业的治理优势，把党把方向、管大局、保落实的作用落到实处，并紧紧依靠党的坚强领导解决制约企业发展的深层次问题，引领企业更好更快发展。

一是坚持市场化，把党的领导与规范建立现代公司治理体系相统一。一方面，要面向市场建立现代企业制度，依法依规建设股东会、董事会、监事会、经理层“三会一层”法人治理结构。另一方面，要加强党委（党组）建设，把党委（党组）职能写入公司章程，落实党委（党组）在公司法人治理结构中的领导核心和政治核心地位。具体来看，一要坚持和完善双向进入、交叉任职的领导体制，把党的领导融入市场化的现代公司治理结构中；二要设立党的工作机构，充实工作人员，落实工作责任，为党委（党组）发挥作用提供组织抓手和人员支持；三要把提高党委（党组）决策执行效率放到重要位置，在做好把关定向的前提下，给予董事会和经理层充分的经营决策权力，党委（党组）不参与、不干涉经理层的日常经营管理，经理层在权限范围内自主决策、自主承担决策后果。

二是坚持契约化，把坚持党的领导与规范公司治理制度建设相统一。重点抓好保障党委（党组）的领导核心和政治核心地位的制度设计。一要抓权力清单设计，把界定“三重一大”清单作为加强党委（党组）领导的重要前提和基础，本着依法依规、不重不漏、提高效率的要求，明确党委（党组）议事规则，梳理“三重一大”决策范围，为发挥党委（党组）把方向、管大局、保落实提供制度依据和重要抓手。二要抓程序设计，将党委（党组）讨论前置作为“三重一大”决策的基本原则。三要抓纪律执行，确保党员干部认真执行党委（党组）决定。

三是坚持系统化，把坚持党的领导与统筹企业发展相统一。在建立治理架构和完善制度体系、明晰各层面职责定位的前提下，充分落实党委（党组）在国有企业改革发展中的领导核心和政治核心地位，发挥好党委（党组）把关定向作用。一要把好战略方向关。引领企业根据自身资源禀赋、功能定位确定战略定位和长远发展目标。二要把好决策、执行、监督关。引领各治理主体依法依规决策、高效运转执行、加强监督管理，真正建立职责明确、各司其职、协调运转、相互制衡的决策和执行格局。三要把好思想政治关。发挥思想政治优势，建设优秀企业文化，激发干部员工干事创业积极性。四要把好基础管理关。引领企业加强基础管理，提高管理水平，为长远健康发展奠定扎实基础。

3.3.4.2 股东（大）会

股东（大）会，是企业的最高权力机关，由全体股东组成，对公司重大事项进行决策，有权选任和解除董事，并对公司的经营管理有广泛的决定权；同时是股东作为企业财产的所有者，对企业行使财产管理权的组织。

对于国有控股和参股的有限责任公司，我国《公司法》对股东大会的地位、职责和运作方式做出了明确规定。其优化的方向主要是规范股东行为：一是合理行使职权，不干预企业经营；二是依法行使股东权利，严格履行股东义务；三是加强对中小股东权益的保护。

而相对特殊的国有独资企业，在《公司法》中特别规定不设有股东大会，为使国有独资公司也成为市场经济的微观主体，必须对其治理结构做出特殊的制度设计，以保障公司在国有独资这一制度框架内具有治理上的独立性。

国有独资公司由出资人机构依法行使股东权利，根据国有企业在国民经济中的不同功能定位，出资人机构对国有独资公司应重点管好国有资本布局、规范资本运作、强化资本约束、提高资本回报、维护资本安全，以管资本为主改革国有资本授权经营体制。也可通过实行国有资本投资主体的多元化，建立国有全资公司，完善国有独资企业的公司治理结构。投资主体多元化有两重含义：一是同一企业中的不同所有制投资主体，如国有企业的公司制改造中既有国有资本，也有非国有资本，非国有资本中既包括集体所有制成分，也包括各种非公有制经济成分，形成多元化投资主体；二是即使是国有独资公司，也要尽可能由多家国有投资公司或其他国有企业共同持股，形成多元投资主体。对于国有独资公司来说，其投资主体多元化后，不同的投资主体派出代表组成股东大会，并选举董事会，制衡经理层。

3.3.4.3　董事会

公司董事会是公司经营决策机构，董事会向股东会负责，执行股东会决定，依据《公司法》和公司章程等规定履行职责，接受股东会、监事会监督。我国国有企业董事会的建设和完善应包含以下内容：

（1）优化董事会人员结构。国有独资公司董事长、总经理原则上分设，董事长、总经理为内部执行董事人选。逐步完善外部董事制度，优化外部董事配置，实现董事专业、经理等结构多元化，并把外部董事纳入董事会设立的专门委员会中。在董事会结构优化中，应逐步实现决策与执行的分离，避免董事会成员与经理层人员的身份重叠和角色冲突，保证董事会独立于经理层进行决策和价值判断，保证董事会工作的独立性、权威性和有效性。

在国有控股公司中，应避免执行董事占有过多的董事席位，限制其对董事会的影响力，避免董事会通过利于所代表的大股东或经营层利益的议案，给其他股东或公司带来损失。鼓励独立董事多元化，拓宽独立董事的选聘范围，逐步建立国有企业外部董事人才库。

（2）明确董事会权责。一是向国资监管机构报告工作，执行有关决定；二是决定公司的中长期发展战略；三是决定公司的经营计划和投资方案；四是决定公司经理层的任免、考核评价和确定薪酬。

（3）合理安排下设职能机构。董事会的主要职能包括：一是检查和监督公司的长期投资战略；二是减轻和缓和股东与最高管理层之间的代理冲突。针对第一项职能，公司董事会倾向于专门成立财务委员会和长期战略发展委员会。针对第二项职能，则倾向于在董事会中设立审计委员会和薪酬与考核委员会等来扮演独立监督者的角色。还可根据实际需要设立提名委员会、预算委员会、环境委员会和筹资委员会等来辅助董事会进行公司治理。这些委员会具有各自独立的职能，各委员会的成员原则上应是各领域的专家，主要由外部董事和独立董事构成，特别是在薪酬与考核委员会、审计委员会中，可以全部由外部董事组成。

（4）完善董事会运行机制。落实董事一人一票表决制度，强化董事会内部的制衡约束，保障董事会会议记录和提案资料的完整性，建立董事会决议跟踪落实和后评估制度。加强董事会工作机构建设，健全支撑服务体系。建立董事会与其他治理主体的交流沟通机制。建立和完善国有独资公司董事长、总经理向董事会工作报告制度。

（5）规范选拔机制。一是明确配置需求。建立董事会组织结构模型，模型中要根据企业的行业特点、发展战略和实际运作情况，制定董事会配置目标；建立董事能力模型，对董事会成员的年龄、专业能力、性格特质等方面进行系统分析评价，准确把握每位拟选配人选的特点和优势，从董事会整体效能出发，确定董事会的配置需求。二是合理配置方案。根据董事会的人员规范需求，按比例挑选符合条件的人员作为国有企业董事候选人，形成董事配置方案，组成专家团队，进行专业化的测评和考试，筛选出最佳的董事候选人。三是有效沟通。股东应与董事候选人进行充分沟通，告知企业基本情况、《董事声明与承诺》等相关事项。四是委派合规合法。董事人选被选定后，被选董事须向委派部门出具《董事声明与承诺》后，再向目标企业进行委派，并按有关规定办理任职手续。

（6）完善董事消极履职的问责机制。对于董事因消极履职已经给所任职公司或股东造成经济损失或名誉损失的，则根据损失大小决定是否取消其董事资格，并要求其承担经济责任，情节严重的则对董事个人提起法律诉讼，以最大限度挽回上市公司与股东的损失，营造独立正直、平等参与、积极开放的董事会文化。企业发生重大经营风险，执行董事和经理层成员未及时向董事会或者国有股东报告的，应依法追究其责任。对于董事、监事、经理层不能履行法定职责和义务时，应当及时辞任，建立决策执行监督终身责任追究制度。

（7）完善外部董事制度。一是建立外部董事制度。对外部董事占比设定最低比值，明确规定外部董事在劳动关系、经济利益、业务交往等方面均与任职企业没有任何联系。在外部董事市场不健全的情况下，从现职国有企业领导人员中选聘一批经验丰富的转任专职外部董事。国有独资公司健全外部董事召集人制度，由外部董事定期推选产生，完善外部董事与出资人机构的沟通渠道。二是提高外部董事独立性与专业性。建立公开、公正、透明的外部董事聘任机制，保证董事产生程序的独立、合规；选择在各个领域具备专业知识的多元化的外部董事，将其作为上市公司的智囊团，运用其专业知识、丰富经验与先进的思想指导企业决策，监督企业行为。三是完善外部董事的激励约束机制。国有控股上市公司应当建立并完善外部董事的激励约束机制，把外部董事的薪酬同公司绩效联系起来。同时，应当根据公司相应的管理制度、外部董事的性质，建立科学的外部董事管理制度。

（8）建立规范化的考核和评价体系。一是建立董事会考评体系。从机构设置与制度建设、日常运行、决策科学性和效果、监督管理四个方面建立董事会评价要点体系。主要内容包括：公司发展战略制定和执行情况、董事会建设和规范运行情况、决策科学性和效果、高级经营管理人员选聘、考核和监督管理、公司经营目标完成情况等。完善国有独资公司董事会年度工作报告制度。二是建立董事考评体系。从职业操守、履职能力、勤勉程度、工作实绩和廉洁从业五个方面建立董事评价要点体系；董事评价实行任期评价和届中评价；董事评价与董事会评价工作同时开展，届中评价程序可根据任期评价程序适当简化；评价结果与董事的聘任建立刚性“链接”。完善董事年度和任期考核制度，逐步形成符合企业特点和治理要求的董事考核评价体系及激励机制。

（9）培育健康的董事文化。健康的董事文化应包含三个方面内容：一是忠实文化。其核心内容就是，公司董事不能利用其作为董事的身份，侵占和损害公司而牟求私利。二是勤勉文化。勤勉义务的着重点则是董事行为本身和付出决策的过程是否尽职和是否到位。三是质疑文化。长期以来，国内企业更崇尚权威文化、专制文化。在董事会会议中，应当存在如不同所有者之间那样的争吵、讨论，应当有不同意见，最终通过董事会形成决议。

（10）建设具有中国特色的董事会与党委会关系。一方面，对于重大问题，企业党组织参与决策与企业董事会形成决策共同保障决策的科学性。党组织只是参与企业带有根本性、方向性、长远性、全局性的问题，参与重大问题决策的过程中，要始终把握的方式是提出意见和建议，最终的决策权仍然属于董事会。党组织发现董事会的决策违反了国家的法律法规和上级决定，可以行使否决权，当否决不被接受时，还可以行使向上级组织报告权，以保障企业决策的科学性。在参与重大问题决策的形式和程序上，可以通过“双向进入、交叉任职”这一体制优势，由进入董事会的党组织成员将党组织的意见带入董事会决策程序，也可以由党组织通过书面形式向董事会提出建议和意见。此外，企业也可以建立一种制度，对凡属于企业重大问题的决策，要求在决策前由董事长、总经理主动提请党组织研究，党组织应在董事会前形成供董事会决策的参考意见。另一方面，对于企业人才选用，企业党组织管理干部及人才和企业董事会选聘高级及核心管理人员共同完善企业人力资源管理体系。作为企业党组织必须依法办事，在法律的框架内参与企业重大人事问题的决策。应按照“集体领导、民主集中、个别酝酿、会议决定”的原则，在以下重大人事决策中具有决定权和否决权：决定权表现在对企业内部党的组织系统的领导人员行使任免决定权，对重大人事决策中的违法违纪行为和被发现有违法违纪进行否决，并提交企业董事会或经理层进行决策。

3.3.4.4 监事会

监事会制度是大陆法系国家的企业公司治理结构中的一个历史悠久的制度，其本质是对公司的业务活动进行监督和检查。其主要特征包括：一是监督职权的独立性、法定性。从法律的规定上看，监事会的监督作用显然是对已然存在的法律事实和法律行为进行鉴定以及矫正。二是监事会成员主体资格的限制性、多元性。公司董事、高级管理人员不得兼任监事。监事会的成员由股东代表和适当比例的职工代表组成。三是监事个人与监事会共同行使监督职权。监事对公司业务和公司财务资料享有同等的监督、检查权，在一般情况下，监事会并不需要采取集体决议的方式行使职权。

为确保国家出资人权利行使到位和完善公司法人治理结构，加强监督机制建设是我国国有企业治理结构发展的重要趋势之一。

（1）强化监事会监督作用。适当提高外部监事比例，监事会成员的任免、收入、福利以及执行监督的费用由股东大会来决定。具有经营、财务、法律和工程技术方面知识的专业人士在监事会中的比例应进一步提高。监事在发现重大问题时，有提议召开临时股东大会和列席董事会议的权利，通过股东大会表决来及时防范和制止，从而保证投资者的利益。

（2）完善国有企业外派监事会制度。一是完善国有企业监事会监督模式下的法律体系，明确外派监事会制度的法定地位。《国有企业监事会暂行条例》（2000年）在国有资产监督管理机构对非国有独资公司派出监事方面存在空白，在外派监事的派出主体、派出对象上，与《企业国有资产法》和《企业国有资产监督管理暂行条例》也不一致，需进一步明确修正。对混合经济的企业，需要在法律上进一步明确国资监管机构向其履行出资人职责的国有控股公司和参股公司，提出外派监事人选，及外派监事向出资人负责并报告工作的内容，提供法律依据。二是强化与有关专业机构的合作。与财政、工商、税务、审计、海关、银行等有关部门和机构合作，建立健全配合外部监事会工作的机制，形成监督合力。三是明确国有企业外派监事会岗位的职责。探索建立监事会全责清单，对监事会应实行“三定”（定编、定员、定责）方针，明确监事会的功能、定位和职责。制定工作规范，解决监管模式不统一的问题。四是构建监事会综合考核评估体系。以现有的考核评价办法为基础，对监事会考核激励政策进行改革创新，遵循全覆盖、可追溯、可量化、可考核、可问责原则，建立以能力、业绩为导向，以岗位职责为依据的履职记录制度和综合考核评价体系。设计综合考核评价体系时可以选取与监事会监管工作相关的考核指标。应当定期对监事会工作人员任职情况进行考核评估，建立监事信用档案，界定监事失职行为标准。五是设立用来支付专职监事绩效奖励的监事基金。从企业收益中拿出一部分资金设立监事基金，来支付专职监事的奖励，或支付企业兼职监事额外进行的一些工作费用。六是适当延长外派监事会任期。为使监事会可以深入企业调查研究发现问题、分析问题和解决问题，每届监事会任期适当延长至五年。七是强化监督成果运用。强化“一事一报告”制度，外派监事会在对每年出具一份企业运营监督检查报告的同时，对上一年的问题出具整改落实监督报告，实行闭环管理。八是建立外派监事会工作成果综合运用机制。在考核、调整、任免企业领导班子成员和研究企业重大事项时充分听取外派监事会意见，落实外派监事会的纠正建议权、罢免或调整建议权。

（3）完善国有独资企业监事会的建议。一是提高监事会的层级。实行外派监事会制度，由政府派出监事，负责检查企业财务，监督企业重大决策和运营过程中涉及公司国有股权变更以及有关合并、分立、解散、增减资本和发行公司债券等重大事项，以及董事会和经理层依法依规履职情况，但不得干预企业正常经营决策和经营管理活动。二是探索在监事会中引入金融领域监事。在推行国有投资主体多元化中，允许国有金融企业或银行持有一定数量的国有独资企业股份，并向国有独资公司派出代表担任监事，充分发挥金融领域、银行在治理中的重要作用，充分利用其较为成熟的风控评估体系和专业水准，监督管理国有资本。

3.3.4.5　经理层

经理层是由董事会聘任的，受董事会指导的执行机构。选聘、解聘公司经理人员是董事会的核心权利和义务之一，是董事会有效管理公司的基础。加强经理层的管理应从以下几个方面着手：

（1）明确经理人选聘的基本原则。一是市场化选聘原则。按照《高管选聘办法》的要求，创新选人用人机制，积极开展公开招聘、竞争上岗工作、内部培养，建立经理人员人才储备，发挥市场在人才资源配置中的作用。二是符合战略需求原则。对照公司发展战略，制定经理人员岗位需求，确定经理人选的目标范围。三是有效控制原则。董事会在选聘经理人员之初就准备好将其解聘，并在服务契约中做出规定。四是长期规划原则。董事会应有长期的经理人员管理规划，特别是总经理继任计划，储备总经理继任人选，保证聘任、解聘经理人员时公司的平稳运转，不给公司造成大的冲击。

（2）引入职业经理人制度。国有公司总经理由公司董事会以市场化的方式选任和管理，对董事会负责。董事长与总经理分设，总经理兼执行董事，并担任企业法定代表人。公司副总经理及以下高管由总经理提名，实行市场化选任和管理。建设职业经理人管理制度的路径包括：一是建立健全职业经理人发现选拔机制和平台，将内部培养和外部引进相结合。着眼于企业持续发展，建立科学有效的培训体系，结合职业经理人实际情况，有计划地进行政治素质、管理知识、专业技能和职业素养等培训，不断提升综合能力和市场化、专业化、国际化水平。遵循市场化原则，从外部引进专业经理人才，并通过职业经理人市场平台建设，实现经理人选拔的透明化，并探索建立考察评估职业经理人战略素养与决策能力、市场意识、专业素养的素质模型。二是建立科学、规范的选人方法和程序，合理增加市场化选聘比例。国有企业职业经理人的选择标准应包括：可靠的政治素质与职业操守；较高专业素养、管理能力和相应从业经历；在拟聘行业或相关行业有一定影响力与认可度；按照不同类别、层级、岗位的用人需求，建立招选结合的选人渠道和方法；提高市场化选聘比例，在市场化程度高、竞争性强的企业全面推行职业经理人制度。三是建立具有国有企业特点的管理模式。采取求同存异的差异化管理原则，对职业经理人实行聘任制，通过劳动合同和聘用合同，确立劳动关系，明确职业身份和聘用期限，签订经营管理目标责任书，强化以经营效益为关键要素的考核；由国资监管机构任命的经理人，保有公务员身份，推行任期制契约化管理，明确责任、权利和义务，严格任期管理和目标考核，参照相应职级的公务员标准，制定薪酬和福利标准，并根据岗位技能要求和工作难度给予一定的风险回报，逐步建立职业经理人价值实现与企业发展相对统一的激励机制。强化消费监管，特别的国有资本投资运营公司不适宜采取限制性股票、股票期权等中长期激励机制，但要探索与绩效挂钩的延期支付、虚拟股票等激励方式。四是建立融合与协同的企业文化。坚持以人为本，提升企业凝聚力，给予职业经理人充分尊重、信任、包容和支持，使之对企业产生归属感，营造职业经理人较快融入企业、愿意奉献企业的良好环境。

（3）建立规范的职业经理人市场体系。发展职业经理人交易机构、建立信息库。发展一批经理人交易机构，通过中介和经理人市场等载体，建立经理人供需信息系统和经理人信息库，提供人才竞争的招标、竞标、签约以及经理人业绩和诚信档案、职业经理人资格认证、市场价格指导、第三方考核、人事代理、社会保障等系列服务，实现经理人与企业之间的有效选择。逐步完善相关的法律法规。尽快完善相关法律法规，有效解决好企业与职业经理人的平等法律地位、责任与义务约束、制度导向机制等问题。建设社会诚信体系。建立有效监管的职业经理人和企业诚信档案，完善企业和职业经理人诚信、资信信息化系统，实现诚信信息的协同共享，并通过法律法规的完善配套，提高失信成本，实现对社会诚信关系的积极导向，强化企业与职业经理人的互信，将企业与经理人的合作关系导向专业化（能力、素养）、技术化（程序、标准）和绩效化（业绩、成果）。

（4）逐步引入相关者利益均衡的治理理念。在《公司法》等法律法规中就股东、债权人、员工、客户利益制定较为详细的保护机制，就董事会与经营层的权力制定严格的限定。

债权人利益的保护。一是完善企业破产制度，使在企业破产程序内对债权人的保护条款更具操作性，避免形式化、表面化。二是建立债权人参与企业公司治理的机制，如企业在对影响债权人根本利益的重大事项进行讨论或决策的时候需征求相关债权人的意见，允许主要债权人（商业银行等）派出代表列席企业股东大会、董事会、监事会会议。三是完善企业的信息披露制度，督促债务企业对债权人定期提供企业经营的基本信息，并负有保证所提供信息及时、准确，以及接受债权人就企业运营情况、资产状况及偿债能力等相关信息的质询与监督的义务。

员工利益的保护。一是保证职工参与企业管理途径的畅通，引入职工董事概念，合理确定职工董事任职的基本要求以及董事会中法定职工代表的最低比例。二是提高职工代表大会的地位与话语权，赋予职工代表大会关于员工根本利益的重大事项的投票权，而不仅是建议权。三是完善员工激励约束机制，推行员工持股计划，使企业利益与员工利益紧密联系，调动员工积极性。

客户利益的保护。相较对债权人及员工利益的保护，目前我国对于客户利益的保护更为薄弱。所以，对客户利益的保护则在更大程度上依靠法律的强制性，需通过完善相关立法，强调忽视客户利益后果的严重性。同时，国有控股公司作为人民的企业不应仅靠法律约束自身行为，更应该从主观上自发地重视客户，将为客户提供更好的服务与产品作为企业一切经营管理活动决策的前提，以期达到买卖双方共赢的良好结果。

把国有企业打造成为独立的市场主体，充分激发和释放企业活力，提高市场竞争力和发展引领力，是深化国有企业改革的出发点和落脚点。在国有企业治理优化的战略选择方面，重新界定政府的企业治理边界，不断强化企业治理权威，动态调整公司治理结构模式，适应性重塑公司治理文化与模式。在优化国有企业治理的上层环境方面，积极推进国有资产管理体制改革，优化调整国有资产监督管理模式，组建国有资本投资、运营公司，对不同类别国有企业实施差异化管理。在进一步建立和完善现代企业制度方面，推进公司制股份制改革，进一步强化市场化经营机制，促进企业公平参与竞争。

第4章　中国国有企业治理体系和治理能力现代化的思想溯源、理论内涵和实施路径

国有企业治理体系和治理能力现代化的目的在于使各方面制度更加科学、更加完善，实现国有企业治理制度化、规范化、程序化，善于运用制度和法律治理企业，提高国有企业的竞争力、控制力、影响力。探寻中国国有企业治理体系和治理能力现代化的理论溯源和核心价值观，从权力制衡、契约精神和企业效率三个价值维度出发，从治理结构、治理主体、治理制度、治理手段、治理目的五个角度对其现代化进行深入研究，明确提出市场化、阳光化、法治化、国际化、全民化、监管创新化六大目标。与此同时，积极探讨国有企业治理体系和治理能力现代化的实现框架和实施路径。

4.1　中国国有企业治理体系和治理能力现代化的理论溯源和核心价值观

作为国家治理体系和治理能力现代化的子系统和重要组成部分，国有企业治理体系和治理能力现代化的目的在于使各方面制度更加科学、更加完善，实现国有企业治理制度化、规范化、程序化，善于运用制度和法律治理企业，提高国有企业的竞争力、控制力、影响力。

4.1.1　公司良治的内涵：理念、制度与实践

良好的公司治理简称“良治”或“善治”。公司良治包括三个层次的内容：一是公司治理的核心价值观和理论体系；二是具有公平与效率兼顾、规范与发展并重、倡导性与可操作性相结合的一系列制度安排；三是股东、管理层与利益相关者的自觉自愿、习以为常的最佳商业实践。理念、制度与实践三者之间环环相扣，相互支撑，缺一不可。

4.1.1.1　公司良治的理念

刘静、刘智（2011）[217]认为，理念是良治的先导。公司良治理念集中体现在一系列核心价值观的要求。没有良治理念的指导，就不会有先进的公司治理制度。而我国不少国有企业的控制股东、实际控制人和内部控制人依然欠缺公司良治的理念。由于欠缺公司良治的共识与核心价值观，虽然从白纸黑字的公司治理规则来看，国有企业治理制度似已粲然大备，但“穿新鞋走旧路、换新瓶装旧酒”的公司治理问题普遍存在。有些国有企业照猫画虎地起草了公司章程和公司治理规则，心照不宣地聘任了某些具有“花瓶”美誉

的独立董事和监事等稻草人岗位。但控制股东、实际控制人和内部控制人依然缺乏对公司治理核心价值观的认同与敬畏，导致公司资源配置向控制股东、实际控制人尤其是内部控制人倾斜，公司的财富创造功能遭到扭曲。

有些国有企业已由《全民所有制工业企业法》框架下的传统国有企业（国营企业）改制为《公司法》框架下的现代公司，建立了国家股东权与法人所有权共同构成的现代公司产权结构，建立了股东会决策权、董事会经营权、管理层执行权、监事会监督权共同构筑的现代公司治理结构，但不少高管仍然痴迷于传统的人治思维定式，无师自通地沿袭人治思维和人治方式管理企业，不习惯，甚至强烈排斥运用法治思维与法治方式治理企业。

更有甚者，某些国有企业高管已经开始习惯于在公开场合高调赞美公司治理，甚至对自己的公司治理制度自吹自擂，但在内心深处仍并未把公司良治，尤其是法治基础上的公司良治作为自己的信仰和目标。这恰恰是不少国有企业治理形似而神不备的思想根源。

4.1.1.2　公司良治的制度

制度是良治的基础。制度在理念与实践之间起到承上启下的作用，上承先进理念，下启具体实践。公司治理制度既包括国家公权力和国有股权在公司之外自上而下推行的顶层制度设计，也包括公司自身在公司内部自下而上推行的草根制度设计。外生法律制度以公司法为核心，既包括法律，也包括行政法规和部门规章。内生法律制度以公司章程和公司规章制度为核心，既包括公司制定的治理规则，也包括证券交易所与行业协会的自律规则。

改革开放以来，国有企业治理长期依赖国家立法权与行政权自上而下的外生制度设计推进公司治理制度变迁。2013 年《公司法》的修改主要着眼于公司资本制度改革，对公司治理制度的进一步改革仍值得期待。展望未来，国家应综合运用国有资本投资回报率以及社会责任担当的具体评价指标与奖惩政策，鼓励国有企业通过自下而上的内生制度设计推进公司治理制度变迁，鼓励国有企业见贤思齐，充分开展公司良治规则的公平竞争。

以其优劣为准，制度分为六等：既兴利又除弊的制度为一等制度；只兴利、不除弊的制度为二等制度；只除弊、不兴利的制度为三等制度；不兴利、不除弊的制度为四等制度；只兴弊、不兴利的制度为五等制度；既兴弊又除利的制度为六等制度。毫无疑问，无论是外生法律制度，还是内生法律制度，都应追求卓越，定位于兴利除弊兼顾的一流制度设计目标。

制度也可以简单划分为好制度与坏制度。郭建军（2014）[218]认为，公司良治的实现，既需要好制度，也需要好人与好文化。但是，好制度最为根本。没有好制度，好人难当，坏人当道，潜规则盛行，明规则失灵；有了好制度，好人好当，坏人难当，潜规则绝迹，明规则显效。当然，昂扬向上的公司治理文化与正确的价值观、人生观、世界观与公司治理观，也会源源不断地为完善公司治理而释放出强大的正能量。因此，健全国有企业的用人机制，加强企业文化建设至关重要。

4.1.1.3　公司良治的实践

实践是良治的落脚点。孙永祥（2001）[219]认为，完善的公司治理制度倘若不能落地生根，也不能催生出先进的公司治理实践，无法根本提升公司治理功能，包括中航油股份在内的某些国有控股上市公司也曾聘任独立董事、建立风险控制委员会、印制《风险控制手册》，仍未能阻止个别高管一意孤行的决策专断和公司巨亏，教训十分深刻。因此，既要创新公司治理制度，也要优化公司治理制度的实施机制。

每家公司应推出实现良治的路线图与时间表，确保公司治理制度在每家公司落地生根。国有企业在认真总结公司治理成功经验与失败教训的基础上，认真制定优化股东会、董事会、监事会的运转流程，切实提高股东会的决策力、董事会的执行力、监事会的监督力，充分尊重公众的知情权与治理参与权。要强化公司董事、监事和高管的诚信约束与激励机制。鉴于国有企业高管腐败和懈怠现象猖獗，必须按照标本兼治的理念，完善公司决策机制与监督机制，大幅提升高管失信成本、大幅降低失信收益。

完善公司治理的道路永无止境，创新公司治理制度也永无止境。进一步修改与完善《公司法》与《国有资产法》中有关国有企业治理的制度设计，尽快废止《全民所有制工业企业法》，将所有国有企业纳入《公司法》的调整轨道。国有企业、国家股东代理机构、行业协会、会计师协会、律师协会与法学界超越法律规定的公司治理标准，及时推出符合最佳商业伦理要求的现代公司治理准则。完善国有企业治理评级体系，充分调动公司利益相关者参与公司治理的积极性、主动性与创造性。

4.1.2 现代企业治理现代化的思想溯源

现代化企业必须是制度完善、监督机制健全、权力制衡的企业，需要完善的监督制度作为制度保障，需要高效的企业效率，同时必须防止腐败和专权。作为现代化的国有企业，必须是为全民利益服务的，应当体现以全民利益为导向，以依法治企、职工参与等为内容的契约精神。因此，现代企业治理现代化以权力制衡、契约精神和企业效率为主要导向。

中国国有企业治理体系和治理能力现代化的核心价值在于权力制衡、契约精神和企业效率三个价值维度，不同的维度体现不同的企业治理能力（见表 4.1）。

表 4.1 中国国有企业治理能力和治理体系现代化的核心价值

核心价值	治理能力指标
权力制衡	监督管理能力
	全局规划能力
契约精神	依法治企能力
	政策执行能力
企业效率	科学决策能力
	危机应对能力
	市场开发能力
	技术创新能力

4.1.2.1 权力制衡

权力分立与制衡思想在 17 世纪即已萌芽，孟德斯鸠及其他思想家将权力制衡的基本理论归结为两个基本思想：不受约束的权力必然腐败，绝对的权力导致绝对的腐败；道德约束不了权力，权力只有用权力来约束。对于个人而言，思想、决策和行为都是在相同的利益指向的控制之下进行的；而对于集体而言，决策者、决策执行者和利益承担者往往分别在不同的决策价值观、行为价值观和利益价值观的控制下进行决策、决策执行和决策承担。如果权力仅由决策者或决策执行者掌握，则难以保证利益承担者的利益得到保护。

因此，为了保证决策能畅通执行、决策者能有一定的自主空间，而利益承担者的利益又能得到保护，必须将权力分立，建立制衡原则，保证彼此具有权力空间而又能相互约束。韩建周、周孟亚（1998）[220]认为，在现代企业体系的建设中，权力制衡主要体现在现代公司治理结构中董事会、股东会（或国资监管机构）与监事会的三层分立结构中，一方面，使利益承担者约束决策者；另一方面，监管者也约束着决策者和决策执行者。刘蔚（2010）[221]认为，公司企业法律制度的核心是公司治理结构，而权力制衡这种理念最主要的体现就是公司治理结构，权力制衡通过分权与制约来防止个人独断与专权，权力制衡在保护各股东利益尤其是中小股东利益和整个公司的利益方面有着不可或缺的作用。李敏（2017）[222]选取沪深两市A股主板上市公司2012~2015年的数据为样本，分析了权力制衡对内部控制与盈余管理间的相关关系的影响。研究表明，内部控制与盈余管理之间显著负相关，即企业的内部控制越有效，其盈余管理程度越低；权力制衡与企业的盈余管理程度之间显著负相关，即股权集中度与两权分离度均与盈余管理程度之间显著正相关；权力制衡显著增强了内部控制与盈余管理程度之间的负相关，即股权集中度与两权分离度抑制了内部控制对盈余管理程度的负向影响。

4.1.2.2 契约精神

18世纪法国著名的思想家卢梭在《社会契约论》中指出，国家起源于人民根据自由意志所缔结的社会“契约”，即人民为了解决社会运转无序状态，制定各类纠纷解决机制，通过社会契约的形式将个人部分权利让渡给一个法律的共同体——国家，由国家来保障人民的基本权利。汤唯（2004）[223]认为，契约精神的核心理念在于约定是一切合法权威的基础。权力属于人民，如果决策者走向公众意志的反面，那么社会契约就遭到破坏，人民即有权推翻其权威。

契约精神是人类在长期的契约实践中培育形成的理想信念、价值观念、思维方式、行为方式、行为规范等精神性成果。契约精神主要源于西方商品经济的发展，而后扩展到国家政治生活领域。在中国，契约精神伴随着改革开放为人们所认知、所实践。当代中国的契约精神奠基于社会主义市场经济和政治文明建设实践，继承中国传统诚信精神，和经济全球化、网络化、科技创新相结合，具有自己的显著特色，对我们全面深化改革开放、实现现代化具有重要意义。[224]国有企业作为社会主义全民所有经济中的重要一员，是生产资料公有制的一种体现。国有企业的治理也应当体现为全民利益服务的契约精神：首先，生产资料归社会所有，作为社会的正式代表的国家应当按照社会的意志对国有资产进行有效的监管，使其真正体现全体人民的共同利益；其次，企业内部不存在资本和劳动的对立，企业的劳动者和其他相关利益主体可以有效地参与企业的民主管理。最重要的一点是，企业要为全民契约——法律所约束，应当严格依法治企，推动企业法治化建设。

4.1.2.3 企业效率

企业本身即社会对效率的追求的产物，新制度经济学创始人、诺贝尔经济学奖得主罗纳德·科斯在其《企业的性质》一文中指出了企业产生的根源。科斯认为，市场的运行是有成本的，通过形成一个组织，并允许某个权威（一个"企业家"）来支配资源，就能节约某些市场运行成本。当建立权威的成本小于市场运行成本时，企业就产生了。

根据企业性质理论，企业对效率和经济目标的追求根源于其制度属性，国有企业作为企业的一种，自然也应积极参加市场竞争、稳固地位，追求更有效的资源配置，提高效率，创造社会价值。但是也应看到国有企业作为国有经济的特殊性，不仅肩负着一般企业承担的经济目标和责任，而且承担着社会责任。黄速建、余菁（2006）[39]认为，国有企业的社会责任就是作为国家代表公众利益参与经济和干预经济的有效手段而存在。国有企业除了巩固社会主义公有制经济、增加财政收入等功能，同时还承担着调整国家经济结构、扶持战略性新兴产业等重要功能。因此，国有企业既要追求企业效率，提高收益，但同时不能一味以追求经济价值为唯一目标。

国有企业在追求效率、提高经济效益的同时，应兼顾非经济目标。具体而言，对竞争性行业及专注于经营性活动的国有企业而言，其经济目标优于非经济目标；对垄断性行业及专注于非经营性活动的国有企业而言，其非经济目标优于经济目标。

4.1.3 中国国有企业治理的核心价值观

一个国家的基本经济制度，与这个国家的历史传承、文化传统密切相关，甚至取决于特定国家和民族的核心价值观。中国自古就有"人之初，性本善"观念。马克思主义认为人性善恶由客观社会经济关系决定，是具体的、历史的。而西方经济学强调自私自利"经济人假设"，人不为己、天诛地灭。所谓"普世价值"是新时期西方对付非西方社会的意识形态[225]，是新时期的"十字军远征""颜色革命"。

中外公司治理之间、国有企业治理与非国有企业治理之间既有一般性，也有特殊性。公司治理的一般性大于特殊性。公司治理的特殊性再重要，也不能否定一般性的存在，更不能凌驾于一般性之上。丁宇飞（2010）[226]认为，以国有企业的特殊性为由，排斥公司治理的一般属性与普适性核心价值观是错误的，也是不明智的。在国有企业治理领域不应重蹈"白马非马论"谬误的覆辙。为推进国有企业治理体系和治理能力现代化，中国国有企业必须遵守市场经济规律，毫无保留地接受并自觉践行普适于各类公司治理的核心价值观。由于国有企业的实质股东为全国人民，国有企业治理践行核心价值观应更加严格而自觉。中国国有企业公司良治的核心价值观包括人民性、公开透明、民主决策、股东主权、股权平等、诚信问责与社会责任。

4.1.3.1 人民性

党的十八届三中全会《中共中央关于全面深化改革若干重大问题的决定》强调，全面深化改革必须坚持我国改革开放成功实践的重要经验，其中很重要的一条就是："坚持以人为本，尊重人民主体地位，发挥群众首创精神，紧紧依靠人民推动改革，促进人的全面发展。"这深刻指出了全面深化改革人民性的根本价值属性，是新的历史起点上全面深

化改革的重要遵循。

虽然马克思、恩格斯未曾有过全面治理社会主义国家的实践，他们对未来社会制度的构想也是原则性的，但他们创立的学说深刻阐明了共产主义运动的根本价值立场。《共产党宣言》指出，过去的一切运动都是少数人的，或者是为少数人谋利益的运动。无产阶级的运动是绝大多数人的，是为绝大多数人谋利益的独立的运动。这就揭示了共产主义运动的人民性，也指明了进行社会主义国家治理必须坚持“以人民为中心”的价值立场。在我国全面深化改革的攻坚克难阶段，这一价值立场充分体现于推进国有企业治理体系和治理能力现代化的两大历史要求：一是紧紧依靠人民推动改革。列宁指出，社会主义不是少数人的事业，只有千百万人学会亲自做这件事的时候才能实施社会主义。所以，无论是完善国家治理体系还是提升国家治理能力，实质上都是党领导广大人民深化社会主义改革的历史过程。在这一历史过程中，必须坚持以人为本，尊重人民主体地位，发挥群众首创精神，把最广大人民的智慧和力量凝聚到改革上来，同人民一道把改革推向前进。二是使人民共享发展成果。实现共同富裕是党领导人民进行改革的政治承诺。推进国家治理体系和治理能力现代化就是要构建出一套符合“以人民为中心”的制度体系，并把各方面的制度优势转化为国家治理的效能，既让广大人民群众平等参与社会主义现代化的进程，也使全体人民在共建共享发展中有更多获得感。

改革开放以来，我国成功实现了从高度集中的计划经济体制到充满活力的社会主义市场经济体制的历史性转折，充分调动了人民群众的积极性、主动性和创造性，极大地促进了社会生产力的发展。然而，市场经济体制也造成了利益分化和利益博弈，使得社会上各种各样的矛盾冲突日益积累。而且，随着经济社会发展水平的提高，人民群众的公平意识、民主意识和权利意识不断增强，对有违公平正义的现象反映强烈。因此，推进国有企业治理体系和治理能力现代化必须把公平正义作为价值目标，既有利于促进对社会不公正问题的解决，也有利于控制利益分化走向两极分化、利益博弈走向恶性状况，使改革发展成果更加公平地惠及全体人民。

坚持改革为了人民，发展为了人民，最终体现在使改革发展成果惠及包括各个阶层在内的全体人民，而不是少数人受益。国有企业治理是党领导人民进行的正义性事业，促进社会公平正义是国有企业治理的出发点，但实现社会公平正义取决于多种因素，必须契合经济社会的发展水平。马克思指出，权利决不能超出社会的经济结构以及由经济结构制约的社会的文化发展。这意味着，在特定时期被判断为正义或不正义的事物，是与当时的经济关系和文化水平的发展状况相适应的。当然这并不是说，经济发展和解决社会公平正义问题有先后之别，或者说效率与公平不可兼得，而是表明要在不断发展的基础上尽量把促进社会公平正义的事情做好。习近平同志指出，不论处在什么发展水平上，制度都是社会公平正义的重要保证。因此，必须通过推进国有企业治理体系和治理能力现代化，审视各方面的体制机制和政策规定，努力形成符合最广大人民根本利益的正义性制度安排。

在马克思的学说中无法获得现成的关于共产主义的社会制度建构方案，因为马克思从不想教条式地预期未来，而是主张通过批判旧世界发现新世界。但在批判旧世界和发现新世界的过程中，马克思阐明了未来社会的价值维度。推进国家治理体系和治理能力现代化作为全面深化改革的战略目标，要在习近平新时代中国特色社会主义思想指导下，坚决破除各方面体制机制弊端，不断构建新的体制机制，使国家各方面制度更加科学和完善。

4.1.3.2　公开透明

美国联邦最高法院大法官布兰迪西有两句名言："公开透明是治疗社会与产业疾病的一剂良药"，"阳光是最好的防腐剂，灯光是最有效的警察"。这些箴言普适于国家治理、公共治理和公司治理。没有公开透明，就无法预防与遏制权力的滥用和腐败。公开透明是制约权力、捍卫弱者权利成本最低、效果最好的手段。

公开透明在资本市场和社会生活中意义重大。首先，公开透明是公司良治的首要核心特征。没有公开透明，就没有公司良治。暗箱作业、内幕交易、操纵市场、虚假陈述、制假售假的公司治理不可能成为公司良治。其次，公开透明是维护公众投资者权益的前提。李毅（2012）[227]认为，知情权是股东行使表决权与分红权诸权利的前提。没有知情权，股东无法正确行使表决权，也无法及时行使股权出售权，更无法行使监督权与诉权。再次，公开透明是证券市场监管的基础性工程。以美国为代表的证券市场监管的核心是以信息披露为基础的监管，所有制度与监管措施都牢固地建立在信息披露基础之上。展望未来，我国资本市场监管也应以信息披露监管为核心，以提高公开透明为目标，以强化上市公司的信息披露义务为重点。最后，公开透明是维护交易安全与社会公共利益的需要。在债权债务关系中，债权人需要债务人公司的真实信息；在环境法律关系中，潜在受害者也需要污染排放公司的真实信息。

信息就是证券市场的血液。我国《证券法》第三条规定，证券的发行、交易活动，必须实行公开、公平、公正的原则。《证券法》之所以将"公开"列为"三公"原则之首，并非偶然。证券市场的公开性，是证券市场公平性和公正性的前提和基础。没有证券市场的公开性，就没有证券市场的公平性和公正性。证券市场是信心市场。要增强社会公众对证券市场的信任感，消除证券市场中的黑箱作业酿生的丑恶现象，必须在证券市场充分落实公开原则。胡阳（2010）[228]认为，证券市场信息透明时，往往市场信心大振，而市场信息虚假误导或谣言充斥时，则市场信心萎靡不振。

值得注意的是，非上市的国有企业也必须公开透明。国有企业虽是全民所有企业，但由于缺乏应有的公开透明，许多公众对其财务和经营状况茫然不知。《中共中央关于全面深化改革若干重大问题的决定》明确提出，要"探索推进国有企业财务预算等重大信息公开"。最大的公众公司不是上市公司，而是国有企业。在国家股东权被虚化的情况下，必须重新认识国有企业的本质，强调国有企业作为全民企业的法律本质，积极推进国有企业透明化改革。即使国有企业不是上市公司，其公开透明度也应高于上市公司。因为，上市公司的股东虽数以万计，但国有企业的终极受益人数以亿计。

长期以来，国有资产究竟是国家所有、政府所有，还是人民所有，在理论界存有争论。《中共中央关于全面深化改革若干重大问题的决定》深刻阐明了国有企业与全民之间的逻辑联系："国有企业属于全民所有，是推进国家现代化、保障人民共同利益的重要力量。"《企业国有资产法》第三条也明确规定："国有资产属于国家所有即全民所有。国务院代表国家行使国有资产所有权。"国有企业与全民之间的逻辑关系可从三个层面去理解：一是从形式上看，名义权利主体是国家；二是从实质上看，实质权利主体是全民，即全国人民；三是从权利主体的代理人角度看，国务院是代表国家行使国有资产所有权的法定代表机构。从信托法角度看，全国人民是受益人（实质权利人），国家是委托人，国务院是受托人。把全民界定为国有资产的实质权利主体，有助于把全民利益最大化作为强化国有资产监管、完善国有企业治理、提高国有企业公开透明度的指南针。

鉴于国有企业是股东人数最多、公开透明度最高的公众公司，要尽快出台《国有企业透明法》，确立各类国有控股公司包括非上市公司的信息披露义务，要求企业定期公布年报、中报、季报甚至月报，遇有重大情况的还要随时公布临时报告。为将公开透明原则贯彻到底，确保信息公开制度的可操作性，国有企业的信息公开应同时符合真实性、准确性、完整性、合法性、最新性、易得性、易解性和公平性共八项标准；违者，应依法承担相应的法律责任。任何中国公民皆有知情权，依法行使账簿查阅权。在查阅会计账簿对某些科目存疑时，公众还有权查阅原始凭证。

商业秘密（包括技术秘密和经营秘密）是公司在市场竞争中克敌制胜的法宝。吴鑫（2011）[229]认为，公开透明原则并非否定商业秘密的价值。要在尊重和保护国有企业依法享有商业秘密的前提下，旗帜鲜明地提高财务和经营状况的公开透明度。既不能借口商业秘密之保护，而否定公众的知情权，也不能以公众的知情权否定和取代国有企业的商业秘密。如何把握商业秘密与公众知情权的辩证关系，是考验国有企业治理水准的一块“试金石”。

4.1.3.3 民主决策

国有企业治理要坚持民主决策。实践中普遍存在的“一把手”现象和“一言堂”现象严重违背了公司民主治理的基本原则。在国有企业参与的企业合并、分立、改制、上市，增减注册资本，发行债券，开展重大投资，为他人提供大额担保，转让重大财产，进行大额捐赠，分配利润，以及解散、申请破产等重大事项中往往潜伏着道德风险和法律风险，受益者往往是企业内部人，受损者往往是国家股东、债权人和广大职工。此类道德风险的根源在于内部控制人的“一言堂”现象。

公司治理民主强调公司民主、股东民主、董事民主、职工民主，强调公司利益相关者的包容性协同共治，强调治理机构间的相互分工、相互配合、相互监督与相互制衡。既要强调民主决策，也要强调民主监督。当然，国家控制股东不得滥用控制权损害公司和中小股东的利益，内部控制人也不得滥用经营权损害国家股东权以及外部人尤其是公司、股东和债权人的利益。民主治理的反义词就是专断式治理、独裁式治理。

在实践中，经常有国有企业的董事长、总经理与党委书记为了争夺“一把手”的宝座而发生内讧。殊不知，现代公司治理框架内并不存在个人专权的“一把手”。为矫正《全民所有制工业企业法》框架下最高决策权、法定代表权与日常管理权三位一体的厂长（总经理）负责制，《公司法》建立了由股东会、董事会、监事会、董事长、总经理构成的公司治理结构，形成了分权制衡的决策、执行与监督体系。该法对《全民所有制工业企业法》赋予厂长（经理）的职权进行了大刀阔斧的肢解：①对外代表权限划归法定代表人一人行使；②公司最根本、最宏观的对内决策权归属股东会，因为股东会是公司的权力机关或最高决策机关；③公司最微观的日常经营管理事项的对内决策权归属总经理；

④介于股东会与总经理之间的公司经营管理中观决策权归属董事会；⑤对内执行权限一分为二：最重要的执行权限给了董事会，其余的交给了总经理。为扩大公司选择法定代表人的自治空间，《公司法》第十三条授权公司章程自由确定由董事长、执行董事或经理担任法定代表人。倘若国有企业厂长（总经理）在国有企业公司制改革完成以后改任董事长，不再兼任总经理，就更不会享有一言九鼎的权力。国有企业的内部控制人不应存在任何觊觎"一把手"宝座的念想，因为现代公司治理中根本就没有"一把手"的宝座。

为规范国有企业决策行为，必须充分挖掘股东会、董事会、监事会等会议体的制度资源，坚持民主集体决策，坚持将多数者的意思表示拟制为公司的意思表示，反对个别高管绕开集体决策程序对公司管理层发号施令，反对随意将个别高管的个人意思表示上升为公司的意志。要大力弘扬"程序严谨、内容合法"的法治理念，充分调动决策参与者与知情人开展监督举报活动的积极性，及时有效地预防、发现与矫正集体决策的程序瑕疵与内容违法。

"程序严谨"要求股东会、董事会与监事会会议的召集程序、表决方式严格遵守法律法规与公司章程中的程序规则。根据《公司法》第二十二条第二款，凡是程序上违反法律、行政法规和公司章程的公司决议，均为可撤销决议，股东有权请求人民法院予以撤销。程序的严谨不仅强调表面程序上的合法性，而且强调实质程序上的正当性。有些内部控制人故意召开闪电式董事会，迫使外部董事或独立董事在无法充分理解董事会决议草案的基础上仓促举手赞同，做出董事会决议，实际上违反了程序正当的基本要求。有些内部控制人不但操纵董事会决议，而且操纵外部董事人选的提名，对于冒犯内部控制人意见的外部董事不包容、不尊重，甚至借故在任期届满后不再续聘。

"内容合法"强调股东会、董事会与监事会会议的实体内容遵守法律法规中的强制性规定，遵循诚实信用原则，不得损害他人的合法权益。根据《公司法》第二十二条第一款，违反法律、行政法规的公司股东会、董事会的决议内容无效。职工董事制度、职工监事制度是我国公司治理的社会主义特色之一，应该继续坚持与完善。要规范国有企业职工与高管持股计划，完善企务公开制度和职工代表大会制度，鼓励职工代表有序、高效、理性地参与董事会、监事会的治理平台。

4.1.3.4 股东主权

公司权力（包括公司治理权）的合法根基在于股东主权思想。美国总统林肯的人民主权思想，即民有、民享、民治的政治民主观点对于在公司领域尊重股东价值也有重要启发。由此推演出去，可以断言：公司的权力源于股东，公司的权力为了股东利益而行使，公司的权力由股东来行使。从权力来源看，公司治理的权力来源于股东；从公司治理目标看，公司治理的权力要为了股东利益而行使；从权力行使过程看，公司治理的权力要由股东参与行使。股东参与公司治理的法律途径既包括表决权，也包括知情权、建议权、监督权、诉权和股权转让自由等。遗憾的是，受几千年重农抑商的封建历史的影响，我国传统文化中股东主权思想的基因并不发达。

值得注意的是，在股东大会中心主义的立法框架下，要树立股东主权思想；在董事会中心主义的立法框架下，依然要树立股东主权思想。李月梅（2006）[230]认为，无论是股东会中心主义还是董事会中心主义，仅仅表明公司内部治理机构之间在经营决策方面的职责分工而已，即使董事会中心主义也未颠覆主权思想。个中道理如同政治生活中行政权的适度集中并不能撼动人民主权思想一样。

若以国有资产的法律表现形式为线索，国有企业改革也经历了国营企业模式、承包租赁模式和现代公司模式三个阶段。现代公司模式又称“股权模式”或“企业所有、企业经营”的模式，是指国家享有股东权、企业享有法人所有权与经营权的产权结构与治理模式。股东权是独立于物权和债权的新型民事权利。物权、债权与股权是财产价值的法律实现方式，并不必然发生财产价值的衰减。现代公司制模式完全符合权利守恒定律。国有企业推行公司制改革后，国家所有制（全民所有制）的法律实现方式也将发生深刻变革。传统的静态、机械、单一、封闭的物权模式，以及随意、有期限的债权模式，将被动态、灵活、丰富、规范、开放的股东权模式所取代。

《中共中央关于全面深化改革若干重大问题的决定》提出，完善国有资产管理体制，以管资本为主加强国有资产监管，这一论述有极强的现实性与针对性。贯彻党的十八届三中全会精神，国资监管部门必须实现由“管人管事管资产”到“管资本”的角色转变，而“管资本”的核心是代表国家对国有企业行使股东权。因此，国有企业改革能否成功，国有资产能否保值增值，在很大程度上取决于国家股东权的行使与保护工作。

资本是财富之母。国有企业必须大力弘扬股权文化，尊重、敬畏股东主权与股东价值，为股东创造满意的投资回报。国家股东参与公司治理的法律途径既包括表决权，也包括知情权、建议权、监督权、诉权和股权转让自由等。国家投资的各类公司应满腔热忱地欢迎国家股东和社会公众监督。国有企业应自觉推行积极分红政策，慷慨回馈国家股东。

4.1.3.5　股权平等

股权平等与《物权法》中的物权平等原则一脉相承。在社会主义市场经济条件下，各种所有制经济形成的市场主体在统一的市场上开展经营活动，遵守统一的市场规则。只有地位平等、权利平等，才有公平竞争，才能形成良好的市场秩序。因此，《物权法》第四条明文规定：“国家、集体、私人的物权和其他权利人的物权受法律保护，任何单位和个人不得侵犯。”这就是物权平等保护的立法思想，这就彻底抛弃了国家所有权优于集体所有权、集体所有权优于私人所有权的传统所有权等级论。各种市场主体对相同的物权享有同等的权利，适用相同的市场交易规则，当物权受到侵害时，不管侵害人是谁，都要承担同样的民事责任。当物权转化为股权，股东由物权主体变为股权主体时，也应遵循相同的股权平等理念。

根据股权平等原则，只要股东们所持股份的内容和数量相同，公司就应站在中庸、公允、超然的立场上，对所有股权平等对待、一视同仁，不得厚此薄彼、有所偏爱，肆意决定某些股东权利或利益之大小。至于股东的职业、性别、年龄、家庭背景、受教育程度、经济实力、社会地位、行政级别、所有制性质、名望、民族等与股东地位无关的各种因素均在所不问。持股内容和持股比例相同的公有制股东与非公有制股东间、法人股东与个人股东间、贫富股东间、大小股东间、新旧股东间、内资股东与外资股东间、本地股东与外地股东间都是平等的。在一定意义上，股权平等原则意味着只认股权，不认股东。

《中共中央关于全面深化改革若干重大问题的决定》指出，积极发展混合所有制经济。国有资本、集体资本、非公有资本等交叉持股、相互融合的混合所有制经济，是基本经济制度的重要实现形式，有利于国有资本放大功能、保值增值、提高竞争力，有利于各种所有制资本取长补短、相互促进、共同发展。允许更多国有经济和其他所有制经济发展成为混合所有制经济。国有资本投资项目允许非国有资本参股。允许混合所有制经济实行企业员工持股，形成资本所有者和劳动者利益共同体。因此，要推动混合所有公司的可持续健康发展，必须充分贯彻股权平等原则。

国家股东虽在控股公司中为控制股东，但在参股公司中处于小股东地位。要正确处理好国家股东与其他股东之间的关系，尤其是国家股东与民营股东间的利益关系，必须充分体现地位平等、共同发展、公平竞争、互利合作与平等保护的基本理念，坚决反对所有制或股权的等级论。其中，“地位平等”强调，国家股东和其他股东的法律地位平等、政治地位平等、社会地位平等；“共同发展”强调，国家股东与其他股东都享有平等的发展权，无论是“国进民退”还是“民进国退”都应是市场选择的结果，而不是政府预设的结果；“公平竞争”强调，国有股东与其他股东在同一起跑线上，按照机会公平、规则公平、权利公平的竞争规则参与市场竞争，既反对不公平竞争行为，也反对滥用垄断优势的行为；“互利合作”强调，国家股东和其他股东要在包容妥协、多赢共享、诚实信用与公平公正的基础上，寻求和扩大共同的利益汇集点，齐心协力谋发展，共同分享发展成果；“平等保护”意味着国家股东与其他股东发生纠纷时，法院和仲裁机构一碗水端平，谁有法律依据保护谁，谁有证据保护谁。既反对国家股东打“英雄牌”，也反对其他股东打“悲情牌”。合同争讼的解决必须彻底回归契约自由、契约正义与契约严守的契约精神。

马雪琼（2011）[231]认为，公司治理不仅要体现同股同权的形式平等原则，也要体现禁止控制股东排挤小股东的实质平等原则。根据形式平等原则，股东按持股类别和比例行使权利。但形式平等原则容易滋生股东间的不平等，某些控制股东借助形式平等原则压榨、排挤小股东。只有向中小股东适度倾斜，才能充分体现实质平等原则。

如果说西方国家的公司法正在经历私法公法化革命，那么我国公司法正在经历公法私法化（国家股东权从行政权力变为民事权利）革命。贵为国家的股东与其他股东一样，均为平等的民事主体和股东。因此，倘若由公众股东对国家股东代理机构（国有资产监管机构）提起诉讼，此种诉讼的性质为民事诉讼，而非行政诉讼。

4.1.3.6 诚信问责

一些国有企业负责人借企业改制之机，推行信息不公开、对价不公允、程序不严谨的管理层收购（MBO）活动。有些管理者甚至自买自卖，用国有资产购买国有资产，然后再将其据为己有。一些高管利用近亲属开设的公司与自己控制的国有企业秘密从事不公允关联交易，疯狂攫取国家和人民的财富。国有企业治理必须体现诚信问责的精神。公司内部控制人作为公司与国家股东的代理人与受托人既然承人之信、受人之托、纳人之才，就必须归位尽责，忠人之事，诚实守信，勤勉尽责。诚实反对的是贪婪，勤勉反对的是懒惰。

诚信问责包括三方面内容：一是公司内部控制人的岗位职责和履职流程的清晰明确；二是违背岗位职责以及善尽岗位职责的赏罚公正严明；三是失信者的责任追究途径畅通。强调公司治理的问责性的核心是，反对当前某些上市公司机构和人员职责模糊、人浮于事的失序现象。

进一步强化高管的忠实义务。高管作为公司的代理人在思想上应始终效忠于公司利益，并在行为上始终以公司利益最大化作为自己的指南针。高管不得将自己或第三人的私利凌驾于公司利益之上，不得以牺牲公司利益为代价追求自己或第三人的私利，不得在公司不知道或未授权的情况下取得属于公司的有形利益（如资金、实物）或无形利益（商业机会、商业秘密），不得擅自担任公司竞争者的代理人或合作伙伴，从而削弱公司的竞争力。简而言之，公司高管的任何行为（包括积极的作为与消极的不作为）不得有悖于诚实代理人对被代理人所负职责。忠实义务是高管对公司所负的首要诚信义务，而勤勉义务则位居其次。中外治理的首要任务也在于强化高管的忠实义务。不严惩蚕食国有资产的害群之马，就无法扭转国有企业治理领域权钱交易的歪风邪气。

进一步强化高管的勤勉义务，及时淘汰滥竽充数的庸才。公司高管的勤勉义务，指公司高管在从事公司经营管理活动时应恪尽职守、敬业精进、深思熟虑，尽到普通谨慎的同行在同类公司、同类职务、同类相关情形中所应具有的经营管理义务。根据勤勉义务的要求，公司高管应在法律、公司章程允许的公司目的范围之内和其应有的权限内行事；应出席公司的相关会议，应熟悉公司会计提供的财务会计报表和律师提供的法律咨询；在发现公司聘任的雇员不胜任时，应及时建议公司将其解聘；对公司董事会决议的事项有异议的董事应将其异议记入公司董事会会议记录；当其不能履行勤勉义务时，应及时辞任。

高管责任之追究有关公司的切身利益，也间接影响到广大股东的合法权益。若公司高管拒绝或怠于向公司承担责任，公司可直接对该公司高管提起诉讼。若公司拒绝或怠于通过诉讼追究公司高管责任，具备法定资格的股东还可依新《公司法》第一百五十二条之规定，对失信高管提起代表诉讼。当公司高管实施公司经营范围外的活动或其他违反法律和章程的行为，致使公司有发生损害之虞时，具备法定资格的股东还可行使违法行为停止请求权。股东代表诉讼的主要功能表现为事后救济，而违法行为停止请求权的主要功能则表现为事前预防。股东还可通过行使表决权、申请政府主管部门开展行政调查、在新闻媒体上予以揭露真相等途径维护公司和全体股东的权益。

高管直接损害股东利益的，股东可向法院提起诉讼（《公司法》第一百五十三条）。此类诉讼属于直接诉讼的范畴，不同于股东代表诉讼。主要区别在于，直接诉讼的目的是维护股东自身利益，而股东代表诉讼的目的是维护公司和全体股东利益；直接诉讼的请求权基础在于股东对董事、高级管理人员的损害赔偿请求权，而股东代表诉讼的请求权基础在于公司对其董事、高级管理人员的损害赔偿请求权。

当前必须抓紧解决无人代表国家对侵害国有资产者提起民事诉讼、维护国家财产权利的问题。国资委和财政部等国家股东权代理机构有义务维护国有资产不受非法侵害、监督国有资产保值增值。倘若其拒绝或怠于对侵害国有财产权利的行为提起诉讼，检察机关有权以自己名义、为维护国家利益而提起诉讼。鉴于国家股东权和国有企业权益受损关系到每位公民的切身利益，应借鉴《公司法》第一百五十二条规定的股东代表诉讼制度，授权公民在上述部门拒绝或怠于对侵害国有资产的行为人提起民事诉讼时，以公民自己的名义，但为了国家股东利益而对侵害人提起民事诉讼。胜诉利益归属国家，但胜诉原告可从国家股东的胜诉利益中获得一定比例的奖励。

问责机制与激励机制不可偏废。《中共中央关于全面深化改革若干重大问题的决定》

(以下简称《决定》)指出,“建立职业经理人制度,更好发挥企业家作用”“国有企业要合理增加市场化选聘比例”。因此,董事长与总经理等企业家不是公务员,而是职业经理人、商人。《决定》还强调,“建立长效激励约束机制”。长效激励机制与长效约束机制相辅相成,不可或缺。长效激励机制还会转化为企业家与内部管理人员的长效自我约束机制。长效激励机制尤其是利益捆绑机制不仅是激励机制,也是最有效的监督机制,但要警惕某些高管的天价薪酬及问责机制虚化现象。《决定》指出,要“合理确定并严格规范国有企业管理人员薪酬水平、职务待遇、职务消费、业务消费”。应立法明确规定高管薪酬与福利的确定条件与程序,既要坚持管理者薪酬市场化改革方向,也要遵循按劳取酬的公平理念,充分考虑基层劳动者、消费者与投资者等利益相关者的利益诉求与心理感受,认真参酌同行业、同地区与同企业的平均薪酬水准,坚决反对无功受禄、小功大禄、奢靡腐化的不公平现象。

4.1.3.7　社会责任

公司社会责任指公司不能仅仅以最大限度地为股东们赚钱作为唯一的存在目的,应当最大限度地关怀和增进股东利益之外的其他所有社会利益,包括消费者利益、职工利益、债权人利益、中小竞争者利益、当地社区利益、环境利益、社会弱者利益及整个社会公共利益等内容,既包括自然人的人权尤其是社会权,也包括法人和非法人组织的权力和利益。张洪波、李健(2007)[232]认为,公司社会责任理论与利益相关者理论表述虽有不同,但其核心内容相同,都体现了对公司盈利性之外的社会性的关注。公司社会责任的核心价值观是以人为本,而非以钱为本。

公司社会责任是一种资本观、财富观。公司社会责任强调资本的社会性与伦理性,强调资本有伦理,商业有道德。公司不仅要取得阳光财富,而且要善用阳光财富。不仅公司取得财富的过程要符合法律和商业伦理的要求,而且公司使用与处分财富的过程也要符合法律和商业伦理的要求。公司社会责任就是对资本无伦理、商业无道德的极端理论的彻底否定。现代企业不能唯利是图。我国《公司法》第五条要求各类公司遵守社会公德、商业道德,诚实守信,接受政府和社会公众的监督,承担社会责任。《中共中央关于全面深化改革若干重大问题的决定》明确将“承担社会责任”列入进一步深化国有企业改革的重点之一,绝非偶然。当前,我国不少国有企业尤其是金融、电信等领域的国有企业盈利能力增强了,但社会公信力削弱了,值得反思。国家出资企业是全民所有企业,理应比其他企业承担更多社会责任。国有企业不应仅满足于做大做强、追求高利润甚至暴利,而应努力成为有良心、有担当、有追求、有底线、有品位,广受尊重、信任与信赖的公司。

与此同时,要培育公有制经济的价值观体系。习近平总书记明确指出,推进国家治理体系和治理能力现代化,要大力培育和弘扬社会主义核心价值体系和核心价值观。推进国有企业治理体系和治理能力现代化,也必须大力培育和弘扬公有制经济核心价值体系和核心价值观。在国有企业改革发展过程中形成了“两弹一星”精神、大庆精神、铁人精神、载人航天精神、青藏铁路建设精神等一系列富有各个时代特点的国有企业精神。要认真总结、深入挖掘、提炼具有国有企业共同特点的核心价值理念,形成符合社会主义核心价值体系要求、符合时代特点的国有企业精神。国有企业核心价值观体系要体现爱党爱国精神,敬业、拼搏、奉献,在国家和人民需要的时刻信得过、靠得住、拉得动、打得赢;要体现天下为公精

神，积极发展公有制经济，促进全民共同富裕；要体现劳动创造价值理论，更加尊重人的价值，调动激发劳动者的积极性；要体现以人为本精神，积极发展民主管理，为人的解放奠定基础；要体现求实创新精神，争做科技创新、管理创新和商业模式创新的表率；要体现诚实守信精神，模范履行社会责任，做市场经济中健康力量的中流砥柱。

4.2　中国国有企业治理体系和治理能力现代化的主要内容

国有企业的现代化治理体系和治理能力的主要内容包括治理结构现代化、治理主体现代化、治理制度现代化、治理手段现代化和治理目标现代化（见表4.2）。

表4.2　中国国有企业治理体系和治理能力现代化的主要内容

	治理结构现代化	治理主体现代化	治理制度现代化	治理手段现代化	治理目标现代化
总体要求	建立权力制衡的现代公司治理结构，实现依法治企、职责明确、协调运转、有效制衡	在治理主体上将引入多元社会力量参与国有企业的管理	建立产权清晰、权责明确、政企分开、管理科学的现代企业制度	在现代化治理体系下，采用科学的方式方法进行有效治理	总体目标。通过建立适应市场竞争的企业治理体系，提高国有企业竞争力，发挥国有经济主导作用，不断增强国有经济活力、控制力、影响力，重点提供公共服务，发展战略性和前瞻性产业，保障国家安全
具体要求	保证董事会中外部董事和职工董事比例	政企分离，强化企业治理权威	实现国有资产监管制度现代化	法治化。依法治企，建立公开公正、廉洁高效、守法诚信的法治国企	市场化。使国有企业成为自主经营、自负盈亏、自担风险、自我约束、自我发展的市场主体
					阳光化。全面建立国有企业信息披露制度，打造阳光国企
	保证董事会独立，防止董事和经理交叉	员工参与治理，保护职工权益	实现企业治理法制化	透明化。公开信息，保证透明，更好地实现外部监督和内部监督	法治化。实现国有资产监管法治化和内部管理法治化
		优化投票制度，保护中小股东利益		民主化。做好公司民主、股东民主、董事民主和职工民主，实现民主决策和民主监督	国际化。建设世界一流国有企业
					全民化。国有资本收益全民共享

4.2.1 治理结构现代化

4.2.1.1 我国国有企业的治理结构沿革

1978 年我国开始对国有企业进行“放权让利”改革，通过给予企业一部分新增收益的支配权及减少企业的上缴利润，以激励企业经营者和职工的积极性，提高资源利用效率。但整体而言，国有企业仍然由政府直接控制，以行政治理为主。1986 年《国务院关于深化企业改革增强企业活力的若干规定》的颁布提出推行多种形式的承包经营制。承包责任制下，经营者权力进一步增大，开始引入市场治理，但约束和监督机制仍不健全。1993 年开始，我国逐渐建立适应市场经济和社会化大生产要求的现代企业制度作为国有企业改革的基本目标，开始设立股东大会、董事会、监事会。已初步形成所有制、经营者和其他利益相关者分权制衡的企业法人治理结构的基本框架。汤吉军、年海石（2013）[47]认为，国有企业中仍然存在国家行政干预、内部人控制、监事会职能流于形式等多种问题。不同时期公司治理结构分析如表 4.3 所示。

表 4.3 不同时期公司治理结构分析

	治理情况	放利让权时期	承包经营时期	现代企业制度建立时期
公司内部治理结构	股东会	无	无	有
	董事会	无	无	有
	独立董事	无	无	有
	监事会	无	无	有
	专业委员会	无	无	有
	党委会	有	有	有
	职工代表大会	有	有	有
	工会	有	有	有
公司外部治理结构	法律环境	较弱	较弱	由弱到较强
	股权结构	全资	全资	全资或控股
	银行监督	弱	弱	弱
	信息披露	无	无	有
	证券市场	无	无	有
	政府角色	直接控制、行政治理	政府控制、计划与市场双轨制治理	政府控制、所有权与经营权分离的现代公司治理

4.2.1.2 权力制衡的现代公司治理结构

现代企业制度是指以市场经济为基础，以完善的企业法人制度为主体，以有限责任制度为核心，以公司企业为主要形式的新型企业制度，其主要内容包括：企业法人制度、企业自负盈亏制度、出资者有限责任制度、科学的领导体制与组织管理制度。建立依法治企、职责明确、协调运转、有效制衡的法人治理结构是现代企业制度的核心。

法人治理结构是公司制度的核心，由股东会、董事会、监事会三者共同组成的三权分立、互相制衡与约束的结构。股东会（或出资人代表）作为出资者，按照公司治理中的资本控制原则，应该享有公司重大事项的决策权。对于涉及公司合并、分立、解散等根本事项，应当由股东会（或出资人代表）决定。董事会的责任是治理公司，是国有企业法人治理结构的中心。

首先，要保证董事会中外部董事和职工董事的比例。内部董事、外部董事及职工董事均是董事会的重要组成部分，是防止公司内部人控制，实行监督、保护职工和小股东权益的重要力量。刘明忠、鲍明铭（2013）[233]认为，我国与外国相比，内部董事所占比例明显偏高，因此要建设相关规则积极增加外部董事占总人数的比例，使董事会内部形成有效的监督和制约机制，实现外部董事、内部董事、职工董事“三智共融”。

其次，要保证董事会的独立性，防止董事和经理的交叉。董事会起到监督经理层的作用，在董事与经理兼任的情况下，监督机制不能发挥作用，还会导致决策权和经营权的混乱。

4.2.2　治理主体现代化

国有企业治理体系的现代化核心在于由管理向治理转变，在治理主体上将引入多元社会力量参与国有企业的管理，进一步彰显国有企业属于全民所有的性质。国资委通过制定导向性的政策在宏观上对国有资产进行管理，同时通过发展混合所有制经济，集体资本、民营资本等社会资本将通过交叉持股等方式参股国有企业。在公司治理上，一方面，是要明确政府的企业治理边界，政企分离，政府将自身承担的责任和义务从国有企业中分离出来，为国有企业改革创造良好环境；另一方面，按照关键利益相关者治理观，引进员工治理和中小股东治理。

4.2.2.1　政企分离，强化企业治理权威

在中国国有企业治理中，作为政策供给权威的政府与作为企业治理权威的企业经营者之间往往存在利益博弈，结果表现为双方达成关于国有企业剩余索取权与控制权分享的不稳态均衡。随着这种不稳态均衡的发展，中国国有企业治理模式逐步由政府主导模式向企业主权模式转变。

政企分离的关键在于正确处理政府与市场的边界关系，就整个中国经济体制转型而言，关键在于推动中国经济增长从由行政主体做出决策、耗费资源获得经济增长向由企业作为市场选择主体并有效配置资源的方向转型。

国有企业治理主体的现代化应强调企业治理权威，实现政企分离。严若森（2005）[234]建议可以基于股东主权的治理逻辑，继续加强股东、债权人、企业经营者及员工利益相关者之间的责权利划分和制衡，并随着法律法规体系的构建和完善，不断提升内部治理结构。

4.2.2.2　员工参与治理，保护职工权益

职工参与公司治理不仅是保护职工权益、体现企业社会责任感的方式，而且是调动职工工作积极性、提高企业效率的一种激励形式。此外，职工作为企业的内部员工，能更好

地监督管理者，减少监督的代理成本。

《公司法》明确规定，企业通过职代会的形式参与公司决策，参与公司治理。监事会应当由股东代表和适当比例的公司职工代表组成，特别是国有独资公司中监事会成员必须有职工代表。这些规定为职工参与公司治理提供法律上的依据。

现实中，由于职代会功能有限及职工维权意识、参与能力较弱等原因，职工参与公司管理的积极性和参与率都较低。在企业的现代化治理体系的建立中，一方面，要在公司法中明确规定职代会的职权和地位；另一方面，也要提高职工的个人素质和能力，提高技能，增进其参与公司治理的能力和积极性。

4.2.2.3　优化投票制度，保护中小股东利益

对我国国有企业而言，存在历史遗留的"一股独大"问题，国有股占比过高，会导致董事会、监事会形同虚设，严重影响公司治理效率，侵害中小股东利益。在保护中小股东利益方面，国外企业通过实践产生了系列股东投票制度，能有效地保护中小股东利益不受侵犯。

一是累积投票制度，《公司法》对累积投票做出明确规定，公司股东大会选举董（监）事可以实行累积投票制，即股东大会选取董事或监事时，每一股份拥有与应选董事或监事人数相同的表决权，股东拥有的表决权可以集中使用。累积投票制有利于维护小股东利益、降低集中决策风险以及实现对董事会内部的制衡。但是目前累积投票制度在我国上市公司只是一种许可性制度，并不具有强制性，效果受到了一定的限制。

二是股东提案制度，即符合一定资格的股东有权提出符合形式要件的提案，作为各股东行使投票权时的参考。股东提案制度在我国已经有了法律基础，《公司法》第一百零二条规定："单独或者合计持有公司股份达到3%以上的股东，可以在股东大会召开前十日提出临时提案并书面提交董事会。董事会应当在收到提案后二日内通知其他股东，并将该临时提案提交股东大会审议。临时提案的内容应当属于股东大会的职权范围之内，并有明确议题和其他决议事项。"

4.2.3　治理制度现代化

党的十四届三中全会通过的《关于建立社会主义市场经济体制若干问题的决定》指出我国国有企业改革的方向是建立现代企业制度，把现代企业制度的基本特征概括为"产权清晰、权责明确、政企分开、管理科学"。余菁（2014）[35]认为，国有企业目前主要采用了四种治理制度：传统国有企业制度、特殊企业制度、公司制、股份制（见表4.4）。

表4.4　中国国有企业制度图谱

	传统国有企业制度	特殊企业制度	公司制	股份制
组织职能	承担一般性的生产职能	承担公共机构的职能	承担一般性的交易职能	承担与公共性职能相分离的一般性的交易职能

续表

	传统国有企业制度	特殊企业制度	公司制	股份制
产权制度	被忽略的所有权	股权高度集中	股权相对集中	股权相对分散或高度分散
管理权威	行政力量主导权威分配	行政力量与市场力量相结合	共同影响权威分配	由市场主导权威分配
监管体制	多重行政监管，成本高	以行政监管为主导，成本高	以市场监管为主导，成本低	多重市场监管，成本高

公司制、股份制作为符合现代公司治理要求的国有企业制度形式，代表了全球公司制度趋同的方向。而传统的国有企业制度，以行政方式为主要手段，与现代公司治理相区别。左学金、程杭生（2005）[235]认为，特殊企业制度，主要适用于那些主要承担公共性职能以及公共性职能难以从一般性交易职能中分离出来的国有企业。对于国有国营的独资企业，由于主要存在于市场容易失灵的领域，公司制、股份制可能并不适合，也不宜推行。对于公共性职能已经具备适当分离条件的国有大企业，可采用股份制，朝股权高度资本化方向发展；而对于主要承担一般性交易职能的国有中小企业可以采用公司制，允许其接受市场的考验。对于为数有限的主要承担公共性职能且其公共性职能难以从一般性的交易职能中分离出来的国有企业，宜采用特殊法人制度。

4.2.3.1 国有资产监管制度现代化

党的十八届三中全会提出“完善国资监管体制，以管资本为主加强国有资产监管，改革国有资本授权经营体制，组建若干国有资本运营公司，支持有条件的国有企业改组为国有资本投资公司”。从顶层设计的角度明确了国有资产监管制度改革从管企业向管资本转变的核心理念。

（1）从“管理”到“治理”的监管理念。在监管内容上，将由“管企业”向“管资本”转变，形成以“管资本”为主的国资监管体系。国资委将把重心放在依法管理国有资本的总量、分布及效益上面，以更好地体现国有资本终极出资人的角色，给国有企业在具体经营事项的决定上更多决策权。

詹正茂（2014）[236]认为，在运行模式上，国有资产从管理向治理变革，克服传统的“国资委—国有企业”运行模式中政资不分的弊端，形成“国资委—国有资本运营公司—国有企业”的运行模式。在此种三层模式中，国资委由管理全口径的资产向管理出资人投资资本转变，国有资本经营公司一方面接受国资委的监督管理，另一方面专门以股东身份从事国有资本的经营管理和运作。处于第三层的国有企业则定位于国有资产的具体运营，实现国有资产的保值增值，三层机构互相配合，各司其职。

（2）完善国资管理体制。一是要界定不同国有企业功能，分类管理。根据企业承担的主要责任、战略发展方向等，依据不同国有企业的不同功能定位，探索分类监管的模式和手段，不断增强监管的有效性。二是推进国资委简政放权。国资委应科学设置机构、配置职能，确保合理管理，避免过度参与。在公司治理上要发挥董事会的作用，使董事会在企业重大决策、高管任免、经营业绩考核、薪酬管理、激励约束等方面行使权力，使公司得到良性治理。三是强化国有资本投资方向引导职能。积极促进国有资本优化配置，推动国家战略性产业的发展，使国有资本更多投向国家安全产业、国家经济命脉等重要行业。四是积极组建或改组国有资本投资运营公司。国有资本投资运营公司主要开展股权运营，能改善国有资本的分布结构和质量效益，更加适应国有企业的市场化发展。

（3）完善国资监督体制。只有加强国有资产的监督力量，完善内部和外部监督机制，才能防止腐败，保证国有企业有效运转。一方面，完善的监督体系包括业务监督和财务监督。既要监督国有资产经营业绩，又要对公司资产盈亏状况的审核与财务进行审计和监督，避免国有资产流失。另一方面，监督体系既包括内部监督又包括外部监督。从内部监督来说，企业内部应当建立内部审计委员会制度，重视发挥监事会的监督职能。从外部监督来说，一方面，要发展党的监督，充分发挥执政党监督优势，发挥党的干部监督、纪检监督、巡视监督等作用；另一方面，也要加强人大、政协监督，人大有权通过有关国有企业性质、地位、功能、作用的法律，并监督国有企业实施。

4.2.3.2 企业治理法制化

（1）依法治企具有紧迫性和必要性。党的十八届四中全会指出，依法治国，是坚持和发展中国特色社会主义的本质要求和重要保障，是实现国家治理体系和治理能力现代化的必然要求。要形成完备的法律规范体系、高效的法治实施体系、严密的法治监督体系、有力的法治保障体系，形成完善的党内法规体系，坚持依法治国、依法执政、依法行政共同推进，坚持法治国家、法治政府、法治社会一体建设，实现科学立法、严格执法、公正司法、全民守法，促进国家治理体系和治理能力现代化。

我国国有企业治理在国有企业内部治理和国有资产监督管理两方面已经走上法治化道路，但企业治理法律仍然不够健全。在宪法层面，我国宪法中虽然规定了国有经济的地位和自营权，“国有经济，即社会主义全民所有制经济，是国民经济中的主导力量。国家保障国有经济的巩固和发展”，“国有企业在法律规定的范围内有权自主经营。国有企业依照法律规定，通过职工代表大会和其他形式，实行民主管理”，但仍缺乏对国有经济目标、性质、功能、作用的界定，缺乏国家所有权制度的规范。

目前在国资管理上，部分法律法规仍存在自相矛盾和冲突的情况，在行业立法上，还缺乏对金融、电力、铁路、通信等领域国家所有权的规范；缺乏对国有资本运营中资本金来源、发起人资格、经营方式等问题的具体规定。要实现国有企业治理现代化，必须建立和完善相关的法规体系，做到国家所有权有法可依、有法必依，对国有经济性质、功能、地位、作用做出更加清晰的界定。国有企业有法可依、依法治企是保证国有企业合理发展、维护人民利益的基础。促进国有企业治理法治化，一方面能约束决策者的权力，加强监督，防止个人专断和腐败；另一方面能保证人民监督和职工参与，真正体现契约精神。

（2）企业内部治理法治化。2006 年，新修订的《公司法》开始实施。首先，强化了对董事长的制约，突出董事会集体决策作用，同时细化了董事会会议制度及工作程序，增加了对独立董事、董事会秘书和关联交易的相关规定。其次，明确了各级国有资产监督管理机构为国有独资公司的出资人，以法律形式明确国资监管机构的地位。再次，对国有独

资公司内部治理规定进行了细化，如国有独资公司章程的制定，国有独资公司的合并、分立、解散、增加或减少注册资本、发行公司债等。最后，更加注重职工权益的保护，明确规定公司应通过职工代表大会实行民主管理。同时，保护公司债权人利益，确立了“公司法人人格否认”制度，避免公司的股东滥用公司法人独立地位和股东有限责任，逃避债务，严重损害公司债权人利益。

（3）国有资产监督管理法治化。国务院国资委成立后颁布的《企业国有资产监督管理暂行条例》（以下简称《条例》）明确了国有资产管理体制的基本框架，建立了较完整的国有资产监管的法规体系。《条例》明确规定了国资委的责任和义务，建立了“权利、义务和责任相统一，管资产和管人、管事相结合”的原则；明确要求各级政府实行政资分开，政府其他部门不履行国有资产出资人职责。国有资产监督管理法治化使国有资产保值增值责任得到落实。国有资产监管与风向控制进一步加强，国有产权转让逐渐规范，国有资产运行效率进一步提高。

（4）国有企业运营法治化。要强化市场运作和企业管理，必然要依靠法律手段，实现依法治理。

国有企业需要提升依法治企治理水平。一方面，企业应按照《公司法》的规定确定董事和独立董事的比例、数目，明确各公司治理主体之间的职责权限，明确议事规则。另一方面，应不断完善内部审计和内部监督制度，依法经营、依法治理。

国有企业应当提高防范法律风险的能力。国有企业应建立高素质、高水平的法律咨询顾问队伍，对相关决策和程序进行法律把关，防范风险，利用法律手段维护企业合法权益。

国有企业应提高员工法律素质，营造法律文化。企业高管及职工要具有完整法律知识和维权意识。要提高广大干部职工的法制观念，增强其学法、识法、知法、依法的意识和能力。要营造权力制衡、诚信合规、实事求是的法治文化和氛围。

国有企业应提高依法合规经营的能力。企业要在决策前期做好防范工作、避免程序违法和实质违法；在过程控制中要建立全面覆盖、内容明确的内部制约和监督机制，防止以权谋私的违法现象；在管理后方还要建立违规惩处机制，追责到人。

4.2.4　治理手段现代化

国有企业现代化治理在治理手段上要做到法治化、透明化、民主化。只有在治理过程中公开信息，保证程序透明，才能更好地实现外部监督和内部监督；只有依法治企，保证手段的法治化，才能建立公开公正、廉洁高效、守法诚信的法治国企。此外，还要保证民主化，真正体现为人民利益服务。

法治化。现代公司治理体系要求国有企业依法治企。首先，做到有法可依，应建立和完善相关法律体系，对国家所有权制度、企业治理结构等进行法规规范，明确国有经济性质、功能、地位、作用，区分经济目的和政治目的，清晰界定效率目标和调控目标的边界。其次，做到有法必依，严格按照《公司法》的规定界定股东会、董事会、监事会职责与权力，防止个人专断，依法行事。

透明化。现代化企业治理体系要建立健全严格的财务及其相关信息的披露机制，通过规范的财务制度及其信息披露机制，防止内部人暗箱操作，保护投资者和债权人的正当合法利益。同时，要规范会计、审计等社会中介机构职能，加强社会舆论监督，使国有企业的日常运营更加透明化，便于内部和外部监督，防止腐败现象，确保约束机制的有效运营。

民主化。公司治理的现代化要求公司在政策执行和日常管理中做到民主化，包括公司民主、股东民主、董事民主和职工民主，要协调公司各利益相关者的利益，强调治理机构间的相互分工、相互配合、相互监督与相互制衡。一方面要实现民主决策，另一方面也要实现民主监督。

国家控制股东不得滥用控制权损害公司和中小股东的利益，内部控制人也不得滥用经营权损害国家股东权以及外部人尤其是公司、股东和债权人的利益，给予小股东和职工话语权，实现多方利益共赢。

4.2.5 治理目标现代化

4.2.5.1 总体目标

国有企业治理体系和治理能力现代化的总体目标是通过建立适应市场竞争的企业治理体系，提高国有企业竞争力，发挥国有经济主导作用，不断增强国有经济活力、控制力、影响力，重点提供公共服务，发展战略性和前瞻性产业，保障国家安全。

政治目标上，国有企业建立现代化治理体系有利于稳固战略性产业，巩固我国公有制经济基础，主导国家经济命脉，维护国家经济安全，提供稳定的社会环境。

社会目标上，我国国有企业不同于民企，不仅追求经济价值，同时要服务于社会公众利益。

经济目标上，国有企业要通过现代化治理体系的建立进一步提高自己的企业效率和企业竞争力，稳固自身市场地位。

4.2.5.2 具体目标：市场化、阳光化、法治化、国际化、全民化

从具体目标而言，国有企业治理体系和治理能力现代化要达成市场化、阳光化、法治化、国际化、全民化五大目标。

第一，市场化。国有企业市场化改革是国有企业治理体系和治理能力现代化的关键内容和发展方向。国有企业市场化改革需要实现治理体系和治理能力现代化，而 40 多年的改革经验也说明，治理体系和治理能力现代化也应当围绕市场化主题展开。国有企业市场化改革指的是，资源配置的主要方式由以政府为主导转向以市场为主导，通过理顺市场和政府的关系，以划清政府和市场的界限为抓手，以管理权限下放的“减法”来换取企业提质增效的“加法”，以机制创新的“勇气”来结合市场经济的“活力”，解决政企不分、政资不分、企业职能泛化的问题，使国有企业真正成为自主经营、自负盈亏、自担风险、自我约束、自我发展的独立的法人实体和市场主体。

国有企业市场化改革总的方向是坚持国有企业市场化，通过放权让利、股份制改革、建立现代企业制度、完善监管方式等一系列改革，实现国有企业的涅槃重生。国有企业市

场化改革仍然任重道远，需要以市场化为目标，实现政企分离，接受市场的检验，解放思想，冲破藩篱，提高国有企业驾驭市场能力和抗风险能力，使其在国民经济中真正发挥中流砥柱作用。

第二，阳光化。全面建立国有企业信息披露制度，将信息披露作为国有企业治理的关键内容和重要基础，把信息公开贯穿于国有企业生命的全周期、经营活动的全过程，是保障人民群众合法权益的内在要求，是打造阳光国企、促进国有企业改革发展的有效措施，是健全社会信用体系的重要途径，更是国有企业治理体系和治理能力现代化的迫切需要。要以更大的政治勇气与决心，全面建立国有企业信息披露制度，赋予和保障全民知情权，把国有企业治理的监督权交给全社会，真正实现国有企业的社会协同共治。必须从顶层设计入手，构建立法机构、政府、企业和社会“四位一体”的国有企业信息披露和透明度机制，全方位构筑一张合力监督网络。国有企业的生命线在于信息披露公开、公正、公平，在于资产的透明化。国有企业要坚持公开透明、阳光运作，把重大信息公开贯穿于国有企业生命的全周期、经营活动的全过程。

目前的当务之急就是国有企业信息披露和透明度机制的构建，在加强监管和营造公平竞争的市场环境上有所突破，让国有企业在阳光下运行，把权力关进笼子里。建立督查和考核机制，追究相关人员的责任，才能真正消除影响国有企业信息披露和透明度机制落到实处的障碍，进而形成既有顶层设计又接地气的“顶天立地”的国有企业信息披露和透明度机制，激发国有企业的创造活力，让国有资本发力，造福全社会。

第三，法治化。全面推进依法治国，建设社会主义法治国家，是党领导人民治理国家的基本方略。社会主义市场经济本质上是法治经济，在法治轨道上深化改革推动发展，进一步强化依法治企、依法经营。国有国法，企有企规。依法治国，必须实现依法治企。依法治企是全面推行依法治国的微观基础，是完善现代市场经济的客观需要，是建立现代企业制度的需要，是国有企业改革发展的有力支撑。国有企业治理体系和治理能力现代化需要实现依法治企，而国有企业法治化改革也为国有企业治理体系和治理能力现代化提供重要保障。因此，法治化是新一轮国有企业改革的重要任务。

国有企业法治化包括国有资产监管法治化和内部管理法治化两个维度。国有资产监管法治化指的是构建国有资产监管法规制度体系。国有资产监管法规制度体系是指由法律、行政法规、规章、规范性文件等多层级法律规范组成的，以国有资产监管涉及的各种社会关系为约束和调整对象的法规体系，是国有资产管理实践的法律总结，是国有资产出资人依法履责的重要依据。包括三个维度：建立健全国有资产出资人制度、建立健全国家出资企业制度、建立健全国有资产统一监管制度。内部管理法治化指的是，在企业内部建立起规制企业经营行为的制度规范体系，强化企业的法律治理，建立完善内部控制体系和防范风险机制，明确企业的规则和程序，规范企业经营决策，确保干部职工依法经营、按规办事、按章操作，维护企业合法权益。

第四，国际化。国有企业既在国民经济中居于控制地位和主导作用，又是建设一流跨国公司的主体力量。做强做优做大国有资本，加快培育具有全球竞争力的世界一流企业，是国有企业的性质、地位、功能和使命决定的，也是由国有企业是构成世界一流企业主体的现实决定的。使国有企业成为具有国际竞争力的市场主体，就是要培育国有企业的全球资源整合能力、对国内产业发展的引导力和带动力、在国际竞争中的主导权，使其成为世界一流企业。国际化目标是进一步发展社会主义市场经济的需要，也是顺应经济全球化潮流的需要。谢鲁江、刘解龙、曹虹剑（2008）[237]认为，我国国有企业正积极推行国际化，主要具有以下特征：一是对外直接投资流量与存量不断增加；二是境外收购、参股成为主要投资方式；三是投资大项目不断增加，技术含量日益提高。国有企业的国际化经营扩大了出口，开拓了海外市场，同时能有效利用外部资源，为我国经济建设服务。

国有企业国际化指的是，通过实施国际化经营战略，改变只关注国内事务的经营思维，提升国有企业自主创新能力、集团管控和统筹能力、风险防控能力、国际化人才队伍建设能力，将国有企业的经营活动由一国向多国（地区）甚至全球扩张，合理调配要素，使国有企业成为具备全球资源整合能力、对国内产业发展具有引导力和带动力、在国际竞争中具有主导权的世界一流企业。一是战略角度，实施国际化经营战略，转变企业经营思维。战略层面的国际化绘制了国有企业国际化的宏观蓝图，指明了国际化的基本目标及其实现这一目标的根本途径，是建设世界一流企业的关键。二是目标角度，使国有企业成为具备全球资源整合能力、对国内产业发展具有引导力和带动力、在国际竞争中具有主导权三大特征的国际一流跨国公司。目标层面的国际化界定了世界一流企业应当具备的基本特征，这一特征以能力的形式表现出来，代表了国有企业成为世界一流企业所应当具备的核心竞争力。三是能力角度，提升国有企业自主创新、集团管控和统筹、风险防控、国际化人才队伍建设四种能力。能力层面的国际化是建设世界一流企业的动力和保障，能够加快推进国际化建设的进程。

第五，全民化。国有企业具有国家性和人民性，既是国家所有的企业，也是全国人民所有的企业。国有企业属于全民所有，是推进国家现代化、保障人民共同利益的重要力量。国有企业改革必须坚持“全民所有”的理念，从“全民所有”的高度，考量国有企业改革的政策导向、评估改革效果，以“全民所有”的原则约束企业管理者的行为，尊重职工权益，履行社会责任，充分发挥干部职工的主人翁使命感和责任感，为企业健康发展贡献才能和智慧。

国有企业全民化指的是，国有企业属于全体人民所有，收益由全体人民共同分享，国有资产的监管动员社会公众广泛参与，以全社会整体效益最大化作为国有企业的经营目标，使国有企业成为全民所有、为全民服务、为国民经济的建设和发展服务的市场经济主体。人民群众与国有企业的关系包含三个维度，分别是国有企业的所有者、国有企业的客户、组成国有企业的劳动者。相应地，国有企业全民化包括三个维度，分别是产权领域全民化、客户关系领域全民化、劳动关系领域全民化。其中，客户关系领域和劳动关系领域全民化属于国有企业履行社会责任的范畴，是社会责任在劳动者和客户领域的体现。

4.3　中国国有企业治理体系和治理能力现代化的实施路径

实现符合中国实际的国有企业治理体系和治理能力现代化的制度建设目标，就不能简单搬用西方模式，必须坚持走自己的路。国有企业改革涉及所有制根基，从这个意义上讲，国有企业改革的结局将决定中国社会经济基础乃至建立其上并为之服务的整个国家上层建筑的性质判断，决定中国特色社会主义的历史命运。为此，需要从政治和战略高度把握国有企业改革的出发点，着眼坚持和完善社会主义基本经济制度，着眼加强而不是削弱国有企业，使国有企业更好成为国民经济和国家政权的重要支柱，着眼解决影响我国国有经济更好发展的深层矛盾问题而又防止改革出现颠覆性失误，着眼建设社会主义现代化强国、赢得中国特色社会主义道路的成功，系统地研究制定中国国有企业治理体系和治理能力现代化的实施路径。

中国国有企业治理体系和治理能力现代化是一个系统工程。从宏微观角度看，法律法规的强化和治理理念的提升属于国有企业治理的微观基础问题，是实现治理体系和治理能力现代化的根本。制度设计属于国有企业治理的中观设计问题，是实现治理体系和治理能力现代化的主体内容，是微观基础和宏观支持的贯穿和体现。政府及市场的透明环境则属于国有企业治理的宏观支持问题，是实现治理体系和治理能力现代化的重要保障。国有企业治理体系和治理能力现代化的微观基础、中观设计和宏观支持三者是相辅相成、协同一体的（见图4.1）。

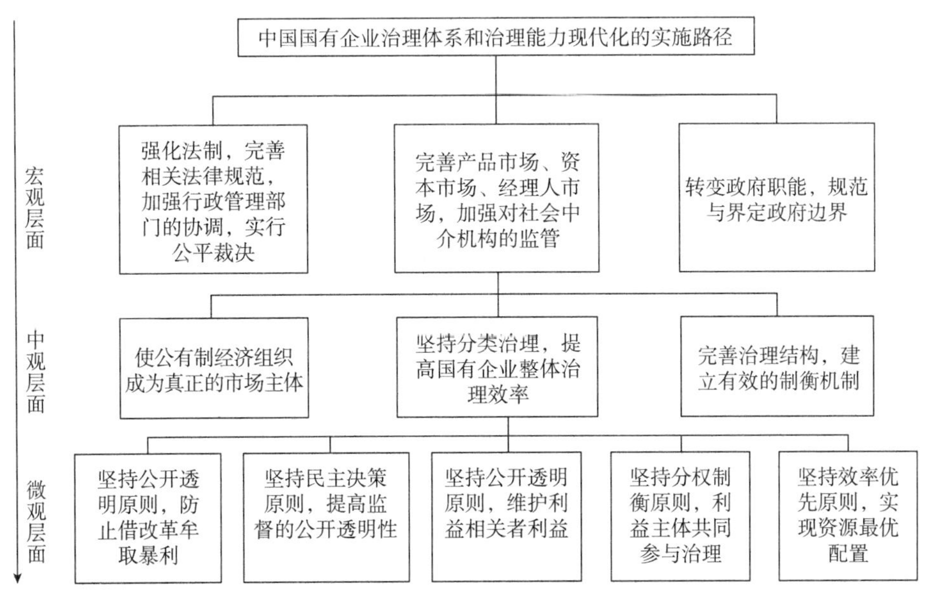

图4.1　国有企业治理体系和治理能力现代化的实施路径

4.3.1 在宏观层面，构建与宪法规定的基本经济制度相适应的国家法律规范和政策导向体系

强化法制是国有企业治理改革成功的关键。国有企业改革的目的，是建立以市场为导向的经济型治理体系，实现利益相关者利益最大化。而市场经济是一种法制经济，一切经济活动都应法制化。因此，作为市场经济的重要组成部分，国有企业必须受法律约束和保障。国有企业的治理改革中一切经济关系和经济活动都应由法律来调整，特别是市场主体的合法权益和市场秩序要由法律来保障。而且，由于国有企业产权的特殊性，全国劳动者是国有企业利益主体之一，涉及国有资产即全民资产的安全性问题，更需健全相关法律法规以避免国有资产流失。整体来说要做到有法可依、有法必依、执法必严、违法必究。首先，完善相关法律规范，如公司组织结构的建立和职能发挥、债权人利益保护等问题。其次，规范政府职能，加快政府职能转变，使政府以行政管理为主的职能逐步向依法管理为主转变，减少对企业经营的行政干预，各级执法部门与监督部门依法行政，营造有利于公司治理的良好执法环境。再次，进一步加强各行政管理部门之间的协调与配合，制定协调一致且操作性强的规章制度，提高管理的透明度和实效性，促进公司治理建设的高效性和规范性。最后，各级执法部门和监督部门对企业的违法、违规行为要实行公平的裁决和处罚，保证法律的严肃性、执法的有效性以及执法机关的权威性，避免侵害中小股东利益的不规范执法现象。正因如此，不能把国有企业改革简单等同于发展混合所有制，做“为混合而混合”的傻事，而应当从宏观调控导向、所有权制度和企业经营管理制度等诸层次，直面影响国有企业发展的实质性矛盾因素，下决心理顺关系，完善法规政策、制度机制安排，系统构建起中国特色社会主义国有经济治理体系。

健全市场体系，完善市场运行机制。股民的利益受到损害的重要原因就是投资者与筹资者之间的信息不对称造成了资本市场上的逆向选择和道德风险。因此，需要健全资本市场的运行机制，净化竞争环境，让企业在市场上的声誉和信用成为对企业的操纵、欺骗行为的有效约束，从而为完善的公司内部治理结构创造一个配套的外部运行环境。完善市场环境，主要表现为完善产品市场、完善资本市场和完善经理人市场等。其一，完善产品市场，有利于促进消费者对企业的经营进行监督，由于消费者能够自由选择不同公司的不同产品并对其进行评价，从而对其产生影响和约束。其二，完善资本市场，上市企业的经营业绩通常以股票价格的形式来反映，通过改变证券市场流通股和非流通股的分裂局面，加强证券市场进入和退出制度建设，完善证券市场的信息披露机制及建立多层次的证券市场体系等措施，提高资本市场的公开性、透明性和约束力。其三，完善经理人市场，董事会能够自主地聘用优秀的经理人或者解雇不合格经理人，以给现任经理人施加压力，通过信用记录的形式增加他们的道德风险，促使其恪尽职守，为公司发展竭尽全力。其四，完善社会中介信用，加强对社会中介机构的监管，促使其诚实守信地进行中介活动，促进中国国有企业建立有效的公司治理体系，并成为杜绝国有企业违法违规行为发生的防火墙。

转变政府职能，厘清政府职能边界。政府在国有企业治理中应当发挥宏观调控的作用。推动传统政府职能向现代化政府职能转变。政府职能的转变存在以下问题：政府职能

转变缺少宏观规划，政府职能结构不够均衡，经济职能权重过大；行政干预过多；监管职能不到位；公共服务投入不足。对此，政府职能转变可从以下关键环节着手：政府公共服务供给采用多元化方式，充分发挥市场主体和社会组织的作用，在协商合作中实现治理目标；改革行政审批制度，减少对市场和社会的干预；转变政府职能方式，减少对市场和社会的管制，加强政府监督职能和服务职能。通过完善法律体系、问责机制、政绩考核机制，保障政府职能转变方向符合现代国家治理体系的要求。

同时，政府要规范其在国有企业治理中的职能。政府应保证国有企业董事会充分发挥其能动性，履行和承担自己的责任，使其自主经营；政府不应该参与国有企业的日常管理事务，应该放手让国有企业自主经营，以达到政府所设定的目标，充分发挥其宏观调控的作用，处理好市场和企业自身不能胜任的工作，使市场经济健康有序地发展；政府应当避免直接行政指挥，可以通过税收、利率和价格杠杆等工具，间接地作用于企业，影响企业的运作。法律是维护市场经济秩序的保障，国家应该完善立法，建立一套内容完备、规则健全的综合法律体系，对关系国计民生的重要产业进行严格规制。

深化国有企业改革应坚持问题导向。当今的国有企业与改革初期的国有企业相比，无论内部状况还是外部环境已大不一样。外部环境早就不是一统天下、指令计划，而主要是靠市场吃饭；内部状况也不是“坐等靠”、当“算盘珠”，绝大部分国有企业实行了公司制改造，有了经营自主权，有了参与市场竞争和自我发展、自我完善的能力。近年来国有企业发展的成就不容否定，对中国经济腾飞和社会稳定作用巨大。现在谈国有企业改革，需要解决的是影响国有企业在社会主义市场经济条件下遇到的深层矛盾和问题，为我国国有经济发展壮大、发挥重要支柱和主导作用排除障碍，开辟更好前景。

国家法律和政府的经济政策，是规范引导市场主体行为、维护公平竞争环境的基本依据和杠杆。在社会主义市场经济条件下，占主体地位的公有制经济和起主导作用的国有经济，与处于补充性地位、起辅助性作用的私资外资经济，地位作用是不一样的。这有国家宪法依据，从国家法律到具体政策应当配套协调。我国的经济政策，应当一方面保证公有制经济占主体地位、国有经济在国民经济中起支柱和主导作用，另一方面保证在竞争性市场上多种所有制经济享有平等待遇。在现实中，攻击国有企业超国民待遇的言论不绝于耳，还总有人谴责国有企业处于垄断地位，市场准入对私资外资不公平。从各地的实际情况来看，各级政府很长时期下达的政策文件都是鼓励私企外企发展，为其降门槛、开绿灯，甚至给予超国民待遇；而对公有制经济和国有企业的发展没有从质和量上给出公有主体、国有主导如何实现的具体界定及具体政策举措。平新乔（2015）[238]指出，有些特殊性、公益性事业由国有企业垄断是必要的。还应指出的是，现在中国市场上的很多竞争性行业，外企私企能做，而国有企业不能做；外企私企有优惠，国有企业没优惠。针对部分公有制经济受冷遇、私资外资经济受优待的政策取向，应当尽快予以调整完善，抓紧构建起与宪法规定的基本经济制度相适应、有利于巩固公有制主体地位和加强国有经济主导作用的法律政策体系。

4.3.2 在中观层面，构建与真正的所有者对接的全民所有权实现形式

公有制与市场经济能否结合，关键在于公有制经济组织能否成为真正的市场主体。许

多市场经济国家的实践都证明，国有企业和私企一样，都可以成为市场主体，都可以有竞争力，都可以实行所有权和经营权相对分开，又有机衔接的企业法人治理制度。企业活不活，关键不在于财产归谁所有，股东是谁，而在于有没有公平的外部竞争参与条件和内部竞争激励机制。对国有企业来说，有没有活力，首先取决于政府有没有越权，既当裁判员又当运动员。现实的市场竞争中，有些事私企能办成而国有企业做不成，比如有的国有企业海外投资收购决策，一个月内须签约，但上级主管部门几个月也批不下来，坐失良机。这说明国有企业被政府当成行政组织管理的状况还未根本转变，经营者权利不完整，所有者权利没有真正落实。过去常有“国企产权不清晰”的说法，其实国有企业产权属于全民，不存在不清晰的问题，只不过“全民”由谁代表被搞混了，使得全民产权的实现形式长期处于不合理、不稳定的扭曲状态。改革前的国营企业是“全民所有、国家经营”，含义是准确的，但容易发生“政府说了算”、把“全民所有”混同于“政府所有”；改革后的国有企业被称为“国家所有、企业经营”，含义上就更容易造成“国家所有”不是“国民所有”（即国家全体公民所有），而是“政府所有”。政府作为市场经济的宏观调控者，不能取代企业的经营者权利，更不能取代全体公民的所有者权利，产权明晰首先要保证全民财产所有权神圣不可侵犯。市场经济要求公平，如果只要求私资外资所有者权利公平，没有国资所有者权利公平，那就是最大的不公平。

分类治理。针对不同类型、不同价值的国有企业实行分类管理，对不同类型的企业采用不同的法律形态，并根据其法律形态制定不同的且适合的法律法规、政策、公司制度和绩效考核体系，以节约治理时间和治理成本，提高国有企业整体治理效率。国有企业按照不同的分类标准可以分为不同类型的企业，其中，按照企业设立的目的与是否在市场上进行竞争的标准来划分，国有企业可以分为竞争性国有企业和非竞争性国有企业。国有企业实行治理改革时，需按照上述标准划分以确定不同企业的发展方向和经营模式。中国多数国有企业属一般的竞争性、商业类企业，这类企业的治理应更多侧重于经济效益。[45]国家应逐步取消对该类国有企业的直接控制，转交给具体的国有企事业单位，如国有资本投资运营公司，或由政府控股、参股的企业去投资经营，以独立的市场主体地位参与市场运作，独立经营，严格遵守市场化淘汰和退出机制，政府仅通过资产纽带对国有资产进行适当的监管。而对于以下几类非竞争性国有企业，包括采矿、铁道经营等自然垄断性的国有企业，航天、军工等关系国计民生的国有企业，供电、供水、城市公共交通、邮政等具有公益性的国有企业，从国家和社会利益角度考虑，应更多地侧重社会效益。由中央或地方政府直接或授权机构投资管理，同时也要限制其竞争市场。

完善治理结构。出资人和代理人之间建立有效的制衡机制是委托代理关系成败的关键，较为完善的公司治理结构应是包括股东大会、董事会、监事会及经理层的各司其职、权责明确又相互制约和监督。通过激励约束和有效监督，以及权利分配与制衡机制，合理配置资源，提高运作效率，降低代理成本，促进公司各方关系的和谐。第一，针对国有企业股权结构严重不合理的问题，可通过引进战略投资者，推行股权多元化，分散股权。具体措施包括：推动员工持股制度，发挥员工的积极性和创造性，增加员工的动力和压力以促进公司的治理进程；引导民资等其他资本进入企业，增加国有股、国有法人股之外的其他股份在股权结构中的比例；同时，明确保护中小股东利益的相关规定和政策，完善分权制衡机制，强化大股东与中小股东之间的制约关系。第二，中国国有企业的治理机制实行双层公司治理结构，设置了监事会和独立董事。但从实际效果看，两者并未真正发挥作用，应加快董事会制度的建立和完善。尚未设置董事会的国有企业应尽快设置董事会，并适当增加外部董事的数量，使其能够占到董事人数的1/2～2/3。进一步规范独立董事制度的运作机制，强调独立董事的独立性，使独立董事能够代表中小股东和外部利益相关者的利益，鼓励独立董事的职业化，并建立行业规范。第三，监事会成员应包含适当比例的中小股东代表和职工代表。此外，建立外部监事系统也有利于提高监督水平，引导管理者正确决策。目前大多数的公司监事会成员同时是企业内部管理者，监督者与被监督者只是同一主体的两种角色，监督作用有限。引入社会中介机构担任监事，如外部审计、会计人员，可以更加客观地对公司管理经营进行监督，提高监事会的效率和作用。第四，健全经理层的激励约束机制，可采取短期激励和长期激励并存的方法。强调经营者的收益与企业的盈利或亏损相匹配，对经营者的绩效考核更注重其经营行为对企业长期发展的影响。在促使经营者追求自身利益最大化的同时，增加动力和压力有效经营管理企业，使激励机制发挥最大效用。完善经营者管理不善的问责制度，使国有企业同一般企业一样采取责任追究制度，约束经营者的机会主义行为。

4.3.3 在微观层面，构建适应市场运行和发挥社会主义优势相结合的国有企业法人治理制度

中国国有企业的利益主体是全国劳动者、企业内自主联合劳动者、企业内单个劳动者的三重联合体。因此，国有企业的治理也不仅是公司内部的联合劳动者如股东会、董事会、监事会的治理，还应是包括全国劳动者和企业一般职工的共同参与治理。加强对利益主体权益的保护及保障其参与公司决策，各利益主体共同参与公司治理，有利于形成有效的制衡机制，有利于公司的长远发展。一是要债权人参与公司治理。由于公司债券的持有人呈现出不特定、人数多、数额小的特点，且其投资行为多为获利，缺少参与治理公司的兴趣和能力，可借鉴国外的债权人会议制度，不断尝试并加以创新。银行是中国国有企业的主要债权人，且债权规模通常较大，是公司最主要的利益相关者。对此，可按照零散债权人以债权人团体参与公司治理的方式，主要以外部监督为主，银行根据债权风险的程度决定是否参与企业治理。二是要消费者参与公司治理。消费者自身权益的维护是促使消费者参与到公司治理中的原因。在法律上确保消费者的参与治理权和知情权、发言权和监督权；在公司治理结构中，引进一定比例的、较高质量的消费者代表进入董事会或监事会，参与公司治理。三是要职工参与公司治理。企业职工通过职工代表大会的形式参与公司决策和治理。明确职工代表大会作为企业民主建设的重要组成部分，纳入公司治理结构，给予其强有力的法律强制效力。股东会应包括职工代表，职工代表应由全体员工民主选举产生，由经营者、技术人员和操作人员等职工组成；[46]监事会应当包含适当比例的公司职工代表，特别是国有独资公司中监事会成员必须有职工代表，明确职工权利，加强对企业的监督。

良好的公司治理是企业保持高效运作的保障，实现国有企业治理体系和治理能力现代化，既有助于实现利益相关者利益最大化目标，又能够自主适应市场经济，提高企业的核心竞争力。国有企业改革真正具有决定意义的关键是，按照党的十八届三中全会和党的十九大提出的建立完善中国特色社会主义制度、推进国家治理体系和治理能力现代化这个全面深化改革的总目标，落实国有经济地位，创新完善国有资产管理和国有企业运营的一整套紧密相连、配套协调的体制机制，包括建立健全公有制经济价值观体系和国家相关法律政策体系、全民所有权制度及委托代理制度、国有企业法人治理制度、激励约束制度等，在此框架内更好地协调发挥社会主义制度优势，增强国有企业的活力、控制力和影响力，实现国有企业治理体系和治理能力现代化，为社会主义市场经济条件下国有经济的长远发展壮大提供制度保证。

第 5 章　中国国有企业治理体系和治理能力评价指标体系构建

有了前文对中国国有企业治理水平的客观评价后，本章直接构建指标体系以客观评价国企治理体系和治理能力水平，从而为我们了解国企治理体系和治理能力的水平提供客观的评价标准。深化国有企业改革，真正确立企业市场主体地位，增强国有企业内在活力、市场竞争力、发展引领力，必须遵循市场经济规律，完善治理模式和经营机制，推动国有企业不断提高效益和效率，提高竞争力和抗风险能力。本章依据公司治理有效性的主要维度（即治理结构、执行效率、监督机制等）构建中国国有企业治理能力现代化综合指数评价指标体系，基于 2008 ~ 2013 年的企业样本，借由主成分分析真实算出各分项指数和综合指数的结果。同时，基于组织生态学理论构建中国国有企业活力的评价指标体系，对治理体系和治理能力现代化评价指标进行再构建。

5.1　国有企业治理定量评价的现状和改进建议

5.1.1　国有企业治理定量评价的现状

目前，国有企业治理定量评价方面的研究存在以下四个方面的问题和不足：一是评价主体模糊，导致应用偏差，现有公司治理定量评价几乎都未明确说明评价主体，因此，评价结论可能导致其他主体错误决策；二是遗漏部分关键性指标，特别是忽视相关利益者的指标，导致评价的片面及评价结果失真；三是现有评价文献几乎都是采取主观赋值或评分模式，缺乏对各指标的客观重要性测度，导致指标权重不科学；四是缺乏治理效果的评价，未能将公司治理的外在形式和内在实质结合起来，评价结果的真实性和可靠性较差。

5.1.2　国有企业治理定量评价的改进建议

5.1.2.1　明确公司治理评价的主体

对公司治理的评价应当站在多方相关利益者的立场上进行评价。公司治理评价的结果不应仅应用于公司的实际治理中，更重要的是让各相关利益方明确自己的利益及保障情况，尤其是能够为外部投资者据此做出投资决策提供切实的帮助。只有将多方相关利益者作为一个整体，从他们的角度进行考量、评价，才能够使评价结果被更多人所接受，只有站在一个能平衡各方利益关系的立场上，才能够使评价结果更为客观、公正。因此，公司治理评价的主体是公司主要利益相关者共同体，以此为出发点建立的公司治理评价指标体系对上市公司进行定量评价的结果，不仅运用于企业内部，还应当为外部投资者甚至政府部门等相关机构所运用。此外，若仅针对中国上市公司进行公司治理评价，由于所处外部环境相同，因此不应对外部治理环境，诸如相关法律法规是否健全、政府监管是否到位等方面进行评价，仅着重评价各企业内部治理结构、治理效果即可。需要说明的是，大量的研究表明，当一个国家有强大的股东保护的法规、较强的法律环境时，该国的企业通常会有更高的公司治理评分。因此，外部法律法规健全和严格实施对于公司治理具有重要作用。

5.1.2.2　考察公司治理评价体系的全面性，同时关注关键性指标

公司治理评价体系中应当设置针对相关利益者的评价指标，应考虑到以下两个方面：一是中国上市公司治理结构通常为法人治理结构，即股东大会、董事会、监事会以及管理层，这是公司治理的核心主体，因此应针对这几方面在公司治理实践中责任的履行情况以及治理成效进行单独评价。二是合理界定利益相关者。一个企业的利益相关者可以无限延伸，但显然不是所有的人都能作为公司治理主体，直接参与公司治理。因此，在公司治理评价中，利益相关者的范围可以界定为直接利益相关者和主要的非社会利益相关者，即股东、经营者、债权人、员工以及社区（包括自然环境）等。综合上述分析，在公司治理评价体系中，利益相关者具体指标应当重点评价的对象是员工以及社区（主要是环境保护及其他社会责任履行方面）。在指标设置方面，可重点从三个方面进行评价：员工参与程度及利益保障情况，环境保护行为以及企业其他社会责任（如产品质量、是否存在价格垄断等方面）履行情况。最主要的是对利益相关者各方的责任履行情况及其各自应得利益保障情况进行评价，尤其应当在关注股东所得利益的同时关注其是否侵占了其他企业相关者如员工、债权人的利益。

5.1.2.3　对相关因素间的作用及大小进行实证分析或测度，科学确定各指标权重

考虑到公司治理评价的重要性，应由财政部组织相关专家或机构对公司治理评价指标的重要性进行实质性测度，为多数企业确定公司治理指标权重提供参考标准。数据丰富的企业，也可采用客观赋权法确定权重。研究能力强的企业，也可采用系统仿真技术和人工神经网络等人工智能动态模拟公司治理系统，以测度具体相关因素作用大小。

5.1.2.4　指标的设置遵循实质和形式相结合的原则，更加注重公司治理评价的实质

在公司治理评价体系指标设置时，加入对治理效果的评价，使公司治理形式与实质有效地结合。如采用匿名问卷调查、面对面交流等方式，考察公司重大决策行为的形式与实质，是否存在第一大股东完全支配决策权等情况，其他股东或相关利益者的权利和义务是否真正落实。公司治理效果指标可增设：相关利益者在公司中的真实权利与义务、公司重大决策中各角色的地位与作用、公司可持续发展能力和公司价值等。

中国上市公司的治理能力沿着治理结构到治理机制再到治理有效性的路径逐步提升，已经构建了相对完善的治理结构以及以规则、合规和问责等为核心制度要素的公司治理体系，但治理能力的评价最终还要看公司治理的有效性如何。《中国公司治理分类指数报告

No. 15（2016）》[239]显示，“2015年中国公司治理指数”均值为62.07，较2014年的61.46提高0.61，达到历史最好水平。自2003年第一次评价报告开始，中国上市公司治理指数呈逐年上升态势（2009年除外），表明中国公司治理有效性持续提升。从所有制结构看，民营控股上市公司治理指数（均值62.72）领先国有控股上市公司（均值61.19）；从行业看，金融、保险业公司治理指数均值最高（64.3），房地产类较差（60.55）；从市场板块看，创业板和中小板表现好于主板上市公司；从省份看，中国上市公司治理能力从内地到沿海呈现梯度提升态势。

从评价维度看，2015年中国上市公司的股东治理、董事会治理、监事会治理、经理层治理、信息披露及利益相关者治理指数均高于2014年。然而，报告显示上市公司仍存在如下突出治理问题：第一，独立董事制度有效性面临瓶颈，呈现优质独立董事资源稀缺与激励不足并存的特征；第二，监事会治理仍然处于较低水平，监事会规模以及职工监事设置多符合公司法的底线要求，表明监事会结构设置更多是对外部制度压力的被动接受，有效性亟须提高；第三，民营控股金融机构在股东的独立性和中小股东利益保护、监事会的规模结构及利益相关者的参与性方面，均显著落后于国有控股金融机构。

5.2 中国国有企业治理能力现代化综合指数（CGI）评价指标体系构建

5.2.1 功能定位

治理能力作为“制度执行能力”的体现，且公司治理作为一系列的制度与安排组合成的有机整体，其是否符合治理能力现代化的要求可以从各项制度运行的有效性（即公司治理有效性）上进行测度，故在构建国有企业治理能力指标体系时将从影响公司治理有效性的主要因素入手。制度化、民主化、协同化、高效化作为治理能力现代化的表征，根据公开透明、民主决策、股东主权、股权平等、诚信问责与社会责任的国有企业良治核心价值观，构建出的指标体系意图从治理结构、执行效率、监督机制几大层面选取指标，然后综合以上层面得出最终治理能力现代化程度的总体评价。

5.2.2 设计原则

从以往的研究实践来看，已有学者选取的指标主要涉及质性指标和量性指标。与量性指标不同，质性指标往往掺杂指标设计者的主观意愿，较多地引入质性指标可能导致得出的结果与现实情况存在偏差的情况。为避免以上问题，在指标体系设计时会更多地考虑量性指标，对于不可量化的因素，将尽量选取较少涉及主观判断的项目，从而保证结果的真实与客观。由于本指标体系涉及很多方面，同样基于客观性的考量，在计算分层指标和综合指数时具体项目在其中所占的权数不会人为确定，而是由主成分分析得出，从而在整个指标体系构建上保持客观性。从指标选取上来看，最终选取的细化指标会全面覆盖治理结构、执行效率、监督机制等方面，确保以上方面的综合情况通过最终的量化结果得以全面体现。

5.2.3 指标体系设计

构建指标体系作为社会科学中对于具体因素进行综合评价的常用方法，目前已多次被应用于中国企业公司治理评价的相关研究中。国外对于公司治理评价体系研究始于 1988 年由标准普尔公司创立的公司治理服务评价体系，后续日本、韩国、中国台湾、中国香港等地区的学者和世界银行等机构陆续推出了各自的公司治理评价体系。就国内的情况而言，南开大学公司治理研究中心在中国国内较早提出构建公司治理指数的设想，经过十余年的发展，南开大学推出的中国公司治理指数（$CCGI^{NK}$）已在国内学界产生了广泛影响。与南开大学公司治理指数相似，北京师范大学的相关学者也构建了具有自身特色的公司治理指数体系。对以上评价体系做梳理总结，如表 5.1 所示。

表 5.1 目前具有代表性的公司治理评价体系

所属地区	机构或个人	评价体系主要内容
美国	杰克逊·马丁德尔	社会贡献、对股东服务、董事会绩效、财务政策
日本	公司治理评价体系（CGS）	股东权利、董事会、信息披露及其透明性
日本	公司治理研究所公司治理评价指标体系（JCGI）	绩效目标与经营者责任体制、董事会机能和构成、最高经营者的经营执行体制、股东间的交流和透明性
韩国	公司治理评价系统	董事会结构和机制、信息透明度等
中国台湾	台湾辅仁大学公司治理与评等系统	董事会构成、监事会构成、股权结构、参与管理与次大股东、超额关系人交易、大股东介入股市程度
中国香港	香港城市大学公司治理评价系统	董事会结构、独立性或责任、对小股东的公平性；透明度与信息披露；利益相关者角色、权利及关系；股东权利
中国大陆	南开大学公司治理指数系统（$CCGI^{NK}$）	股东权益、董事会、监事会、经理层、信息披露、利益相关者
中国大陆	北京师范大学公司治理指数体系	高管薪酬指数、信息披露指数、财务治理指数、企业家能力指数、董事会治理指数

资料来源：南开大学公司治理研究中心和笔者的整理。

综合以上几类评价体系，可以发现已有的指标体系多注重公司治理的内部结构和制度。表 5.1 中所有地区的学者或机构均注意到了董事会在公司治理中所起到的重要作用，且主要内容涉及股东权益、绩效、信息披露等因素，但以上因素多局限于公司治理内部的因素，对于公司治理外延仅有美国的评价体系中明确提出了社会责任范畴的指标（社会贡献）。南开大学的评价体系中虽然也包含了利益相关者评价，但对于企业履行社会责任的反映比较笼统，而北京师范大学的评价体系则几乎没有涉及社会责任的成分。在设计指标体系时，为全面评价中国企业治理能力现代化水平且考虑实际情况，特将企业治理结构、执行效率、

监督与制衡等有关的二级指标纳入评价体系之中，指标体系如表5.2所示。

表5.2　中国国有企业治理能力现代化综合指数指标体系

一级指标	二级指标	具体内容
治理结构（ZL）	两职合一情况（L_1）	董事长与总经理两职合一取0，否则取1
	非国有股比例（L_2）	国有股占股本总数的比例
	董事会规模（L_3）	董事的总人数（含董事长）
	监事会规模（L_4）	监事的总人数（含监事会主席）
执行效率（ZX）	股东大会会议次数（X_1）	每年股东大会实际召开的次数
	董事会会议次数（X_2）	每年董事会会议实际召开的次数
	监事会会议次数（X_3）	每年监事会会议实际召开的次数
监督机制（JD）	独立董事比例（D_1）	独立董事人数与董事会总人数之比
	监事会制衡度（D_2）	监事会总人数与董事会总人数之比
	四委设立数目（D_3）	审计委员会、提名委员会、薪酬委员会和战略委员会设立的总数目
	其他委员会设立数目（D_4）	除审计委员会、提名委员会、薪酬委员会和战略委员会外设立的委员会总数目

5.3　中国国有企业治理能力现代化综合指数模型构建及分析

5.3.1　指数模型构建

为确保构建的指数能充分反映企业实际治理能力的情况，借鉴了南开大学公司治理指数系统（$CCGI^{NK}$）、北京师范大学公司治理指数体系的方法，先计算出治理结构（ZL）、执行效率（ZX）和监督机制（JD）的分项指数，再以分项指数计算出中国国有企业治理能力现代化综合指数（CGI）。具体公式如下：

$$ZL=(a_1L_1+a_2L_2+a_3L_3+a_4L_4)\times 100 \qquad (a_1+a_2+a_3+a_4=1)$$

$$ZX=(b_1X_1+b_2X_2+b_3X_3)\times 100 \qquad (b_1+b_2+b_3=1)$$

$$JD=(c_1D_1+c_2D_2+c_3D_3+c_4D_4)\times 100 \qquad (c_1+c_2+c_3+c_4=1)$$

$$CGI=e_1ZL+e_2ZX+e_3JD \qquad (e_1+e_2+e_3=1)$$

其中，ZL表示治理结构指数，ZX表示执行效率指数，JD表示监督机制指数，CGI代表中国国有企业治理能力现代化综合指数。其中a_i，b_i，c_i，d_i，e_i（$i=1, 2, 3, \cdots$）代表各公式中评价要素的重要性系数，在此不人为设定数值，具体数值由主成分分析得出。考虑到指标体系中各具体指标经标准化后其数值都是0~1的变量，为便于理解与比较，研究所涉及的分项指数和综合指数统一转换为百分制，故在计算原始分项指数时统一乘以 100。

由于本指标体系二级指标中涉及相对数（即比例）和绝对数（如二级指标中的 L_3、L_4、X_1、X_2、X_3），为避免绝对数值偏大对结果的影响，借鉴环境信息披露指数（EDI）的构建方法[240]，将绝对数指标进行了如下标准化处理：$Q=\frac{q}{Mq}$，其中，q 代表标准化前的绝对数指标数值，Q 代表标准化后的绝对数指标数值，Mq 代表全样本中最优治理表现下该指标的取值。

5.3.2 数据选取

本章指标所涉及的数据全部来自于国泰安（CSMAR）数据库，为考察长时期内企业治理能力表现的变化，所选取的面板数据以 2008 年 1 月 1 日至 2013 年 12 月 31 日（指统计截止时间）为样本区间，经标准化处理和剔除缺失样本后，共得到 974 个观测样本，最终样本数据中所包含的指标涉及治理结构（ZL）、执行效率（ZX）、监督机制（JD）三个方面。

5.3.3 指数模型权重确定

因本指标体系分为综合指数和分项指数，各指数计算公式中的具体指标权重均需由主成分分析来确定。运用 Stata 12.0 统计软件对全样本进行主成分分析，最终得到各公式中具体指标的权重，具体结果如下：

$$ZL=(0.4610\times L_1+0.2318\times L_2+0.1708\times L_3+0.1364\times L_4)\times 100$$

$$ZX=(0.5408\times X_1+0.2954\times X_2+0.1638\times X_3)\times 100$$

$$JD=(0.3089\times D_1+0.2619\times D_2+0.2525\times D_3+0.1767\times D_4)\times 100$$

在得到各分项指数的计算公式的基础上再对中国国有企业治理能力现代化综合指数（CGI）进行主成分分析，得到如下结果：

$$CGI=0.3555\times ZL+0.3383\times ZX+0.3062\times JD$$

5.3.4 结果分析

在得出治理结构指数（ZL）、执行效率指数（ZX）、监督机制指数（JD）、中国国有企业治理能力现代化综合指数（CGI）计算公式的基础上，对全样本进行分项指数和综合指数的计算，得到样本总体的描述性统计结果（见表 5.3）。

表 5.3 中国国有企业治理能力现代化综合指数（CGI）的描述性统计

变量	样本数	均值	标准差	最小值	最大值
CGI	974	42.92945	8.891400	23.67213	67.82108
ZL	974	57.98607	22.59908	17.49794	88.50754
ZX	974	24.57309	9.087613	3.602237	70.32019
JD	974	45.72933	5.527836	19.02667	67.55666

由表5.3中的数据可知，在未把企业社会责任纳入指标体系的情况下，中国国有企业治理能力现代化综合指数（CGI）均值仅为42.92945，最大值也仅为67.82108。按百分制的标准来看，表现最好的企业也刚达到及格水平，绝大多数仍在及格线以下，中国国有企业近几年来治理能力现代化的总体仍处于较低水平。从分项指数来看，治理结构指数（ZL）、执行效率指数（ZX）、监督机制指数（JD）的均值分别为57.98607、24.57309、45.72933。三项指标均值中离及格线（60）最接近的为治理结构指数（ZL），且治理结构指数（ZL）表现最佳的企业达到了88.50754，处于优秀水平；但表现最差的企业该指数得分仅有17.49794，标准差为22.59908，与其他指数相比，样本数据差异较大。另外，执行效率指数（ZX）均值明显低于其他指标，且最小值仅为3.602237，由此可以得出一个令人忧虑的结果，即在中国，很多企业公司治理的机制没有有效地得到执行。最后从监督机制指数（JD）来看，虽然与其他指标相比样本间差异是最小的（标准差为5.527836），但无论是从均值还是从最大值、最小值而言，情况同样不容乐观。

为了观测在长时期内企业治理能力水平的变化，按年份就中国国有企业治理能力现代化综合指数（CGI）分别进行了统计，具体结果如表5.4所示。

表5.4　中国国有企业治理能力现代化综合指数（CGI）的年度统计

年份	样本数	均值	标准差	最小值	最大值
2008	48	43.65013	8.802048	27.56820	63.80466
2009	159	41.62442	9.074157	23.67213	67.82108
2010	354	43.20657	8.628862	26.93998	63.31113
2011	238	43.89346	9.023824	27.70461	64.59686
2012	130	42.24321	9.247069	26.31927	60.29930
2013	45	41.47575	8.199430	29.57013	56.01689
合计	974	42.92945	8.891400	23.67213	67.82108

根据中国国有企业治理能力现代化综合指数（CGI）的年度统计数据，从均值上看可以发现，中国国有企业整体治理能力现代化水平在2008～2013年这六年，前三年呈现波动，后三年持续走低，这一趋势也与该指标最大值的变化吻合。故从时间上而言，中国企业治理能力没有得到显著提升，反而呈现出下降的走势，这一点值得引起关注。

另外，为区分国有股份在企业中绝对控股（国有股份达到50%以上）和非绝对控股的情况下公司治理能力的差异，重新进行了分组统计，得到如表5.5所示的结果。

表5.5　区分国有股份绝对控股和非绝对控股后CGI指数的描述性统计

变量	样本性质	均值	标准差	最小值	最大值
CGI	绝对控股	42.74678	9.062726	23.67213	57.45044
	非绝对控股	45.40222	5.600330	28.25349	67.82108
	全样本	42.92945	8.891400	23.67213	67.82108

续表

变量	样本性质	均值	标准差	最小值	最大值
ZL	绝对控股	57.60692	14.02208	17.49794	76.13677
	非绝对控股	63.11878	23.06667	22.53959	88.50754
	全样本	57.98607	22.59908	17.49794	88.50754
ZX	绝对控股	24.77862	10.35081	9.010237	50.50670
	非绝对控股	24.55791	8.993541	3.602237	70.32019
	全样本	24.57309	9.087613	3.602237	70.32019
JD	绝对控股	45.58975	7.041379	19.03867	65.27067
	非绝对控股	47.61884	5.377854	21.70417	67.55666
	全样本	45.72933	5.527836	19.02667	67.55666

由表5.5的数据可知，除执行效率指数（ZX）的均值在国有股份绝对控股和非绝对控股的样本中接近以外，其余指数的均值、最大值、最小值均是非绝对控股的企业高于绝对控股的企业。由此亦可以看出无论是在治理结构、监督机制等细化层面，还是在综合治理能力的整体层面，国有股份一股独大对其都有负面影响。若继续维持国有股份一股独大的局面，可能不利于企业朝向治理能力现代化的方向迈进。

根据研究结果，可以发现在整体层面，中国国有企业治理能力现代化综合指数得分普遍较低，其均值仍处于及格线以下，最大值也才刚刚达到及格水平，故总体上中国企业治理能力现代化的情况不容乐观。在对国有股份绝对控股和非绝对控股进行分组统计后，所得出的结果与总体统计结果相近，但对比而言，非绝对控股样本组的情况要好于绝对控股样本组的情况，由此可以看出，国有股份绝对控股是阻碍企业治理能力现代化水平提升的不利因素。就分项指标而言，治理结构、执行效率、监督机制的细化得分总体上均未达到及格水平；但单独就治理结构指数而言，其均值远高于综合指数、执行效率指数和监督机制指数的均值，且从治理结构指数最大值上看中国部分企业的表现甚至达到了优秀水平，故据此可知中国国有企业治理能力现代化综合指数较低主要是受执行效率指数和监督机制指数的得分较低所拖累。为探讨长时间跨度内企业治理能力现代化指标的变化情况，专门进行了2008～2013年的分年度统计，结果发现企业总体治理能力现代化水平在前期波动后呈现下滑趋势，这一事实明显与近年来期望提升企业治理能力现代化水平的呼声相悖，值得警惕并寻找原因。

第一，管控一股独大带来的负面效应，积极推进混合所有制改革。数据分析结果再一次证实了国有股份一股独大会给企业治理带来负面影响这一结论，故为推进国有企业治理能力向现代化方向迈进，首先要解决的便是如何削弱或者抵消一股独大带来的负面效应。混合所有制改革作为党的十八届三中全会所提出的重要构想，其思路代表未来数十年国有企业改革的主要方向。在破解国有股份一股独大方面，国有企业在进行混合所有制改革时不仅要注重形式上的混合（即引入多元化的非国有股份），更要注重实质上的混合（即最终要达到国有股份与非国有股份在比例上的相对制衡）。作为政策试点，对处于竞争性领域的国有企业，不应再强调国有资本绝对控股或强相对控股，而应充分调动各种资本的活力，从而充分发挥混合所有制的制度优势。

第二，提高制度执行力，提升治理能力和水平。就国有企业治理能力现代化变革本身而言，所谓的良治不仅在于一个好的制度设计，更在于制度的高效执行。依目前的情况，中国国有企业的制度设计不是阻碍治理能力向现代化迈进的主要因素，相反制度逐年的低效运转才是造成其治理能力现代化水平低下的重要原因之一。从现实层面而言，中国国有企业既有企业化的一面，也有较强的行政化的一面；某些企业公司治理制度浮于形式，不按时召开股东大会、董事会的现象也时有发生，故为实现国有企业治理能力现代化这一目标，应当把治理制度落实为治理实践，真正按照公认的治理来运营和管理国有企业，如此制度优势才能转化为运行效率。

第三，加强和改进监督，促进监督的专门化和专业化。从监督机制来看，无论是前人的研究成果还是本章的结论，均表明中国国有企业监督机制上存在一定程度的欠缺。独立董事和监事会作为董事会的内外部监督力量，一定程度上没有充分发挥其监督作用。具体到监事会，由于中国对国有企业实行的是外派监事会制度，某一家国有企业监事会主席往往兼任数家其他国有企业监事会主席；面对数家企业的监事会工作，由一人来负责可能导致监督力量的分散。改进现有外派监事会制度，充实外派监事会主席的队伍，逐步实现单人单一监管对象的目标，促进监督的专门化与专业化。

5.4 中国国有企业治理能力现代化评价指标体系再构建：企业活力视角

企业活力也称为企业生命力，作为一种复杂的“社会生命系统”，企业的活力是其生命力的整体体现。基于国有企业在我国社会及经济活动中具有的重要作用，国有企业的活力对于其生命力而言更具有不言而喻的重要意义。国有企业改革必须以增强企业活力、提高经济效率为中心，通过推进社会主义市场化方向的一系列改革措施，使国有企业真正成为市场主体，充分调动企业经营管理者和职工的积极性、主动性和创造性，激发国有企业的内生活力，发展壮大国有经济。在以市场经济为取向的改革进程中，中国国有企业的改革和发展归根结底是要增强企业活力。

5.4.1 企业活力评价指标体系构建

随着生态学思维在管理学领域的应用，从组织生态学的视角切入，借鉴目前在企业活力评价方面较为一致的说法，对中国国有企业活力的研究将分别从生存力、成长力和再生力三个角度进行探讨，进而构建相应的评价指标体系。

20 世纪 80 年代以来，生态学思维在经济学研究中越来越受到重视。尼尔森和温特将生物学进化论范式引入经济分析中，用来展示企业知识和技术基础及理解企业间的竞争机制，这为企业管理研究提供了一个有益的视角。本书拟基于组织生态学理论构建中国国有企业活力的评价指标体系。

5.4.1.1 一级评价指标的仿生模拟

生物生命体具有生存力和成长力，把企业生命体与生物生命体进行类比，企业生命体同样具有生存力和成长力。与生物生命体略微不同的是，企业生命体除了具有生存力和成长力以外，还具有获得新生的可能性。在生物学领域，研究生物现象的一个重要概念是生态位，Pianka（1972）[241]把生态位界定为一个生物单位的生态位（包括个体、种群或物种生态位）就是该生物单位对资源利用和对环境适应性的总和。该定义及企业生命周期理论和仿生学相关观点支持了企业具有新生可能性，即企业具有再生能力。与此同时，李维安（2002）[242]把企业生命力定义为企业生存力、成长力和再生力，认为这三者是企业生命机能强弱的外在表现。因此，可归纳出企业活力的一级指标包括：生存力、成长力和再生力。生存力是对企业底线生存能力的综合衡量；成长力是企业发展能力的综合反映；再生力是企业跨越生命周期实现企业上升螺旋的重要能力。

5.4.1.2 二级评价指标的仿生模拟

下面将分别从生存力、成长力和再生力三个维度对企业生命力的二级评价指标进行仿生模拟，从而构建企业生命力的二级指标体系。

（1）生存力的仿生模拟。格雷森和尼尔森（2014）[243]指出，企业是一个自组织体，具有生命特征，与生命体一样，是一个复杂和开放的系统，并具有类似生命体的基因、细胞、器官、系统等各层次的结构。因此，作为自组织体的企业，显然具有组织管理能力。此外，生物要想生存，至少应具备环境适应能力和捕食能力。所以基于仿生学观点进行类比，企业组织也应该具备环境适应能力和获利能力。对于企业来讲，最核心和首要的任务就是要生存，而生存的最重要方面就是体现在“经营安全能力”和“盈利能力”上。经营安全能力集中体现为企业偿还债务的能力，盈利能力则集中体现为企业收入是否能够高于企业支出。通过上面的分析，得到测量生存力的观测指标有流动比率、速动比率、现金比率、资产负债率、产权比率、长期负债率。

（2）成长力的仿生模拟。企业成长力是生存力的高级形式，是企业发展能力的综合反映。为了有效描述企业的成长能力，从生物学中动物的捕食能力和植物的生长能力对企业成长力进行仿生模拟。张梦珂（2013）[244]按照进化论的观点对动物的捕食力和植物的吸养力两个方面进行了研究，认为在生态系统中，动物的捕食力与该动物的体重和环境中食物的多少成正比，与环境阻力和食物信息被阻隔的程度成反比，还与动物的特性、体质和捕食欲望有密切关系。植物的吸养力与该植物的重量和环境中养分（肥料、水分等）或阳光的分布状态（密度）成正比，与环境对植物获取阳光和养分（肥料、水分等）的阻碍程度成反比，还与植物的内在特质（根系、枝叶和结构等）有关。基于此，对企业成长力进行仿生推导，抽取了如下几项指标作为企业成长力的观测指标：存货周转率、流动资产周转率、总资产周转率、净资产收益率、固定资产周转率、营业收入同比增长率、资产总计、总资产同比增长率。

(3) 再生力的仿生模拟。在生物进化论中，生物体在进化和发展过程中有被动选择和主动选择两种形式。被动选择是由于竞争的需要或者环境的变化所被迫进行的选择；主动选择则是由于某种需要主动做出的适应性选择。同样，在生命周期理论中，企业如果要跨越其生命周期的衰落和死亡阶段，就必须主动或被动地进行创新和变革以重获生命力。据此可以知道，企业也存在两种选择：一种是其因适应市场环境而进行的能力提升即创新能力；另一种就是企业的变革能力，即通过大进化企业将由一种形态转变为另一种全新形态。

通过上面的分析和推论，抽取如下五项指标作为企业再生力的观测指标：无形资产、商誉、研发费用、员工总数、营运资本。

5.4.1.3　企业活力评价指标体系

通过仿生学方法，对企业与生物生命力现象，尤其是动物行为和生存进行仿生模拟，获得了企业活力的初始评价指标体系，如表 5.6 所示。

表 5.6　企业活力初始评价指标体系

一级指标	二级指标	一级指标	二级指标
生存力	流动比率（a1）	成长力	存货周转率（b1）
	速动比率（a2）		流动资产周转率（b2）
	现金比率（a3）		总资产周转率（b3）
	资产负债率（a4）		净资产收益率（b4）
	产权比率（a5）		固定资产周转率（b5）
	长期负债率（a6）		营业收入同比增长率（b6）
再生力	无形资产（c1）		资产总计（相对年初增长率）（b7）
	商誉（c2）		总资产同比增长率（b8）
	研发费用（c3）		
	员工总数（c4）		
	营运资本（c5）		

5.4.2　研究设计

企业活力评价指标体系需要得到实证数据的检验和修订，才能更好地反映企业管理实践的现实情况，为此，通过大样本数据对企业活力评价指标体系执行探索性因素分析和验证性因素分析。

5.4.2.1　数据来源及方法选取

(1) 数据来源。本章所涉及的研究对象是中央企业上市公司。采用分层随机抽样方法，通过 Wind 数据库中的筛选功能选取中央企业和上市公司两个变量，对所有企业进行筛选，筛选的企业共有 341 家。企业生命力评价指标体系中所有指标的数据来源于 Wind

数据库公布的2013年上市公司财务数据。

由于部分观测指标（资产负债率、产权比率和长期负债率）属于反向计分，因此对其进行倒数运算。由于所得数据属性不一，不能直接进行各种统计运算，也无法进行比较，为此，把所有数据转化为Z分数。把数据转化成Z分数，不仅保留了原始数据的所有特征，而且可以进行各种统计运算。之后将数据中的缺失值运用数列平均数的方法进行置换。

本章中，拟通过数据对企业生命力评价指标体系进行探索性因素分析和验证性因素两个阶段的分析，按照统计学家的建议，应把数据分为对等的两批数据，其中一批进行探索性因素分析，另一批进行验证性因素分析。为此，把所有数据的奇数行（171家）用于探索性因素分析，偶数行（170家）用于验证性因素分析。

（2）统计工具及方法。本章使用了两种统计分析工具和方法：SPSS 16.0统计软件用于执行探索性因素分析；AMOS 16.0统计软件用于执行验证性因素分析。

5.4.2.2 探索性因素分析

（1）项目分析。项目分析的主要目的在于求出指标体系中个别观测指标的临界比率值——CR：将未达到显著水平的题项删除。通过项目分析结果发现，观测指标长期负债率（a6）、存货周转率（b1）、流动资产周转率（b2）、营运资本（c5）不具有鉴别度，应予以删除。

（2）因素分析。指标体系进行项目分析后，需要进行因素分析。因素分析的目的在于求出量表的"结构效度"（Construct Validity）。因素分析结果及其解释如表5.7所示：

表5.7 KMO和Bartlett's检验

Kaiser - Meyer - Olkin Measure of Sampling Adequacy		0.729
Bartlett's Test of Sphericity	Approx. Chi - Square	4.164E - 3
	df	105
	Sig.	0.000

KMO是Kaiser - Meyer - Olkin的取样适当性量数，当KMO值越大时，表明变量间的共同因素越多，越适合进行因素分析，根据Kaiser的观点，如果KMO值小于0.5，则不宜进行因素分析；如果KMO值在0.7以上，则可以进行因素分析。此处KMO值为0.729，表示数据适合进行因素分析。此外，Bartlett's Test of Sphericity检验的Approx. Chi - Square达到显著水平，代表母群体的相关矩阵间有共同因素存在，适合进行因素分析。

采用主成分因素分析后的未转抽前的数据结果如表5.8所示。12个观测指标的特征值大于1者列于右边。特征值大于1者共有4个，这也是因素分析时所抽出的共同因素数。四个因素可以解释的总变异量为70.956%。

表 5.8 因素分析之累计方程解释率（1）

Total Variance Explained									
Component	Initial Eigenvalues			Extraction Sums of Squared Loadings			Rotation Sums of Squared Loadings		
	Total	% of Variance	Cumulative %	Total	% of Variance	Cumulative %	Total	% of Variance	Cumulative %
1	4. 674	31. 162	31. 162	4. 674	31. 162	31. 162	4. 600	30. 668	30. 668
2	2. 597	17. 310	48. 472	2. 597	17. 310	48. 472	2. 493	16. 620	47. 289
3	2. 213	14. 755	63. 228	2. 213	14. 755	63. 228	2. 325	15. 497	62. 786
4	1. 159	7. 728	70. 956	1. 159	7. 728	70. 956	1. 226	8. 170	70. 956
5	0. 968	6. 451	77. 407						
6	0. 890	5. 931	83. 338						
7	0. 759	5. 057	88. 395						
8	0. 625	4. 165	92. 560						
9	0. 417	2. 783	95. 343						
10	0. 314	2. 096	97. 439						
11	0. 230	1. 531	98. 970						
12	0. 127	0. 850	99. 820						
13	0. 025	0. 166	99. 986						
14	0. 002	0. 014	100. 000						
15	3. 757E -6	2. 504E -5	100. 000						
Extraction Method: Principal Component Analysis.									

采用 Kaiser 正规化最大变异法对上述矩阵进行转抽处理，转抽的主要目的在于：重新安排观测指标在每个共同因素的因素负荷量，转抽后，使转抽前较大的因素负荷量变得更大，而使转抽前较小的因素负荷量变得更小。转抽后的因素转换矩阵如表 5. 9 所示。

表 5.9 因素转换矩阵（1）

Rotated Component Matrix[a]				
	Component			
	1	2	3	4
a2	0. 973			
a4	0. 957			
a5	0. 955			
a1	0. 947			
a3	0. 918			
b8		0. 956		
b7		0. 956		

续表

Rotated Component Matrix[a]				
	Component			
	1	2	3	4
b4	0.162	0.545	0.184	0.160
b6	-0.145	0.539		
c1			0.878	
c4			0.861	
c3		0.100	0.695	
c2			0.521	
b3	-0.117			0.815
b5	0.109	0.201		0.716

Extraction Method: Principal Component Analysis.

Rotation Method: Varimax with Kaiser Normalization.

a. Rotation converged in 4 iterations.

通过分析，可以知道，由总资产周转率（b3）和固定资产周转率（b5）所组成的维度仅 2 个指标，对于不足 3 个指标的维度应予以删除。

因为上述分析是一个探索性的因素分析，题项删除后因素结构也会发生改变，因而需要再次进行因素分析，以验证量表的结构效度。第二次因素分析时，所包括的题项为筛选后的 13 个题项。第二次因素分析的操作步骤与第一次操作步骤完全一样，只是选取的变量只有 13 项（见表 5.10）。

表 5.10 因素分析之累计方差解释率（2）

Total Variance Explained									
Component	Initial Eigenvalues			Extraction Sums of Squared Loadings			Rotation Sums of Squared Loadings		
	Total	% of Variance	Cumulative %	Total	% of Variance	Cumulative %	Total	% of Variance	Cumulative %
1	4.648	35.754	35.754	4.648	35.754	35.754	4.577	35.206	35.206
2	2.528	19.448	55.202	2.528	19.448	55.202	2.472	19.017	54.223
3	2.194	16.879	72.081	2.194	16.879	72.081	2.322	17.858	72.081
4	0.970	7.459	79.541						
5	0.806	6.198	85.739						
6	0.685	5.269	91.009						
7	0.421	3.238	94.246						
8	0.327	2.518	96.765						
9	0.244	1.877	98.642						

续表

Total Variance Explained									
Component	Initial Eigenvalues			Extraction Sums of Squared Loadings			Rotation Sums of Squared Loadings		
	Total	% of Variance	Cumulative %	Total	% of Variance	Cumulative %	Total	% of Variance	Cumulative %
10	0. 148	1. 140	99. 782						
11	0. 026	0. 201	99. 984						
12	0. 002	0. 016	100. 000						
13	3. 811E -6	2. 932E -5	100. 000						
Extraction Method: Principal Component Analysis.									

表5. 11为第二次因素转换矩阵，清晰地呈现了项目与共同因素的隶属关系，除了在第一次因素分析过程中删除的项目外，其他项目与共同因素的隶属分布与第一次因素分析时甚为接近，这表明共同因素具有较高的内部稳定性。

表5. 11 因素转换矩阵（2）

Rotated Component Matrix[a]				
	Component			
	1	2	3	4
a2	0. 972			
a4	0. 959			
a5	0. 957			
a1	0. 944			
a3	0. 918			
b8		0. 954		
b7		0. 954		
b4	0. 161	0. 568	0. 180	
b6	-0. 143	0. 546		
c1			0. 878	
c4			0. 861	
c3			0. 697	
c2			0. 521	

Extraction Method: Principal Component Analysis.

Rotation Method: Varimax with Kaiser Normalization.

a. Rotation converged in 4 iterations.

（3）信度分析。在因素分析后，为进一步了解指标体系的可靠性和有效性，要进行信度检验。指标体系的信度越高，代表其越稳定。信度有“外在信度”和“内在信度”两大类。外在信度通常是指在不同时间测量时的一致性程度。内在信度是指每一个维度是否测量单一概念，组成指标体系的项目的内在一致性如何。内在信度α系数的大小为多少比较合适，目前学者间的看法未尽一致，但总体看来，α系数在0.90以上，表示信度非常好；在0.80以上，表示信度很好；在0.70以上，表示信度佳。本章的各维度及总体层面的信度系数如表5.12所示。

表5.12　信度系数分布

维度	生存力	成长力	再生力
Cronbach's Alpha	0.974	0.761	0.748

由表5.12可以发现，三个维度及总体指标体系的信度系数均在0.70以上，表示此指标体系信度佳。

5.4.2.3　验证性因素分析

依据探索性因素分析的结果，构建了验证性因素分析的概念模型（见图5.1和图5.2）。采用AMOS 16.0进行验证性因素分析。

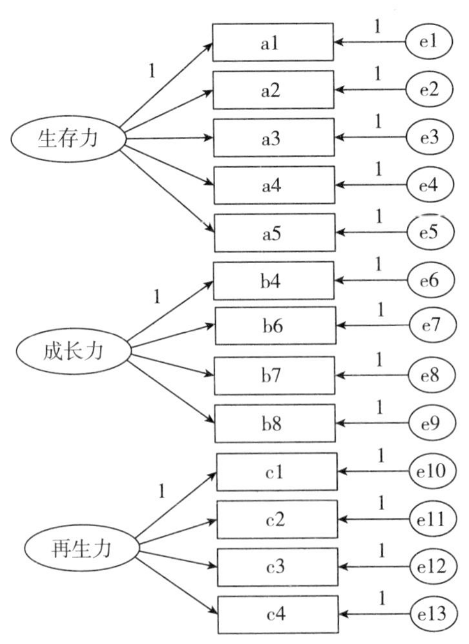

图5.1　企业生命力概念模型

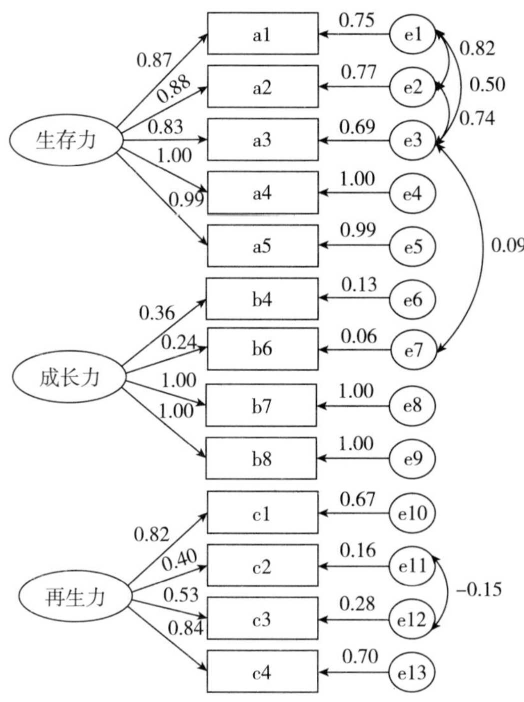

图 5.2　企业生命力修正模型

AMOS 16.0 对概念模型的验证性因素分析结果的拟合指数如表 5.13 所示。

表 5.13　验证性因素分析的适配度指数

统计检验量	适配的标准或临界值	模型修正前	模型修正后
绝对适配度指数			
CMIN/DF	1～3 适配良好 1～2 严格适配	11.689	1.319
RMSEA	<0.05 适配良好 <0.08 适配合理	0.177	0.031
GFI	>0.90	0.781	0.967
AGFI	>0.90	0.693	0.950
增值适配度指数			
NFI	>0.90	0.909	0.991
RFI	>0.90	0.891	0.988
IFI	>0.90	0.916	0.998
TLI	>0.90	0.900	0.997
CFI	>0.90	0.916	0.998
简约适配度指数			
PGFI	>0.50	0.558	0.638
PNFI	>0.50	0.758	0.762
PCFI	>0.50	0.764	0.767

通过分析表 5.13，可以发现概念模型与实证数据的拟合程度在绝对适配度指数、增值适配度指数和简约适配度指数三个方面的各个指标上均已达到统计要求，因此概念模型良好地拟合了实证数据。但是依据修正指数的提示，进行如图 5.2 所示的修正，再次进行验证。修正模型与实证数据的拟合指数如表 5.13 最右侧一栏所示，此时，修正模型与实证数据得到了更佳的拟合。由此可以得出企业生命力指标体系修正模型与实证数据拟合良好的结论。

5.4.3 结论与启示

通过探索性因素分析和验证性因素分析等严格的统计分析后，基于中国中央企业上市公司 2013 年所披露的数据，建立了中国国有企业活力评价指标体系，如表 5.14 所示。

表 5.14 企业活力评价指标体系

一级指标	二级指标
生存力	流动比率（a1）
	速动比率（a2）
	现金比率（a3）
	资产负债率（a4）
	产权比率（a5）
成长力	净资产收益率（b4）
	营业收入同比增长率（b6）
	资产总计（相对年初增长率）（b7）
	总资产同比增长率（b8）
再生力	无形资产（c1）
	商誉（c2）
	研发费用（c3）
	员工总数（c4）

从整体上看，企业活力的评价指标可以划分为生存力、成长力和再生力三个维度。通过对这三个维度的评价，可以对中国国有企业活力进行评估。从中国国有企业活力评价指标的三个维度来看：

首先，生存力主要注重企业的财务安全方面，即需要能够平稳、安全并且盈利地经营企业，使得企业能够运行下去。因此，在生存力的评价指标上面主要集中于企业的偿债能力及盈利能力方面，这对中国国有企业的经营具有一定的启示作用。因为我国国有企业不仅承担着中国经济发展的重担，而且承担着十分重要的社会责任[168,169,171]。这会使得中国国有企业甚至需要在很难盈利的行业进行长时间的经营与运行，这种经营方式对于企业活力具有非常不利的影响。所以，中国国有企业需要在其运行的各个领域寻找其利益增长点，进而提升其偿债能力和盈利能力。

其次，成长力主要针对国有企业的发展能力方面，即企业是否具有持续发展壮大的后劲及能量储备。有些企业的发展是以消耗其自身的资源和能力储备为代价的，这种发展方式是不可持续的。因此在这种发展方式下企业活力是比较弱的。对于中国国有企业而言，其发展不能以过度的资源消耗和自身利益的牺牲为代价，而是应该具有相应的能量储备和良性循环过程。

最后，再生力主要是指企业在面临重大挫折或困境的时候，是否具有起死回生或重新焕发生机的能力。因此对于这种能力的评价则主要集中于企业所具有的无形资产、科技研发能力储备和员工所具有的各种能力方面。对于中国国有企业来说，提升企业无形资产的管理能力、培养和储备具有创新精神和研发能力的员工，对于企业的长远发展和软实力提升具有重要意义和作用。

从整体来说，从生态学视角探索和验证了企业活力的评价指标体系，这在理论层面具有新意。目前对于企业活力评价指标体系的研究成果非常有限。既有的研究成果大体可以划分为两大类：第一类即从理论上探讨企业活力的评价维度，并未进行相关实证研究加以验证；第二类即从少量的财务指标进行实证研究，在研究过程中也并未探讨所选择的财务指标是否体现企业生命力。而本研究依据既有研究成果，从理论出发推导企业生命力的评价维度和观测指标，通过 341 个样本企业的数据进行探索性因素分析和验证性因素分析，对所构建的指标体系进行了实证验证研究。所构建的企业生命力评价指标体系是对既有研究成果的补充和完善。另外，使用探索性因素分析和验证性因素分析对企业活力进行探讨，这在研究方法上具有一定的创新性。

但是，由于各方面的限制，本章无法获取非上市企业的指标数据，只能对上市公司进行随机抽样并进行实证研究。因此，研究结论只适用于上市公司，研究结论若需推广至非上市企业，则需要在非上市企业中抽样并收集数据进行验证研究。

由于中国国有企业在经营和发展过程中，不仅需要面对市场经济中的各种风险和挑战，也需要承担各种各样的社会责任。因此，对其活力进行评价，仅仅依靠上市公司所披露的各种数据是远远不够的。对中国国有企业活力进行评价仍然需要配合对企业的深入调研或者通过调查问卷进行非财务数据的收集和分析，才能对中国国有企业活力进行全面的评估。

由于企业所处的行业不同，其企业活力的表现形式也有所差异。从 Wind 数据库的数据筛选结果来看，中国中央企业的上市公司总共为 341 家，再对其进行行业类型的划分，则样本量太小，统计分析结果则不可靠。因此，研究未能针对不同行业对企业活力进行相关探讨。即使由于诸多方面的限制，上述研究成果仍然对国有企业改革具有一定的借鉴和参考价值。

改革从来都不会是一帆风顺的，必须以更大的勇气和智慧攻坚克难。改革也不能要“花架子”，必须稳扎稳打、务求实效。新一轮国有企业改革方向已经明确，想好了就要坚定不移地走下去，凝心静气、凝神聚力，少走弯路、少交学费，层层推进、分类推进，打好这场国有企业改革攻坚战。

第6章　市场化：深化推进市场化改革提高驾驭市场能力和抗风险能力

从一定意义上讲，国有企业改革发展史就是国有企业市场化改革史。国有企业市场化改革是国有企业治理体系和治理能力现代化的关键内容和发展方向。新时代推进国有企业治理体系和治理能力现代化，就是要以市场化为导向，理顺市场和政府的关系，划清政府和市场的界限，使国有企业真正成为自主经营、自负盈亏、自担风险、自我约束、自我发展的独立的法人实体和市场主体，切实提高国有企业驾驭市场能力和抗风险能力。

6.1　国有企业是市场经济条件下的经济主体

市场经济指的是，以价格作为社会资源配置的主要方式的经济体系，有别于计划经济以国家为主导的资源配置方式，市场上经济主体的行为以价格为引导，商品的生产和服务的提供取决于市场的需求水平。改革开放以来中国经济经历了从计划经济向市场经济的转变，国有企业市场化改革是该转变的中心议题。[245]余炳雕、胡方（2003）[246]认为，改革开放之前，中国以计划经济作为资源配置的主要方式，这一时期的中国企业可以被看成政府的生产车间。僵化的思想、泛化的职能和行政化的管理严重束缚了国有企业的发展，使企业丧失了应有的活力。宋志平（2015）[247]认为，回顾40多年的改革历程，总的方向是坚持国有企业市场化，通过放权让利、股份制改革、建立现代企业制度、完善监管方式等一系列改革，实现国有企业的涅槃重生。目前，国有企业市场化改革仍然任重道远，需要解放思想，冲破藩篱，提高国有企业驾驭市场能力和抗风险能力，在国民经济中真正发挥中流砥柱作用。

6.1.1　国有企业市场化的内涵

国有企业市场化的实质是，完善法人治理结构，建立健全产权清晰、权责明确、政企分开、管理科学的现代企业制度，推进国有企业去行政化、去垄断化、去社会化，使国有企业成为自主经营、自负盈亏、自担风险、自我发展、自我约束的市场主体。

国有企业市场化包括三个层次：对外经营市场化、内部管理市场化和管理体制市场化（见图6.1）。对外经营市场化指的是，国有企业作为独立的市场主体开展经营活动，所有权和经营权分离，政府不干预企业的经营事务。内部管理市场化指的是，企业的用工、人

事和薪酬按照市场规律配置，建立相互制衡的法人治理结构。管理体制市场化指的是，出资人按照市场经济原则参与经营管理，完善委托—代理机制，确保国有企业的产权制度符合市场经济原则。

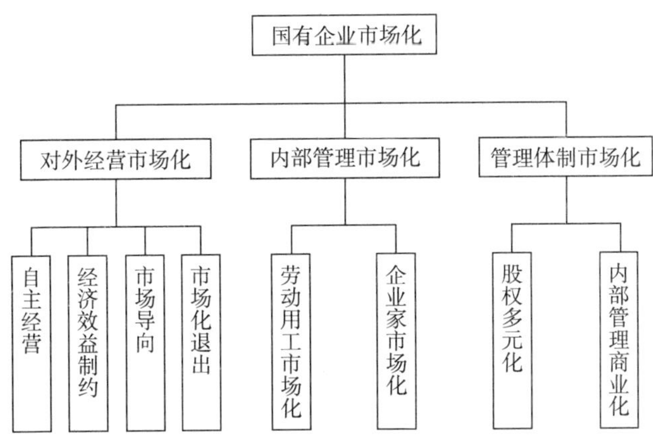

图6.1 国有企业市场化的内涵

对外经营市场化针对产品层面，是初级阶段，目前已经基本实现。内部管理市场化针对生产要素层面，以建立管理人员能上能下、员工能进能出、收入能增能减的制度改革为主要方向，仍在推进当中。管理体制市场化针对产权层面，是高级阶段。

6.1.1.1 对外经营市场化

实现对外经营市场化，国有企业由国营变为国有，由政府的生产车间变为独立的市场主体，拥有自主经营权，直接面对市场，自我约束，自负盈亏，自我完善，自我调整，通过竞争实现优胜劣汰。对外经营市场化包括：自主经营、经济效益制约、市场导向、市场化退出。目前，除部分垄断领域外，大多数国有企业已经实现对外经营市场化，不再按照政府的计划指标组织生产经营活动。

（1）自主经营。赋予国有企业自主经营权意味着，各个股份持有者是企业资产的所有者，他们可以是国家、企业、职工个人和社会个人，政府以股东的身份出现，再也不能像过去那样，从企业外部，运用行政权力直接干预企业的生产经营活动，而只能同其他股东一样，通过内部决策来影响企业。这改变了以政代企、行政部门包揽一切的状况，企业真正做到责、权、利密切结合，增强企业的经营活力。改革开放40多年来，从承包制到利改税，从厂长负责制到建立公司法人治理结构，目的在于赋予企业经营自主权，使国有企业改变政府的附属角色，变成独立的市场主体，以自主经营、自担风险、自负盈亏、自我约束的原则组织生产经营活动。目前，除少数垄断性、公益性国有企业外，绝大部分国有企业已经成为拥有自主经营权的经济主体，政府以计划指标形式干预企业生产和购销的情况早已不存在。

（2）经济效益制约。经济效益制约指的是，经营活动以经济效益为前提，遵循成本—收益原则，既要讲成本，又要讲价格。以经济效益为出发点是国有企业外部市场化的重要表现。市场经济的参与者是独立的经营主体，其经营活动追求利润最大化，因此，国有企业要想真正市场化，就必须重视经济效益。国有企业追求经济效益，市场选择就会取代行政选择，企业会通过增产提效降成本的方法合理配置资源，使整个经营活动步入良性循环轨道，把企业从粗放型模式的桎梏中解放出来，尽快实现集约发展，把企业从追求高速度、高产值转变到追求高质量、高效益上来，把促进经济的快速发展与提高企业的经济效益有机地统一起来，既能增强国有企业活力，又有助于提高社会效益。以经济效益为前提不是简单地追求利润最大化，企业利益相关方包括：股东、债权人、员工、消费者、供应商、政府、本地居民、媒体、自然环境等。国有企业不仅要重视利润，还要承担社会责任，这既是构建社会主义和谐社会的必然要求，也是国有企业自身稳定、可持续发展的客观需要。

（3）市场导向。以市场为导向就是，满足市场需求，根据需求调整企业发展方向，以需求为中心来安排生产经营活动。非市场化国有企业本质上是政府的生产车间，以政府命令为依据组织生产，而市场化国有企业必须把准消费者的脉搏，把立足点和归宿点放在产品“卖出去”，而不是“生产出来”。刘叶华（2015）[248]认为，以市场为导向必须做到：一是以顾客为中心，强调满足顾客现实和潜在的需要。二是注重信息共享，强调顾客信息和竞争者信息在组织范围内传播和扩散的重要性。三是注重跨部门协调，强调市场导向是整个组织的职能，需要不同职能部门共同行动。四是重视执行，强调市场导向的营销战略需要通过行为体现出来。以市场为导向，使国有企业直面更加开放、公正、公平、公开的竞争市场，切断了政府利益传导的“脐带”，促使国有企业采用市场化的评价方法，千方百计降低经营成本，提高盈利能力，既给国有企业带来空前的竞争压力，也促使国有企业不断扩张市场，提升核心竞争力。

（4）市场化退出。缺乏市场竞争能力的国有企业最终要被市场淘汰，这一过程应当严格依照有关法律实施，不能由政府强制要求关停破产，应当根据市场游戏规则，实行优胜劣汰，淘汰那些运行效率低下、管理水平不高、创新能力不足、市场适应能力脆弱的企业，实现国有资产的“瘦身健体”、提质增效。国有企业市场化退出机制有狭义和广义两种解释：狭义的市场化退出就是破产清算，即对企业清产核资，把企业资产卖掉，所得优先补偿有抵押登记的债权，所剩款项按其余债权人的债权比例分配给其他债权人。广义的市场化退出还包含对破产企业进行重组，即由股东、债权人、经营者协商，对企业的资产、负债进行重新安排，如果企业重组价值高于清算的价值，企业就有可能被重组。国有企业市场化退出机制是外部市场化的重要表现，市场经济的基本规律是优胜劣汰，建立国有企业市场化退出机制，对资不抵债的国有企业按市场规则进行破产清算，符合市场经济的客观规律，让缺乏竞争力的企业寿终正寝，让充满活力的企业更加繁荣昌盛，从而优化企业结构，提升经济效益。

6.1.1.2 内部管理市场化

实现内部管理市场化，确保企业劳动用工、人事制度、薪酬分配等按照市场经济规律配置，实现管理人员能上能下、员工能进能出、收入能增能减，建立协调运转和有效制衡的法人治理结构。内部管理市场化主要包括：劳动用工市场化和企业家市场化。内部管理市场化起步较早。1992 年，国务院颁布的《全民所有制工业企业转换经营机制条例》提出，实现工人能进能出、干部能上能下、工资能高能低的制度。2000 年，原国家经贸委颁布的《国有大中型企业建立现代企业制度和加强管理基本规范（试行）》规定，国有企业取消行政级别，不再按照党政机关干部的行政级别来确定企业经营者的待遇。国有企业人事、劳动和分配制度已经基本实现规范化和制度化，但用工形式不规范、内部岗位设置不科学、干部意识浓、行政管理色彩重、平均主义和“大锅饭”等问题依然存在，内部管理市场化问题没有得到根本解决。党的十八届三中全会再次提出要“深化企业内部管理人员能上能下、员工能进能出、收入能增能减的制度改革”。目前以三项制度改革为重点的内部管理市场化改革仍在推进当中。

（1）劳动用工市场化。劳动用工制度有广义和狭义之分，狭义的劳动用工制度是指，企业职工的使用形式，包括固定工和临时工两类。广义的劳动用工制度是指，企业在招聘、使用、清退员工的过程中涉及的一系列规则的总称，既有相关法律法规，也有企业制定的内部用工规定，包括薪酬制度、工会制度、集体协商制度等。劳动用工市场化涉及员工招聘、培养和退出的全过程。在招聘阶段指的是，依靠劳动力市场，以市场价格机制为主要的调节手段，公开、公平、公正地选拔录用文化程度高、专业技能强、工作经验丰富的员工；在培养和使用阶段指的是，坚持“有效激励、发挥导向”的原则，进一步规范员工管理，畅通学历提升、职称评聘通道，使广大员工有信心、有奔头，鼓励引导其通过自身努力扎根岗位、勤奋上进；在退出阶段指的是，以业绩考核为中心，健全规范化管理，建立退出机制，优化岗位管理，实现岗位效益最大化。通过企业市场化用工改革，运用市场机制对人力资源进行有效调节及配置，对提升企业形象、提高人力资源效益、提高员工归属感及幸福感、促进员工积极工作及努力奉献、降低用工风险等有重大的作用；也有利于企业建立公平、公正、以业绩和能力为导向、责权利相一致、压力与动力相平衡、激励与约束相结合的人力资源管理体系，提高企业综合竞争力，提升综合效益。

（2）企业家市场化。企业家市场化指的是，在国有企业中建立职业经理人制度，把执行权落实到职业经理人，职业经理人对企业经营管理负最终责任，并以契约的形式得到确认。用市场化的方式选聘职业经理人，是实行职业经理人制度的重要标志和表现。市场化选聘职业经理人，包括：一是运用市场的方法选聘职业经理人，即通过公开公平竞争的方法选聘职业经理人。企业董事会可以制定统一的职业经理人选聘标准和条件，面向企业内外，甚至面向国际选聘职业经理人，开拓选人范围，开阔选人视野。二是到职业经理人市场上选聘职业经理人。职业经理人市场是一个职业经理人求职推荐、资质评价认证、信用考评、用人选人、职业经理人薪酬谈判定价、流动配置服务的组织体系和运行机制。企业董事会可以根据企业需要到职业经理人市场，选到满足企业需要的职业经理人。党的十八届三中全会提出，推行职业经理人制度，实行内部培养和外部引进相结合，畅通现有经营管理者与职业经理人身份转换通道，董事会按市场化方式选聘和管理职业经理人，合理增加市场化选聘比例，加快建立退出机制。当前，中央企业和一些地方国企正在推行建立职业经理人制度的试点，国有企业的企业家市场化改革正在稳步推进当中。

6.1.1.3 管理体制市场化

管理体制是根据企业管理系统的结构和组成方式确定管理范围、权限职责、利益及其相互关系的准则，核心是管理机构的设置、管理机构职权的分配以及各机构间的相互协调，强弱直接影响到管理的效率和效能。目前，国有企业管理体制市场化还存在不少问题。很多国有企业负责人，包括董事长、总经理、副总经理等，大多由组织部门或国资委任命，导致政企联系难以真正切断。即便是在公司治理体系建设较为规范的企业，董事会发挥的作用也非常有限，不能起到选聘经理层、决策企业重大事项的作用。

（1）股权多元化。国有企业股权多元化包括：一是政企分离，政府部门不再扮演国有企业“衣食父母”和“顶头上司”的角色，国有企业拥有自主经营权，成为独立决策、自我完善、自行调整的实体。二是产权分离。对国有企业产权进行合理的处理，除了涉及国家战略和安全的特殊企业，在大部分国有企业中，国家产权要逐步减少或完全退出，通过改制、上市等合法手段，引进非国有产权。股权多元化目的是实现产权明晰，产权明晰是我国建立现代企业制度的基本要求。股权结构多元化的核心内容是，改变过去那种单一的国家所有制，代之以一种多元化的共同所有制，实际上是变单一的产权制为多元化产权的产权共同体结构。股权多元化的适用范围不在于企业的规模大小，而在于企业的性质是否适宜。一般来说，凡涉及国家安全、国防、社会公益性产业或企业，以及其他一些必须由国家独立投资的企业或项目，除其产权应由国家独立所有外，其余国有企业不论大小，都应该按多元化股权方式来重组企业的产权结构。股权多元化有多种实现路径：可以将部分国有股权分散划拨给国有资本运营公司，可以将部分国有股权划拨给社保基金，竞争性企业可以引入战略投资者，主要资产已经上市的企业可以实现整体上市。

（2）内部管理商业化。国有企业内部管理商业化指的是，在国有股权多元化的基础上形成各司其职、各负其责、协调运转、有效制衡的法人治理结构，建立健全产权清晰、权责明确、政企分开、管理科学的现代企业制度。在出资人层面上，出资人依据法律法规和公司章程行使股东权利，履行股东义务，有关监管内容应依法纳入公司章程。股东会是公司的权力机构，主要依据法律法规和公司章程，通过委派或更换董事、监事，审核批准董事会、监事会年度工作报告，批准公司财务预决算、利润分配方案等方式，对董事会、监事会以及董事、监事的履职情况进行评价和监督。在董事会层面上，董事会是公司的决策机构，要对股东会负责，执行股东会决定，依照法定程序和公司章程授权决定公司重大事项，接受股东会、监事会监督，认真履行决策把关、内部管理、防范风险、深化改革等职责。在经理层层面上，建立规范的经理层授权管理制度，经理层是公司的执行机构，依法由董事会聘任或解聘，接受董事会管理和监事会监督。总经理对董事会负责，依法行使管理生产经营、组织实施董事会决议等职权。

综上所述，比较三个层级的市场化，对外经营市场化是国有企业发展的基石、基础，内部管理市场化是国有企业发展的内在动力、活力源泉，管理体制市场化是最高阶段，也是国有企业市场化的关键和难点。目前，对外经营市场化已基本实现，国有企业市场化改革措施主要集中在内部管理市场化方面，管理体制市场化程度最低，国有企业离真正的市场化还有很大的差距。

6.1.2 国有企业市场化改革的理论依据

国有企业市场化改革实践借鉴了西方现代产权理论，有深刻的理论基础。公有产权存在归属不清晰、层层代理等问题，会增加交易成本。相比公有产权，私有产权能有效地降低交易成本，将市场外部性内化，解决委托—代理问题，更有效率。考虑到国有企业的存在有深刻的内在原因，国有企业改革不能神化私有产权的作用，而应该充分认识到市场化改革的必要性，把公有制的优越性和现代产权理论相结合，提升国有企业效率。

6.1.2.1 产权的定义

财产权利简称为产权，David M. Walker（2003）[249]认为，财产权利指的是依附于实物之上的私权，由权力束构成，主要涉及对特定标的物的占有权、利用权、出租权、转让权、用尽权、消费权等。张强、林国忠和高爱民（1997）[250]认为，从社会关系的角度看，产权是独立的享有标的物的收益和为享有收益而付出的相应代价，产权关系有两重性，既指人与物的关系，也包含人与人的关系。Fisher（1967）[251]认为，产权具有社会属性，能帮助人们在交易时形成合理的预期，这里的预期指的是产权具有使自己或他人受益或损失的权利，只有形成了清晰的产权边界，合理的预期才会出现。Harold（1967）[252]对产权的认识与恵姆塞茨基本一致，认为产权具有社会属性，是一种社会关系，具有排他性，拥有产权的人享有权利，并排斥他人。North（1996）[253]从法律角度解释产权概念认为，产权不仅是一种社会关系，更是一项制度安排，赋予权利的所有者权威，使其能够行使财产权利并排除外部的干扰。上述产权的定义表明，产权具有三种属性：一是排他性，是产权所有者单独享有并排他的权利；二是社会性，体现了人与人之间的社会关系；三是集合性，是包含所有权、使用权、收益权、处置权等在内的权力束。

6.1.2.2 交易成本理论

科斯（2009）[254]认为，交易成本也被称为价格成本，指的是市场主体在运用价格机制时产生的成本，至少包括发现价格的成本、谈判和履行约定的成本。交易成本是企业存在的原因。市场上的交易成本不可能为零，企业将各个独立市场主体整合在一起，通过单个企业整体进入市场交易就避免了原有的交易成本。交易成本理论是产权理论的基础，比较不同产权制度的经济效益高低主要取决于制度能否有效降低交易成本。威廉姆森在肯定科斯观点的同时，扩展了交易成本的概念，将其分为狭义和广义两种：狭义的交易成本指的是市场主体在履约时付出的成本，广义的交易成本还与获取市场信息、组织谈判时付出的代价有关。威廉姆森（2002）[255]把交易成本划分为“前期”和“后期”两类：前期交易成本包括获取信息、组织谈判和签署契约方面的成本，后期交易成本指的是履行契约时产生的费用。威廉姆森认为当市场有限理性、资产专有性强时，交易成本会超出市场主体的承受能力，这就彰显了企业存在的价值。

6.1.2.3 科斯定理

（1）科斯第一定理指的是，如果市场上交易成本为零的情况存在，产权制度不会对经济效率产生影响，市场会自动实现帕累托最优。市场上交易成本不可能为零，第一定理主要对第二定理和第三定理起铺垫作用。

（2）科斯第二定理指的是，如果市场上交易成本为正，不同的产权制度会产生不同的交易成本，市场对资源的配置也因此存在不同的效率。科斯第二定理是对现实情况的反映，突出了产权制度对经济效率的重要性。

（3）科斯第三定理是对最优产权制度的选择方法，包括四个方面：一是如果交易成本相同，应当选择制度成本最低的产权安排；二是针对唯一存在的产权安排，可以考虑成本最低的实现方式；三是建立一项产权制度时，必须考虑成本与收益；四是新的产权制度取代旧的产权制度也必须考虑成本与收益问题。科斯第三定理强调最优产权安排的重要性，政府在初始阶段必须选择效率最高的产权安排才能使社会福利通过交易得到改善。

6.1.2.4 经济效率

产权经济学的主要目的在于，建立最有效的产权制度，从而降低交易成本，提高经济效益，实现资源的优化配置。阿尔钦将产权划分为私有产权、共有产权和国有产权三类，通过比较不同产权制度的交易成本和收益发现：私有产权能有效内化共有产权和国有产权的外部性，从而降低市场交易成本，是最有效的资源配置方式。

相比私有产权，公有产权存在两方面问题：一是产权边界划分不清。国有资产在法律上被界定为国家和全民所有，但这一界定只是一个抽象的概念，在实际操作中长期存在政企不分、政资不分的问题，企业实际上是政府的生产车间，无法有效降低交易成本，克服市场外部性。二是委托—代理问题。国家作为出资人需要雇用管理人员负责企业经营，这就产生了委托—代理问题。国有资本的庞大体量必然会导致超长的委托—代理层级，委托人对代理人的约束并不可靠，会产生更多的企业监督成本。因此一些观点认为，国有企业是低效率的，应该打破国有企业的垄断，国有企业退出竞争领域，实现国有企业的民营化［吴敬琏（2011）[256]；张维迎（1999）[257]；茅于轼（2012）[258]］，可以利用产权领域的改革来提升国有企业的效率［张维迎（1999）[257]］。

国有企业的效率受不同统计口径影响，没有明显证据证明国有企业效率低于民营企业。宗寒（2011）[259]认为，衡量国有企业的效率，不仅要看国有企业自身的经营效率，还要考虑其延伸效率，按固定资产投资计算的国有企业延伸效率比社会平均水平高50%～70%，按产值增长率，比世界平均水平高300%。张军等（2004）[37]认为政府权威影响国有企业效率，但这一观点很难得到实证证明，甚至研究表明权威对企业的效率有正面的影响。

6.1.2.5 现代产权理论的缺陷

（1）研究假设和前提较多，经济模型较为理想化，与现实情况存在脱节，难以有效反映实际情况。

（2）产权制度的研究主要集中在私有产权领域，缺乏对其他产权安排的研究。

（3）研究方法单一，经验分析较多，产权理论研究的建模难度大，理论传播缺乏有效方式。

（4）研究有明显的倾向性，理论研究的目的在于鼓吹私有化，没有深入研究造成私有产权和公有产权效率高低的客观因素。

现代产权理论虽然建立在私有制基础上，但仍对国有企业的市场化改革具有一定的借

鉴意义。国有产权存在产权边界不清晰，委托—代理层级过长等问题，一些观点认为有必要对国有企业进行私有化改革。上述观点忽略了西方产权理论本身存在的缺陷和国有企业对于国民经济发展的重要作用。国有企业的改革必须在以公有制为主体的前提下，通过建立现代企业制度，实现公司制和股份制，明确国有资产的产权边界，解决国有企业中存在的效率低下问题。

6.1.3　国有企业市场化改革的现实依据

国有企业市场化改革有深刻的现实依据，事关中国特色社会主义的成败，是实现中华民族伟大复兴的关键，有助于国有资产保值增值，有助于更好地为国家建设和民生改善做贡献，有助于“脱僵治困”“债务风险管控”“化解过剩产能”。

6.1.3.1　国有企业市场化改革事关中国特色社会主义的成败

习近平同志强调“国有企业是中国特色社会主义的重要物质基础和政治基础，是我们党执政兴国的重要支柱和依靠力量”。国有企业与市场经济相结合在改革开放之前既没有理论基础，又缺乏成功的实践应用。传统马克思主义的观点[260]认为，商品经济的存在前提是社会分工和私有制，社会主义制度以公有制取代私有制，商品经济也会消亡。新自由主义经济学派认为，市场经济是交换经济，交换能够进行的前提是私有制。西方针对苏联国家转型而达成的“华盛顿共识”强调：“必须弱化政府角色，实行快速私有化。”[261]由此可见，传统观点认为，国有企业是与计划经济相结合的经济形式，与市场经济是不相容的。可见，国有企业的市场化改革是一项前无古人的探索，既需要理论的创新，又需要实践的成功，成败与否事关中国特色社会主义的前途。

6.1.3.2　国有企业市场化改革是打破先发国家优势，实现中华民族复兴的关键

国有企业是我国经济的重要支柱。根据财政部公开的数据，2017 年末，国有企业资产总额为 1517115.4 亿元，国有企业营业总收入为 522014.9 亿元。[257]根据国家统计局统计公报，2017 年国内生产总值为 827122 亿元，国有企业总资产是 2017 年全国 GDP 的 1.83 倍，国有企业总收入是全国 GDP 的 63.1%。[263]由此可见，国有企业的经营状况对国民经济的发展至关重要，通过市场化改革提振国有企业效率直接关系到中国经济的发展和中华民族的伟大复兴。改革开放以来，国有企业被成功塑造成独立的市场主体，是一项前无古人的伟大成就。中国通过长期努力探索出了一条符合本国国情的发展道路——“北京共识”。相比“华盛顿共识”，“北京共识”的突出优势在于将国有企业与市场经济制度相结合，通过国有企业市场化走出一条适合本国国情的发展道路。

6.1.3.3　国有企业市场化改革有效确保了国有资产的保值增值

（1）国有企业市场化改革充分尊重了企业的法人财产权和经营自主权，提高了企业的积极性和经营效率。市场化改革明确界定了国有企业的产权边界，实现政企分开和政资分开，政府坚持出资人定位，企业管理者发挥经营特长，从而有效提升国有资产运营的效率。

（2）市场化改革有效落实了国有资产保值增值的责任。过去国有企业的管理是“九龙治水”，多头管理，政出多门，其结果必然是重审批、轻责任。国有企业的市场化改革

在企业落实了国有资产保值增值责任，国资委作为出资人，建立业绩考核体系，将薪酬、奖惩与绩效相结合，督促企业管理者和职工努力工作。

（3）市场化改革强化了对国有企业的监管。出资人到位，监管才能落实。市场化改革明确了国资委的出资人定位，通过对企业的财务、投融资决策、高风险业务控制、产权管理和转让等领域的监督确保了国有资产的保值增值。由表6.1可知，国有企业的市场化改革在国有资产保值增值方面取得了不俗的成绩。

表6.1 工业领域国有企业数量和经济总量变化

年份	企业数量（个）	总产值（亿元）	资产总额（亿元）	主营业务收入（亿元）	利润总额（亿元）
1998	64737	33621	74916	33566	525
1999	61302	35571	80472	35951	998
2000	53489	40554	84015	42203	2408
2001	46767	42408	87902	44444	2389
2002	41125	45179	89095	47844	2633
2003	34280	53408	94520	58027	3836
2004	35597	70229	109708	71431	5453
2005	27477	83750	117630	85574	6520
2006	24861	98910	135153	101405	8485

资料来源：《中国统计年鉴》（2007）。

（4）国有企业市场化改革有助于更好地为国家建设和民生改善做贡献。国有企业承担了更高的社会成本。由图6.2和表6.2可知，国有及国有控股工业企业利润总额不断上升，与私营工业企业的利润总额大致相当，但国有及国有控股工业企业的税收负担远远超过私营工业企业，2010年国有及国有控股工业企业上缴税费占其利润总额的111.13%，而私营工业企业上缴税费占其利润总额的51%。国有企业是社会责任承担的主力军。承担完成国有资产保值增值义务；为社会提供优质产品和服务；促进节能减排；保护员工合法权益；增加社会就业；促进科技创新；积极投身社会公益事业。王文成等（2014）[264]的研究表明，国有企业社会责任指数从2010年的28.9分上涨至2013年的43.9分，同比涨幅51.9%，国有企业社会责任发展平均指数是民营企业和外资企业的两倍以上。市场化改革帮助国有企业减轻了负担，实现“瘦身健体”，为国有企业更好地履行社会责任提供支撑。

（5）利用市场化改革实现“脱僵治困”“债务风险管控”“化解过剩产能”。经过改革开放30多年的努力，国有企业发展取得了巨大成就，但也面临着一些亟待解决的难题，包括：“僵尸企业”和特困企业治理；债务风险管控；化解过剩产能。

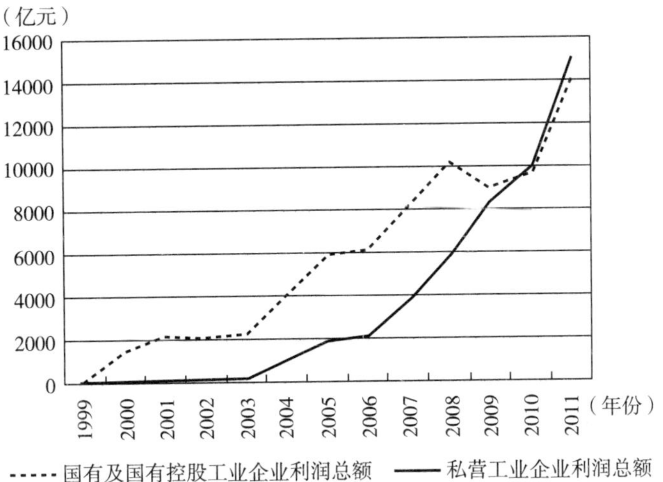

图 6.2　1999～2011 年工业企业利润总额变化情况

资料来源：《国家统计年鉴》（2012）。

表 6.2　1998～2011 年工业企业上缴税费统计　　单位：亿元

年份	国有及国有控股工业企业上缴税费	私营工业企业上缴税费
1998	2845.89	74.17
1999	3081.24	115.95
2000	3470.64	188.51
2001	3659.15	311.01
2002	3982.33	464.06
2003	4615.44	735.38
2004	5436.58	1221.58
2005	6220.11	1688.85
2006	7542.98	2345.26
2007	9193.62	3355.06
2008	10651.4	5501.74
2009	12707.85	5858.14
2010	16378.31	7692.75
2011	237953.25	8577.39

资料来源：《国家统计年鉴》（2012）。

“僵尸企业”和困难企业指的是已经停产 6 个月以上，半停产 12 个月以上，资不抵债，扭亏无望，不具备持续生产经营能力的企业。其中特困企业指的是不属于停产、半停产和资不抵债类的企业，其他企业属于“僵尸企业”。国资委目前要求从 2016 年起，“僵尸企业”每年应减少 1/3，三年基本完成任务，2020 年全面完成“僵尸企业”处置任务。处置“僵尸企业”需要利用市场化手段，建立健全人、财、物等要素资源自由流动的市场平台及体系，推动合理有序流动，健全社会保障服务体系，优化工商税务注销手续，简化破产退出程序等，帮助困难企业摆脱困境，利用市场规则淘汰“僵尸企业”。

国有企业债务风险管控的压力越来越大。据统计，截至 2016 年 3 月末，共有 82 家中央企业发行债券余额 4.05 万亿元，其中，中期票据占 37.4%，超短期融资券占 20%，企业债占 14.2%，公司债占 12.2%，短期融资券占 5.7%。[265] 管控国有企业债务风险需要借鉴市场化手段，政府对债券市场不得过度干预，确保企业的独立经营权，如不干预债转股市场主体具体事务，不得确定具体转股企业，不得强行要求银行开展债转股，不得指定转股债权，不得干预债转股定价和条件设定，不得妨碍转股股东行使股东权利，不得干预债转股企业日常经营等。

目前在煤炭、钢铁、水泥、船舶等领域存在产能过剩的问题，国资委提出从 2016 年开始，利用三年时间压减中央企业现有钢铁、煤炭等现有产能的 15% 左右，这一目标的实现需要发挥市场倒逼机制的作用，使企业增强自我竞争和自我淘汰的意识，从市场上寻找解决所需资金、人员安置、技术升级等问题的办法，尤其要重视用市场化方法及时处置企业债务和不良资产，防范金融风险，帮助企业扭亏脱困增盈，走上平稳发展道路。

通过分析国有企业市场化改革的原因，从理论和现实两个角度论证了国有企业市场化改革有利于降低市场交易成本，解决委托—代理问题，提高国有企业活力，促进国有企业保值增值，是探索中国特色社会主义制度的关键，有力地推动了中华民族伟大复兴中国梦的实现。总之，国有企业市场化改革势在必行。

6.2 中国国有企业市场化改革历程

从一定意义上讲，国有企业改革发展史就是国有企业市场化改革史。从扩权让利、承包经营到建立现代企业制度，从破产关闭、重组并购到国有经济布局战略性调整，从三年改革脱困到做强做优、培育具有国际竞争力的世界一流企业……自改革开放以来，国有企业市场化改革主要经历了三个阶段：初步探索阶段（1978 ~ 1992 年），对外经营的市场化；制度创新阶段（1993 ~ 2012 年），在基本实现对外经营市场化的同时，开始内部管理市场化；深入推进阶段（2012 年党的十八大以来），在深入推进内部管理市场化的同时，启动管理体制的市场化。

6.2.1 初步探索阶段（1978 ~ 1992 年）

改革侧重于对外经营市场化。目的在于简政放权，使国有企业由政府的生产车间转化为市场上商品和服务的提供者。改革原因有：一是经济发展停滞的压力。国有企业普遍面临经济效益不高的问题，政府对国有企业管得过于严格，严重束缚了企业和职工的生产积极性，只有通过放权让利才能使国有企业重获活力。二是农村经济体制改革的推动。改革最初从农村入手，农村经济体制改革是对农民的简政放权，改革的成功带来了巨大的示范效应。三是借鉴了东欧、苏联改革的经验。“文化大革命”结束后，重新确立了解放思想、实事求是的指导思想，有关东欧、苏联改革的成功经验被介绍到我国，扩大企业自主权成为人们普遍接受的观点。

为实现对外经营市场化，本阶段进行了以下尝试：一是扩大企业经营权利。吴敬琏（2010）[266]认为，这一时期从国务院《关于扩大国营工业企业经营管理自主权的若干规定》（1979年）开始，到后来的“扩权十条”（1984年）乃至“转机条例”（1992年），国家在涉及经营权、财产权和投资权等方面所实际赋予企业的自主权范围不断扩大。1978年10月，四川省首先开展扩大企业经营自主权的试点。章迪诚（2006）[267]的研究发现，截至1982年底，全国大中型企业已有80%以上建立了经济责任制，全国县属以上国有企业已有65%以上实行经济责任制。二是“利改税”改革。将以资产权力为依据的利润上缴方式转化为以财政权力为依据的所得税缴纳方式，从而通过税收法律的形式理顺了政府和企业的关系，划清了政府财政收入和企业可支配利润的界限，既保障了政府的财政收入，又提高了企业的经营自主权。三是承包责任制。1987年，全国人大六届五次会议的《政府工作报告》提出，“小型企业可以推行承包、租赁责任制”“大中型企业可以根据不同情况，实行多种形式的承包经营责任制”。

6.2.2 制度创新阶段（1993～2012年）

改革侧重于内部管理市场化，原因包括：一是适应中国特色社会主义市场经济的要求。市场经济要求参与者必须具有独立的法人财产权，要求国有企业内部进行市场化改革，建立与市场经济相适应的现代企业制度。二是对过去改革经验的总结。改革开放以来对国有企业管理体制的探索，经历了扩大经营自主权、“利改税”改革、承包责任制等阶段，这些措施并没有从根本上改变国有产权边界不清晰的问题，对国有企业提质增效只能起到有限作用，要想彻底解决上述问题，势必要在国有企业内部进行市场化改革。

为实现内部管理市场化，本阶段进行了以下尝试：一是出台“整体推进”战略。党的十四大报告中强调“社会主义市场经济体制，就是要使市场在……宏观调控下对资源配置起基础性作用”“通过价格杠杆和竞争机制……给企业以压力和动力”。在这一背景下，内部管理市场化改革全面展开。党的十四届三中全会通过的《中共中央关于建立社会主义市场经济体制若干问题的决定》提出，建立现代企业制度，实行公司制，对“国有大中型企业”明确了“产权清晰、权责明确、政企分开、管理科学”的四项基本特征，对于“一般小型国有企业”，则允许“承包、租赁、股份合作”等多种经营形式相互共存，甚至也可以出售给集体或个人或“实现优胜劣汰”。1999年，党的十五届四中全会提出“要大力发展股份制”。二是坚持抓大放小原则改组国有企业。1999年，党的十五届四中全会提出，从战略上调整国有经济布局，推进国有企业战略性改组，通过“抓大放小”培育一批实力雄厚、竞争力强的大企业集团，并积极扶持中小企业向“专、精、特、新”的方向发展。三是构建“股权交易”体系。国务院先后出台《关于加强企业国有产权转让监督管理工作的通知》《企业国有资产产权登记管理办法》《企业国有产权转让管理暂行办法》等监管性法令文件，逐步形成一整套产权转让审核、挂牌、定价、鉴证制度，促进了产权市场的空前繁荣。一批产权交易市场陆续在湖北、四川、河北、江苏等地成立，截至2005年已达220多家。

6.2.3 深入推进阶段（2012年党的十八大以来）

2012年11月党的十八大以来，中央企业和地方国有企业坚持社会主义市场经济改革方向，不断增强企业发展活力。在中央企业改革具体实践中，建立和完善市场化经营机制始终是深化改革的重要措施。各级国资委和国有企业围绕发挥市场在资源配置中的决定性作用，运用市场化观念、方法、管理手段，按照市场需求组织生产经营，提高国有企业劳动生产率和经济效益，推进国有企业市场化改革。

6.2.3.1 政策部署

2013年党的十八届三中全会通过的《中共中央关于全面深化改革若干重大问题的决定》提出经济体制改革的核心问题是处理好政府和市场的关系，使市场在资源配置中起决定性作用和更好地发挥政府作用。2015年9月，《中共中央、国务院关于深化国有企业改革的指导意见》（以下简称《指导意见》）发布，以此为纲领，形成了“1+N”的系列文件体系，国有企业市场化改革的顶层设计方案基本形成。《指导意见》作为“1+N”文件的“1”明确了改革要坚持的五项原则，原则之一即为坚持社会主义市场经济改革方向，全文35次出现“市场”一词，开宗明义指出要适应市场化、现代化、国际化新形势，通过改革促使国有企业真正成为依法自主经营、自负盈亏、自担风险、自我约束、自我发展的独立市场主体。在市场经济条件下，国有企业能否成为独立市场主体是改革成败与否的重要标志，也是各项改革政策的出发点和落脚点。《指导意见》明确提出要遵循市场经济规律和企业发展规律，坚持市场化改革，体现了中央推进市场化改革的决心。

为全面推动市场化改革，建立和完善市场化经营机制，国家先后出台了一系列文件，如《关于开展落实中央企业董事会职权试点工作的意见》《关于开展市场化选聘和管理国有企业经营管理者试点工作的意见》《关于深化中央管理企业负责人薪酬制度改革的意见》《关于市场化选聘职业经理人差异化薪酬分配的意见》等，这些文件为完善市场化经营机制改革提供了政策支持。党的十九大报告强调，要加快完善社会主义市场经济体制。经济体制改革必须以完善产权制度和要素市场化配置为重点，实现产权有效激励、要素自由流动、价格反应灵活、竞争公平有序、企业优胜劣汰。党的十九大报告为充分发挥市场化经营机制在深化国有企业改革中的作用提供了政策保障。

2014年7月，国务院国资委在中央企业启动了“四项改革”试点，将新兴际华集团有限公司、中国节能环保集团、中国医药集团总公司、中国建筑材料集团公司开展董事会行使高级管理人员选聘、业绩考核和薪酬管理职权试点。2016年，在“四项改革”试点基础上，又推出包括市场化选聘经营管理者、推行职业经理人制度、企业薪酬分配差异化改革等“十项改革”试点。这一套改革“组合拳”与市场化经营机制改革高度契合，在市场化改革方面迈出实质性步伐，这些举措使市场化经营机制加快完善。

6.2.3.2 主要做法和经验

本阶段国有企业改革围绕着国有企业分类管理、完善现代企业制度、以管资本为主改革国有资本授权经营体制、发展混合所有制等展开，这些举措的核心就是通过市场化的方向和路径，把国有企业真正塑造成具有竞争力的独立市场主体，市场化原则可谓本次国有企业改革的灵魂。

以管资本为主转变国资监管机构职能，提高国有资本运作市场化程度。各级国资委和国有企业灵活运用资本市场和产权交易市场，大幅提高国有资本运作机制的市场化程度。一是运用资本市场增资降杠杆。中央和地方国有企业通过股票市场 IPO、增发、产权市场增资扩股等方式扩充股权融资渠道，提升直接融资特别是股权融资比重，依托资本市场引入各类社会资本充实资本金，灵活利用境内外债券市场筹集企业运营发展资金，更好地实现降成本、去杠杆。二是资本市场成为国企重组整合的主战场。各级国资委积极推动企业通过资本市场和产权管理手段开展横向联合、纵向整合和专业化重组。2017 年以来 A 股市场共有 435 家上市公司开展重大重组，其中地方国有企业 64 家，中央国有企业 54 家，合计达到 118 家，上市公司并购重组在加快国有经济布局优化、结构调整、战略性重组方面的作用日益彰显。三是通过资本市场盘活存量资产。全国国有企业通过产权交易市场转让国有资产 8636 亿元，平均增值率 19.66%，其中 94% 的交易项目在评估结果基础上实现增值。在处置"僵尸企业"、破产企业资产过程中，资本市场和各类产权交易平台充分发挥社会公信力和价值发现功能，不断提升化解金融风险的水平。一些企业积极创新存量资产盘活方式，通过发行可交换债、资产证券化产品等提高存量资产运营效率。

探索建立职业经理人制度，不断激发经理层活力。建立企业领导人分类分层管理制度，根据不同企业类别和层级，实行选任制、委任制、聘任制等不同选人用人方式，推行职业经理人制度，合理增加市场化选聘比例，推行企业经理层成员任期制和契约化管理。2014 年，国资委选择新兴际华等几家中央企业开展由董事会直接选聘和管理经理层的试点，对市场化聘任的企业管理人员，开始研究建立市场化薪酬协商机制，以适应建立职业经理人制度的需要。

实行三项制度改革，解决"三能"问题。国有企业内部三项制度改革进一步深化，逐步建立起企业员工能进能出、管理人员能上能下、收入能增能减的机制。建立以合同管理为核心、以岗位管理为基础的市场化用工制度。建立健全企业各类管理人员公开招聘、竞争上岗等制度，对特殊管理人员可以通过委托人才中介机构推荐等方式，拓宽选人用人视野和渠道。建立分级分类的企业员工市场化公开招聘制度，切实做到信息公开、过程公开、结果公开。构建和谐劳动关系，依法规范企业各类用工管理，真正形成企业各类管理人员能上能下、员工能进能出的合理流动机制。

实行差异化薪酬分配制度。国务院国资委已启动了工资总额备案制、周期预算等分类管理试点工作。一些试点企业推进市场化选聘人才机制，建立差异化薪酬考核体系，实行收入分配实施分类、差异化管理，按照"效率优先，效益导向"原则，健全高级管理人员薪酬激励和约束机制。2017 年，中国电子、武汉邮科院等企业控股的 16 家上市公司实施股权激励，中航工业、国家电网、中国能建、中国铁建等企业实施科技型子企业分红激励，企业内生活力进一步激发。

发挥企业家精神。2017 年 9 月，中共中央、国务院印发的《关于营造企业家健康成长环境、弘扬优秀企业家精神、更好发挥企业家作用的意见》（以下简称《意见》）指出，企业家是经济活动的重要主体，要求营造企业家健康成长环境，弘扬优秀企业家精神，更好发挥企业家作用。党的十九大报告强调要激发和保护企业家精神，鼓励更多社会主体投身创新创业。《意见》提出了激发和保护国有企业家精神的举措，中央企业和地方国有企业正在抓好这些措施的落地。

6.2.3.3　主要成绩

通过几年的深化改革实践，国有企业市场化经营机制逐步完善，主要表现在如下方面：一是国有企业领导人员分类分层管理有序推进。部分中央企业通过试点实现了集团公司经理层由董事会依法聘任，并实行聘任制和契约化管理。不少中央企业所出资企业和省级国资委出资的一级企业推行了职业经理人制度，促进了企业领导人员从“同纸任命”“一体管理”向分类分层管理转变。二是收入分配制度改革进一步深化。改革国有企业负责人薪酬制度，逐步规范国有企业收入分配秩序，推动实现薪酬水平适当、结构合理、管理规范、监督有效。合理确定并严格规范中央企业负责人履职待遇、业务支出，坚决根除按照职务设置消费定额并量化到个人的做法。完善市场化企业薪酬分配制度，中央企业集团公司层面均建立了明确的工资效益联动机制，60 户中央企业控股上市公司实施了股权激励，11 户科技型子企业实行了分红激励政策。三是市场化用工制度逐步形成。中央企业公开招聘制度覆盖率达到 98%，劳动合同应签尽签率达到 100%。

纵观改革开放 40 多年的历史，国有企业市场化改革呈现以下特点：一是改革进程与宏观经济形势密切相关。由图 6.3 可知，国有企业改革的三个阶段的初始年份往往是 GDP 增长处于低谷，呈现较大波动的时期，这一现象在 20 世纪 80 年代和 90 年代尤为突出，摆脱国民经济的困境成为国有企业市场化改革的重要原因。二是改革有一定延续性。每个阶段的改革往往会参考上一阶段的经验教训，带有明显“摸着石头过河”的特点。三是改革的基本方向没有发生太大变化，始终围绕着国有企业市场化改革主题，为了解决国有产权效率低下的问题。

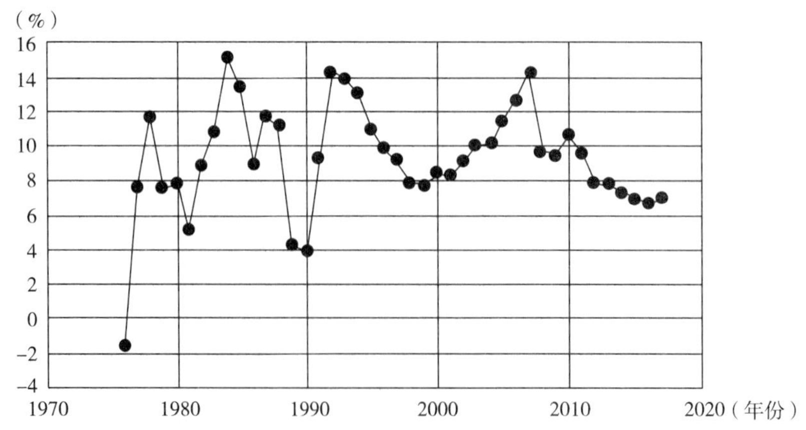

图 6.3　1976～2017 年国内生产总值增长率变化

资料来源：根据国家统计局各年度《统计公报》整理。

6.3　国有企业市场化现状

改革开放40多年来，国有企业的市场化改革取得了巨大成绩，“出资人到位、分级监管、自主经营”的国有资产监督管理体系已经初步建立。当前，国有市场化改革已经进入深水期，面临诸多挑战，市场化改革任重道远。目前社会上对国有企业市场化改革争议较大，出现了“国有企业市场化是与民争利和国进民退”“国有企业市场化过于突出企业作为市场主体的独立利益，忽略了国有企业的全民所有制性质”等观点。这些观点是对国有企业地位、性质和作用的错误理解，国有企业市场化改革的方向必须长期坚持、永不动摇。

6.3.1　市场化的国有资产监督管理体系基本建立

国有企业40多年以来的市场化改革取得了巨大成绩，与社会主义市场经济相结合的国有资产监督管理体系已经基本建立，这一体系可以从宏观和微观两个角度加以研究。

6.3.1.1　宏观成绩

落实了国有资产出资人代表制度，解决了国有资产管理体系中政企不分和政资不分的问题，改变国有资产监管越位、缺位和错位的现象，有效确保了国有资本的保值增值。建立国有资产出资人代表制度是解决国有企业市场化问题的关键，国有企业市场化问题归根结底是国有产权的归属问题，以国资委为代表的出资人制度明确了国有产权的归属，改变了传统理论认为国有产权权属不清的问题，从根本上提高了国有企业的效率。正确理解国有资产出资人代表制度需要理清四个关系：一是国资委与国有企业的关系。国资委是国有企业的出资人，两者的关系由《公司法》和《国有资产管理法》界定，国资委对国有企业的管理是出资人管理，在管人、管事和管资本三项职能中突出管资本的重要性，企业是独立的市场主体，享有完整的自主经营权和法人财产权。二是国资委与其他出资人的关系。国资委是政府的特设机构，拥有行政权力，而一般出资人是市场主体，作为市场经济的主要参与者，没有行政权力，是市场规则的主要服从者。三是国资委与其他政府机构的关系，国资委主要承担国有企业的出资人职责，是国有企业的股东和老板，没有公共管理职能。四是不同级别国资委的关系。不同级别的国资委之间不存在行政隶属关系，代表相应级别的政府承担出资人职责，上级国资委对下级工作进行指导和监督。

6.3.1.2　微观成绩

（1）推行公司制改革。公司制改革始于20世纪90年代，是国有企业现代企业制度建设的第一步。截至2016年底，国资委监管的中央企业各级子企业公司制改制面达到92%，混合所有制企业户数占比达到68%。其中，东方电气、中广核、上海贝尔三家企业全面完成了公司制改革，中国铁建、中国航信、华侨城集团等七家中央企业二级及以下子企业全面完成改制。2017年出台的《中央企业公司制改制工作实施方案》提出，年底之前必须基本完成公司制改革。

（2）健全国有企业法人治理结构。建立由董事会、经理层、监事会在内的职能到位、相互监督、互相制衡的法人治理结构，充分发挥了公司章程的作用，在国有独资、全资公司中建立了外部董事占多数的董事会，完成外派监事会改革。

（3）探索建立市场化的选人用人机制。将党管干部的原则与市场化选聘机制相结合，国有企业的管理人员主要有三类：组织任命人员、职业经理人和董事会选聘任用人员。

6.3.2 国有企业市场化改革任重道远

国有企业市场化改革取得了举世瞩目的成绩，但改革依然不彻底，有待继续深入。在对外经营市场化方面，部分国有企业还不能被称为真正的市场主体；在内部管理市场化方面，国有企业内部法人治理结构还不够完善；在管理体制市场化方面，国有企业亟待建立市场化的管理体制。

6.3.2.1 国有企业没有成为真正的市场化主体

改革开放以来，我国走过一段极不平凡的岁月，经过放权让利、股份制改造、海内外上市、董事会试点、薪酬制度改革、大规模管理提升等一系列改革进程，实现了再造与重生。党的十八届三中全会指出，国有企业总体上已经同市场经济相融合。多年来，国有企业改革成绩显著，但仍不能被称为真正独立的市场主体，政企分开仍然不彻底、不充分。这主要表现在：政府与国有企业之间的关系过于紧密，政企之间人员流动频繁，国有企业在政府政策、资金方面享受着超越其他所有制企业的特权，国有企业仍然被一些政府官员看作赚钱养老的好去处等。政企分开不彻底，导致两个后果：一是对所有企业一视同仁的服务型政府难以建立；二是在政府羽翼下的国有企业危机意识不足、竞争力弱、发展较慢。计划经济时代，国有企业是政府的“亲生儿子”，也几乎是唯一的“孩子”，为税收、就业和经济发展做出了很大贡献。到了市场经济时代，家庭成员多了民营企业、外资企业及混合所有制企业，都在为经济发展和城市建设做贡献。因此，政府必须转变观念，不再将国有企业视为唯一的“亲生儿子”，要有魄力割断与国有企业的资本“脐带”，放弃“亲生儿子”，只有这样，政府才能不再有利益牵绊，才能真正做到对所有的“孩子”一视同仁，才能真正变身为服务型政府；国有企业才能不再有依赖心理，才能产生危机感和紧迫感，才能真正积极主动地参与市场竞争。

6.3.2.2 国有企业内部法人治理结构仍不完善

当前，国有企业内部管理尚未实现真正市场化，多数国有企业已初步建立现代企业制度，但从实践情况看，现代企业制度仍不完善，部分企业尚未形成有效的法人治理结构，权责不清、约束不够、缺乏制衡等问题较为突出。体现在：一是股权结构处于畸形状态，内部人控制现象严重。国有股大多处于控股地位，“一股独大”，直接导致了内部人控制现象的发生。内部人控制是指，多数或相当大的股权为内部人持有，在企业的重大战略决策中，内部人的利益得到有力的强调。在国有控股公司出资人缺位的情况下，出现了大股东控制又无人控制的局面，造成了国有资产的大量流失。二是董事会作用不能得到真正发挥。首先，从结构上看，内、外董事比例失调，决策的有效性受到影响。依据国外企业的

经验，公司内部董事占全部董事的比例一般在30%左右为宜，而我国这一比例大约为54.8%。其次，董事长与总经理兼任比较普遍。董事长和总经理兼任，决策权和经营权混为一谈，董事会对经理层的监督作用失效。最后，独立董事的独立性得不到保证。从人数上说，独立董事仅占董事会人员的1/3，不能起到关键性的监督作用。三是经理层缺乏有效的激励与约束机制，激励形式单一，激励力度不够，报酬激励与企业绩效脱钩，经理层的效益与风险不对称使得他们更多注重自己的政治角色，而无从关心企业的长远发展，普遍存在着短视行为。

6.3.2.3　国有企业亟待建立市场化的管理体制

管理体制市场化是国有企业市场化的高级层面，是改革的难点。内部管理市场化之所以长期不能到位，根本原因就是国有企业管理体制的滞后。当前很多一级国有企业负责人甚至子公司领导均由组织部门或国资委任命，包括董事长、总经理、副总经理等，导致政企联系难以切断，也导致企业管理层的薪酬绩效难以市场化，不能形成有效激励，管理层也很少“以股东价值最大化为导向”进行决策经营。尽管国务院国资委也一直在推动经理层的市场化选任，但执行效果并不理想，个别市场化选任的高管不可能从根本上改变企业长期形成的治理和决策机制。即使在一些董事会建设较为规范的企业中，董事会作用也非常有限，起不到真正选聘经理层、决定企业高管薪酬、决策公司重大投资等作用。可见，国有企业离真正市场化还有很大差距。推进国有企业管理体制市场化关键在于产权制度改革。通过股权多元化改革，形成相互制衡的股权结构和企业法人治理结构，并依照《公司法》规范和落实董事会、监事会、经理层的责权，出资人机构则通过董事会参与企业治理，最终实现国有企业治理机制的商业化。目前中央和地方层面尚有个别一级企业仍未完成公司制改革，需要尽快完成一级企业的公司制改革，并逐步改革成为股权多元化公司。

6.3.3　坚持国有企业市场化方向不动摇

当前社会上对国有企业市场化改革争议较大，集中体现在：国有企业市场化改革是与民争利和国进民退，国有企业市场化改革混淆了市场主体的经济利益和国有企业全民所有制的性质。这些观点是对国有企业市场化改革的错误理解，需要加以澄清。

6.3.3.1　国有企业市场化改革与国进民退的争议

国进民退的争议始于2008年金融危机，为应对金融危机的冲击，国家推行“四万亿”的经济促进计划，一时间各级政府的投资都成为国有资产，因此产生了国进民退的争议。许小年（2009）[268]认为，“国进民退”背离了30多年以来国有企业市场化改革的方向，是改革的倒退。

“国进民退”的争议是错误的伪命题，原因如下：一是只注重考查短期经济指标，忽略了长期经济发展的趋势。争议主要产生于2008年之后，与当时国内外政治经济环境密切相关，但从长期来看国有企业资产总额在全部国有企业资产总额中的比重仍然保持下降的趋势，1978年我国国有企业资产总额在全部国有企业资产总额中的比重是92%，而到了2008年，这一比重就下降到了43.8%。表6.3表明，我国国有及国有控股工业企业在所有企业资金占用总额中的比重呈现不断下降的趋势，国有资产并没有挤占民营资产的生存空间。二是错误分析了国有企业近年来快速发展的主要原因。国有企业近年来快速发展得益于国有企业的市场化改革，将国有企业打造成面向市场竞争，以效益为导向的现代企业，而不是简单借助行政手段来改变国有资产和民营资产的力量对比。三是这一争论忽略了国有企业推行混合所有制改革的努力。国有企业发展混合所有制经济，实现国有资本实现形式的多样化，事实上在国有企业中引入了非公有制经济，两者实际上是和谐共存的关系。

表 6.3　国有及国有控股工业企业在所有企业资金占用情况　　单位：亿元

年份	所有企业资金总额	国有及国有控股工业企业资金总额	比重
1999	94924.8713	63824.5718	0.67
2000	103702.7022	68372.02129	0.66
2001	111924.2	71214.08	0.64
2002	120281.02	72353.85	0.6
2003	137556.18	76446.38	0.56
2004	160733.96	82687.68	0.51
2005	195362.18	89845.78	0.46
2006	231091.42	115408.2	0.5
2007	275470.27	115408.2	0.42
2008	339199.62	138948.51	0.41
2009	402585.77	164967.39	0.41

资料来源：天则经济研究所课题组．国进民退及对市场竞争的影响——对中国当下“国进”本质的分析及案例研究［A］．国有企业的性质、表现与改革［C］．北京天则所咨询有限公司，2011：79.

6.3.3.2　国有企业市场主体经济利益与公有制性质

国有企业的市场化改革目标是，在企业中建立现代企业制度，使企业成为独立的市场经济主体，自主经营、自负盈亏，享有独立的法人财产权和经营自主权。国有企业成为独立的市场主体就需要追求经济利益，考虑企业的成本收益，实现利润最大化。管跃庆(2015)[269]认为，国有企业作为公有制企业事实上还承担着较大的社会责任，“讲政治”是国有企业领导干部的立业之基。有观点认为，国有企业讲政治与成为独立的市场主体两者存在矛盾，国有企业要想继续保留社会属性，就不能进行市场化改革。这一观点是对国有企业性质的混淆。社会主义市场经济条件下，国有企业具有双重属性：经济属性和社会属性。植草益（1992）[270]认为，社会属性指的是国有企业由政府掌握控制权，产权最终属于全民所有，建立的最终目的是改善国民经济结构和增进人民福利。经济属性指的是国有企业和其他经济形式一样，都是独立的市场主体，需要考虑企业经营的成本—收益，实现利润最大化。经济属性和社会属性是耦合的，国有企业经济效益的提高有助于更好地承担社会属性。2011 年，全国财政收入 103740 亿元，国有企业应缴税费 29934 亿元，国有企业税收收入占全国财政总收入的 28.85%，国有企业贡献了相当一部分政府财政收入。

6.4　国有企业市场化改革的策略

国有企业市场化改革的目标是，资源配置的主要方式由以政府为主导转向以市场为主导，通过理顺市场和政府的关系，以划清政府和市场的界限为抓手，以管理权限下放的“减法”来换取企业提质增效的“加法”，以机制创新的“勇气”来结合市场经济的“活力”，解决政企不分、政资不分、企业职能泛化的问题，使国有企业真正成为自主经营、自负盈亏、自担风险、自我约束、自我发展的独立的法人实体和市场主体。国有企业市场化改革取得了丰硕的成果，但仍面临各种棘手的困难和问题，改革任重道远，必须全面深化国有企业改革，采取切实可行的对策措施，积极推进国有企业市场化，切实提高国有企业驾驭市场能力和抗风险能力。

6.4.1　完善国有企业对外经营市场化

完善对外经营市场化就是要扫清国有企业直接面向市场的各种障碍，关键是建立公平的市场环境，保证各种所有制经济依法平等使用生产要素、公平参与市场竞争、同等受到法律保护。

6.4.1.1　处理好政府与市场的关系

政府要在市场经济当中发挥良性作用，就需要保证市场成为资源配置的主体，让资源通过价值规律的作用自由地在各个市场主体之间流动。要达到这个目标，其前提是要保证各种所有制经济依法平等使用生产要素、公平参与市场竞争、同等受到法律保护。政府职能转变是关键。政府职能转变的方向，是创造良好的市场环境，提供优质的公共服务，维护社会公平正义。近年来，政府职能转变取得了显著进展。但受长期计划经济体制和思维惯性的影响，在不少地方和部门，政府的直接干预依然渗透在微观经济活动的诸多方面，不仅包括垄断行业的生产经营过程，甚至涉及已经市场化的竞争性行业。这种行政权力的滥用，为腐败行为提供了制度土壤，加剧了收入分配不公，影响了政府的公信力。为了从根本上解决这一问题，必须加快行政管理体制改革，进一步转变政府职能。凡是市场主体有能力做好的事情都要交给市场主体去做，政府的主要职责是为市场主体创造公平竞争的环境。迟福林（2017）[271]建议，只有以处理好政府与市场关系为重点，才能拓宽经济转型的市场空间，放大结构性改革的市场效应，加大有效的制度供给，实现经济转型的实质性突破。以开放转型促进结构性改革，不仅决定了我国经济转型发展的未来，而且将对全球经济增长和经济治理格局产生重大影响。

6.4.1.2　深化垄断行业改革

行政垄断地位阻碍了企业对外经营的市场化，劳动用工、人事和分配都会因为企业的非市场化经营而僵化。必须下决心在石油、电力、电信、金融、铁路等行业进一步深化改革，实行政企分开、政资分开、政事分开，完善机制，打破垄断，加快构造有效竞争格局，加快垄断行业建立现代企业制度的步伐。2005 年和 2010 年，国务院先后发布两个非公经济“36 条”①，规定允许民营资本进入垄断行业和领域，允许进入公用事业和基础设施领域，允许进入社会事业领域，允许进入金融服务业领域，允许进入国防科技工业建设领域；鼓励非公有制经济参与国有经济结构调整和国有企业重组。这为打破垄断、引入竞争创造条件，为推进国有垄断企业股权多元化提供契机。但是不可否认，在以往的国有企业改制重组中确实存在一些问题，特别是政企不分、监管不力为个别政府主管部门、企业经营者和出资人进行暗箱操作提供了可乘之机，导致国有资产流失，使国有产权制度改革受到质疑。国有垄断行业是特殊利益最为集中的领域之一，在股权多元化改革中势必会出现突出的利益博弈问题。对此，最有效的办法就是方案公开、程序公正、社会参与、媒体监督，“让权力在阳光下运行”。

6.4.1.3　进一步厘清企业的非市场业务

国有企业是自主决策、自负盈亏的市场主体，又要履行公共职能，经济目标和社会目标相互交叉，部分国有企业当前还承担着很多非市场的特殊任务，主要有赈灾、对口帮扶、应急救援、政府指令性任务等。这些特殊任务大多是临时性的、突发性的，一般没有规范的制度安排，尽管占比不高，但却让企业冠上了“非市场主体”的名号。因此，要厘清这些非市场业务，探索以市场化的方式完成这些任务的方法。具体地，商业性国有企业应放弃特殊政策目标。要求商业性国有企业承担经济以外的特殊政策目标，包括产业结构调整、产业引领升级等任务，既无必要也无可能。实践表明，国有资本与其他资本一样，在市场化条件下都是逐利的，商业性国有企业也是如此。如果要求商业性国有企业把产业结构调整、引领发展等特殊功能作为主要目标，企业会无所适从，事实上商业性国有企业也不会完全遵从这一指挥棒。

6.4.2　推进国有企业内部管理市场化

内部管理市场化要以解决历史遗留问题为重点，使劳动用工、人事和分配三项制度改革能真正落到实处。核心内容包括：一是规范用工管理，畅通进出渠道；二是优化岗位设计，变身份管理为岗位管理；三是细分岗位价值，效益决定薪酬，最终实现劳动用工、人事和分配与市场全面接轨。

6.4.2.1　逐步解决国有企业职工身份多样的问题

改革开放以来，国有企业按照市场化取向，开始并逐渐扩大市场化用工的规模和方式，以降低企业的生产成本，企业劳动用工形式多元化，随之出现了劳动合同工、劳务派遣工和非全日制用工等各种用工方式。此外，一些国有企业在经济体制转变过程中，由于劳动合同制度实施的不完善，还存在有些职工的用工主体为地方政府，有些职工甚至无明

① 2005 年 2 月 25 日，新华社发布《国务院关于鼓励支持和引导个体私营等非公有制经济发展的若干意见》，这是中华人民共和国成立以来首部以促进非公有制经济发展为主题的中央政府文件，因文件内容共 36 条，这份文件通常被简称为“非公经济 36 条”。“新 36 条”是指“非公经济 36 条”颁布五年之后，国务院于 2010 年 5 月 13 日再次发布的《国务院关于鼓励和引导民间投资健康发展的若干意见》。由于该《意见》中共计有 36 条，为了与“非公经济 36 条”相区别，故被简称为“新 36 条”。

确的用工主体，但也在企业中长久工作的现象。不同身份有不同的“含金量”，福利待遇、退休工资差异较大，这些都是历史遗留下来的问题，属于劳动用工上的不规范。国有企业在劳动用工方面的历史遗留问题和新生问题也交织在一起并不断显现，存在以下三个较为突出的风险：一是“同工不同酬”现象普遍，存在稳定风险；二是国有企业员工劳动主体模糊，存在法律风险；三是劳动者劳动权益得不到公平体现，存在道德风险。要加强劳动合同管理，在尊重历史的基础上，采取多种形式进行不同身份的价值补偿，逐步消灭职工身份差异。

6.4.2.2 加快推进三项制度改革

三项制度改革滞后是国有企业与市场经济不兼容的重要表现之一。绝大多数国有企业形式上都按照现代企业制度的要求，建立了与市场经济相适应的内部人事、劳动和分配三项制度，实际基本不管用，说得多做得少，企业管理人员能上能下、职工能进能出、收入能增能减的机制远未建立。具体体现在：一是国有企业及其领导人行政级别虽然形式上取消了，实际却依然存在。二是法人治理结构名义上建立起来了，却很难有效运作。三是内部激励约束机制说是建立起来了，却很难说薪酬与贡献挂钩，反而是企业领导和普通职工收入大幅拉开，一些垄断行业国有企业员工收入水平畸高。新形势下深化国有企业三项制度改革需要有坚定的决心、坚强的魄力、高超的智慧，让新制度真正管用。中央层面需对国有企业三项制度改革做出符合市场经济要求的顶层设计，对一些关键环节和政策必须做出统一规定。各地、各企业需要在中央统一部署下结合自身实际，灵活且坚定不移地贯彻落实，要有改革时间表。具体措施有：一是国有企业领导人培养选拔及薪酬待遇不能过于强调形式上的市场化和与国际接轨。选择企业经营班子应充分尊重市场规律和人才工作规律，真正做到选贤任能、人与岗位相匹配，对风气不正、业绩不佳的企业班子敢于碰硬。二是不能笼统地把国有企业领导人薪酬待遇与企业整体经营绩效挂钩，更不能盲目攀比国际同行薪酬待遇水平。国有企业领导人薪酬待遇可以分成与基本绩效挂钩的基薪和与额外绩效挂钩的奖金两个部分。其中，基薪不能超过企业职工平均工资若干倍，并且必须在完成基本绩效时才能足额领取；奖金必须在核定的正常经营绩效之外创造出额外的经营绩效之后才能按一定规则兑现。三是建立反映劳动力市场供求关系和企业经济效益的工资决定和正常增长机制。大力健全国有企业资本、知识、技术、管理等由要素市场决定的报酬机制，建立健全以实际贡献为评价标准的科技创新人才薪酬制度，鼓励国有企业对紧缺急需的高层次、高技能人才实行协议工资、项目工资等。加强知识产权保护，完善有利于科技成果转移转化的分配政策，探索建立科技成果入股、岗位分红权激励等多种分配办法，保障技术成果在分配中的应得份额。完善高层次、高技能人才特殊津贴制度，允许和鼓励品牌、创意等参与收入分配。着力健全国有企业工资决定和正常增长机制，着重保护劳动所得，努力实现劳动报酬增长和国有企业劳动生产率提高同步。努力缩小国有企业内部收入分配差距，对非国有金融企业和上市公司高管薪酬，可考虑通过完善公司治理结构，增强董事会、薪酬委员会和股东大会在抑制畸高薪酬方面的作用。

6.4.2.3 建立科学完善的流程管理和内控机制

国有企业的决策需要有效的执行。除了公司治理结构的权责明确之外，公司运转的各部分、各环节都应当责权明确、高效和谐运作，这样才能真正保证有效的执行力。应当说，国有企业在几十年的发展中形成了一整套内部管理和业务流程，有了相对明确的分工。但这一套流程体系是在计划经济时期、垄断市场情况下形成的，是面向自己而不是面向客户，是面向计划而不是面向市场，是面向产品而不是面向服务，是面向垄断而不是面向竞争。在激烈的市场竞争中，这一套流程不能保证企业有快速的市场响应能力、有高效灵活的运作机制、有适应需求的良好服务，因此，国有企业应当根据市场竞争的变化和需要，适时适度地调整、再造企业内部的管理和业务流程。要保证企业内各部分、各环节的责权到位，建立完备的内控机制，监督、确保各项授权有效、正确地使用，降低分权、授权后不正确、不规范运用权限的风险。流程管理和内控机制的建立，将使企业减少扯皮、降低成本、规避风险、高效运转。

6.4.3 破解国有企业管理体制市场化

管理体制市场化是三个市场化中最困难的任务，要以产权改革为基础，建立国有企业治理的商业化机制，最终实现从管资产到管资本的转变。具体措施有：

6.4.3.1 优化完善国资监管方式

科学处理政府与市场的关系，合理划分两者的边界，国有资本的管理主要是通过供求、价格、竞争、风险等市场机制，依靠资产重组、企业购并、债务重组、产权转让、参股控股等经济手段（也可适当采用行政手段），优化配置各生产要素。国有资产监管机构从管企业中脱开身来，转为管资本，将以真正的股东身份行使股权，行使出资人职责，集中精力把优化国有资本配置的事情管好。国资监管机构要切实转变职能，真正从主要监管实物资产向主要监管资本的增值能力和资本利润率转变，对国有资产实行价值形态监管，随时了解和把握国有资产总体状况、运行态势，及时有效地进行宏观调控，从本属于企业管理职能的具体事务中解脱出来，把企业具体生产经营活动的管理还权于社会和市场，并通过实行负面清单管理模式，最大幅度地减少涉及企业的行政审批事项，让国有企业真正成为自主决策和约束、自主经营和发展的市场经济微观主体。加快完善国有企业分类监管方式，商业性国有企业实现彻底市场化，放弃商业性国有企业的产业结构调整、产业引领升级等产业引领功能。无论是处于竞争领域，还是主业处于关系国家安全、国民经济命脉的重要行业和关键领域、主要承担重大专项任务的商业类国有企业，都要进行市场化的运作，提高市场竞争力。

6.4.3.2 多途径推进国有企业股权多元化改革

长期以来，国有企业存在的主要问题就是公司治理结构不完善、制衡机制缺乏、内部行政化色彩浓厚、政企不分、政资不分等，导致国有企业改革不断在实现“政企分开、政资分开”和防止“内部人控制”之间矛盾中摇摆。股权多元化改革的主要目的是通过完善现代企业制度，在国有企业内部建立起制衡机制，从根本上解决这一矛盾。此外，实现股权多元化，可以优化股权结构，解决“一股独大”问题，有利于为混合所有制改革创造条件，有利于为保护中小投资人或中小股东合法权益提供制度性保障，有利于国有资本做强做优做大，有利于建立健全现代企业制度，有利于政企分开、政资分开、所有权与经营权分离。股权多元化改革有多种路径：一是将部分一级企业的国有股权分散划拨给国有资本投资运营公司；二是将部分国有股权划拨给社保基金，引入社保基金广泛参股；竞争性企业可以引入战略投资者，包括社会资本投资机构；主要资产已上市的企业，可以实现整体上市。

6.4.3.3　加快国有资产证券化

通过资本市场配置国有资本，可提高国有资本的流动性，并通过证券市场以客观、公平的价格合乎规矩、灵活地退出国有资本。国有资产证券化可降低进退阻力，不再是从某一具体领域退出，只是投资方向和策略的调整，畅通国有资本合理流动渠道。国有资产证券化可实现国有资产转让的公开透明，推进企业上市发展规范运营。在证券市场这个全国统一的国有企业资产转让平台上公开融资、公开转让，面向所有企业公开、公平、公正交易。充分利用国内外多层次资本市场，坚持市场化、产业化导向，推动企业整体上市、核心业务资产上市或引进战略投资者，成为公众公司。

6.4.3.4　推行国有企业治理商业化机制

（1）规范经营决策。始终坚持所有权和经营权分离的原则，理顺出资人、决策人和经营管理人的关系，形成股东会、董事会、监事会、经理层各负其责、运转协调、有效制衡的公司法人治理结构。

（2）建立长效激励约束机制，强化国有企业经营投资责任追究。建立并完善以管资本为主的国有资产监督管理体系，按照政企分开、政资分开、政事分开的要求，提高监管的科学性和有效性。

（3）提高企业效率。推动国有企业合理增加市场化选聘比例，建立并完善职业经理人、外部董事、独立董事等制度，深化企业内部劳动、人事、分配制度改革，切实转换企业经营机制。大力推进国有企业重组和调整，推动国有资本向重点行业和关键领域集中，向优势企业集中。引导企业突出主业，加大内部资源整合力度，采取多种方式剥离重组非主业资产。推进企业加强管理和管理创新，促进企业管理实现制度化、规范化和信息化。

（4）增强企业活力。处理好政府与企业关系，减少政府干预企业经营决策的行为，让国有企业真正成为自主经营、自负盈亏、自担风险、自我约束的市场经济主体。加快行政审批制度改革，最大幅度减少涉及企业的行政审批事项。国资监管机构依法对企业的国有资产进行监管，不干预企业正常的生产经营活动。切实减轻企业负担，减轻、取消一批行政事业性收费，解决乱收费、乱摊派、乱罚款等问题。

6.4.3.5　建立更加市场化的企业领导人管理体制

深化国有企业人事制度改革，建设有中国特色现代企业需要的人事制度，是国有企业改革的重要方向和内容。市场经济体制下，国有企业作为重要的经济力量，如何与时俱进地深入国有企业干部人事管理体制的改革，促进体制创新，对国有企业改革及发展具有重要的意义。原则上企业经营管理层都应市场化选聘、契约化管理，董事会成员也要逐步扩大市场化选聘比例。将企业领导人的任职资格和职务管理分开，组织部门或出资人机构定标准、审资格，企业董事会进行职务管理。拓宽职业经理人来源，推行职业经理人选拔方式的多样化，大力培育职业经理人市场。企业内部要建立职业经理人契约化管理制度，既要实行市场化薪酬协商机制，又要加强监督以防止行业失范问题。强化对经营管理者的问责机制，实行严格的激励和惩罚制度，承认、保护经营管理者对企业的贡献，并且与其个人职业生涯紧密挂钩。实行经理人在国有企业之间的流动和淘汰机制，建立市场化的声誉激励、利益激励。经营才能和声誉是经理人生存的资本，市场评价所具有的奖惩作用将对经理人形成有效的压力和动力，在一个企业干得好的，可以到另一个企业任职；而干得不好的，就不能再在国有企业任职，在这个市场中就没有位置。

第7章　阳光化：构建信息公开披露与透明度机制　打造阳光国有企业

全面建立国有企业信息披露制度，将信息披露作为国有企业治理的关键内容和重要基础，是保障人民群众合法权益的内在要求，是打造阳光国企、促进国企改革发展的有效措施，是健全社会信用体系的重要途径，更是国有企业治理体系和治理能力现代化的迫切需要。新时代推进国有企业治理体系和治理能力现代化，把信息公开贯穿于国有企业生命的全周期、经营活动的全过程，全面建立国有企业信息披露制度，打造阳光国企。坚决走依法治企的道路，以更大的政治勇气与决心，全面建立国有企业信息披露制度，赋予和保障全民知情权，把国有企业治理的监督权交给全社会，真正实现国有企业的社会协同共治，激发国有企业的创造活力，让国有资本发力，造福全社会。

7.1　信息披露制度的理论解析、演进历程和必要性

7.1.1　信息披露制度的理论解析

信息披露制度，也称公开披露制度，是为保障投资者或所有者利益、接受社会公众监督而依照法律规定，必须将其自身的财务变化、经营状况等信息和资料向有关部门报告，并向社会公开或公告，使投资者充分了解情况的制度。

作为现代公司治理和监管制度中的重要内容，信息披露的产生和发展与经济学和管理学中的许多重要理论密切相关。影响信息披露制度产生、发展和不断完善的理论主要包括委托—代理理论、信息不对称理论、有效市场假说、公司治理理论等。

7.1.1.1　信息披露制度的产生根源：委托—代理理论和信息不对称理论

20世纪30年代，美国经济学家Berle和Means提出了“委托—代理理论”，倡导所有权和经营权相分离，企业所有者保留剩余索取权，而将经营权让渡，突破了企业所有者兼为经营者所存在的巨大弊端。“委托—代理理论”的提出意义重大，该理论早已成为现代公司治理的逻辑起点。委托—代理关系中的委托人与代理人具有不同的效用函数，两者之间的利益冲突是显而易见的。一旦契约交易完成后，代理人可以利用自己的信息优势来欺骗处于信息劣势的委托人，从而侵害委托人的利益为自身牟利。这种因为道德风险导致的减弱或破坏社会信息传递机制有效性的委托—代理问题，会引发社会的信用危机。因此如

何制定有效的制度来约束代理人的行为，使其自身的利益与委托人的利益相一致、激励相容，一直是理论界和实务界不断探索的问题。

著名的自由主义经济学大师哈耶克认为，“世界上并不存在无所不能的人，每个人所掌握的知识都是有限的”。哈耶克所提出的理论中的知识就是指信息，他所提出的知识论中隐含了信息不对称的理论精髓。所谓信息不对称，就是指在经济活动中的各方所掌握的信息的数量和内容不相同。不对称理论认为社会中的信息分配是不平均的，这与传统的亚当·斯密所认为的“经济人”拥有完全信息的观点不同。在经济活动中，交易双方对于同一个经济事件所掌握的信息不完全相同——某一部分经济行为主体拥有另一部分经济行为主体所没有的信息，因此形成了经济活动参与者的交易活动和契约安排是在不完全、不对称的信息状态下进行的。

吴新博（2005）[272]发现，委托—代理关系中的代理人之所以可以利用自己的信息优势来欺骗处于信息劣势的委托人，源于两权分离后的委托—代理之间存在的信息不对称。顾娟、刘建洲（2004）[273]认为，信息不对称使证券市场上的股票价格并不能真实反映企业的经营状况，并且由于信息不对称导致了证券市场上的逆向选择和道德风险问题，加剧了证券市场的低效。由于信息不对称，处在证券市场上的投资人与筹资人所掌握的信息是不同的，不具备完全信息的投资者在购买股票时，因为无法根据完全信息对该股票价格进行判断，只能根据其历史价格和市场上的普遍行情出价。正如阿克尔洛夫所论述的“柠檬市场”的例子，那些股票的实际价值高于证券市场平均价格的，公司筹资人一定不愿意接受投资人的出价，有可能会选择退出这个市场；而那些股票价值低于证券市场实际价格的，公司则愿意进入证券市场，证券市场的投资人为了降低投资风险，常常会压低自己的出价，最终导致的结果就是使那些价值差的股票留在了股票市场。证券市场多年的发展史说明，解决这种“劣币驱逐良币”的恶性循环的唯一途径就是建立信息披露制度。信息披露制度的建立要求上市公司完整、真实、充分、及时地对公司经营状况的信息进行披露，保障了投资者尽可能多地获取与投资决策相关的信息，为投资者的决策提供了信息基础，从而也保障了证券市场的有序运行。

7.1.1.2 信息披露制度的理论依据：有效资本市场假说理论

“有效市场假说”的研究起源于路易斯·巴舍利耶（1900），他通过对巴黎股市的观察分析，从随机过程角度研究了布朗运动以及股价变化的随机性，并且认识到市场在信息方面的有效性：过去、现在的事件，甚至将来事件的贴现值反映在市场价格中。他提出的“基本原则”是股价遵循公平游戏模型。

萨缪尔森在20世纪五六十年代对股价随机游走和市场有效性等领域的研究和关注，推动了这一领域的发展。萨缪尔森在1965年以及Mandelbrot在1966年通过数学证明澄清了公平游戏模型和随机游走的关系，从理论上论述了有效市场和公平游戏模型之间的对应关系，他们的研究为有效市场假说奠定了理论基础。1967年，哈里·罗伯特从信息和证券价格反映的角度出发，界定了三种不同程度的有效市场：弱式有效市场、半强式有效市场和强式有效市场，并进一步对这三种效率市场与信息集之间的关系做了阐述。

1970年，美国芝加哥大学教授法玛在传统资本市场学说的基础上，提出了有效市场假说。他将有效市场定义为：如果在一个证券市场中，价格完全反映了所有可获得的信息，那么就称这样的市场为有效市场。法玛进一步指出了三种不同形式的市场效率与信息集之间的关系：按照市场有效性强度将市场分为弱型有效市场、半强型有效市场和强型有效市场。法玛认为，在弱型有效市场上，当前的证券价格反映了所有的历史信息，任何投资者按照历史的价格或盈利信息进行交易，均不能获得非正常报酬（指在给定风险条件下，超过投资者期望报酬的部分）。在半强型有效市场上，证券价格反映了当前所有的公开信息（包括年度报告、财务分析人员公布的盈利预测信息、公开发布的有关新闻等）。用这些信息来预测未来的证券价格，投资者也无法得到非正常报酬。在强型有效市场上，证券价格除了充分反映所有公开的信息外，还反映尚未公开的或原来属于保密的内幕信息，任何投资者都无法通过分析任何渠道、任何形式的信息而获得非正常报酬，证券的现行价格充分反映了全部公开和非公开的有关信息。

综上可知，只有当证券市场有效时，证券价格才是引导资金流动的准确信号，证券价格的变动才有可能引导证券市场上的资本流向的变动，最终实现整个社会资源的优化合理配置。非完全或不完美状态的有效资本市场，恰恰为有效政府监管和强制性信息披露提供了理论支持依据——要提高市场效率，减少信息传递过程中的问题，信息披露是一个关键的起点。

7.1.1.3 信息披露制度的影响因素：公司治理理论

公司治理理论的基本问题，就是如何使企业的管理者在利用资本供给者提供的资产发挥资产用途的同时，承担起对资本供给者的责任。利用公司治理的结构和机制，明确不同公司利益相关者的权利、责任和影响，建立委托代理人之间激励兼容的制度安排，是提高企业战略决策能力、为投资者创造价值管理的大前提。

信息披露制度对于企业产权实现和投资者利益的保护具有重要的作用。对于不具备信息优势的所有者和利益相关者而言，利用信息披露制度所获取的信息是保障其实施决策机制和监督机制的重要措施。任何企业的契约关系都不能做到完全化，不能对代理人的所有行为进行全部的约束和控制。信息披露制度的建立恰巧可以弥补因为企业不完备契约带来的代理问题和风险，信息披露制度也因此对于完善公司治理具有重要意义。

毋庸置疑，公司治理与信息披露制度存在着密切的关系。公司治理可以分成内部治理和外部治理两种制度，信息披露制度同时受到这两种制度的制约。公司的内部治理对信息披露制度的影响，主要体现在企业的公司治理结构、所有权结构、管理方式对公司信息披露制度的影响。公司的治理结构和所有权结构决定了公司由谁管理、由谁所有，因此也就为信息披露主体和信息披露对象的确定提供了依据。以上市公司为例，正因为上市公司拥有了广泛的股东，而大多数的中小股东由于精力、成本等各种因素所限并不能实时参与公司的管理，只好借助在证券市场上公开披露的信息进行投票，从而实现对上市公司管理的监督。此外，上市公司中的信息披露管理机构的设置和运作对上市公司信息披露制度也有着非常重要的影响。

公司的外部治理主要是指资本市场、经理人市场和产品市场，此处重点关注国家和有关机构对公司信息披露的各种法律法规构成的外部治理环境。对于上市公司来说，信息披露制度受到《证券法》《经济法》《商法》等法律法规的约束。深圳证券交易所和上海证券交易所在《证券交易所股票上市规则》中都将“信息披露的基本原则及一般规定”作为一项非常重要的内容明确列示，并且对上市公司的信息披露的内容、对象、方式和渠道等方面做了详尽的规定。

7.1.2 信息披露制度的演进历程

任何制度的产生发展都是在理论研究和实践过程中不断完善的过程。信息披露制度起源于英国，而当今世界信息披露制度最完善、最成熟的立法却是在美国。美国关于信息披露的要求最初源于1911年堪萨斯州的《蓝天法》。美国联邦政府在1933年颁布了《证券法》，旨在杜绝1929年华尔街证券市场的大阵痛以及阵痛前的非法投机、欺诈与操纵行为，该法首次规定了实行财务公开制度，被认为是世界上最早的信息披露制度。1934年，美国联邦政府发展完善了公司信息披露制度，信息披露制度逐步成为美国证券法律的核心与基石。此后，德国、日本、加拿大、韩国等国家采纳了这一制度，信息披露制度渐渐成为全球证券市场监管中最主要的法律制度。

纵观信息披露制度的发展历程，可以分成账簿披露时代、财务报表披露时代、财务报告披露时代和多层次信息披露时代四个阶段。

7.1.2.1 账簿披露时代

12~15世纪，意大利的会计信息披露进入账户时代，曾先后经历了“佛罗伦萨式”簿记、“热那亚式”簿记和“威尼斯式”簿记三个阶段。12世纪，意大利的佛罗伦萨商业非常发达，许多家族企业在外地设立了分支机构，经营活动遍布世界各地，就形成了分支机构的经营者和所有者在空间和权利上的分离，为了了解和监督外地分支机构的财务状况，所有者要求分支机构汇总会计数据并定期向总部提供以文字叙述为主的总账，以反映其经营状况及财产状况，这就是会计信息披露的最早原因。这个时期，由于分支机构无论在所有权上还是在管理上完全从属于总部，所以会计信息的披露还是一种内部的会计行为，披露没有格式，也没有特定的范围。

14世纪“热那亚式”簿记的主要特征是官厅簿记，在这种簿记模式下，信息披露的内容发生了一些变化。热那亚市政厅长官为了掌握市政财务收支情况，专门成立了相应机构，具体负责财务收支的记录与汇报工作。汇报（即会计披露）采用文字叙述方式，其结构大致包括日期、每笔经济业务的性质、相关者、金额、与其他总账的对照检索等。

到了15世纪，随着新大陆的发现、航海业逐渐发达，威尼斯作为一个水上城市逐渐兴起，海上贸易日益盛行。由于航海的风险比较大，成本也比较高，合伙制开始在威尼斯出现。受海上贸易的周期性所限，这种合伙制还是一种短期的合伙制，期限一般和海上贸易的周期相同。在合伙制的情况下，作为出资者的投资合伙人将商品委托给执行合伙人，这些执行人冒着航海的危险进行海外贸易，返回时再做出详细的报告；执行合伙人设置航海账户，投资人设置商品账户，每次航海结束后，执行合伙人向投资人披露航海账户，并与投资人的商品账户进行比较，以确定损益。这个时期，会计信息的披露开始形成一定的格式，但仍然没有特定的范围，也并不存在定期报告的规定。

7.1.2.2　财务报表披露时代

1494年，卢卡·帕乔利所著的《算数·几何与比例概要》是研究和探讨会计思想与会计理论发展的起点，标志着会计信息披露报表时代的开始。这部最早系统论述复式簿记的经典著作，强调了编制“财产盘存目录”的重要性，指出可以通过“试算表”来反映财产目录。随后德国人马蒂毫斯·施瓦茨和荷兰人西蒙·斯蒂文对此进行了发展，这为信息披露方式由账簿披露向财务报表披露转变提供了必要的理论支持。

在19世纪产业革命的推动下，公司制企业特别是股份公司的大量出现引致了对信息披露方式的大变革。正如前言，公司制的出现使企业经营权和所有权真正分离，股东（委托人）和经营者（代理人）之间的契约关系需要外在的监督，会计信息的规范披露不再是针对某些特定的人，而是针对股东或潜在的股东。从而，股份公司有了对社会披露会计信息的义务，会计信息的披露才能真正成为对外披露。为了满足社会对会计信息的需求，英国议会在1844年通过了《股份公司注册、设立和管制法案》，对会计信息披露的形式——资产负债表做出了明确的规定，并强制要求公司的报表必须审计，且在股东大会召开前10天，必须将附有审计报告的资产负债表提交给股东以及工地注册登记官，首次确立了强制性信息披露原则。1856年对该法案进行了修订，对资产负债表的标准格式进行了规范，会计信息披露全面进入财务报表披露的时代。

财务报表披露的时代大致可以区分为三个重要阶段：资产负债表时代（从19世纪中叶到20世纪20年代）；损益表时代（20世纪30~70年代）；三表并重时代（20世纪七八十年代）。这三个会计报表披露时代的发展实际上是各个时期外在需求的结果，同时也是会计理论发展的必然选择。

7.1.2.3　财务报告披露时代

1978年，美国财务会计准则委员会（FASB）提出将财务报表替换为财务报告，扩大会计信息披露的范围和广度。1980年，该委员会发表了《财务报表和其他财务报告手段》的邀请评论书，详细阐述了财务报表与财务报告的关系，由此，在理论和实践的双轮驱动下，会计信息披露进入财务报告披露时代。

在该时期，信号传递理论和有效市场假说推动了会计实证方法的研究，结果是市场各方对会计数字背后所采用的会计政策、会计估计及有信息含量的其他非数字信息需求大增。为了提高企业在资本市场上的竞争力和良好形象，企业也乐意提供除了三大会计报表以外有关非财务数字信息，如财务预测报告、经营战略信息等。同时，由于会计确认标准的限制和新兴会计业务的出现，使大量有用而财务报表又无法反映的信息只能以表外和会计附注的形式对外披露。新型会计业务的出现随着现实经济的发展，现有的会计确认和计量原则以及方法受到了巨大冲击。如人力资本、金融工具及金融衍生工具等，显然是与企业价值相关，但目前却无法合理、统一计量的会计业务。

7.1.2.4　多层次信息披露时代

财务报表披露是一种定期披露，但是常常存在信息披露滞后、内幕交易泛滥的局面。及时披露公司发生的重大信息，帮助公司投资者做出适时适当的投资判断，是经济发展加快、技术开发、产业结构调整处于急速变化中的必然要求。包括临时报告信息披露在内的多层次信息披露制度因此产生。多层次信息披露的目的就是弥补定期财务报告披露的不及时，避免投资者获取信息资料的不平等，有效防止不公平交易的发生，维护证券市场的公平、公正、公开原则。

7.1.3 信息公开披露的必要性

美国联邦最高法院大法官布兰迪西有言："公开透明是治疗社会与产业疾病的一剂良药"，"阳光是最好的防腐剂，电灯是最有效的警察"。上述箴言普适于国家治理、公共治理与公司治理，尤其是国有企业治理。信息披露制度从诞生之日起，就是克服信息不对称和保障企业监督的一种有效工具。郭媛媛、周伟贤[274]（2010）认为，国有企业由于股东的特殊性，信息披露比一般企业显得更加重要。将国有企业的经营状况和业绩进展向公众公布，可以为董事会监督公司运行和良好企业治理提供更大的激励。从理论意义上来讲，信息披露制度为国有企业治理和监督提供了新的理论视角。根据前文所述委托—代理理论，国家是国有企业的所有者，是最终所有者的代表。而根据我国《宪法》的规定，"中华人民共和国的一切权利属于人民"，国有企业的最终所有者是人民，国有企业是委托经营。作为企业的经营管理人员及职工利益可能与企业所有者的利益发生不一致的情况。

国有企业属于全民所有，是推进国家现代化、保障人民共同利益的重要力量。推动国有现代企业制度的完善是我国全面深化改革的重要一环，健全协调运转、有效制衡的公司法人治理结构是现代企业制度的核心。而信息披露制度的缺失是目前我国国有企业法人治理结构尚不能有效运行并发挥效果的根本原因。

7.1.3.1 国有企业公开透明是全民所有企业的首要核心特征

《企业国有资产法》规定，"国有资产属于国家所有即全民所有"。全民作为国有企业的最终所有者，当然拥有国有企业的知情权。在债权债务关系中，债权人需要国有企业债务人公司的真实信息；而公民作为国有企业的股东，同样也拥有知情权。我国为全世界人口第一大国，全球最大的公众公司不是域外的跨境上市公司，而是中国国有企业。上市公司的股东虽数以万计，但国有企业的终极受益人数以亿计。既然上市公司必须有透明度，国有企业更应具有透明度。即使国有企业不是上市公司，其公开透明度也应高于上市公司，要恢复国有企业作为全民所有企业的本来面目。

7.1.3.2 国有企业公开透明是完善国有企业治理的制度基石

没有公开透明，就没有公司良治；没有公开透明，就无法预防与遏制国有企业内部控制人滥用权力的腐败行为。实现国有企业公开透明有助于激励代理人与内部控制人慎独自律，约束其失信行为，减少全民股权代理环节，降低股权行使成本，捍卫全民股东权利。在完善国有企业治理的诸多手段中，公开透明的效果最好。否认其作为全民所有企业的法律属性，进而把国有企业与国家混淆起来，再把国有企业利益、国有企业内部控制人利益与国家利益混淆起来，最终把国有企业信息披上"国家秘密"的马甲，在逻辑上是错误的。一个"神秘"的国有企业，必定不是一个规范的主体；换言之，国有企业的神秘历史不终结，就无法实现国有企业治理体系和治理能力的现代化。

7.1.3.3　国有企业公开透明是建立国有企业内部控制人激励机制的法律前提

实现国有企业公开透明有助于激励代理人与内部人慎独自律，约束其失信行为，减少全民股权代理环节，降低股权行使成本，捍卫全民股东权利。充分的信息披露是加强企业外部监督的基础。邹武鹰（2003）[275]认为，政府代表全民对国有企业行使股东权力，不仅存在激励不足的问题，还可能被企业内部人俘获，因此要防止国有企业出现内部人控制问题，社会公众的外部监督在公司治理中发挥着不可或缺的作用。没有公开透明，就难以预防和遏制国有企业内部控制人滥用权力的腐败行为。国有企业公开透明之后，才有可能探索国有企业高管与职工的持股计划，进一步推进国有企业高管薪酬的市场化；没有国有企业公开透明的前提保障，一切增加国有企业内部人控制的改革计划都属于免谈话题。原因很简单，普通公众有理由认为，在暗箱作业中上下其手的内部控制人必已获得阳光财富之外的太多不义之财。

7.1.3.4　国有企业公开透明是维护全民股东权益的法律杠杆

现代公司实行所有权与经营权分离，股东知情权是现代公司治理的重要基础。国有企业公开透明不仅造福全民股东，也有助于维护公共利益、杜绝国有资产流失。分红权是目的，知情权是手段。只有国有企业充分披露信息，各类社会机构、各类财经专才才能够对企业的战略决策、薪酬体制、资产处置、关联交易、小股东利益保护等方面进行有效监督。知情权获得实现以后，耳聪目明的全民股东在行使分红权、决策权、监督权乃至诉权等诸多股权时便会势如破竹，所向披靡，失信的股权代理人与国有企业内部控制人也会闻风丧胆，进而被迫改恶向善。而没有知情权，股东的所有权利都会被悬在半空中，这也是不少国有企业多年以来存在“穷庙富方丈”“富庙变穷庙”的原因之一。国有企业不透明，一本糊涂账，何谈全民分红，何以淘汰庸才，何以重典治恶，何谈公益诉讼，何谈反腐倡廉？

7.1.3.5　国有企业公开透明是激活国企之间公平竞争的切入点

“流水不腐，户枢不蠹”。耳聪目明的全民股东对不同国有企业的分红水准、公司治理水平以及核心竞争力的客观评价，必然有助于激励国有企业高管和职工诚实守信、勤勉尽责地服务于国有企业，提升全民股东福祉，最终成就高管与职工自身的职业理想与人生价值。而没有知情权，全民股东就无法评价良莠不齐的国有企业内部控制人，就无法逆转“劣币驱逐良币”“好人受气”“坏人神气”的不正常现象。因此，有了国有企业公开透明制度，同一行业的国企之间会竞争，不同行业的国企之间也会竞争，中央企业之间、地方国企之间、中央企业与地方国企之间会出现你追我赶的公平竞争态势。

7.1.3.6　加强信息披露为国有企业改革发展营造良好环境

改革开放以来，我国国有企业取得了巨大成就，是我国经济社会发展的骨干力量。但国有企业仍然遗留了计划经济的部分体制机制，承担着大量的历史包袱，企业经营的效率有待提高；少数国有企业负责人出现了重大腐败行为，严重损害了社会公众对国有企业的信任。国有企业加强信息披露，充分展示国有企业的成绩，也不回避企业在改革和发展中面临的问题，才能继续获得社会公众的信任和理解，从而为国有企业的改革和发展营造良好环境。同时，充分的信息披露有利于减少不当行政干预。行政干预过多将侵害企业经营的独立性，最终导致权力不清、责任不明，是当前国有企业面临的突出矛盾。将政企关系公之于众，让社会公众进行评判，是改进行政管理方式和改善公司治理的有效手段。

作为国有企业所有者的国家以实现国有资产的保值增值和安全完整为目标，为国民经济发展服务。而企业的内部人员，如管理者和职工追求的是自身利益的最大化。除了通过增加福利和薪水的方式满足其私利外，还会在可能情况下虚报业绩、压缩上缴税收和利润，造成国有资产的流失。由于信息不对称，国有企业的监督成本会明显大于内部人的违法成本，为监管制造很大的障碍。国有企业作为特殊的企业主体，其监督的标准不仅要考虑其经济指标，而且还要兼顾其为国民经济服务的社会效果。由于上述需要考虑的因素难以量化，企业经营难以单纯通过经济指标来监管。正是由于国有企业可能会出现的代理问题、内部人控制问题、监管不到位问题。国有企业借鉴上市公司信息披露方式，向社会公众公布与公司资产和经营相关的重大信息，如经营状况、财务状况、治理状况等，可以有效地完善公司的监督体制。国有企业的不公开、不透明严重影响其社会形象和公众信任度。国有企业信息披露不仅是为了实现社会公众的知情权，也是国有企业履行社会责任、提升企业形象的必要之举。

7.2 OECD 成员国国有企业信息公开披露现状

信息披露制度作为上市公司有效监督的重要工具，其作用和意义已经得到了广泛的认可，世界上一些国家已经将信息披露制度引入国有企业的监督机制中。在国有企业信息披露制度中最具代表性和前瞻性的国家当属 OECD 成员国家，这些国家已经基本形成了一套比较完整的信息披露制度，取得了一定的成果。

7.2.1 制定统一的信息披露政策，确保国有企业层面的信息披露和透明

7.2.1.1 明确信息披露的对象、内容和渠道，并确保信息披露质量的有关程序

近年来，越来越多的国家将信息披露制度引入国有企业监督制约机制，以加强国有资产监督。其中最具代表性的是经济合作与发展组织（OECD），囊括了世界上经济发展水平较高的所有市场经济国家。其成员国均高度重视国有企业信息披露，相关经验值得借鉴。

OECD 公布了国有企业信息披露的纲领性文件《OECD 国有企业治理指引》（以下简称《指引》），对国有企业信息披露的对象、内容、渠道等做出了相关的规定，其目标是“为了维护普通民众的利益，国有企业应该像上市公司一样透明”。

在披露对象方面，《指引》第三章提出：“国有企业应该承认股东的权力，以保证其受到公平对待，股东平等地享有获取公司信息的权力。”国家代表的是人民，国有资产的最终所有者也是人民，为我国的国有大型企业信息披露探索奠定了理论基础。

在披露内容方面，《指引》最大程度地保障了公众的知情权，第一章提出：“只要超

出普遍接受标准，出于公共服务需要要求国有企业承担任何义务都应该有法律的授权。”

在披露渠道方面，《指引》第二章规定：“国家必须作为一个积极的主体办事，应厘定出统一的所有权政策，采取透明和问责方式保证国有企业的有效治理。”这一条规定的提出将报告制度作为国有企业信息披露的主要形式。定期监督和评估则是报告的重要组成部分，从信息披露的质量来说，OECD 以上市公司那样的高质量的审计和会计标准对国有企业的信息披露提出要求，披露的信息也应该经过审计，以保证信息质量。

7.2.1.2 明确确保信息披露质量的有关程序

从一些国家的实践看，政府在制定国有企业信息披露指南时，采取的若干步骤值得借鉴。例如，制定信息披露政策时应对现行有关规定进行梳理，以判断执行新政策的有效机制是否存在，如果差异较大，应该修订现行法规和监管框架。

在制定国有企业信息披露政策时，广泛征求包括国有企业董事会、管理层、监管机构、专业组织和利益相关者等的意见，对信息披露政策进行有效的沟通。就一些涉及敏感的事项应反复磋商，并对国有企业给予指导。在新的政策制度框架完成后，国资管理部门应建立特定的机制，确保对国有企业透明度要求的有效执行。

7.2.1.3 执行高质量的会计和审计标准，披露所有重要信息，特别是明显关系到公众利益的信息

内部审计的重要性在于确保有效率和适当的内部控制，是为价值活动和改进组织运营而设计的独立活动。国有企业应引入系统的评价方法和风险管理控制过程，以保障组织实现经营目标。为了增强对信息的信任度，各国政府要求所有大型国有企业按照国际标准进行外部审计。外部审计员是在严格的选聘程序下挑选的，对于公司管理层、董事会和国有大股东都能够保持独立性，这一点至关重要。

高标准的信息披露对于执行公共政策目标的国有企业也有价值。特别是当大型国有企业的经营业绩对国家的预算有显著影响，国家财政面临一定的风险时就显得特别重要。例如在欧盟，各国政府要求国有企业因承担公共利益服务而受到财政补贴的活动保持会计单独立账。这样有助于对国有企业的财务状况有一个公平和完整的判断，对国家和国有企业之间在相互义务、财务援助和风险承担方面的详细状况做出信息披露是十分必要的，也有助于明晰不同实体的责任。OECD 部分国家国有企业外部审计和特别审计规定如表 7.1 所示。

表 7.1 OECD 部分国家国有企业外部审计和特别审计规定

国家	外部审计人员	国家审计人员	特别审计规定
澳大利亚		澳大利亚国家审计署	—
奥地利	有	如果是国家控股公司，由奥地利审计法院负责	—
比利时	有 4 个	其中两名外部审计人员由国家控制机关任命	—
捷克共和国	有	最高审计署	要求比其他公司更严格的审计；国有企业必须接受独立审计

续表

国家	外部审计人员	国家审计人员	特别审计规定
芬兰		国家审计署	无
法国	有	审计法院	—
德国	—	联邦审计法院对国有控股公司享有特殊权利	—
意大利	有：外部私人审计人员	—	提供涉及公共利益服务的国有企业要设立独立账户
韩国	有：审计监察委员会	有：可能委托给行业部长	
新西兰	—	有：审计长	只针对选择委员会控制的非上市的国有公司
挪威	有	国家审计署	无
波兰	国有企业监事会选择外部审计人员	最高检察院；私有化过程中的国家审计程序	要求比其他公司更严格；要进行独立审计
斯洛伐克共和国	—	有	国有企业有责任聘请审计人员核实其财务报表
西班牙	会计法院	行政稽查机构	要求比其他公司更严格
瑞典	有	国家审计局	—
瑞士	有：联邦财务控制机构	联邦财务控制机构	—
土耳其	—	高等审计委员会	无
英国	有	有：运营基金	无

资料来源：经济合作与发展组织．国有企业治理：对 OECD 成员国的调查［M］．李兆熙，谢晖译．北京：中国财政出版社，2008：119－120.

7.2.2 将信息公开披露作为国有企业治理的重要内容

OECD 将国有企业治理指引分为法律和监督框架、国家按照所有者行事、平等对待所有股东、利益相关者关系、透明度和信息披露、董事会的责任六大部分，信息披露是基本内容之一。国有企业应重点披露的信息包括：公司目标及其实现情况；所有权结构和选举权结构；重大风险及公司采取的主要措施；来自国家和其他国有企业的扶持；等等。

据 OECD 调查，越来越多的经合组织成员国要求国有企业按照上市公司标准披露信息。例如，瑞典政府规定，由于国有企业最终属于瑞典人民，所以公开且专业地披露信息和保证透明度是一项民主诉求，因此政府认为国有企业至少应该像上市公司那样透明。

7.2.3 信息公开披露的内容和质量要求较高

编制国有企业年度报告是各国管理国有企业的普遍做法。作为面向普通公众、国会和媒体披露的工具，各国将编制国有企业年度报告作为提高其信息披露和透明度的重要手段，以便对国有企业总体业绩和进展有清楚和及时的了解，形成面向大众的监督机制。

OECD 成员国的国有企业一般要公布年度报告，通过公司网站或国资管理部门网站发布。年度报告的内容和质量通常在公司法、相关法规或者专门针对国有企业的法规中规定，一般至少包括企业过去一年经营的主要成果和财务状况。部分国家的国有企业也要公布半年报，少数国家的国有企业公布季报。

越来越多的OECD成员国要求国有企业提交董事会报告，其内容通常包括：公司运营和主要活动回顾；影响公司发展的重大环境变化；可能的发展前景；董事会成员信息和董事会履职报告。一些国家要求国有企业提交公司治理报告，其内容包括：董事会构成和任命程序；董事会的外部咨询资源；首席执行官和董事会成员薪酬计划及制定程序；任命外部审计人员的程序；风险管理；伦理政策；等等。有的国家还要求，国有企业的年度股东大会要向公众公开，为公众作为最终股东质询国有企业董事会和管理层提供机会。

为了加强对国有资产的管理，OECD成员国普遍实施了国有企业全面报告制度（见表7.2）。加拿大国库委员会秘书处每年向议会公布年度报告。芬兰国家审计署每年都要就国有控股公司的效益和经营状况提交一份总体年度报告和相关的调查报告。

表7.2　OECD部分国家编制和公布国有企业年度报告情况

国家	内容	透明度	语言	网站
加拿大	提交国会的年度报告、政策、指引；提交关于一般信息和其他内容的报告	非常透明	英文	www. tbs - sct. gc. ca
法国	年度报告；所有权政策和治理规则等	很透明	英文，法文	www. minefi. gouv. fr
德国	政府控股公司有关国有企业私有化和管理方面的文件的年度报告		德文，部分文件有英文	www. bundesfinanzministerium. de
瑞典	年度报告；所有权政策报告	非常透明且人性化	瑞典文，英文	www. regeringen. se
新西兰	责任评估报告	非常透明	英文	www. ccmau. govt. nz
芬兰	国有企业主要文件；国家政策；主要统计数据	非常透明	芬兰文，英文	www. ktm. fi
波兰	与私有化进程有关的部委结构和职能信息	透明	英文	www. msp. gov. pl
英国	年度报告；有关董事会职能或薪酬政策报告；各项规章制度等	非常透明	英文	www. shareholderexecutive. gov. uk
挪威	国家所有权政策报告；国有企业年度报告	非常透明	英文	www. ownershipreport. net www. eierberetningen. nhd. no

资料来源：根据OECD部分研究报告和相关国家资料整理。

政府同时也要向议会提交一份关于中央政府财政管理状况的报告，报告内容包括所有权政策、国有企业财务报表以及国有企业经营目标执行情况和执行公共政策服务的信息。在意大利，审计法院每年要就每个国有企业的经营活动向议会提交报告。波兰国库部每年向议会和政府提交《国有资产经济和财务状况报告》。

另外，国库部还要准备一份《国有企业经济和财务状况报告》，该报告不仅要递交到政府和议会的有关部门，也要作为公开信息公布在国库部的网站上。芬兰贸易和工业部下设的国家所有权管理部门，每年发布《芬兰的国家股权公告》，该公告涵盖17个最大的国有企业信息，并且向社会公开。

德国、瑞典、挪威和法国等少数国家还公布合并的国有企业年度报告。德国从 1954 年就开始编写《政府持股报告》，作为联邦预算的一个组成部分。从 20 世纪 70 年代开始，德国联邦财政部开始公布独立的国有企业报告，使国会和公众对国家控制企业的经营活动有全面的了解。合并年度报告的内容不仅涉及私有化政策的执行情况和国有企业的主要事件，由联邦政府和特别基金直接和间接控股的公司的总体情况，主要财务数据，也包含国有企业董事会、监事会的运作等公司治理信息。

挪威的国有企业年度报告由挪威贸易和工业部编写，按照国有企业的四种不同类别，阐述所属国有企业的战略目标、执行情况、财务绩效、关联交易、公司治理和高管薪酬等信息。报告不仅包括详细的财务信息，也有丰富的非财务信息。例如，国家对国有企业的社会责任的态度，只是一种期待而非强制性要求。

国家希望国有企业是实践社会责任的领头者，公司的董事会和管理层必须为各个公司开发社会责任指南以及制定长期战略。在实践中，公司在社会责任的工作取决于多种因素，如公司的规模、可用资源、国际化程度、所处产业等。国有企业的主要目标是促进企业长期价值创造、产业发展，以及盈利能力，使国家投资得到最大可能的回报。不过，国家对其社会责任的期望并不影响公司的目标收益率，只是希望公司能在战略层面上形成承担社会责任的思维，从而为长期以及目标收益率内产生更好的回报率打下基础。

政府作为国有企业所有者，其主要任务是任命董事会成员，确保董事会成员具备相关专业知识，有效管理公司，应对市场挑战。挪威贸易和工业部制定了国有企业董事会成员选举操作指南。根据该指南，每个国有企业内部设立提名委员会，由提名委员会提出董事会成员以及薪酬建议供股东大会表决。对于上市国有企业，主管政府部门派代表参加董事提名委员会，同其他股东一起确定公司董事会组成。

7.2.4 高标准的会计和审计是信息公开披露的前提

OECD 成员国一般要求国有企业遵循上市公司的会计准则。有些国家如英国、日本等对国有企业因公共服务获得的财政补贴，一般要求分离账户，以提高政府资金使用的透明度。OECD 成员国绝大多数要求国有企业接受外部审计。有些国家如法国、挪威等由公司审计委员会选择外部审计者，有些国家如比利时由政府和企业共同选择外部审计者，有些国家如澳大利亚由政府审计机构进行外部审计。另外，各国政府的审计部门拥有审计国有企业的权力。

7.3 我国国有企业信息披露制度的发展历程及主要问题

7.3.1 我国国有企业信息披露制度的发展历程

在传统的计划经济体制下，国有企业主要依靠报告制度来解决信息披露问题，具有更浓的行政色彩、更狭隘的信息披露渠道和更有限的信息披露对象，因其具有鲜明的行政性、强制性特征，可视为国有企业强制性信息披露制度的雏形。下文试对改革开放40多年国有大企业信息披露的发展和演进历程进行梳理：

7.3.1.1 以报告制度为主的强制性信息披露阶段（1978～2002年）

1978～2002年，在传统的国有企业治理体制中，接受企业信息报告的一方，是以政府主管部门的角色出现的，与提供信息报告的企业之间的关系是政企关系。在这种行政性的治理体制下，信息披露制度的基本特点是，信息披露要求非常严格，强调控制力而不计成本。在这一阶段，国有企业信息披露的表现形式主要就是行政报告制度；国有企业披露内容主要是根据国家颁布的各种法律法规的要求进行报告；国有企业信息披露的对象主要是作为单一的国家出资人代表的政府部门和企业内部员工，国有企业并不需要向企业的其他利益相关者做特别的信息披露。这里将这个阶段称为以信息报告制度为主的强制性信息披露制度阶段。

党的十一届三中全会指出，我国传统经济管理体制的一个严重缺点就是权力过于集中，应该让地方和企业在国家统一计划的指导下享有更大的自主权。党的十一届三中全会后，中央政府颁布了一系列扩大企业自主权的文件，“放权让利”成为这一阶段国有企业改革最主要的特点。马建堂、刘海泉（2000）[276]认为，由于缺乏配套的资源配置机制和宏观政策环境，没有可以充分反映企业经营业绩的信息指标体系，扩大了自主权的国有企业的信息不对称问题被放大了。由于国有企业常常承担着不同形式的政策性负担，这就为企业管理者的经营不善或亏损提供了借口。为了保证国家利益不被过分侵蚀，中央政府开始了新一轮的国有企业改革。从1986年开始，国有企业的改革开始从经营权向所有权层面过渡，之后经历了两轮承包制改革。承包经营责任制有多种形式，主要是“两保一挂”该承包制：一保上缴利税，二保企业的技术改造，实行职工工资总额与企业经济效益挂钩。承包制中，国有企业经营者继续处于信息优势地位，而国家无法对企业承包者的生产经营行为实施有效的监督。

在传统的国有企业治理体制中，各政府部门作为国有企业出资人的不同管理职能的代表，都可以向国有企业提出各种各样的信息报告要求。在这种治理体制中，除注重保障国家作为出资人的权益外，还有专门针对员工这类利益相关者的披露安排。

1978～2002年，我国陆续出台了几部将企业的内部员工作为信息披露对象的重要的法律法规：1988年颁布的《全民所有制企业法》中规定，职工代表大会的职权之一是要听取和审议厂长关于企业经营事项的报告。1995年，监察部、国家经贸委、全国总工会下发了《关于国有企业实行业务招待费使用情况向职代会报告制度的规定》，要求企业应当每半年向职代会据实报告一次业务招待费使用情况（支出项目、金额、开支是否符合制度、使用是否合理、手续是否完备以及其他需要说明的情况），并由职代会向职工传达。1998年，监察部、国家经贸委、全国总工会下发的《关于国有企业实行业务招待费使用情况等重要事项向职代会报告制度的规定》，较1995年的规定的内容有所发展，其中明确指出，国有企业领导人员应当向职代会报告三大类事项：业务招待费使用情况；个人廉洁自律情况；与职工切身利益直接有关的事项。公开的形式为“国有企业领导人员应当每年向职代会报告一次上述重要事项。需要及时向职代会报告的，在职代会闭会期间可以向职工代表团（组）长和专门小组负责人联席会议报告，由联席会议协商处理”。2002年，中共中央办公厅和国务院办公厅联合下发了《关于在国有企业、集体企业及其控股企业深入实行厂务公开制度的通知》，明确了厂务公开的内容和厂务公开的形式。厂务公开的内容为企业重大决策问题、企业生产经营管理方面的重要问题、涉及职工切身利益方面的问题、与企业领导班子建设和党风廉政建设密切相关的问题四个方面。厂务公开的形式以职工代表大会为主要载体，日常形式还包括厂务公开栏、厂情发布会、党政工联席会等。

这一阶段中具有里程碑意义的事件是1990年12月上海证券交易所和深圳证券交易所的先后成立，宣告了中国资本市场的正式诞生。国际上的资本市场对上市公司的信息披露做了详尽的制度安排，我国也在两个证券交易所成立之后陆续推出了一系列的法律法规，指导上市公司信息披露行为。深圳证券交易所、上海证券交易所相继推出的上市公司信息披露的相关文件开启了中国国有企业信息披露公开透明的“阀门”，之后的一系列法律法规的颁布都将国有企业信息披露公开透明的进程向前大大推进。国有企业信息披露的公开、透明在国有企业监管中的作用也开始渐渐显现，逐渐被认可和接受。但是这只是限于上市的国有企业，并不是所有国有企业的信息都可以被公众获知和了解。

7.3.1.2 强制性信息披露和自愿性信息披露共存阶段（2003年至今）

伴随着经济体制的转型以及微观企业制度形式、治理结构的转变，从企业层面看，国有出资企业面向出资人的信息报告制度的性质已经发生变化。余菁（2009）[185]认为，国有企业出于构建自身企业声誉和良好形象的动机，开始选择主动、自愿地对企业经营中的一些情况进行披露。国有企业信息披露制度开始进入到强制性信息披露与自愿性信息披露共存阶段。

2003年，国务院国资委的成立，解决了在国有企业改革过程中理论界争论多年的国有资产出资人缺位的问题。国务院国资委成立后先后颁布了《国有企业清产核资办法》《中央企业负责人经营业绩考核暂行办法》《企业国有产权转让管理暂行办法》等27条法令，使得国有企业经营信息主要通过行政报告获知的状况有了很大的改进。特别是国务院国资委成立后，以财务监督和风险控制为重点，强化出资人监管，将财务监督作为国务院国资委履行出资人职责的重要手段。此外，国务院国资委还组织开展了清产核资工作，并且在核实企业账本、提高会计信息质量、加强重大财务事项管控等方面做了大量工作。同时，积极探索和不断完善监事会制度，将监事会监督从事后监督转变为当期监督，不断提高监督水平。在大量调查研究、总结企业风险控制经验与教训的基础上，印发了《中央企业全面风险管理指引》，引导和组织企业清理高风险业务，加强了风险监控。余菁（2009）[185]发现在国务院国资委所发布的27条法令中，有近半数的法令与国有企业信息报告制度相关。按照所要求披露和报告信息的性质，可以将这些法令分为经营活动事前的信息披露、经营活动事中的信息披露以及经营活动事后的信息披露三类。国务院国资委成立以来所颁布的法律法规为推动国有企业信息披露的公开和透明提供了制度基础和支撑。

这一阶段中，诚通集团年度报告的公开是在国有大企业信息披露走向公开透明的实践

中发生的一个标志性、具有划时代意义的重大事件。2004 年，诚通集团对外公开了比照上市公司年报格式的企业经营年度报告，任何人都可以在其网站获取年度报告，了解诚通集团的经营状况，诚通集团成为中国首家公开经营年度报告的非上市的国有大企业。作为首家自愿进行信息披露的国有大企业，诚通集团开启了国有大企业信息披露的新阶段。诚通集团年度报告基本可以满足公众和其他利益相关者对于大型国有企业中国有资产经营状况了解的需要，但是其中缺少了关于公司经营环境的分析说明，不利于国有资产的组织所有者即公众了解到国有资产所处的状况。

此后，越来越多的企业开始对外公开发布企业社会责任报告、环境报告、雇员报告以及年度报告。2006 年 3 月，首份中央企业社会责任报告《国家电网公司 2005 年社会责任报告》对外发布，中远集团、中海油、中铝公司等中央企业在同年陆续发布了社会责任报告。2006 年以来，受企业社会责任意识兴起的影响，有数十家大型国有企业（集团）先后发布国有企业社会责任报告。国有大企业信息披露由原来的以信息报告为主的强制性报告阶段逐渐进入到强制性信息披露和自愿性信息披露共存阶段。

发展到这个阶段的国有大企业，其信息披露制度发生了巨大变化，信息披露的形式、信息披露对象和信息披露内容较前一阶段有了很大变化。纵观国有大企业信息披露演进和发展历程，可以看出以下趋势特点：信息披露不再仅以强制性的信息报告形式为主，而是增添了自愿性的、选择性的信息披露形式；信息披露对象开始从最初的仅限于政府部门和职工拓展到消费者、媒体、其他机构以及社会公众；信息披露的内容也从原来的经营信息开始向产权交易、资产经营、高级管理人员的收入水平、社会责任等更广泛领域拓展。

7.3.2　我国国有企业信息披露制度的主要问题

当前国有企业的信息披露工作，已进入强制性信息披露和自愿性信息披露共存的阶段。总体而言，信息披露的对象正在扩大，披露的内容也逐步拓宽。但是，仍然存在着种种突出问题，严重影响了社会公众知情权的实现和监督权的行使，不利于调动利益相关者的监督积极性，影响国有资产和经营的监督制约机制的建立。

7.3.2.1　国有企业信息公开披露的法规制度不完善

我国已经建立了比较完备的国有企业向国有资产管理机构报告的制度。首先，相关法规提出了基本原则。如《企业国有资产法》规定：国家出资企业应当依照法律、行政法规和国务院财政部门的规定，建立健全财务、会计制度，设置会计账簿，进行会计核算，依照法律、行政法规以及企业章程的规定向出资人提供真实、完整的财务、会计信息；《企业国有资产监督管理暂行条例》规定：所出资企业中的国有独资企业应当按照规定定期向国有资产监督管理机构报告财务状况、生产经营状况和国有资产保值增值状况。其次，各级资产管理部门依据相关法规进一步强化了信息报告制度，企业报告的信息涉及企业经营管理的方方面面，包括发展战略和规划、投资计划、境外投资并购、非主业投资、对外担保、资产转让、年度工作总结、高管持股等，其中一些还需要备案或审批。

尽管国有企业和国资监管部门拥有大量的信息，但我国尚未建立完善的企业信息公开披露制度。有关法规确实提及国有企业的信息披露，但均是原则性规定，缺乏具体执行标准。如《企业国有资产法》规定，国务院和地方人民政府应当依法向社会公布国有资产状况和国有资产监督管理工作情况，接受社会公众的监督。《国务院国资委国有资产监督管理信息公开实施办法》规定，国资管理部门主动向社会公布所出资企业生产经营总体情况、所出资企业国有资产有关统计信息及所出资企业国有资产保值增值、经营业绩考核总体情况。但是，政府有关部门一般只公布国有资产的加总数据，社会公众根本无法真正了解企业的真实情况，因而也无法对企业进行有效监督。

7.3.2.2 信息披露的主体意识淡薄

由于我国没有建立完善的信息公开披露制度，至今国有企业信息披露水平和质量处于较低水平。无论是国有企业还是国资监管部门，自身缺乏信息公开披露的动力。当前，只有少数的国有企业愿意自觉地进行信息披露。信息披露的内容主要集中在一些诸如公司基本信息之类的非核心信息。究其原因是在没有强制性信息披露义务的前提下，国有企业信息披露意识淡薄和缺失。国有企业畏惧的只是掌握着考核权利的国有资产管理部门，没有向手中无任何行政权力的普通公众披露信息的动力，最终导致公众的知情权很难实现。截至 2015 年 8 月底，在 111 家中央企业中，94 家中央企业的官方网站可以正常访问，另外 17 家中央企业的官网无法访问。中央企业普遍不重视年报披露。从可以访问官网的 94 家中央企业看，年报披露比率始终在 10% 左右徘徊，多数中央企业没有披露年报。在已经披露年报的企业中，披露标准也不同。个别企业如中国石油化工集团公司披露了详尽的财务报告，包括完整的资产负债表、利润表、现金流量表以及股东权益变动表；多数企业披露的财务信息不完整，离上市公司的标准存在较大差距。

国有资产监管部门既是国有资产的出资人，也是国有企业的监管者，虽然已经认识到了国有资产财务信息的重要性，但是由于牵扯到多方利益，到目前为止，国有资产的信息披露仍没有实质进展。

7.3.2.3 信息披露的对象狭隘

在国有企业传统的治理体制中，国有企业主要向政府部门和企业内员工进行信息披露。公众作为重要的利益相关者，对国有企业的经营状况却往往不甚了解。随着市场经济体制不断完善，国有企业在探索现代企业治理的过程中，也认识到应该满足社会对国有企业信息披露的更高期待。为了履行社会责任和构建企业自身良好形象，2000 年起，随着一些国有企业自愿公布年度报告，普通公众逐渐进入到国有企业信息披露的对象中。2008 年颁布的《企业国有资产法》中规定，国家出资的企业从事生产经营活动，应当接受政府及有关部门依法进行的监管，接受社会公众的监督，承担社会责任。法律主要是原则性的规定，没有具体的执行规则。钟雪斐（2011）[277]认为，由于缺乏制度和法律的保障，国有企业信息披露更多的是企业自身的自愿选择行为，不是强制性履行义务，其结果是国有企业信息披露的对象狭隘，会制造出由于信息不对称形成的“盲区”，为一些掌握信息优势的人侵吞或挪用国有资产提供机会。

上述问题不利于对国有资产的监督，也不利于国有资产的保值增值和完整安全。建立合理有效的国有企业信息披露制度，既要保证国有资产的信息安全，也要拓宽国有企业信息披露的对象，从而增加国有资产的监督群体，提高国有企业经营者违规或腐败的风险成本。

7.3.2.4　信息披露渠道不畅

相比上市公司的信息披露渠道，国有企业的信息披露渠道相当有限和狭窄。上市公司必须在指定的网站和报刊进行信息披露，还要将披露信息交给证监机构备案。而国有企业的信息披露没有指定的报刊或网站。国有企业信息披露的渠道主要在企业内和企业外。前者是针对公司内部成员如职工代表大会的披露渠道；后者是限于向国有资产管理部门和相关行政部门报告的渠道。国有企业是国有代表全体公民作为出资人的特殊主体，作为企业实际所有者的社会公众却没有获得国有企业内部信息的有效渠道。总体来说，当前的国有企业信息披露渠道还是相当狭窄的。

7.3.2.5　信息披露的内容不规范

国有企业尝试自愿且有选择地进行信息披露是国有企业治理的一大进步，但是信息披露的内容多是一般的公司经营信息，诸如高管简介、组织机构、社会责任等信息情况。对于最能反映公司经营和资产状况的财务信息，诸如财务报表、资产负债表、利润表及高管的薪酬待遇，国有企业的信息披露却相当缺乏。与国有资产监督管理部门相比，社会公众、私营企业、媒体获得国有企业相关经营信息的内容更单薄。这种获取国有企业信息的数量和质量的巨大差别，一直从传统的计划经济体制延续至今，亟待进行实质性的改变。

国有企业信息披露的内容主要分为强制性信息披露（即国资委和上级主管部门要求进行的信息披露）和自愿性信息披露。国有企业出于提升企业形象、扩大企业影响的考虑进行的信息披露。总的来说，国有企业的信息公布没有统一的法律规范予以调整。这种没有规范的信息披露造成了国有企业信息披露的混乱状况。不全面的披露内容无法满足利益相关者对国有资产的知情权，市场和公众也无法对国有企业的资产经营状况进行评价和判断。

7.3.2.6　信息披露的监管机制不健全

国有企业主要通过向上一级政府部门提交报告来进行信息披露，其审核和监督工作主要由国有资产监督管理部门或政府部门来进行。相比而言，上市公司信息披露的监督管理主体是多种主体，即证券监督管理部门和各种社会中介组织。国有企业的信息披露监管主体缺失、监管乏力。在实际操作过程中，国有企业和国有资产监督管理机构往往有着千丝万缕的联系，在没有任何第三方监督力量的参与下容易形成共谋，国有企业所披露信息的客观性、真实性很难说是有保证的。这样，国有资产的完整安全和保值增值能否得到实现就是一个大大的问号。在国有企业的信息披露工作中，尽可能利用更多的有资质的监督力量，形成全方位、多主体的监督才是完善信息披露监管体制的可行之策。

7.4　国有企业信息公开披露与透明度机制构建的原则及策略

就中国国有企业而言，国务院国资委只是出资人的代表，公众才是国有企业的最终所有者，所有权的归属决定了监督权的归属，因此，公众有权了解国有资产的运营情况，行使自己的监督权。当前的中国国有企业信息披露制度虽然有了很大的进展，但是其信息披露对象、信息披露内容、信息披露渠道和监管还存在很多问题，这些问题的存在制约了信息披露在国有企业监督机制中应发挥的重要作用。

由于国有资产的公共性质，为了维护广大人民群众的利益，就必须实行高标准的信息披露和透明度政策，以加强公众对资产经营好坏的监督。西方国家管理和经营国有企业的经验表明，国家作为股东，必须确保国有企业经营有充分的透明度，并建立一个完整的框架，制定从所有权政策、国有企业内部和外部的审计体系和标准，到向国会报告和向公众公布年度国有企业运营报告的整套规则，为中国国有企业信息披露制度的构建、完善乃至国有资产监督机制的创新提供一些借鉴和启示。

中国坚决走依法治国的道路，作为国家治理体系和市场经济体系有机组成部分的国有企业治理，必须从顶层设计入手，构建立法机构、政府、企业和社会“四位一体”的国有企业信息披露和透明度机制，全方位构筑一张合力监督网络。国有企业的生命线在于信息披露公开、公正、公平，在于资产的透明化。国有企业要坚持公开透明、阳光运作，把重大信息公开贯穿于国有企业生命的全周期、经营活动的全过程。目前切实当务之急就是国有企业信息披露和透明度机制的构建，在加强监管和营造公平竞争的市场环境上有所突破，让国有企业在阳光下运行，把权力关进笼子里。建立督查和考核机制，追究相关人员的责任，才能真正消除影响国有企业信息披露和透明度机制落到实处的障碍，进而形成既有顶层设计又接地气的“顶天立地”的国有企业信息披露和透明度机制，激发国有企业的创造活力，让国有资本发力，造福全社会。

7.4.1 国有企业信息公开披露与透明度机制构建的原则

7.4.1.1 一般原则

信息披露的原则是信息披露制度的基石，信息披露的原则决定了信息披露的方式和信息披露的效果。根据深圳证券交易所和上海证券交易所的相关规定，以及国家的《证券法》等相关法律法规，上市公司最基本的信息披露原则可以概括为以下四个原则：

（1）真实性原则。真实性原则是信息披露最重要、最根本的原则，要求披露的信息应当以客观事实或具有事实基础的判断与意见为基础，以没有扭曲和不加粉饰的方式再现或反映事实状态。信息披露作为企业的责任，真实和公允应是企业对所有公司利益相关者和所有关注公司成长的潜在利益相关者的承诺。

（2）完整性原则。完整性原则要求所有可能影响投资者决策的信息均应得到披露，不能有所遗漏。这就要求上市公司应当把公司完整的形象呈现在投资者面前，如果上市公司在公开披露时有所侧重、有所隐瞒、有所遗漏、有所片面，导致投资者无法获得有关投资决策的全面信息，那么，即使已经公开的各个信息具有个别的真实性，也会在已公开信息中造成整体的虚假性。披露信息不仅限于已发生的事实，也包括对未来经营、财务状况的预测、分析，可形成财务报告和治理报告，而且应加强非财务的披露内容。

（3）准确性原则。准确性原则要求上市公司披露信息时必须用精确不含糊的语言表达其含义，在内容与表达方式上不得使人误解。

（4）及时性原则。及时性原则有两层含义：一是公司应当以最快的速度公开其信息，即一旦公司经营和财务状况发生变化，应当立即向社会公众公开其变化细节；二是公司应当保证公开披露的公司信息的最新状态，不能给社会公众以过时的和陈旧的信息。

7.4.1.2　特殊原则

商业秘密和信息披露是一对天生的矛盾，企业不应以商业秘密为由拒绝必要的信息披露，也不能为信息披露而随意泄露商业秘密。处理好两者的关系，全面权衡各方利益，把握商业秘密与公众知情权的辩证关系，是考验国有企业治理水准的一块试金石。

鉴于国有企业的特殊性质以及在国计民生、国家经济安全体系中的特殊作用和地位，国有企业的信息披露除了应具备上述真实性原则、完整性原则、准确性原则和及时性原则之外，还应该具备以下三个原则：

（1）公平披露与安全披露兼顾的原则。在证券市场上的公平披露原则主要是针对上市公司的选择性披露问题提出的，所谓选择性披露，是指上市公司将重大的未公开的信息仅向证券分析师、机构性投资者或其他人披露，并不是向所有市场上的投资者披露，选择性披露违反了平等公开披露的原则，会造成信息获得的不平等，为内幕交易提供机会。但是，对于国有企业来说，因为涉及国有资产的安全和保密的因素，国有企业的公平披露并不能意味着对全体的利益相关者同时披露全部的内容，应该注重在保证国有资产安全的前提下实现有利于国有资产监督的披露最大化的公平披露。因此，国有企业在进行信息披露中应注重公平披露与安全披露兼顾的原则，既保证有利于国有企业监督的、有利于国有资产保值增值的信息可以获得公开披露，又充分保证不会泄露国有资产经营的秘密、不会为国有资产经营带来危险，有利于国有资产经营的安全。

（2）有限披露与保密安全兼顾的原则。我国《公司法》第34条和第98条规定了股东查阅文件的范围，除了在《公司法》《证券法》相关规定中明确列举的事项和文件以外，公司原则上无须承担公开其他公司信息（如经营信息和技术信息等）的法定义务。《公司法》中的这一规定就体现了公司的有限公开的原则，换句话说，有限公开就是凡属于法律规定应当公开的事项，公司即其他报告义务人有义务向公司利益相关者披露或公开。公司信息报告是建立在公司信息保密基础上的特别制度，对公司和董事应当公开的信息范围应由法律做出特别规定，而不能认为公司股东有权了解全部公司信息。这些规定虽然主要是针对上市公司做出的，但是针对关系到国计民生和国家经济安全的国有企业也应适用有限披露原则，应该在信息披露过程中兼顾有限披露与保密安全的原则。

（3）分类披露与平等公开兼顾的原则。根据《证券法》规定，上市公司要承担初始信息披露义务和持续信息披露义务。这两种基本的信息披露方式，都是建立在公开、公正和公平原则的基础上，都包含对所披露信息的全面性、真实性、最新性和适法性的披露要求。但对于非上市公司（含有限责任公司）来说，法律法规并未要求公司遵循上述严格的信息公开义务。由此可见，分类披露的本意是指针对不同的公司形式采用不同的信息披露方式。

根据信息披露的主体、信息披露内容、信息披露对象的不同，可将国有企业信息披露中的分类披露赋予三层含义：第一层含义是针对不同国有企业的性质采取不同的信息披露方式，即根据国有企业在国家经济安全和国计民生中承担的作用的不同采取不同的信息披露方式，比如，军工企业关系到国家安全，信息披露是绝对不可以公开的。第二层含义是针对同一个企业的不同信息的内容和性质采取不同的披露方式，比如，有些关系重大的、涉及商业机密的信息是不能公开披露的，而有些不涉及商业机密，又有利于对国有资产监督的财务信息是可以向社会公开披露的。第三层含义就是针对不同类型的信息披露对象所披露的信息内容有所不同。在对国有企业信息进行分类公开时，必须要兼顾平等公开的原则。所谓平等公开，是指在同类型公司成员或利益相关者范围有权获得相同的信息，换句话说，就是对于同一类型的信息披露对象有权利获得相同的信息内容。在上市公司中，这一平等公开原则的体现是董事会成员有权从公司管理机关获得内容相同的信息，公司监事会成员有权从董事会以及管理机关获得相同的公司信息，公司股东无论持股多寡，无论是否参与经营管理，都有权从董事及公司获得内容相同的公司信息。刘坤（2015）[278]认为，作为不同权利群体的公司董事、监事、股东以及相关者能够有权利接触的公司信息范围却有所不同。原则上说，按照公司管理者、董事会成员、监事会成员、股东和相关者的顺序，各类成员或者相关者接触公司信息的范围逐渐缩小。那么，将平等公开原则和分类公开原则相结合应用于国有企业，也就是说，对于同一类型的信息披露对象来说，他们有权获得同等的信息披露内容，但是不同类型的信息披露对象获得信息披露内容的权利却是根据信息性质和信息披露对象不同而不同。国有企业在进行信息披露时应该做到既能充分体现按照不同信息披露对象披露不同内容的分类披露原则，又要保证同一类型的信息披露对象可以具有同等权利获得相同披露信息的平等公开原则。

7.4.2 国有企业信息公开披露与透明度机制构建的策略

7.4.2.1 完善相关法律法规

国有企业和国资管理部门缺乏信息披露的内在激励，必须依靠法规来推动信息披露的落实。由全国人大出台《国有企业透明法》或由国务院制定《国有资产管理的信息公开披露条例》，国资管理部门制定国有企业信息公开披露的管理办法，依法依规推动国有企业信息公开披露工作的规范化。借鉴海外国有企业透明度与信息披露的先进经验，依法明确信息公开的范围、时效和程序，确立各类国有控股公司包括非上市公司的信息披露义务，确认全民股东的知情权，建立覆盖跨产业、跨地域、覆盖所有国有企业的全方位信息披露制度。要求企业定期公布年报、中报、季报甚至月报，遇有重大情况的还要随时公布临时报告。为使公开透明原则贯彻到底，确保信息公开制度的可操作性，国有企业的信息公开应同时符合真实性、准确性、完整性、合法性、最新性、易得性、易解性和公平性八项标准，违者应依法承担相应的法律责任。任何中国公民皆有知情权，并依法行使账簿查阅权。在查阅会计账簿对某些科目存疑时，公众还有权查阅原始凭证。新闻媒体和社会公众对公司报告存疑的，检察机关和审计机关有权查阅公司的会计账簿和原始凭证，并及时向社会公开查阅的过程与结果。

7.4.2.2 明确信息披露主体

在国际上，信息披露的主体分为企业主体和出资人主体。企业主体披露是国有企业个体将企业自身的经营状况披露，这种披露有利于相关利益主体对企业经营状况进行正确判断。出资人主体披露是指政府国有资产监督部门将本国内国有企业的经营状况进行汇总，然后将汇总的结果通过适当形式向社会公布。在我国，出资人主体就是国资委。出资人主体的信息披露使国有资产的运行形成总体的认识，帮助利益相关者更好地行使监督权。从上文可以看出，澳大利亚和新加坡采用的是企业主体信息披露方式。瑞典采用的是出资人主体和企业主体相结合的方式。两种信息披露主体有着共同的目的，发挥一致性的作用，缺一不可。企业主体信息披露是为了微观情况的把握，出资人主体信息披露便于对宏观形势的判断。两种信息披露主体的兼顾更有利于实现国有企业的保值增值，既可以把握企业整体运行状况，又为企业问责和奖惩提供材料来源。

7.4.2.3 拓展信息披露对象

信息披露对象，即信息的需求者。由于全民所有制企业主要为国家的宏观经济运行服务、处于保障国计民生的重大地位，在当前的情形下，信息披露对象主要是国家或政府，以便于其进行经济管理。但是，由于国有企业会出现信息不对称的问题，仅以国家作为信息披露的主体，势必将管理者的违约成本降到最低，不利于资产的保护。

国际上信息披露对象主要分为两类：一是政府主管部门；二是社会公众。瑞典的国有企业一般要编制年度报告，报送工业部。澳大利亚的国有企业还要将年度报告提交到国会。不论是在澳大利亚、瑞典还是在新加坡，国有企业向政府主管部门提交年度报告都会向社会公布。

田昆儒（2001）[279]认为，不仅要将国家作为主要的披露对象，还应在尽可能的情况下将各方面利益相关者纳入披露对象的范围内，从而形成全面的国有企业监督体系。分而言之，国有企业信息的需求者根据其利益的不同可以分为各级国有资产监督管理部门、职工、债权人、公众及其他利益相关者。各级国有资产监督管理部门作为全体人民利益代表，有权利也有义务掌握企业经营状况、利润分配、资本结构、资本保值增值以及其他一些重要事项。职工有权了解企业的真实状况，这是工会法等相关法律法规维护职工权利的规定。职工的知情权可以提升员工的主人翁责任感、凝聚力和向心力，有利于企业运营效率的提升。债权人，包括供应商、债务担保人、债券持有人、金融机构在内的一切借贷给国有企业的机构和组织。公众则是国有资产的实际所有者，知情权是公众行使监督权的重要保障。除了上述四类人员之外，诸如消费者、媒体、竞争对手等其他一切企业的利益相关者，都是国有企业信息披露的对象，他们的存在对于形成国有资产全面监督体系具有非常重要的意义。

7.4.2.4 增加信息披露渠道

信息披露渠道解决的是信息披露对象如何获取信息的问题。在国际上，国有企业信息披露渠道也多是参照上市公司。瑞典和澳大利亚对不同的信息披露内容设计了不同的信息披露渠道，新加坡则采用统一的信息披露渠道。我国的国有企业信息披露渠道设计，也可以我国上市公司信息披露为参照，其渠道主要分为报刊、指定场所、向特定的对象寄送和网站等多种渠道。在实际生活和操作中，这几种方式往往同时使用，可以根据不同种类的国有企业的性质和信息重要性选择不同的信息披露渠道。对于普通行业的国有企业，可仿效上市公司采用定期或不定期的方式在网站、报刊公开信息或者在特定场合准备纸质信息材料以备公众查询；对于不参与一般市场竞争的、涉及国家机密的国有企业，可以不对外披露其信息，只需向出资人和相关部门报送资料即可。信息渠道的可行性取决于信息披露的各种成本。国有企业在选择时，要根据信息的特点，优先考虑成本最低、最便捷的信息披露渠道。

7.4.2.5 规范信息披露内容

对于国有企业来说，因为涉及国有资产的安全和保密的因素，国有企业的公平披露并不意味着对全体的利益相关者同时披露全部的内容，应该注重在保证国有资产安全的前提下实现有利于国有资产监督的披露最大化的公平披露。因此，国有企业在进行信息披露中应注重公平披露与安全披露兼顾的原则，既保证有利于国有企业监督的、有利于国有资产保值增值的信息可以获得公开披露，又充分保证不会泄露国有资产经营的秘密、不会为国有资产经营带来危险，有利于国有资产经营的安全。对于涉及国家秘密、商业秘密、个人隐私的信息应该排除在披露内容之外。

信息披露的内容是由信息披露的目的来决定的。国有企业信息披露的目的是促进国有企业信息的公开透明，避免由于信息不对称造成的腐败问题，实现企业经营的公共目标和经济目标。披露的内容要充分反映国有企业的经营状况，实现信息披露收益最大化。上述情况说明国有企业在国民经济中扮演着重要角色，在追求经济目标的同时，还要勇于承担社会责任。根据信息性质的不同，国有企业信息可以分为公司的基本情况、公司的治理情况、财务信息、重大决定、社会责任状况、员工、其他问题。信息披露内容的繁简是否需要根据需求者的需求来决定，应该先制定统一性规则以降低信息披露成本，同时也允许根据具体情况来定，如司法、行政及公民个人利益的紧急需要，可以牺牲一定的信息披露成本为代价。

7.4.2.6 强化信息披露监管

任何信息在传递过程中，会遇到其他各种因素的干扰，从而影响信息传递的安全。信息披露监管是信息披露制度有效运行的重要保障，信息披露监管是决定信息披露是否有成效的重要因素。因此，要从内部和外部两个方面来加强国有企业信息披露的监管系统建立和完善。

从内部来看，应建立完善的国有企业治理结构，为信息披露提供坚实的制度基础；要建立独立的董事制度，使之成为监管国有企业信息披露的核心力量；要规范信息披露的管理制度和信息披露流程。另外，可设立专门的内部审计委员会，充分发挥内部审计的作用。内部审计具有信息优势，是企业风险控制的关键环节。从国有企业实践看，改进审计的重点是加强董事会对审计的领导，提高内部审计的相对独立性。通过加强内部审计，为企业内部监督和制约提供客观信息，为改进管理层的工作提供合理建议。

在外部监管方面，政府及相关部门要履行好监管指导职能。各级政府要把信息公开工作纳入对所属国有企业的经营业绩考核体系，量化考核标准，进一步规范信息披露流程和奖惩机制。国资委要代表政府履行好监管职责，并牵头抓总、督促指导企业做好工作。财政、审计、工商等相关部门要做好各自分管领域内的监管工作，定期和不定期地对企业公开的信息进行检查抽查，发现问题要督促企业立即整改。

国有企业也应积极加强外部审计，利用律师事务所、审计事务所、会计事务所等中介机构的审核力量，内部审计与独立审计相结合。国有资产管理部门对国有企业的外部审计提出了明确的要求，但实践中存在一些问题，比如社会审计机构能力不足、独立性不强，加上企业自身公司治理不完善，出现了外部审计没有做到独立、客观、公正的问题。应结合国有企业改革，逐步强化外部审计，保障信息披露的客观性和准确性。

此外，还应积极发挥媒体和社会公众对国有企业信息披露制度的监督作用，畅通公众参与渠道，加快建立健全由人民群众、社会团体、中介机构、新闻媒体等各种社会力量共同参与的社会监督网络，切实发挥好群众监督和舆论监督的作用。要重视媒体监督的作用，从根源上改变对媒体的看法，进而更好地提高信息披露质量，赢得竞争优势。[280]同时，要坚持正确的工作导向，引导公众客观理性地参与社会监督，为推进国有企业改革发展营造良好的社会环境。

第 8 章　法治化：全面推进依法治企促进国有企业平稳健康发展

全面推进依法治国，建设社会主义法治国家，是党领导人民治理国家的基本方略。依法治国，必须实现依法治企。新时代推进国有企业治理体系和治理能力现代化，从落实企业主要负责人的第一责任人职责、培育法治理念、完善总法律顾问制度、加强法律事务机构和法律顾问队伍建设、深化企业法律管理工作内容五个维度，推进国有企业法治化进程。

8.1　国有企业法治化的内涵和必要性

胡阳、尚鑫（2018）[281]认为，国有企业是党执政兴国的重要支柱和依靠力量，推动国有企业法治建设关系到依法治国基本方略能否在国民经济领域得以全面贯彻实施，关系到能否为“四个全面”战略布局奠定坚实的物质基础和政治基础。推动国有企业法治建设是依法治国的重要组成部分。刘小春（2017）[282]认为，中央企业公司治理法治化有着坚实的理论依据。市场经济是法治经济，中央企业作为社会主义市场经济的核心组成部分，公司治理的法治化有着良好的外部动因。中央企业改革的核心是建立产权明晰的现代企业制度，产权是一个法学范畴，中央企业的产权保护则必须依靠法治，这是中央企业公司治理法治化的内部动因。中央企业公司治理法治化的价值取向必须符合法治的价值，并与公司治理的目标相一致。

8.1.1　国有企业法治化的内涵

国有国法，企有企规。依法治企是全面推行依法治国的微观基础，是完善现代市场经济的客观需要，是建立现代企业制度的需要，是国有企业改革发展的有力支撑。国有企业法治化包括国有资产监管法治化和国有企业内部管理法治化两个维度。

8.1.1.1　国有资产监管法治化

国有资产监管法治化指的是构建国有资产监管法规制度体系。国有资产监管法规制度体系是由法律、行政法规、规章、规范性文件等多层级法律规范组成的，以国有资产监管涉及的各种社会关系为约束和调整对象的法规体系，是国有资产管理实践的法律总结，是国有资产出资人依法履责的重要依据。

从内容上看，国有资产监管法治化包括：建立健全国有资产出资人制度，建立健全国家出资企业制度和建立健全国有资产统一监管制度。三大制度体系相辅相成、互相衔接，从制度上规范国有资产管理体制改革，构成了国有资产监管法规体系的基本框架。国有资产出资人制度以本级人民政府与国资委的授权关系、国家出资人代表与国家出资企业的出资关系为调整对象，规定国资委作为出资人代表机构的性质和职责。建立完善国有资产出资人制度理顺了国有企业的监管链条，是国有资产监管法治化的核心。国家出资企业制度以国有企业的改革和发展为规范对象，围绕做强做优、培育世界一流企业的核心目标，推进国有企业公司制股份制改革，建立健全现代企业制度，提高现代化管理水平。建立完善国家出资企业制度的目标是将国有企业培育成合格的市场竞争主体，提高市场竞争能力，是国有资产监管法治化的基础。国有资产统一监管制度，按照国家所有、分级代表的原则，以统一国有资产监管政策、统一国有资产基础管理、统一出资人监管国有资产的范围为目标，明确国有经济的性质、功能和定位，加强国有资产监管，维护国有资产安全。建立完善国有资产统一监管制度确保了各级国有资产监管政策、目标和主要任务的上下贯通，是国有资产监管法治化的重要保障。从形式上看，国有资产监管法治化包括顶端、中端、底端三个层面的工作：顶端是完善宪法有关基本经济制度和国有企业功能作用方面的规定，这些规定明确了国有资产监管的方向和目标；中端是完善法律、行政法规中关于国有资产监管的一系列规范性文件，是国有资产监管法治化的主干；底端是完善国务院国资委的规章以及地方性法规、地方政府规章中有关国有资产监管领域的具体要求。

（1）建立健全国有资产出资人制度。国有资产出资人制度包括：出资人代表制度、企业领导人员管理制度、企业重大事项管理制度、财务和资产监管制度。

赵中行（2011）[283]认为，出资人代表制度规定了出资人代表机构的设置、职责等问题，调整了政府与出资人代表机构的关系。一是机构设置。国资委是代表本级人民政府对国有资产履行出资人职责的直属特设机构，对本级人民政府负责，受本级人民政府的监督。二是机构职责。通过主业核定、业绩考核、薪酬分配、企业领导人员任免、财务评价、产权管理、监事会监督、风险管控等，国资委行使依法选择管理者，参与重大事项决策，获得资产收益等权益，从而将管人、管事、管资产有效结合。三是股东代表制度。张培尧（2011）[284]认为，国资委通过委派股东代表，出席股东会议，参与有关事项决策，确保对企业的有效管理，维护出资人合法权益。

企业领导人员管理制度体现了党管干部和市场化选聘相结合的原则。一是任免制度。在任免权限上，明确政府与国资委的职责权限，应该由政府直接任免的，由政府负责；应该授权国资委任免的，由国资委负责。在任免程序上，依法按照产权结构行使建议任免权。二是考核制度。杜稳灵等（2004）[285]认为，需根据企业所处行业特点、经营管理水平和宏观经济形势等，以国有资产保值增值为主要目标，明确考核标准和实施办法。三是薪酬管理制度。坚持公平和效率相结合的原则，根据考核结果确定合理的薪酬结构和水平，发挥好薪酬激励的作用。四是责任追究制度。严格落实《公司法》规定的董事、监事、高级管理人员的经营管理责任。

企业重大事项管理制度规定了出资人代表机构参与企业重大事项决策的权利。一是企业组织形式变更制度。涉及合并、分立、解散、清算、增减注册资本、变更组织形式等事项。二是经营决策制度。涉及企业经营方针、投资计划、公司债券发行等事项。三是企业章程审核制度。涉及企业章程制定和修改的权限和程序。

财务和资产监管制度以国有资产保值增值为目标，以财务监督和风险控制为重点，加强出资人对企业的监管。一是财务监督制度。涉及预算决算、经济责任审计、资金管理、资产损失责任追究等。二是产权管理制度。涉及产权登记的主体、范围和程序，产权转让的程序和要求，资产评估机制等。目的在于建立产权清晰、权责明确、保护严格、流转顺畅的现代产权制度。三是外派监事会制度。以问题和风险为导向，规定外派监事会的工作职责和监督范围，强化外派监事会的监督功能，注重当期监督过程中发现问题和风险线索。四是收益管理制度。在确保资本经营预算的完整性和独立性的前提下，明确国有资本收益分享机制，确保国有资本收益在保障政府公共预算，推进经济结构战略性调整等方面发挥积极作用。

（2）建立健全国家出资企业制度。国家出资企业制度包括公司治理、集团化管理和专项管理三项制度。

公司治理制度包括公司制股份制改革制度、董事会制度、监事会制度、党组织制度、职工代表大会制度。一是公司制股份制改革制度。包括公司制改革、股权多元化改革、整体上市三条路径。二是董事会制度。目的是建立健全董事会民主决策、经理层执行落实的内部治理制度，提高决策的民主性、科学性和时效性。三是监事会制度。目的是发挥监事会的监督约束作用，以问题和风险为导向，强化对企业实地监督的力度。四是党组织制度。确保企业党组织参与决策，发挥政治核心作用。五是职工代表大会制度。规范职工民主管理的范围和程序，将职工民主管理融入现代企业制度之中。

集团化管理制度是国有资产出资人制度向子企业的延伸，包括子企业领导人员管理制度、重大事项管理制度、财务和资产监管制度等，有以下两个重点：一是对子企业履行出资人职责制度。母公司按照股权结构对子企业履行出资人职责，确保国有资产出资人层层到位，强化监管，落实责任，实现国有资产保值增值。二是集团管控制度。建立规范的母子公司关系，压缩企业层级，减少法人单位户数，对大额资金运用、大额采购等事项统一管理，实现集中化运营。

专项管理制度是出资人代表机构对企业提出的原则性要求和具体规定的总称，目的是完善国有企业内部治理，加强对专项工作的内部管理能力，提升现代化管理水平，打造核心竞争力。包括战略管理、投资管理、财务管理、人力资源管理、风险管理、创新管理、法律管理、社会责任管理、党的建设和群众工作等具体制度。

（3）建立健全国有资产统一监管制度。国有资产统一监管制度包括国有经济调整重组制度、国有资产基础管理制度和上下级国资委指导监督制度三个维度。

1）国有经济调整重组制度维度。通过明确国有企业的性质、地位、功能、作用和改革发展方向，解决国有经济发展的基础性问题。一是国有经济布局结构调整制度。明确国有企业的功能定位，国有资本向关系国家安全和国民经济命脉的重要行业和关键领域集中，向提供重要公共产品和基础服务领域集中，向基础性支柱性产业以及高技术产业领域集中，使国有企业的控制力和影响力能够在国有经济布局结构中体现出来。二是国有资产集中统一监管制度。明确界定出资人代表机构的监管范围，促进企业重组和资源整合，实现国有资产的集中统一监管，提高监管效率。三是国有资本合理流动机制。通过联合重组，实现中小企业退出，解决大企业大而不强的问题；通过控制非主业投资，剥离重组非主业资产等，突出主业，实现有进有退，有所为有所不为。

2）国有资产基础管理制度维度。通过提供及时、准确、全面的国有资产数据，为有关决策提供数据支持，确保国家全面掌握国有资产保值增值情况，加强国有资产管理、保障国有资产安全。一是统计制度。对国有企业财务状况、经营成果、现金流量和国有资产保值增值结果等进行统计、审核、汇总、分析、报送。二是面上产权监管制度。进行产权登记管理，加强产权交易监管，及时掌握国有产权的总量、分布结构和变动情况，维护合法权益。三是资产评价制度。根据行业评价标准，对国有企业的盈利能力、资产质量、债务风险、经营管理状况进行评判。

3）上下级国资委指导监督制度维度。上下级国资委指导监督制度实现了全国国资监管工作的有机统一。一是上下级国资委关系。国务院国资委对地方国资委工作进行宏观指导，明确上级国资委对下级国资委的指导监督职责。二是县属国有资产监管方式。按照企业国有资产管理新体制的要求，规范县属国有资产的监管对象及其职责，落实监管责任，形成国资监管组织体系的完整链条。三是指导监督方式和程序的规定。建立报告备案制度、监督检查制度和督促评价制度，对全国范围内国有资产监管工作进行统一谋划。

8.1.1.2 国有企业内部管理法治化

内部管理法治化指的是在企业内部建立起规制企业经营行为的制度规范体系，强化企业的法律治理，建立完善内部控制体系和防范风险机制，明确企业的规则和程序，规范企业经营决策，确保干部职工依法经营、按规办事、按章操作，维护企业合法权益。

苗春（2009）[286]认为，内部管理法治化是指，在企业中建立，以法治化管理理念为基础，对外依法经营和对内科学管理的管理模式。内部管理法治化的实质是，建立依法治企制度，健全法律顾问组织体系，完善法律风险防范机制，拓展法律工作领域，为企业依法经营、防范风险、科学发展提供坚实保障。内部管理法治化的核心目标是，将国有企业建成治理完善、经营合规、管理规范、守法诚信的现代法治企业。推进内部管理法治化是完善现代企业制度，建立具有国际竞争力的国有企业管理机制的根本途径。包括企业法治理念、总法律顾问制度、法律事务机构和法律顾问队伍、企业法律管理工作体系四个维度。

（1）树立法治理念。培育法治理念是内部管理法治化的关键环节，意义重大。一是提升全员法律素质。王瑾（2013）[287]认为，只有加强法治理念的培养，才能内铸精神，外塑形象，用趋同的价值观、经营理念、团队精神把干部职工整合起来，将全体干部职工的智慧、力量、情感和行为凝聚到企业的战略目标上来，实现全员法律素质的提升。二是全面防范企业法律风险。如果企业干部职工法治意识不强，法律风险会变成现实的危害，轻则造成财产或商誉损失，重则带来灭顶之灾。三是改变传统管理理念。给干部职工提供一条维护企业及自身权益的途径，促进企业员工更加关注企业的经营管理，发挥优秀员工对企业经营管理的作用，把民主监督落到实处。

树立法治理念需要做好以下三个方面的工作：一是树立依法合规、诚信经营的核心价值观。将依法合规、诚信经营视为维护公司声誉、实现持续发展的基础，必须严格遵守法律法规和内部规定，自觉依法合规经营。二是将依法合规作为公司运营的行为准则。在对内管理上，维护法律法规和企业制度的权威，任何人一旦发现违规行为，将会受到严厉惩罚。在对外经营上，当法律与业绩、效益发生冲突时，必须坚持法律第一的原则，严禁违规为企业牟利。三是将法治精神作为公司管理的重要基石。公司治理应体现法治精神，将权力制衡、权责对等、契约精神等法治理念在制度设计、经营管理、激励惩戒方面落到实处。

（2）建立总法律顾问制度。总法律顾问制度是内部管理法治化的重要表现，意义重大。一是企业内部分工专业化的必然要求。随着企业经营范围的拓展与市场规模的扩大，企业内部分工的专业化程度不断提升。企业总法律顾问制度的建立，确保了法务工作的专业性和权威性，实现风险控制的制度化，满足了企业法律事务专业化的目标。二是企业法律风险管理的全面深入。国务院国资委制定的《中国企业总法律顾问制度》规定总法律顾问属于企业高级管理人员，全面负责企业法律事务工作，统一协调处理企业决策和经营管理中的法律事务，保证决策的合法性，并对有关法律风险提出防范意见。[288]三是能够给企业带来长期价值。企业法律顾问可以对经营决策提出意见，帮助企业实现经营决策目标，合理规避法律风险，将法律风险防范融入企业经营管理之中，尽量减少引发纠纷的因素，减少企业法律诉讼纠纷，实现了企业的可持续发展。

建立完善总法律顾问制度需要做好四个方面的工作：一是普遍设立总法律顾问。总法律顾问制度应列入公司章程，总法律顾问是高级管理人员，对企业法定代表人或者总经理负责。二是扩大总法律顾问的职责范围。总法律顾问全面负责企业法律工作，对公司法律风险防控负有重大责任。主要职责包括：参与制定公司制度；参与财务、战略、销售、运营、考核等重大事项的决策；对各项业务开展合规管理；处理与政府公共关系；保护知识产权；建设公司法律团队；参与合同管理、诉讼及外部律师选聘等日常事务管理。三是提升总法律顾问的专业素质。总法律顾问应具备深厚的专业背景和丰富的法务工作经验，法学造诣较深，管理经验丰富，具有很高威信。四是建立完备工作机制。总法律顾问直接向公司总裁或董事会汇报，总法律顾问和各地区公司总法律顾问之间定期召开工作会议，保障总法律顾问工作的独立性和有效性。

（3）建立完善法律事务机构和法律顾问队伍。建立完善法律事务机构需要做好以下三个方面的工作：一是机构独立设置。将法律事务机构作为与财务、人事、经营、生产等部门并列的独立职能管理部门，规模较小的子公司需配备法律顾问，建立自上而下、体系健全的法律事务机构体系。二是管理职责覆盖所有经营领域。法律事务机构的职责范围应覆盖企业所有经营管理领域。主要包括四大类：公司、证券、合同、招投标及诉讼、仲裁、纠纷处理等民商法律事务；反垄断、环境保护、知识产权、劳动、税费、资源、土地等涉及行政管理的法律事务；国家立法政策制定的参与及公共关系处理等；对员工的法律培训。三是职能定位明确。法律事务机构对其他部门既有制约又提供支持，有三个角色定位："内部警察"，在合规事项判断上具有一票否决权，确保公司生产经营合法合规；"内部服务"，给出专业的法律意见和合理建议，助力公司经营发展；"业务伙伴"，抓住法律提供的新的商业机会，实现法律管理的价值创造功能。

建立完善法律顾问队伍需要做好以下四个方面的工作：一是扩大队伍规模。根据经营管理需要配备法律顾问，确保法律顾问队伍满足企业发展需要。二是提升专业化水平。要求法律顾问专业能力强，业务素养高，工作经验丰富。三是规范人员选拔制度。提升对法律顾问教育背景、知识结构和从业经验等方面的要求，严格挑选出满足公司需要的专业人才。四是建立有效的考核和激励机制。根据法律顾问的职业特点，建立专门的绩效考核制度，根据绩效考核结果，决定法律顾问的薪酬和晋升。

（4）建立完善企业法律管理工作体系。企业的法律管理工作体系主要包括规章制度建设、重大项目管理、纠纷案件管理、知识产权管理、境外法律业务管理五个维度。

在规章制度建设方面。一是明确制度体系定位。将规章制度作为对企业战略和业务管控的支持手段和主要依据。二是确保制度体系内容完备、结构合理。制度体系对主体业务应实现全面覆盖，确保企业法律管理工作均能找到清晰、明确的依据。三是明确制度管理岗位的职责。总部应设立制度管理岗位，通过标准化管理，使得同一业务尽可能保持统一性。四是建立综合的制度执行管理体系。将质量管理、流程管理、HSE 管理、标准管理、生产运行管理等各个专业管理体系进行系统整合，使之融为一体，提升制度管理的效率。

在重大项目管理方面。一是突出法律顾问在重大项目管理中的作用。从制度层面明确规定，法律论证是重大项目研究决策的前置环节，由法律顾问负责，高度重视法律顾问在项目决策前期的作用。二是建立团队运作机制。成立专门项目团队，集中相对固定的力量参与项目，确保工作连续性和效果。三是扩大法律顾问的工作领域。法律顾问的工作应延伸至税务筹划、劳动用工、商务安排、社会责任等领域，不仅要提出意见，更要为项目实施提供优化方案。

在纠纷案件管理方面。一是建立统一管理、统一处理的管理体制。将纠纷案件的管理权限划归总部，由总部授权各专门团队进行管理。二是积极利用外部法律资源。通过聘请外部律师处理纠纷案件，提升案件管理的时效性和经济性。三是建立完备的信息申报制度。纠纷案件发生后需在第一时间将信息汇报给纠纷案件管理团队，进行汇总分析。四是严格问责。因内部人员重大过错导致的纠纷案件，必须追究相关人员的责任。

在知识产权管理方面。一是高度重视。一般由总法律顾问负责，从企业战略管理的层次重视知识产权管理，将知识产权作为提升企业核心竞争力的重要手段。二是集中统一管理。由专门部门统一归口管理知识产权业务，可以由法律事务机构归口管理，也可以设置专门的知识产权管理部门。

在境外法律业务管理方面。一是一体化管理。由总部法律事务机构统筹境内外法律业务管理，在机构设置、人员配备、管理标准等方面建立统一的标准。二是密切境外公司法律业务与总部的联系。由总部统一管理境外公司的工商登记、知识产权、合规等事项，总部授予境外公司法律事务机构一定的管理权限，超越权限范围的事项需上报总部决定。三是提高境外公司法律事务机构地位。赋予境外公司法律事务机构较强的独立性，使之与业务部门构成制约协作关系。四是加强境外公司法律机构的队伍健全。境外公司一般应设置总法律顾问，并根据业务规模和专业需要配备相应的法律顾问队伍。

8.1.2 依法治企是国有企业改革和治理创新的必然要求

国有企业治理体系和治理能力现代化需要实现依法治企，而国有企业法治化改革也为国有企业治理体系和治理能力现代化提供重要保障。因此，法治化是新一轮国有企业改革的重要任务。

8.1.2.1 依法治企是全面推行依法治国的微观基础

党的十八届四中全会明确了全面推进依法治国的总目标和重大任务，为坚持走中国特色社会主义法治道路指明了前进方向。依法治国是坚持和发展中国特色社会主义的本质要求和重要保障，是实现国家治理体系和治理能力现代化的必然要求，事关我们党执政兴国，事关人民幸福安康，事关党和国家长治久安。因此，中国的法治之路是必由之路，全面推进依法治国是中华民族一路走到今天的时代要求。企业是重要的社会细胞，是市场经济的重要主体，当然也是依法治国的实践对象。践行依法治国对企业来说就是依法治企，依法治企是推行依法治国的微观基础。企业特别是国有企业必须深入贯彻党的十八届四中全会精神，在法治国家建设中树形象、做表率，通过建立健全依法治企机制，对外依法经营，对内依法治理，努力夯实法治社会基础。

8.1.2.2 依法治企是完善现代市场经济的客观需要

1993 年《中共中央关于建立社会主义市场经济体制若干问题的决定》指出，社会主义市场经济体制的建立和完善，必须有完备的法制来规范和保障，要高度重视法治建设，做到改革开放与法治建设的统一，学会运用法律手段管理经济。市场经济就是法治经济，作为市场经济的主体，企业在法律上拥有独立的人格，只有做到讲信用、讲制度、依法建立、依法经营、依法处理纠纷，才能成为市场的主体，才能在激烈的市场竞争中占领有利阵地，才能保证市场秩序的规范。随着改革的不断深入，市场经济环境下的各种经济活动以及各个经济利益主体的关系变得越来越复杂，企业面临的各种风险越来越多，企业作为市场的主体，如果缺乏法治观念，就会面临巨大的经营风险。市场经济条件下，市场在资源配置中起决定性作用，各类主体必须按照平等的市场规则，通过公平的市场竞争求生存、谋发展，因此企业要想在激烈的市场竞争中站稳脚跟，必须知法、懂法、守法、用法，不断强化依法治企，在法律规定的范围内开展经营活动，维护好自身的市场形象，才能实现发展目标，进一步做大做强。

8.1.2.3 依法治企是建立现代企业制度的需要

现代企业制度是指以市场经济为基础，以完善的企业法人制度为主体，以有限责任制度为核心，以公司企业为主要形式，以产权清晰、权责明确、政企分开、管理科学为条件的新型企业制度。要建立现代企业制度，企业必须依法运营，真正把企业管理纳入法治的轨道；增强企业的法治观念，实行科学决策；推动依法治企、强化内部管理；运用法律手段，化解经营风险。这些问题的解决离不开企业法务制度的完善。依法治企是企业治理体系和治理能力现代化的必然要求，是治企之道、强企之基、兴企之本、健企之策，是企业持续发展的动力和长青不败的基础。企业只有诚信守法、遵章守规，不断推进依法治企，才能进一步开拓管理思路、创新管理模式、规范管理行为，才能更好地促进企业做实做优做大做强。

8.1.2.4 依法治企是国有企业改革发展的有力支撑

企业不仅是市场经济的重要组成部分，而且是社会的有机组成细胞，遵守法律法规是企业实现经济利益的客观要求，也是企业依法履行社会责任的必然要求，是企业参与市场竞争的重要软实力。在现代法治社会中，企业运营离不开法律的保障。企业必须依法成立，取得工商行政管理机关颁发的营业执照。成立后，企业必须在合法的经营范围内进行经营并依法纳税。企业经营过程中的各种经济行为，如变更出资人、发行股票、投资、兼并等必须依法进行。企业全部资产无法偿清到期债务破产时，需向法院提出宣告企业破产的请示，被依法宣告破产的企业，由人民法院依照相关法律的规定成立清算组进行破产清算。企业经营管理的全部活动与法律有着千丝万缕的联系。提高企业法治程度，能够提高企业的内部管理水平，促使企业形成依法治企的经营模式，转变企业经济利润增长模式，提高企业的市场竞争力，让企业在激烈的市场竞争中赢得一席之地。当前，企业处于调整结构转型升级的关键时期，依法治企也是企业深化改革、做强做优的内生需要。通过加强法律体系建设，加强新领域前瞻性研究，拓宽法律服务领域，规范内部经营活动，化解外部法律风险，可以很好地发挥法律工作的预防保障作用，不断提升公司法律风险防范水平。

8.1.2.5 依法治企是国有企业法治工作向更高层次迈进的必由之路

目前，国有企业法治工作依然存在短板和问题，国有资产监管法律体系不健全，国有资产的监管缺少必要的依据。企业法律意识不强，没有形成依法治企的经营环境。法律管理模式需要完善和改进，总部的法律管控无法有效地延伸到子企业。法律事务的管理体系不健全，影响了企业法律管理的效益和效力。依法治企在企业管理过程中具有十分重要的作用和深远的意义，能敦促企业诚信守法、遵章守规，适时规避法律风险。规范经营管理行为，改革落后经营管理模式，提高企业经济效益。进一步开拓管理思路，规范管理行为，促进企业做实做优做大做强。因此，依法治企是治企之道、强企之基、兴企之本、健企之策，是企业持续发展的动力和长青不败的基础，是国有企业法治工作向更高层次迈进的必由之路。

8.2 中国国有企业法治化的历史进程

改革开放以来，随着社会主义市场经济体制的逐步建立，我国现行的国有资产监管法律体系和国有企业内部治理法律体系在不断探索中构建起来。从国有资产监管法治化和国有企业内部管理法治化两个角度梳理国有企业法治化的主要时间节点，有助于深入研究国有企业法治化的历史进程，对当前国有企业法治化改革具有重大借鉴意义。

8.2.1 国有资产监管法律体系的构建过程

改革开放以来，随着国有企业法治化改革的深入推进，我国现行的国有资产监管法律体系最终在不断探索中构建起来。随着2003年4月国务院国资委成立，2003年5月13日《企业国有资产监督管理暂行条例》、2009年5月1日《企业国有资产法》的公布实施，我国现行的国有资产管理体制最终在法律和制度上得以构建和完善。特别是党的十八大提出了以管资本为主的国资监管新思路，为国有资产监管法治化改革指明了方向。

8.2.1.1 起步阶段（2002年之前）

改革的着力点是赋予企业经营自主权。为改变计划经济体制下企业活力不足、效率低下等问题，从党的十一届三中全会开始，党中央逐步明确了建立国家和企业的正确关系是整个经济体制改革的本质内容和基本要求，提出赋予企业经营自主权是改革的要害问题，进行了实行经营承包制、转换企业经营机制、实行公司制改革等一系列重要探索。1988年5月，国务院批准成立国家国有资产管理局，把国有资产的产权管理职能从政府的行政管理职能和一般经济管理职能中分离出来，统一归口行使国有资产产权管理和基础管理职能。在法律层面，1988年4月，正式出台《全民所有制工业企业法》，明确了国家将国有资产委托国有企业经营管理，对承包、租赁、股份等多种经营责任制形式以法律形式给予认可。1993年12月，《中华人民共和国公司法》颁布，为确立并规范国有企业的公司制改革提供了法律依据。

8.2.1.2 国有资产监管法律体系初步完善（2002~2013年）

2002年11月，党的十六大报告指出，国家要制定法律法规，建立中央政府和地方政府分别代表国家履行出资人职责，享有所有者权益，实现权利、义务和责任相统一，管资产和管人、管事相结合的国有资产管理体制。为了贯彻落实党的十六大报告中有关国有资产监管体制改革的精神，2003年3月十届全国人大一次会议第二次全会表决通过了《关于国务院机构改革方案的决定》，批准设立国务院国有资产监督管理委员会。4月，国务院国有资产监督管理委员会正式挂牌。国资委作为国有资产管理机构对授权监管的国有资本依法履行出资人职责，维护所有者权益，维护企业作为市场主体依法享有的各项权利，督促企业实现国有资本保值增值，防止国有资产流失。郑淑娜（2008）[289]认为，2002年5月通过的《企业国有资产监督管理暂行条例》标志着中央和地方分级代表、分级监管的两级监管体制第一次从法律上得到确认，实现了管资产与管人、管事的统一，国有资产管理由以行政性手段为主转向以经济性手段为主，由实物形态管理转向价值形态管理。

随着国有企业改革实践的不断深入，为更好地调节、规制和规范各方利益关系，2008年10月28日，十一届全国人大第五次会议通过了《企业国有资产法》，比较完整地反映了国有资产管理体制改革取得的成果，把国有资产管理体制改革的成功做法上升为国家法律。《企业国有资产法》调整的对象为企业国有资产，是国家对企业各种形式的出资所形成的权益，从企业组织形态上看，包括国有独资企业、国有独资公司、国有资本控股公司和国有资本参股公司等各类国家出资企业。根据《企业国有资产法》的规定，国务院国有资产监督管理机构和地方人民政府按照国务院的规定设立的国有资产监督管理机构，是根据本级人民政府的授权，代表本级人民政府对国家出资企业履行出资人职责的机构。

8.2.1.3 国有资产监管法治化的深入推进（2013年以来）

以管资本为主加强国有资产监管，是党的十八届三中全会对深化国资国企改革做出的重要部署。2015年以来，《中共中央、国务院关于深化国有企业改革的指导意见》等系列文件陆续出台，标志着新时代国有企业改革工作的全面启动。深入推进国资国企改革，实现以管资本为主加强国有资产监管，势必对现行国有资产监管法规制度产生重大影响。侯华（2003）[290]通过梳理党的十八大以来出台的相关文件发现完善国有资产监管法律体系的思路是，围绕以管资本为主加强国有资产监管的各项任务要求，把握出资人职责定位，对国有资产出资人制度、国家出资企业制度和国有资产统一监管制度进一步充实细化和编纂整合，尽快填补立法空白，建成与管资本为主相适应的国有资产监管法规制度体系。

8.2.2 国有企业内部管理法律体系构建过程

改革开放以来，与我国社会主义法治建设的发展完善同步，国有企业内部管理法律体系经历了初步发展、基本完善、深入推进三个阶段。

8.2.2.1 初步发展阶段（1999年之前）

党的十一届三中全会后，在改革开放政策的推动下，民主法治建设有了深入发展，国家的司法体系不断健全，司法制度逐渐完善。1980年《中华人民共和国律师暂行条例》的颁布标志着我国律师制度正式形成。随着社会主义市场经济的发展和经济体制改革的深入，企业在生产经营中遇到的法律问题不断增多，通过完善的法务制度来管理企业、维护企业生产经营秩序、加强商务往来和企业交流的要求越来越急切。在这种背景下，有条件的国有企业开始设立专门的法务部门。1979年，中国技术进出口公司设立法律处；1980年，武汉钢铁公司设立法务处。1982年颁布的《中华人民共和国经济合同法》，进一步加快了企业法务制度的恢复。1986年《全民所有制工业企业厂长工作条例》规定，厂长可以设专职或聘请兼职的法律顾问，副厂长、总工程师、总经济师、总会计师和法律顾问，在厂长的领导下进行工作，并对厂长负责。企业法律顾问的地位首次在行政法规中得以确认。1990年，国家发展改革委印发《关于加强企业法律顾问工作的意见》，对企业法律顾问的任职条件、工作机构、职责、权限等提出了初步的规范性意见。作为企业管理人员，法务人员参与企业的决策并提出法律意见。据不完全统计，1990年底，全国已有8758个企业单位建立了法务工作机构，配备专职法务人员46028名。

8.2.2.2 基本完善阶段（1999～2013年）

自我国加入世界贸易组织以来，国有企业法务制度建设进一步跟进。2002年，为适应加入世界贸易组织新形势的需要，根据依法治国基本方略，在总结部分地方开展企业总法律顾问制度试点取得良好成绩的背景下，国家经济贸易委员会、中共中央组织部、中共中央企业工作委员会、中共中央金融工作委员会、人事部、司法部、国务院法制办公室七部委联合发布的《关于在国有重点企业开展企业总法律顾问制度试点工作的指导意见》，规定了企业总法律顾问的主要职责。这些法规及意见的出台为法务制度的发展创造了有利的外部环境和法制保障，加快了其规范化进程。2003年，国有资产管理委员会接原国家经贸委管理企业法务工作。同年，国务院第八次常务会议讨论通过的《企业国有资产监督管理暂行条例》规定国有及国有控股企业应当加强内部监督和风险控制，依照国家有关规定建立健全财务、审计、企业法务和职工民主监督等制度。

8.2.2.3 深入推进阶段（2013 年以来）

党的十八大以来，国有企业深入推进依法治企，法治工作取得可喜成绩，这一阶段国有企业内部治理法治化工作主要围绕企业法治理念、总法律顾问制度、法律事务机构和法律顾问队伍、企业法律管理工作体系四个方面展开，为企业改革发展提供了有力支撑。目前，国资委关于法治央企建设的布局和措施可以分为宏观、中观、微观三个层面。宏观层面，抓顶层设计。国资委连续出台了《关于全面推进法治央企建设的意见》、“七五”普法规划、《中央企业主要负责人履行推进法治建设第一责任人职责规定》等文件，多次召开中央企业法治工作会议，对“十三五”时期加快推进法治央企建设做出统一部署和安排。中观层面，抓指导推动。引导中央企业制定法治央企建设实施方案，定期召开法治工作会议；建立法治央企建设进展情况统计通报制度，每半年进行汇总通报；加强分类指导，分行业分地域开展专题调研；开展合规管理体系建设试点，不断丰富法律管理内涵和措施，促进依法合规经营；建立重大法律风险报告和提示制度，进一步提高企业风险应对能力。微观层面，抓学习交流。建立“一堂、两库、三平台”。“一堂”是指法治讲堂，定期邀请专家针对企业法治建设热点问题进行授课，通过视频形式覆盖所有中央企业和省属国有重点企业，截至 2017 年底，参加人员累计达到 8 万余人次。“两库”就是法治建设优秀案例库和法律人才库，推动资源共享、成果共用。“三平台”是利用信息化手段，发挥网站、微信、简报平台优势，实现法治建设宣传交流线上线下全覆盖。目前，已基本建成了以决策层为主导、以员工为主体、以总法律顾问和法务机构为主力的组织体系；基本建成了责权清晰、约束有效的责任体系；基本建成了以事前防范和事中控制为主、以事后补救为辅的法律风险防范制度体系；实现了依法治理能力新提升、依法合规经营新提升、依法规范管理新提升、全员法治素质新提升。

8.3 国有企业法治工作现状

国有企业法治工作进入全面升级新阶段，总结以往国有企业法治化进程，分析当前面临的形势，需高度重视国有企业法治建设，全面提升依法治企能力，努力打造法治国企。

8.3.1 国有企业法治工作取得明显成效

改革开放以来，国有企业深入推进依法治企，法治工作取得可喜成绩，为改革发展提供了有力支撑。

8.3.1.1 初步建成完善国资监管法规制度体系

我国国有资产管理体制改革的目标，始终是适应社会主义市场经济体制要求，将国有企业打造成为合格的市场主体，不断理顺政府和国有企业的关系。经过40多年的努力，改革取得了重大成就，逐步探索形成了符合中国特色社会主义市场经济发展要求的国资监管法规制度体系。

颁布以《企业国有资产监督管理暂行条例》《企业国有资产法》《公司法》等为代表的国资监管法规制度。一是政府以出资方式为基础管理国有企业。政府以出资关系为基础管理国有企业，既可以依法明确政府对国有企业管理的边界，又可以确保政府对国有企业依法承担有限责任。这种出资监管模式是对之前行政管理方式的根本性改变，为国有企业成为真正的市场主体奠定了体制基础。同时，从组织架构上将政府社会公共管理职能与国有资产出资人职能分离，为政府职能转变、营造不同所有制经济公平竞争的市场环境，创造了重要条件。二是明确国有一级企业的出资人代表。出资人代表到位，是以出资为基础层层落实监管要求的关键。周天勇（2002）[291]认为，长期以来，国有一级母公司没有明确的出资人代表，企业"内部人控制"问题严重，经营好坏缺乏外部股东的考核评价。国资委的成立有效解决了国有一级母公司的出资人代表缺位问题，维护了国资监管链条的完整性。三是建立国有资产专业化监管模式，建立专业化的国资监管工作队伍和科学的国资监管工作闭环。四是切实落实国有资产保值增值责任，较大程度改变了过去国有企业"多龙治水"的局面。

8.3.1.2 国有企业法治工作取得明显成效

围绕着服务于企业改革发展、做强做优的总体目标，经过不断地改革创新，国有企业法治工作取得了明显成效，法律管理能力有了较大的提升，成为参与全球竞争、跻身世界一流企业的重要软实力。

（1）顶层推动力度明显增强，企业领导高度重视。各企业通过成立法治工作领导小组、健全制度、纳入考核等方式，加大法治工作推动力度，依法治企、合规管理已经被纳入很多国有企业的整体战略，中核建设、兵器工业等已经将依法治企要求明确写入公司章程。

（2）法治工作领域不断拓展。法律风险防范机制持续深化，许多企业创新工作方式，将法律风险防范向前、向下延伸，推动实现风险防范全覆盖。合规管理体系建设不断完善，中国海油、中国移动、中国中铁等明确了法律部门的合规管理职能，研究出台了统一的合规管理规则，加强合规管理体系建设。法律监督与风险管理职能逐步延伸，加强法律监督与其他专项监督的协同配合，法律部门积极参与效能监察、责任追究等工作。

（3）法治工作基础进一步夯实。总法律顾问制度不断深化。神华集团、中国节能等将总法律顾问作为高级管理人员写入公司章程，总法律顾问由总经理提名、董事会聘任，列席董事会，参与公司重大事项决策。法律顾问队伍建设稳步推进，截至目前，中央企业共评审出一级、二级、三级企业法律顾问近3000名。组织管理持续创新，一些企业结合实际，不断加强机构建设，积极探索法律管理新模式，对法律资源分散地区的人员适度集中管理、业务统一配置。

（4）法治文化逐渐形成。云书海、陈新亮（2014）[292]认为，国有企业通过开展普法宣传，持续加强法治教育，不断强化法治理念，积极营造法治氛围，已经普遍树立了"守法诚信是第一生命""违法经营是最大风险""决策先问法""违法不决策"等理念，法治文化建设不断深入。

8.3.2 国有企业法治工作存在的问题

8.3.2.1 国资监管法规体系存在的问题

(1) 国有资产监管法律体系不健全。这种不健全表现为，适应新体制要求的法律法规短缺，使国有资产的监管缺少必要的依据。近年来，我国的国有资产管理部门已先后颁布了一系列保证国有资产保值增值，防止国有资产流失的政策和法规，例如《国有资产评估管理办法》《国有企业财产监督管理条例》《企业国有资产产权登记办法》《国有资产产权界定和产权纠纷处理暂行办法》《资产评估机构管理暂行办法》等。这些法规、规章的颁布和实施，对加强国有资产管理、实现依法治理产权起到了有力的推动作用。但有的法规、规章由于颁布较早，不能完全适应形势的需要；地方性法规与国家行政法规之间相抵触、相冲突的情形较严重，法规间的冲突就使得管理无序，有法难依；法规本身的内容在行为界定、触犯法律条款、违法犯罪数额标准、提起诉讼机关等一系列问题上都无具体规定，未能与《刑法》等实体法相配套，势必造成无法可依、无所适从。此外，我国国有资产监管法律法规在立法过程中，还存在着立法权不清晰、立法程序混乱等问题，一些地方和部门从本地方、本部门利益出发，提出了一些法律草案，一些利益集团也利用自己的资源影响立法，以期保护自己的既得利益。

(2) 国有资产出资人制度尚未健全。表现为资产形成渠道多、来源复杂、资产管理分散、相关部门协调不畅、相关规章制度的建立和实施不到位。具体来讲，第一，作为国有出资人所有权代表的政府没有将国有资产管理职能同公共管理职能分开，导致赋予国有资产经营许多不应有，也难以实现的公共管理的职能和目标。第二，政府没有将经营性国有资产和非经营性国有资产分开，在经营性国有资产内也还没有真正做到“抓小放大”，导致政府在国有资产管理上往往“眉毛胡子一把抓”，轻重缓急不清，管理手段雷同，效果自然不理想。第三，政府没有将国有资产的所有权和经营权彻底分开，必然导致“股东过度干预”，制约和影响了企业的正常经营。第四，国有资产经营人权责不到位。作为国有资产经营人两种主要机构形式的“国家控股公司”和“国家授权投资机构”权责利还未明确也未到位，国有资产经营人的“内部人控制”现象普遍，国有资产经营人的责任往往难以评判，在出现经营亏损时，经营者有足够的理由推卸责任。第五，国有资产经营市场化水平不高、经营效益不理想，国有资产经营的股份化、资本化和科学化水平不高，由此必然导致经营效益不理想。

(3) 防范国有资产流失的法制不健全、法律不配套、法律调控力度不够。改革开放以来，我国已经初步建立了一套防范国有资产流失的法律机制，但总体来看，这些防范国有资产流失的法律调控力度不够，法律责任偏轻。目前，我国立法上防范国有资产流失的法律法规包括：《宪法》关于国有资产保护的原则性规定；法律关于国有资产保护的规定，比如《企业国有资产法》《全民所有制工业企业法》《公司法》《刑法》中都有大量防止和惩戒国有资产流失的法律规范；行政法规、部门规章中规定的防范国有资产流失的预防和遏制机制。但是，刘巍、王银华（2003）[293]认为，由于目前我国国有产权的真实

主体是一个抽象虚拟的全民概念，其权利受到侵害时，并没有一个具体的权利主体来对受损的国有产权进行私力救济或者寻求公力救济。虽然有一个国有资产监督管理机构代替全民行使权利主体职责，但是由于国有企业改革本身就是在这一机构指导和参与下进行的，如果由其对国有产权侵害行使救济权，显然在很多时候会让其自己打自己耳光，根本行不通。此外，工文杰（1999）[294]认为，由于国有企业改革中各级政府的参与不可避免地造成国有产权在寻求司法救济时面临大量的行政干预，司法独立在国有企业改革领域尤显困难，从而导致执法部门对国有资产流失的案件及侵吞国有资产等违法犯罪行为查处不严，惩罚监督不力，管理监督手段软化，不利于保护国有资产权益。

法律责任偏轻，主要表现为立法偏重于国有及国有控股企业的企业负责人的法律责任，而对负有国有资产监管责任的监管机构及其相关人员的法律责任追究偏弱。同时，从追究方式上看，行政责任强，刑事民事责任弱，行政责任成为目前国有资产流失法律责任的主要形式，而行政责任追究的可操作性并不强。例如，《企业国有资产法》对国有资产监督管理行为的法律责任的规定为对履行出资人职责的机构的工作人员玩忽职守、滥用职权、徇私舞弊，尚不构成犯罪的，依法给予处分。对履行出资人职责的机构委派的股东代表未按照委派机构的指示履行职责，造成国有资产损失的，依法承担赔偿责任，属于国家工作人员的，并依法给予处分。

8.3.2.2　国有企业法律工作存在的问题

国有企业的法律工作已经取得了跨越式的发展，同时也面临着新的挑战。主要存在以下四个方面的问题：

（1）管控环境的培育问题，企业整体的合规文化还需要进一步培养。这几年国有企业不断地强化企业自身的法律意识，完善法律风险防范机制，推动重要子公司总法律顾问体系建立取得了长足进步，法治工作普遍得到了加强，各级法律顾问紧紧围绕企业发展的各种重要任务，以合同管理为核心，加强了重大投资、资产重组并购、资源获取等领域的法律审核，保证了重要经营决策和各类投资项目的快速推进和依法合规的建设。就国有企业整体而言，还需要进一步培养合规文化，还需要不断地营造依法治企的经营环境。企业的法律工作目前还无法全面进入管理层的视野，很多企业决策层只是从法律很重要这个理念出发片面地解读法律工作，认为法律工作就是事务性、操作性的事情，大的决策由集团领导来定，只有在企业重大并购重组这些专业性较强需要法律工作者出面的时候想到法律工作。究其原因，是国有企业目前还多少不同程度地存在着企业法律意识不强，没有形成依法治企的经营环境，企业法律工作目前还不同程度地存在着有事找无事忘的现象，仍然是“两张皮”。

（2）法律管理模式需要完善和改进。目前国外的一些大型跨国企业法律管理模式主要采用了直线式、分权制和事业部制等不同的方式。国有企业的法律管理模式存在集中管控、分级授权以及两者相结合这三种模式。大部分国有企业采取大多数集中管控和分级授权相结合的模式。对地区的企业实行授权管理，对于重大投资、重大交易、重大纠纷事项由总部直接进行管理。通过制定专项授权来界定和规范总部和地区法律业务的管理界限。这种模式就产生一个问题，在多大程度上、多大事项上进行集中管理法律事务，在什么情形下、什么范围内进行法律事务的授权，存在着不科学有效的设置，导致实际工作中国有企业存在着总部的法律管控无法有效地延伸到子企业的现象，目前国有企业特别是中央企业80%以上的利润基本上来自于二级企业。子企业法律事务往往在陷入困境、瓶颈的时候，向总部法律部汇报，由于总部对情况了解不全面，增加了大量的工作量和处理问题的成本。

究其原因，主要是没有围绕企业的发展战略的实际，建立切实可行有效的法律战略管理规划。由于法律战略管理规划的缺失或者不科学比较初级，导致了目前国有企业的法律管理体系缺乏区域性、整体性、前瞻性和系统性科学的统筹。总部法律机构和子企业法律机构的职责、工作衔接缺乏清晰的界定。总部目前的管理层没有赋予总法律顾问绝对的权威性，和跨国企业总法律顾问比，跨国企业总法律顾问基本上都是集团的副总、董事会秘书。刘平（2015）[295]认为，我们的总法律顾问无法对子企业法律顾问进行选聘、监督和考核，影响了对子企业法律顾问的监督指导效力，没有将法律事务的管理效果和企业领导的绩效考核相结合。

（3）法律事务的管理体系不健全。据不完全统计，截至2013年底，中央企业全系统有2560户建立了总法律顾问制度，集团和重要子企业总法律顾问专职率分别达到64%和50%；全系统法律顾问达到1.8万人[296]，总法律顾问的科学履职方式初步建立，但问题仍然存在。部分企业的总法律顾问建设还不到位，二级、三级子企业总法律顾问设立比例还不太高；基层企业法律人员缺失，基层的法律管理水平参差不齐；子企业法律人员缺乏，且人员素质普遍不高；现有的子企业法律管理体系无法满足各专业板块和区域公司管理的要求；总部对基层法律工作的监控力度和手段还需要改进，对基层单位的现状和信息掌握不及时。基层法律管理体系机构不健全，影响了企业法律管理的效益和效力，加大了总法律部门的工作压力。

（4）企业法律风险管理和业务发展之间存在对立和冲突。企业的所有经济行为都是法律行为，所有的风险最终都体现为法律风险，如果企业法律部门和法律顾问不能平衡好法律风险管理和企业业务发展的关系，不能为企业创造应有的价值，就无法说服企业决策层去重视法律工作，采纳企业法律顾问的意见。要想解决法律风险管理和企业业务发展之间的冲突，就要让企业决策层重新认识法律部门的价值，要以自身实实在在的业绩不断地改善企业领导和其他部门人员对法律工作的认识。各种各样的管控风险合规，如果没有自己的实际业绩，没有自己实际的能力，领导层基本上很难听进法律顾问的意见。只有通过自己扎实的业绩、有效的建议和科学方案的决策提供能力，使企业领导层认识到法律是一种资源，能够创造价值，而不仅将法律工作局限在事务性、后台性的工作。

8.4 国有企业法治化改革的策略

国有企业法治化改革包含国有资产监管法治化和国有企业内部管理法治化两个维度。

相应地，国有企业法治化改革也分为以下两个维度。

8.4.1　健全完善与以管资本为主相适应的国资监管法规制度体系

根据以管资本为主加强国有资产监管的各项任务要求和出资人职责定位，完善国资监管法规制度体系，在国有资产出资人制度方面，以提高监管的针对性和有效性作为立足点；在国家出资企业制度方面，以母公司改革重组和科学发展作为立足点；在国有资产统一监管制度方面，以保障改革方向和加强指导监督作为立足点。通过对三大制度体系开展“立、改、废、合”，进一步充实细化现有制度，填补立法空白，增强对国有资产的监管力度。

8.4.1.1　完善国有资产出资人制度，提高监管针对性和有效性

（1）建立健全分类监管制度。重视考核评价的科学性和有效性，制定分类监管方案，使业绩考核、领导人员管理、工资总额管理、投资规划管理等业务均有专业化的考核评价标准。在开展国有资本投资、运营公司试点时，根据国有资本投资、运营公司的特殊情况，建立健全相应监管制度。目前已出台的分类监管制度方案主要有《关于完善中央企业功能分类考核的实施方案》《推进中央企业工资总额分类管理实施方案》《关于按市场化办法选聘和管理企业经理人的意见》《关于国有企业功能界定与分类的指导意见》等，还需要进一步加以扩充。

（2）根据不同出资形式的企业履行出资人职责。程展（2011）[297]认为，随着国有企业公司制和股份制改造的深入推进，国有资本的实现形式日益多样化，应根据不同出资形式，探索适合企业需要的国资委履行出资人职责的方式和程序，从而实现国资委能及时参与股东会议的决策过程并发表意见，确保委派代表能及时准确反映出资人意见，维护出资人合法权益。具体地，应完善国资委向企业委派股东代表的制度，明确国资委委派代表参加股东会议的内部职责分工、审核及派出程序，股东代表履职程序和要求等；应健全公司章程的管理制度，完善国资委对国家出资企业章程的审核办法，突出章程在公司治理中的统领作用。

（3）完善重大事项管理制度。目前国有资产监管领域存在重大事项决策制度过于统一，不能适应国有企业日益多样化的股权结构和组织形式的特点。应按《企业国有资产法》规定，制定国有企业重大事项管理办法，明确不同产权结构、不同组织形式的国家有企业重大事项决策的权限和程序，优化监管方式，减少审批事项；制定国有企业重大事项报告备案管理制度，重大事项发生后及时向国资委报告备案。同时，应根据子公司的组织特点和母子公司的股权关系，制定国有企业重要子企业重大事项管理办法，明确重要子企业重大事项决策和备案的基本管理制度。

（4）完善外派监事会管理制度。目前外派监事会制度与《公司法》存在不相容的内容，外派监事会是国资委的派出机构，但《公司法》规定董事、监事、经理层属公司的高级管理人员。需根据《中共中央、国务院关于深化国有企业改革的指导意见》和《关于加强和改进企业国有资产监督防止国有资产流失的意见》的要求，修订《国有企业监事会暂行条例》，明确监事会职责定位，强化与其他监督力量的协同配合，加强当期和事

中监督，注重问题和风险导向，加强实地检查力度，强化监督成果运用。

8.4.1.2 完善国家出资企业制度，推进国有企业母公司重组和发展

（1）推进产权多元化改革的制度建设。当前，国资委加快了企业公司制股份制改革的力度，要求 2017 年底之前完成公司制改革。根据这一要求，应尽快制定规范国有企业推进混合所有制改革工作的有关文件，明确规定国有企业产权多元化改革的行业和领域，进一步细化引入民间资本和外国资本的要求、措施和实施步骤，优化所有制结构，推进改制上市工作，探索国有独资公司、控股公司、参股公司等国有资本的实现形式和管理模式。此外，为保障社会稳定，维护干部职工的合法权益，在产权多元化改革的过程中，还应当抓紧制定剥离国有企业办社会职能和解决历史遗留问题的工作方案，为国有企业改革提供政策支持。

（2）完善董事会建设制度。根据《公司法》规定，董事会由董事组成，对内掌管公司事务，对外代表公司组织经营活动，是公司经营决策机构也是股东会的常设权力机构。应制定董事会履职管理办法，保障董事会在依法行使重大决策、选人用人、薪酬分配等领域的权利，规范国资委向国有独资公司董事会授权以及董事会向国资委报告制度。根据《公司法》规定的董事会在公司治理体系中的关系，制定保障经理层经营自主权的制度。制定董事会、董事的评价和责任追究办法，强化对董事的考核评价和管理。根据《公司法》要求，在企业党组织与董事会的关系上，出台新的制度方案以探索国有企业党组织发挥政治核心作用的途径和方式。

（3）建立健全对再出资企业监管的指导制度。《中共中央、国务院关于深化国有企业改革的指导意见》提出，将延伸到子企业的管理事项原则上归位于一级企业。根据这一要求，应出台专门制度进一步规范国有企业对所出资企业规范履行出资人职责，确保出资人监管层层到位、责任层层到位，尽量减少对二级以下子企业有关事项的监管。同时，为维护国有资产安全，结合国有企业“走出去”步伐不断加快的新形势，应加强境外企业国有资产监管，防止境外企业国有资产流失。

（4）制定推进科学发展的制度措施。在保障企业经营自主权和提高经济效益的基础上，研究制定相关制度措施，进一步促进国有企业自主创新，发展战略性新兴产业，提高核心竞争力；发展低碳经济，促进产业升级，转变发展方式；优化收入分配结构，保障职工合法权益，促进和谐企业建设。

8.4.1.3 立足于保障改革方向和加强指导监督，进一步完善国有资产统一监管制度

（1）健全完善基础管理制度。目前国有资产基础管理领域尚未出台制度性文件，加快起草《国有资产基础管理条例》，使国有产权界定、产权登记、资产评估、资产统计、清产核资等工作有了可以遵循的基础性管理规则，从而明确基础管理工作的主体，提升基础管理工作的效率。为激发企业活力，改进管理方式，应对产权管理等具体制度进行优化，进一步下放审批事项，提高国有资产的监管效率。此外，还应当健全国有产权或国有股权管理的相关制度，落实国有资本管理责任。

（2）加快推进国有资本调整重组的制度建设。国有资本应当向重要行业和关键领域集中，向重点基础设施集中，向前瞻性战略性产业集中，向优势企业集中，制定国有资本

布局结构调整方案和国有资产运营平台管理办法，明确国有资本投资的方向和领域，加快推进国有企业重组和国有资本调整。

8.4.1.4　立足于国资监管法规制度体系的系统性协调性，扎实做好规章规范性文件清理工作

（1）废止和失效一批规章规范性文件。目前存在大量规章规范性文件与现行法律法规，党的十八届三中、四中、五中全会精神，以及《中共中央、国务院关于深化国有企业改革的指导意见》及配套文件相抵触，或者明显不适应当前国资监管的需要，应及时宣布废止，出台新的规定加以替换。2015 年 12 月，国资委通过第一批次清理，已经宣布废止 9 件、失效 24 件规范性文件。随后继续开展清理，宣布废止和失效有关文件。

（2）合并、修订一批规章规范性文件。针对文件规定滞后、零散以及相互交叉等问题，适时对同类规范性文件进行合并或修订。对统计评价、产权管理、董事会建设等方面的相关文件进行整合，使制度规定更加集中清晰，便于制度执行到位和监督检查。及时启动修订工作，按照简政放权、放管结合、优化服务的要求，最大限度减少审批事项，强化事中、事后监管；进一步优化制度、简化流程，提高监管的针对性、有效性。

8.4.2　进一步提升国有企业法律管理能力和水平

提升国有企业法律管理能力和水平，应当坚持“一个升级、两个融合、三个转变、五个突破”的路径，从落实企业主要负责人的第一责任人职责、培育法治理念、完善总法律顾问制度、加强法律事务机构和法律顾问队伍建设、深化企业法律管理工作内容五个维度，推进国有企业法治化进程。

“一个升级”指的是，法治工作从专项活动升级为覆盖企业全部业务，广泛参与的全局性、战略业务，使法治意识成为企业治理的核心理念，得到全体干部员工的自觉遵循，应用于企业治理、经营、管理各领域，贯穿于企业决策、执行、监督各环节。“两个融合”指的是，法律部门的工作与企业的经营管理活动深度融合，充分发挥法律管理的服务保障、规范管理和价值创造作用。“三个转变”指的是，由依靠总法律顾问推进法治建设，转向企业主要负责人履行第一责任人职责；由法律部门单独开展法治工作，转向企业各部门普遍参与，深度介入；业务重心由以风险防范为主，转向风险防范、合规管理和法律监督一体化。“五个突破”指的是，促进企业完善法人治理实现新突破、保障企业依法合规经营实现新突破、推动企业依法规范管理实现新突破、完善法律管理职能实现新突破、加强法治工作队伍建设实现新突破。

8.4.2.1　明确企业主要负责人履行推进法治建设第一责任人职责

党的十八届四中全会明确要求，党政主要负责人要履行推进法治建设第一责任人职责。2016 年，中共中央办公厅和国务院办公厅下发《党政主要负责人履行推进法治建设第一责任人职责规定》，进一步将党政主要负责人法治建设领导责任细化、具体化。党委（党组）书记、董事长和总经理在推进法治建设中履行第一责任人职责，有助于细化法制建设领导责任，强化企业主要负责人的责任意识和担当精神，推动法治央企建设目标的落实落地，示范带动全体员工依法合规经营管理。

（1）要进一步强化法治理念。牢记权由法定、权依法使的基本法治观念，把握好权力的边界，自觉在法律范围内活动，再忙不忘法，再急不违法，始终在法治轨道上用权，在法治范围内为官。要带头养成办事依法、遇事找法、解决问题用法、化解矛盾靠法的法治习惯，改变过去"边干边定规则"的思维定式，确立"定好规则再干"的法治思维，更加注重用法治思维和法治方式审视发展问题、谋划发展路径、破解发展难题，真正做到法治凝聚改革共识、规范发展行为、促进矛盾化解、保障社会和谐。

（2）要进一步落实法治责任。党政主要负责人要切实履行推进法治建设第一责任人职责，始终把法治建设放在心上、扛在肩上、拿在手上，摆在同企业发展同样重要的位置，同研究、同部署、同落实。要进一步完善法治建设体制机制，定期听取工作汇报，及时研究解决重大问题，为法治建设提供强有力的保障。要一级抓一级，层层传导压力，扎实责任链条，推动法治建设各项工作全面落实。

（3）要进一步强化法治考核。抓落实最有效的手段就是考核，要通过考核这个指挥棒，促进法治建设第一责任人职责落到实处。要用好考核结果，真正把法治绩效考核结果作为领导班子建设和领导干部选拔任用的重要依据，形成选人用人的"法治导向"。

8.4.2.2 大力培育法治文化

（1）强化企业领导人员的法治思维。企业各级经营管理人员尤其是企业主要领导应牢固树立法律至上、诚实守信的法治理念，培养契约精神、规则意识、程序意识等法治思维，自觉主动地学法、守法、用法，并将其转化为日常行为规范，努力树立责任国企、法治国企的良好形象。提高企业各级经营管理人员的法治思维重点是做好以下三个方面工作：一是重视法治思维养成，教育引导企业各级经营管理人员在学习和实践中提高依法办事的能力；二是加强法治学习培训，坚持把法治教育与道德建设结合起来，引导企业各级经营管理人员自觉做弘扬社会主义核心价值观的模范；三是要高度重视法治实践，善于总结经验教训，不断提高运用法治思维和法治方式开展工作、解决问题的能力。

（2）制定依法合规行为准则。要结合企业自身情况，及时将法律法规等规范性文件转化为公司规章制度，制定干部员工日常工作依法合规的行为准则，规范企业的经营管理，使干部员工的日常工作能做到有章可循、有据可依、有例可查。尤其应重视企业负责人、关键岗位管理人员和新入职员工的法律意识和法律素养的培养，实施有针对性的培训计划，签署依法合规承诺书、进行廉洁从业宣誓，使之了解公司的基本规章制度，能自觉运用法律手段，依法依规处理好企业改革改制和生产经营的各项涉法业务，从基础上落实依法合规经营。

（3）加强依法合规经营的责任考核。应当树立红线意识，把依法合规经营当作企业发展的底线，不能将违法违规当成一种商业机会，严禁通过违法违规、打"擦边球"等手段为企业和个人牟利。为此，要建立健全考核评价体系和责任追究制度，将合规经营纳入年度和任期考核指标，提高企业管理人员的合规经营意识。在依法合规考核工作中，要明确总法律顾问、法律事务机构、纪检监察、审计等相关部门的职责定位，做到权责明确、分工协作。

8.4.2.3 加快完善企业总法律顾问制度

（1）赋予总法律顾问更多的职责权限。目前在国资监管领域还尚未出台专门的总法律管理制度，应尽快起草《中央企业总法律顾问管理办法》等规范性文件，明确总法律顾问是企业的高级管理人员，全面负责法律工作；对企业法定代表人或者总经理负责，接受两者的监督；总法律顾问应由具有法律顾问执业资格或者其他法律职业资格的人员担任，提高专业素养。同时，应进一步拓展总法律顾问的职责权限。按照《国有企业法律顾问管理办法》的要求，切实落实总法律顾问的七项职责。重点加强总法律顾问参与重大决策的职责，探索将授权经营、公司治理、知识产权、内控合规、政府公共关系等工作纳入总法律顾问的职责。

（2）切实保障强化总法律顾问的履职行为。一是赋予总法律顾问更多的法律管理权限。明确落实总法律顾问的重要决策会议参加权、重大事项审签权、独立发表意见权、上报事项审签权、人事建议权等重要权利，尝试赋予总法律顾问对法律机构、法律顾问的一定的考核权、激励权和任免权。二是建立健全总法律顾问履职的配套制度。明确总法律顾问履职的组织、人员、经费和信息系统保障，建立直接向公司法定代表人、总经理负责及向董事会汇报机制，总法律顾问任免审批制度，重要事项报告制度，法律管理考核评价，制定法律预算等相关制度，确保总法律顾问履职的独立性。三是不断推动总法律顾问制度向子企业延伸。强化子企业总法律顾问制度建设，重点在业务规模较大、法律风险防范需求较为迫切的二级、三级子企业推广总法律顾问制度。

（3）提高总法律顾问履职能力。一是完善总法律顾问的任职要求。从法律专业背景、法律执业资格、法律从业经历、综合管理能力等方面，为总法律顾问岗位设定合理的准入门槛，要求总法律顾问需有较高的专业水平、从业能力和丰富的管理经验。二是加大对总法律顾问的培训力度。通过组织专题研究、专业研讨、工作交流、国外培训等多种形式加大对总法律顾问的培养力度，全面提高总法律顾问的专业素质、管理能力和领导水平。三是加强总法律顾问后备人才培养。从企业内部选拔优秀的法律管理人才，作为总法律顾问后备人选，确保企业总法律顾问配备到位和更新接替有效衔接。四是强化总法律顾问的考评和激励。按照权责对等的原则，开展总法律顾问述职、考评，提升总法律顾问的积极性和主动性，强化责任意识。

8.4.2.4 加强法律事务机构和法律顾问队伍建设

在法律事务机构建设方面。一是进一步明确法律事务机构的功能定位。要按照《国有企业法律顾问管理办法》的要求，切实落实法律事务机构十项职责。明确法律事务机构是企业防范法律风险、打造专业法律顾问队伍、切实发挥专业作用的专业平台，从更高层次确立法律事务机构作为企业“法律风险管理者、内部服务提供者、公司战略支撑者”的角色定位，切实提高法律管理的组织独立性、业务协同性、战略支撑度。二是着力优化法律事务机构的工作内容。法律事务机构应分离日常重复性、事务性的法律工作，使法律顾问更加聚焦于高附加值业务；加强集团法律管控和指导监督，做好企业集团法律工作的顶层设计，建立集团系统内法律工作述职、考评制度，利用法律工作会等形式总结推广先进管理经验；加强法律事务机构与业务部门的融合，在法律事务机构和业务部门之间建立起一套既相互配合又合理制约的机制，进一步重点做好法律管理与企业转型升级、科技创新、国际化经营、精细化管理以及和谐发展的深度融合。

在法律顾问队伍建设方面。一是树立明确的法律顾问队伍建设目标，加快培养懂法律、懂管理、懂外语并具有较强实践能力和较高国际水准的复合型法律人才。二是加强法律管理的组织制度建设，加强集团内的管控和指导监督，建立法律事务机构内部统一的人员培养与招聘、任免、考核、晋升、交流、涉外人员派驻机制，优化整合系统法律资源。三是加快提高法律顾问素质能力，要建立体系化的培训机制，全面提升法律顾问的专业素质，强化专业型法律专家人才培养，特别是培育具有诉讼能力和具有国际化管理能力的人才。四是探索实施差异化的激励机制。建立组织绩效与个人绩效联动机制，适当增加绩效奖金占工资总额的比例，将考评结果与晋升挂钩，并将优质培训资源向优秀法律顾问倾斜，逐步提高企业法律顾问的薪酬待遇，使企业能引进并留住优秀的法律人才。

8.4.2.5 不断深化法律管理工作内容

在规章制度管理方面。一是对制度体系进行集约化管理，解决企业内部各种规范、管理文件“政出多门”的问题。要强化集团层面的制度集成力度，使各项制度横向匹配，避免重复和矛盾。二是发挥制度的基础性和根本性作用，实现权责匹配、有效制衡。通过建立程序严密、高效运行的制度体系，将企业的经营活动完整纳入制度化轨道，实现无死角的全覆盖，确保全体员工能够规范运作，提升企业管理工作规范化和制度化水平。三是规章制度制定过程中开展法律审核。企业规章制度的制定应开展法律审核，确保各项制度不与法律法规相矛盾，应出台专门规定，将法律审核嵌入企业规章制度制定、修改的工作流程之中，以确保企业规章制度的制定全部经过法律审核，法律审核意见完备可查。

在法律顾问参与重大项目的机制保障方面。一是建立健全法律顾问参与重大项目的管理制度。应明确规定法律顾问参与重大项目的流程、职责权限，尤其要确保法律顾问全程参与并购、重大项目承揽、战略投资引进、公司治理、财务与税收管理、劳动用工、环境保护、知识产权和反商业贿赂等重要业务活动。二是全面发挥法律顾问在重大项目中的作用。法律顾问在重大项目中的作用主要包括：一是法律风险评估、尽职调查等涉法业务方面的作用；二是对重大项目的经营决策进行法律审核，提出改进建议，确保项目方案顺利实施方面的作用；三是积极探索实践项目法律顾问派驻制度。建立推广项目法律顾问派驻制度，派驻法律顾问全程参与重大项目的谈判和运营，对重大项目进行实地监督，及时发现法律风险，有效规避法律问题。

在合同管理方面。一是提高合同管理标准化水平。聘请专业人员组成专门团队，根据业务需要撰写合同的标准文本，嵌入合同管理信息系统中，严格限制业务人员可修改的合同条款。二是提高合同管理的信息化水平。将合同管理信息系统和企业的 ERP、财务等业务系统实时对接，在合同订立、履约、索赔的全过程中引入法律风险定量、定期分析的方法，提升合同管理系统的统计分析功能，从而更好地为业务人员服务。三是提高合同的全过程管理水平。合同的商谈、审批、签订、履行、变更、终止等全过程管理中应牢牢树立法律管理理念，每一步骤都要经过法律审核，审核意见完备可查。

在纠纷案件管理方面。一是完善申报制度。要严格按照《中央企业重大法律纠纷案件管理暂行办法》的规定，完善重大法律纠纷案件的申报，重大法律纠纷案件一旦发生，必须立刻上报汇总，强化纵向监督和检查，杜绝违规行为发生。二是完善回溯机制。重大法律纠纷案件发生后，要深入查找案件暴露出来的管理漏洞，完善相关制度体系，消除问题风险。三是落实问责制度。按照《中央企业资产损失责任追究办法》的有关规定，依据干部管理层级权限，认真落实法律风险防范责任追究制度。对于未经法律审核而造成重大损失的，要追究企业相关领导人员的责任；对于经过法律审核但因重大失职未发现严重法律漏洞的，要追究企业总法律顾问和法律事务机构负责人的责任。

在防范国际化经营中的法律风险方面。一是注重顶层设计，加强制度建设。在境外投资监督、国际化经营法律风险防范等领域，出台一系列制度文件加以规范，并召开专题视频会、法律保障研讨会等积极推动落实。二是建立健全境外法律风险排查处置工作机制。定期梳理企业国际化业务，系统排查法律风险，及时成立工作组，制定应对和防范策略，积极主动应对，切实维护企业合法权益。三是研究掌握境外法律制度。系统梳理有关国家法律制度和典型案例，了解国际经贸规则变化、境外投资并购法律制度，为企业国际化经营争取良好的外部政策法律环境。四是培养涉外法律人才。加大涉外法律人才培养力度，培养精通相关领域业务和国际规则、具有全球视野、具有丰富执业经验和跨语言、跨文化运用能力的懂法律、懂经济、懂外语的复合型、高素质涉外法律人才。

国有企业治理体系和治理能力现代化需要实现依法治企，而国有企业法治化改革也为国有企业治理体系和治理能力现代化提供重要保障。新时代推进国有企业治理体系和治理能力现代化，打造法治国有企业，提升国有企业法制化水平，实现依法决策、依法竞争、依法发展，提升国有企业核心竞争力，增强国有经济控制力和影响力，促进国有企业平稳健康发展。

第9章　国际化：提升国际化经营能力培育具有全球竞争力的一流企业

党的十九大报告明确指出，培育具有全球竞争力的世界一流企业。这一重要论断，为新时代中国国有企业发展指明了方向和目标。在经济全球化不断加深、竞争国际化日趋激烈的形势下，坚持国际化战略、全球化视野，深入推进国有企业的国际化，使国有企业成为具有国际竞争力的市场主体，就是要培育国有企业的全球资源整合能力、对国内产业发展的引导力和带动力、在国际竞争中的主导权，使其成为世界一流企业。

9.1　国有企业国际化的内涵

国有企业国际化指的是，通过实施国际化经营战略，改变只关注国内事务的经营思维，提升国有企业自主创新能力、集团管控和统筹能力、风险防控能力、国际化人才队伍建设能力，将国有企业的经营活动由一国向多国（地区）甚至全球扩张，合理调配要素，使国有企业成为具备全球资源整合能力、对国内产业发展具有引导力和带动力、在国际竞争中具有主导权的世界一流企业。

国有企业的国际化可以从三个角度解读：一是战略角度，实施国际化经营战略，转变企业经营思维；二是目标角度，使国有企业成为具备全球资源整合能力、在国际竞争中具有主导权、对国内产业发展具有引导力和带动力三大特征的世界一流企业；三是能力角度，提升国有企业自主创新、集团管控和统筹、风险防控、国际化人才队伍建设四种能力（见图9.1）。战略层面的国际化绘制了国有企业国际化的宏观蓝图，指明了国际化的基本目标及其实现这一目标的根本途径，是建设世界一流企业的关键。目标层面的国际化界定了世界一流企业应当具备的基本特征，这一特征以能力的形式表现出来，代表了国有企业成为世界一流企业所应当具备的核心竞争力。能力层面的国际化是建设世界一流企业的动力和保障，能够加快推进国际化建设的进程。

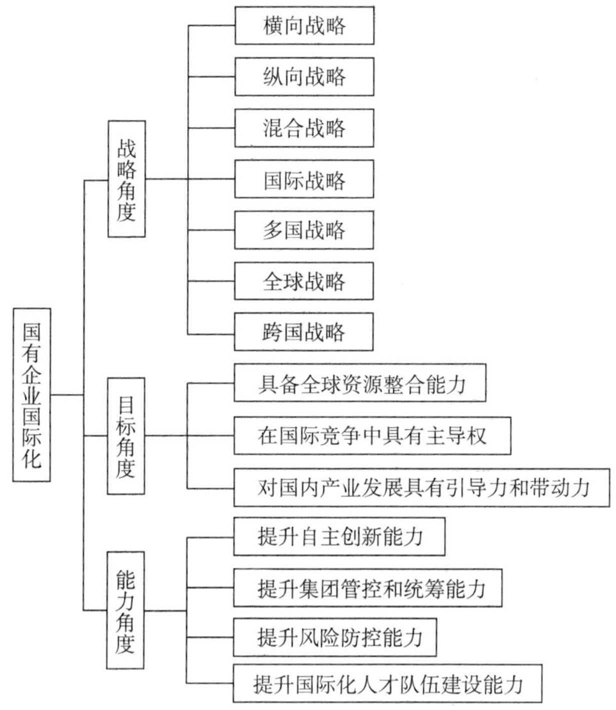

图9.1　国有企业国际化的内涵

9.1.1　战略角度的国际化：实施国际化经营战略

吴晓云等（2003）[298]认为，战略为企业的发展指明了方向，国有企业要想在激烈的国际竞争中不断发展壮大，就必须改变忽视战略管理的态度，掌握国际化战略的理论、方法，从实际出发制定并实施国际化经营战略，对企业国际化路径做出总体运筹和谋划。

9.1.1.1　国际化战略的基本模式

（1）横向模式。易志高（2006）[299]认为，国有企业将其在本国经营的产品在世界范围内转移，在其他国家复制企业的生产经营模式。采用横向战略的好处包括：一是有助于扩展海外市场。采用该战略的企业往往产品和技术结构单一，母公司所在国家的市场占有率低，通过“走出去”可以占领海外市场。二是充分挖掘母公司的资源。采用该战略的企业往往本身在市场上有较好声誉，可以借此打开国际市场。三是强化对海外业务的控制力度。采用该战略，母公司能够得到商品相应的控制权，市场控制力强。

（2）纵向模式。国有企业的母公司与海外子公司各自分工，处在价值链的不同环节，生产和经营不同的产品及业务，但彼此密切联系。采取纵向发展模式的好处包括：一是在全球范围内合理安排企业布局，避免企业的发展会受某一地区的资源供应不足的影响；二是充分利用各国的比较优势，实现分工协作，提高企业的全球竞争力；三是加强对知识产权的保护力度，加大东道主国家产品本地化的难度。

（3）混合模式。国有企业的母公司与海外子公司以及子公司之间提供的产品和服务各不相同，处于不同东道主国家的子公司经营不同业务，彼此之间不存在联系。混合发展模式的形式有：一是轴心型。以特定的业务领域为轴心，向外围其他行业发展。二是混合型。企业根据成本—收益原则合理布局企业的生产结构，所有业务不分彼此，没有主次之分。

9.1.1.2　国际化战略的基本类型

（1）国际战略。国有企业通过把具有国际竞争力的国内产品和服务转移到国外市场而创造价值。国际战略具有以下特征：一是把产品的研发集中于国内。姚丽佳（2013）[300]认为，国有企业在国内布置产品研发业务，可以从价值链的上游掌握生产经营活动的主动权。二是产品和营销同质化。总部严格控制海外市场的产品和营销战略，并根据东道主国家顾客的特殊需求对产品和营销战略进行一些适应性的微调。当国有企业拥有海外市场的竞争对手所不具备的核心市场竞争能力，且海外市场消费者的需求响应和成本降低压力较小时，国际战略有助于我国国有企业建设成为一流跨国公司。但是，随着全球经济日益一体化，面对全球消费趋同和当地需求多样化的特点，国有企业在国际化经营中往往面临当地消费者的更大的需求反应的压力，此时采取该战略并不合适，国有企业需根据其东道主国家的市场特征和需求的变化制定合适的海外战略。

（2）多国战略。考虑到国家差异带来的需求多样性，为提高国有企业对市场需求的响应能力，国有企业的海外子公司可以在各东道主国家建立一套包括研发、生产和销售在内的完整的价值链体系，这一体系必须根据各国的客户要求和经营环境加以调整，以适应不同条件。在国有企业“走出去”的过程中，很多国家消费者的需求弹性大，市场波动明显，此时采取多国战略比较合适。多国战略的缺点：一是国内对海外子公司的控制力度小。各子公司具有较高的独立性，企业可能会发展成松散的战略联盟，无法发挥国有企业大企业集团的协同效力。二是业务重复性高，重复建设会提高企业的经营成本，影响国有企业海外经营的效益。

（3）全球战略。实质是在国际化经营中采取低成本战略，国有企业可以在世界范围内布置自己的产业链，根据成本—收益的原则，把包括生产、营销和研发活动在内的各项业务集中在最有利的地方，从而降低经营成本，提高盈利能力。曹然（2015）[301]认为，全球战略适合于那些产品和服务标准化程度较高的国有企业，采用该战略的企业为追求规模经济效益，往往不会根据当地条件调整其产品生产和销售策略。国有企业在国际化经营中采用全球战略，能够提高自己在市场上的定价能力，企业通过全球战略降低了成本，有助于利用自身的成本优势来制定强有力的定价策略。

（4）跨国战略。国有企业的海外经营需创造一个更为精致而多样化的资产和能力的组合，企业产品的流动不应该只是从母国流向海外子公司；相反，产品应该从海外子公司流向本国，流向另一个子公司，以发展全球学习能力。采用跨国战略型时，国有企业应确定哪些重要资源和能力需集中在国内，以保护企业的核心竞争能力；哪些资源可以配置在国外，以获得低成本并适应当地市场要求。通过这样一个复杂的组合，国有企业能利用比多国战略型企业、国际战略型企业和全球战略型企业更多的途径，建立自己的竞争优势，同时获得成本效益、全球学习能力及更好的当地需求响应能力。

9.1.2 目标角度的国际化：培育世界一流企业

党的十九大报告明确提出，加快培育具备全球竞争力的世界一流企业。新一轮国有企业改革要求国有企业成为具有创新能力和国际竞争力的骨干企业，实质就是要培育具备全球资源整合能力、对国内产业发展具有重要引导力和带动力、在国际产业竞争中具有主导权的世界一流企业。

9.1.2.1　具备全球资源整合能力

国有企业以全球视野有效整合世界范围内的人才、技术、管理、金融等生产要素和自然资源，形成全球化运作架构，建立全球化经营布局，形成以自我为轴心的全球价值链体系。根据全球化发展趋势、产业价值链分工体系和过去十年间中国企业参与全球资源整合的案例，国有企业全球资源的整合可以分为四种模式。

（1）供求关系模式。黄吉海（2012）[302]认为，供求关系模式主要表现为国有企业在海外收购上游资源，提高对供应商层面的控制力度。自2003年起，受大宗商品原材料价格上涨等因素影响，国有企业开始尝试通过海外收购解决资源瓶颈，资源收购主要集中在石油和天然气、煤炭、铁矿石、铜等大宗商品领域。这一模式既有优点，也存在缺陷。一方面，长期来看收购上游资源是一种利好行为，资源的不可再生性决定了其长期价值，短期价格波动问题归根结底只是一种货币表现。另一方面，忽视价值链的供求匹配和整体控制而一味追求上游重资产资源收购的行为必然导致产业价值链的逆向挤压效应，一旦终端市场需求降低、原材料价格下跌，会给国有企业带来存货增加、资产贬值的风险。

（2）产业价值链模式。采用产业价值链模式的国有企业将经营重点集中在渠道、品牌和消费者行为分析与整合等方面，重点关注品牌、渠道、技术、上游资源控制力等层面，注重从上述价值中枢的角度挖掘可被整合资产和资源。娄渊文（2011）[303]认为，产业价值链模式适用于消费者的需求决策能力较强和多数商品供大于求的情况。由于国有企业以规模经济效益为主要目标，使资源多配置于产业链中端，而对品牌、渠道和终端消费者行为的投入不足。因此，在国有企业参与全球资源整合方式中，产业价值链型最为稀缺。

（3）全球业务扩展模式。采取该模式的企业以海外金融资产管理为核心，在全球范围内扩展业务，构建全球业务网络。这一模式不仅是商业行为，还包含了复杂的政治较量、资本渗透、跨文化整合等多方面挑战。中投公司（参股美国黑石集团和摩根士丹利公司）、招商银行（收购香港永隆银行）、工商银行（收购南非标准银行）等是采用该模式的典型国有企业。

（4）市场承接模式。主要集中在传统制造业领域，通过收购海外制造业企业，掌握核心技术，将海外子公司的先进技术与国有企业掌握的庞大市场相结合。该模式产生的原因包括：一是顺应了制造业的全球产业转移趋势，中国企业已具备业务承接能力；二是国内市场需求旺盛，中国企业掌握市场对接路径。这一模式的典型代表是，近年来以国有企业为主体的中国机床制造行业通过零散的海外收购，基本将全球机床制造业整合完毕。

9.1.2.2 对国内产业发展具有引导力和带动力

国有企业作为我国产业发展的推动者、指引者和国际市场竞争的积极参与者，国际化要有助于国内产业发展，要抓住新一轮产业变革的机遇，积极发挥国际间的市场协同、产业协同、管理协同，通过全球范围内整合生产要素，促进国内产业的结构调整与转型升级，为我国优势产业和过剩产能寻找更大的市场空间，实现互利共赢、共同发展。

逯建、冯泓（2016）[304]认为，在促进国内产业发展方面，培育国有大企业成为国际一流跨国公司有两个目标：一是吸纳更多技术、管理、人才、品牌、渠道等资源，促进国内经济转型升级、创新发展，使我国在国际产业分工中的位置逐步走向中高端；二是发挥国有企业的技术优势和产业优势，实施“走出去”战略，扩大国际产能合作的规模和范围，转移过剩产能。

国有企业的国际化对于促进国内产业的转型升级至关重要。一是国有大企业是我国大企业群体的主体，在国民经济基础性和支柱性产业内处于龙头地位，产业控制力和辐射力大，其首要使命应是我国产业发展的引领者。二是国有大企业规模巨大、创新资源丰富、地域分布广泛，对国家产业结构升级具有较强的决定力和带动力。因此，作为目前我国直接参与国际产业竞争的主力军，国有企业具有较强的管理、资金、人才实力以及国际化运作经验，加快向现代大企业集团迈进的速度有助于促进国内产业的转型升级。

9.1.2.3 在国际竞争中具有主导权

国有企业要在企业规模、经营绩效、研发创新、国际化水平等指标上达到行业领先，并能够深度参与国际产业竞争，对国际产业规则制定、产业价值形成、引领产业发展等方面具有重要影响力。

在国际竞争中，我国国有大企业还有很大的潜力可供发掘。一是国有企业正在加快向现代大企业集团迈进。现代企业制度初步建立，大部分企业基本按照《公司法》建立了治理框架，并逐步扩大企业在选人用人、薪酬、投资等方面的自主权；股权日益多元化，2017 年底全部中央企业实现公司化改制，中央企业近 80% 的资产已经上市；国有企业规模持续扩大，在国际竞争中不断壮大自身实力。二是国有企业国际竞争能力快速提升。金碚等（2007）[305]认为，当前一些国有大企业不仅规模达到了国际水平，技术、管理、国际化程度等也走在了世界前列，如高铁、核电、电力设备、工程建筑等行业，已培育出了一批具有自主知识产权、自主品牌和较强国际竞争力的国有大企业集团。三是国际化经营经验日益丰富。通过深度参与国际产业竞争，国有企业积累了丰富的海外运作经验，培养了一批国际化人才，初步具备了进行国内国际业务整合、管理整合、文化整合，并实现跨国本土化经营的能力。

9.1.3 能力角度的国际化：练好国际化的内功

国有大企业成为世界一流企业还存在效率低、盈利能力弱、企业功能定位不清晰等诸多障碍，迫切需要练好内功，加强国际化能力建设。

9.1.3.1 提升自主创新能力

企业自主创新能力指的是，通过有效运用企业内外的各种创新资源，建立新的技术平

台或改变核心技术，并取得自主知识产权，使企业能不断增强其核心竞争力，从而获得持续竞争优势，在技术创新过程中所表现出来的各种能力的有机综合。

国有企业在国际竞争中的自主创新能力具有以下特征：第一，内生性。主要表现在两个方面，一是核心技术的内生性。自主创新并不要求企业面面俱到，独立攻克每一个技术环节，但其中的核心技术必须是由企业依靠自身力量，独立研究开发而获得的。胡洪力(2009)[306]认为，国有企业在国际竞争中，不能只等引进消化来满足自身科技需求，解决自身发展面临的重大科技问题，更要依靠我们自己的力量，通过原始创新，提升技术创新能力，形成自己的核心技术。二是知识支持的内在性。自主创新能力的形成过程也可以理解为知识的积累过程，自主创新能力所需的各种知识只能从组织自身的技术创新活动中内生地发展起来，靠吸收兼并境外企业来获取技术积累的办法不能从根本上提升国有企业在海外竞争中的创新能力。第二，风险性。自主创新很大程度上是技术的市场化、商品化和产业化，一头联结技术，一头面向市场，而研发、技术、生产、营销和市场等存在不确定性，创新过程的不确定性必然导致创新系统的高风险性。考虑到国际竞争的激烈性和多变性，国有企业在与境外企业之间开展创新合作、选择符合东道主国家实际情况的创新路径、技术与产品方面存在较大的不确定性，从而影响创新绩效。

9.1.3.2　提升集团管控和统筹能力

杜玮（2014）[307]认为，集团管控和统筹能力指的是，国有企业要优化组织结构，加强集团内部的业务、管理和文化整合，使集团成为一个真正的整体。国际化企业的集团管控模式有以下几种：

（1）A型管控模式。A型管控模式适用于国有企业集团母公司对海外子公司高度集权的情况。作为集团在全球范围内的经营与生产管理的决策和指挥中心，为了更好地实现对企业资源的集中管控，企业集团母公司实行经营活动的规范化和统一化，掌握着海外子公司的生产经营、战略决策以及财务和人力资源管控权。

（2）V型管控模式。V型管控模式则是权力高度分散的一种管控模式。国有企业的母公司仅对海外子公司的投资、产权以及财务监督等方面进行监督；年终阶段，母公司根据企业的发展规划、子公司的实际运营、海外市场的基本情况，制定子公司下一年的经营目标。

（3）W型管控模式。W型管控模式综合了A型管控模式和V型管控模式的一些特点，母公司统一在全球范围内对集团整体的资产、财务以及战略进行规划，海外子公司自行管理各自的业务战略规划、资金预算和财务运营，但必须得到集团总部的批准。

（4）H型管控模式。H型管控模式主要是一种相对分权的集团管控模式。集团中的母公司地位并没有凸显出来，所有公司均处于相对同等的位置，企业的协调管理工作主要是由董事长、总经理等主要成员负责。该管控模式多见于财团型企业集团。采用H型管控模式的跨国公司以牺牲对海外子公司控制力和影响力为代价，换取跨国公司海外适应能力的提升，有助于各松散的海外子公司根据当地情况，调整经营战略。

9.1.3.3　提升风险防控能力

风险防控能力指的是，国有企业要加强“走出去”的战略性谋划，提高对海外投资的政治风险、法律风险、环保和社会风险的认识，建立健全内控体系，遵守当地的法律法规，尊重当地的宗教和社会习俗，构建与当地的和谐关系，树立企业良好形象。国有企业国际化经营实践中面临的风险主要有以下几点：

（1）战略风险。指的是国际市场的不确定性对国有企业战略目标实现的影响。主要表现形式有：一是全球经济不振，需求萎靡，对企业经营业绩冲击大，国有企业普遍对发展战略采取稳健态度，大幅削减投融资计划和新上建设项目规模。二是国有企业在转型升级发展方面没有明确的概念，在借鉴新兴行业的发展方向上和传统行业本身的约束下，技术创新难度大，转型和发展的风险加大。三是随着所在国经济发展到了一定阶段，环境保护问题和引入外资扶持力度的政策调整，迫使企业为了适应当地新要求，对资产进行重新配置，更新换代设备，提升产品质量。

（2）财务风险。指的是企业在各项财务活动中由于各种难以预料和无法控制的因素，使企业在一定时期、一定范围内所获取的最终财务成果与预期经营目标发生偏差，既有可能使企业蒙受损失，也有可能使企业获得更大的收益。

主要表现形式有：一是经济形势的变化导致采购和销售话语权发生变化，在贸易业务中起主导作用的企业中占据强势地位，要求国有企业提升放款额度和延长账期，呆坏账增多。二是国有企业应收账款管理薄弱，对国外客户和所在国当地客户的资信状况缺乏全面了解。三是经营业务品种积压资金过重，占用资金多、占用时间长，贸易资金回报率偏低，资金沉淀影响周转，给国有企业流动资金带来潜在的风险。四是在经济疲软的背景下，银行降低企业信用额度造成国有企业国际贸易中断和无法进行融资承兑。五是国际汇率变幻莫测，国有企业缺乏有效的汇率控制和防范手段。六是为了规避经济动荡，出台保护本国的财经政策对业务和交易带来限制的不确定性和负面影响。

（3）市场风险。吴建功（2009）[308]认为，市场风险是指由于市场环境的变化和未来市场价格的不确定性对国有企业实现其既定目标的不利影响。市场风险可以分为利率风险、汇率风险、股票价格风险和商品价格风险。主要表现形式有：一是在全球经济下行压力大、资金短缺的情况下，任何不利情况或因素发生都容易造成对方要求重新谈判或者直接发生违约。二是为了抢夺订单，采用不当竞争或者恶意低价中标，给合同履约和执行造成潜在的违约可能。三是随着替代用品或者新技术、新能源的发展和使用，可能造成传统行业颠覆性的变革。

（4）政治和法律风险。政治和法律风险是指因经营活动不符合法律规定或政治局势发生不利于企业的变化，给国有企业造成损失或带来不利后果的可能性。主要表现形式有：一是国家政局不稳定，可能经常性出现政变、战争和恐怖活动，企业投资经营利益无法得到保障。二是利益集团从政治上提出反对意见，在政治、宗教、信仰和人权等方面刁难中国企业。三是一些发展中国家自身制度不健全，政策不透明，执行中存在腐败和暗箱操作问题。四是国有企业制定政策和制度过程中存在法律瑕疵，随着企业的发展，政策和制度的合理性和完备性不断受到挑战，可能出现内部争端甚至直接影响到企业的健康发展。

9.1.3.4 国际化人才队伍建设能力

国际化人才队伍建设能力指的是以打造世界一流企业为契机，对干部人事制度进行大刀阔斧的改革，建立符合全球标准、具有全球水准的选人用人育人机制，科学合理的人才评价制度和激励制度，广纳海内外优秀人才，整合全球高端人才，把适当的人放到适当的位置，对不适当的人要有更替和淘汰机制，使真正的人才能够发挥能动性和创造性。

国际化人才短缺是当前国有企业海外发展的一个主要瓶颈。原因主要包括：一是劳动力市场本身国际化人才短缺，中国企业面临一个严重缺少国际人才的国内劳动力市场；二是部分国有企业存在人才老龄化现象，年龄偏大的管理层在外语能力、国外经验、对国际环境的适应性等方面弱于年轻人才；三是国有企业对国际人才在跨国经营中发挥的作用认识不足，海外经营的重点往往放在打价格战上。

9.2 培育具有全球竞争力的世界一流企业是国有企业的使命

建设开放型经济强国需要培育一批能够在全球竞争中处于领先地位的跨国公司，国有企业作为我国企业群体的核心力量，是最有可能跻身国际一流的中国企业。加快培育具有全球竞争力的世界一流企业，是大势所趋，顺应了经济全球化要求，为国家和企业争取更多利益，保障了中国经济对能源资源的需求，促进了国内经济发展和国有企业的改革及发展。

9.2.1 顺应经济全球化要求，为国家和企业争取更多利益

9.2.1.1 顺应了经济全球化要求

经济全球化是当今世界经济发展的客观规律，是社会生产力发展的客观要求和必然结果。20世纪90年代以来，经济全球化取得了令人瞩目的发展，世界市场紧密联系起来，打破国家、民族、地域之间的壁垒，使商品、资金、劳动力等生产要素能够在国际间流动，在资本、生产、消费和流通等方面推动了世界经济发展。将国有企业建设成为一流跨国公司顺应了经济全球化的历史进程，通过积极参与国际竞争和国际合作，从中取长补短，充分发挥自己的比较优势。

9.2.1.2 为企业和国家争取更多利益

利益问题是经济全球化的根本问题，全球化的实质是企业打破国界的限制，从资本、产品、资源以及人力资源等各个市场着手，与全球其他企业同台竞争，争取更多的利益。由于国有企业的特殊性质，企业的一系列经营管理活动在一定程度上体现出公共产品的属性，包括经营策略、目标以及模式，这就意味着国有企业的利益与社会利益存在着不可分割的密切联系。国有企业国际化经营，积极参与全球性竞争，对企业自身而言能使自身利益得到扩充，对国家而言，有助于提升本国在全球范围内资源占有的水平及能力。

9.2.2 保障中国经济对能源资源的需求

随着中国经济的快速发展，以及全球制造业向中国转移，虽然中国资源的总量大，但人均自然资源的保有量却达不到世界一般水平，石油、天然气、铜、铁、钾、锰等都是中国经济快速发展所必需的短缺资源。国际战略性能源和资源的生产供应，大部分由少数大

型垄断跨国公司控制，在进口数量及价格制定上，由于“卖方市场”的特征，中国往往处于被动地位。更为严峻的是，国际战略性能源与资源的市场价格，呈现出大起大落的不确定性。姜华欣（2013）[309]认为，通过对外直接投资，增强对战略能源和资源的生产控制和价格决定权，减少重要能源和资源国际市场价格的剧烈波动，是中国能源和资源企业的必然选择。

加快资源型国有企业国际化经营的进程至关重要。资源型国有企业对外直接投资是国民经济又快又好发展的保障。将俄罗斯、中亚、中东、北非、南美地区作为中国国有企业开发国外石油、天然气资源的重点地区来选择。俄罗斯油气资源丰富，是中国的邻国，有地缘优势。中亚五国已与中国建立了长期稳定的战略合作关系，资源开发的潜力巨大。中东已开始向外资开放能源市场。此外，俄罗斯、巴西、印度、澳大利亚的大宗矿产资源可成为开发重点。

9.2.3 促进国内经济发展

9.2.3.1 促进产业结构优化升级

从制造业来看，与中国经济“世界工厂”地位不相称的是，中国企业在国际价值链中处在低端环节，多从事能耗大、污染多、劳动密集度高、产品附加值低的加工、装配及制造环节，而高科技、产品研发、关键零部件生产、品牌等环节，均掌握在国外跨国公司手中。周红英（2011）[310]认为，随着国内资本、劳动力、原材料等成本的上升，必须借助国际化经营来实现产业结构优化升级。中国制造业广泛参与全球跨国生产网络，但关键技术仍主要依靠国外，时常受到国外跨国公司的牵制，存在供应方不稳定等外部风险，影响供应链和整个生产活动。因此，为了在整个价值链中获得更大的份额，企业就会产生一种向价值链上游发展的动力，对关键零部件、技术、能源、研发等进行投资，而不再是单一的扩大生产规模。由此可见，通过国际化经营有助于实现产业结构的优化升级，国有企业在国民经济中处于控制地位，是促进产业结构优化升级的主要力量，必须利用国际化这一途径，通过深度介入国际竞争，实现国内产业结构的优化升级。

9.2.3.2 经济发展的内生动力

在经济全球化背景下，一国的发展必须要充分利用世界范围内的资源。面对经济发展的种种挑战，为顺利实现经济稳定发展，缓解国内能源、资源、环境和土地不断加剧的约束，筹措经济发展所需的资金，必须推动产业升级，大力提高自主创新能力，提高在国际产业链和价值链中的位置，加快培育国际知名品牌，积累所有权优势。作为承担着国民经济带动、影响和控制作用的中国国有企业将承担起重任，充分利用两个市场、两种资源，在全球范围内开展经营，保障企业的自身利益，提高国家在更大范围内配置资源的能力和水平，保证国民经济战略目标的实现。

9.2.4 促进国有企业的改革和发展

9.2.4.1 加快国有企业改革的步伐

近年来，我国国有企业发展非常迅速，但在体制和机制上仍存在内部治理机制不完善、现代企业制度没有真正落实、行政管理色彩重、平均主义和“大锅饭”等缺陷，制约了国有企业的发展和壮大。加快推进国有企业的改革有助于企业的国际化经营，因此，国有企业国际化经营是促进国有企业改革的动力。一是建立完善公司内部治理结构，有助于协调好不同利益主体间的关系，提升企业运营效率，为企业争取大量优质资源，使国有企业国际化经营的道路更加顺畅。二是推进国有企业选人用人机制的市场化改革，建立完善职业经理人制度，有助于企业招聘满足国际化经营的管理人才，提升企业国际竞争的软实力，提高国有企业国际化人才队伍的建设能力。三是深入推进股权多元化改革，建立现代企业制度，能够帮助企业积极参与国际产权竞争，引入海外投资者，优化资本结构，提高国有企业竞争实力。

9.2.4.2 促进国有企业的发展

由于经营范围和市场规模的扩大，国际化经营能够给企业带来更大的发展空间和利润空间。能参与国际化竞争的国有企业大多资金雄厚，在国内具有良好的资源优势并具有鲜明的垄断性。这些企业参与到国际化经营的行列中，不仅能使其掌握的资源优势得到充分利用，资源利用的效率也会不断提高，而且还能学习借鉴国外大型企业的经验，不断提升自身创新能力。

9.2.4.3 提升国有企业核心竞争力

国有企业“走出去”在给企业带来更多收益的同时，增加了企业的经营风险，国际政治更加不可预测、国际市场更加难以分析、国际化产品多样化需求更加难以满足等。相应地，企业经营管理要有更高的市场前瞻性、国际政治公关要做到位、对不同的客户需求要进行更加严密的分析、对各类信息以及变化做出更快更准确的反应，这对国有企业的经营管理活动提出了更高的要求，有助于提升国有企业核心竞争力。

9.3 中国国有企业国际化的历程和现状

中国已经加入世界贸易组织十余年，在经济全球化的趋势下，国有企业已经在国际化经营的道路上走了一段距离并取得了一定的成就。

9.3.1 中国国有企业国际化的历程

总体来说，国有企业的国际化经营始于改革开放，可以归纳为以下三个阶段：自发起步阶段、持续发展阶段、深入扩展阶段。

9.3.1.1 自发起步阶段（1978～1992年）

在改革开放之初，企业国际化经营这一概念还未在国内得到广泛关注，仅有个别国有企业由于其自身发展需要而自发进行一些初期的尝试。从1978年到1987年，针对中国是一个社会主义国家的事实，中国理论界所讨论的要点还处于要不要搞企业国际化经营或者能不能搞的阶段。以1988年中国化工进出口总公司获得国务院正式批准，开始进行跨国经营试点为标志，理论界已经抛开了企业国际化经营要不要搞、能不能搞的问题，对国际化的争论集中在方法和路径方面。截至1991年底，我国批准设立的境外企业近2000家（未计算港澳地区），分别分布在93个国家和地区，同年，我国的非贸易性企业的海外总投资额为31.54亿美元，这些在海外开展投资活动的企业绝大多数是国有企业。总的来看，尽管这一阶段国有企业的国际化经营活动总体上处在萌芽或者小规模自发状态，但也取得了转折性进步，可以被认为是国有企业国际化的基础性阶段，为后来国际化的迅猛发展打下了坚实的基础。

9.3.1.2 持续发展阶段（1993~2012年）

随着中国经济的快速发展，国有企业竞争力迅速增强，引进外资的策略也使得国有企业在技术、管理等方面取得了长足的进步，国有企业开展国际化经营的进程明显加快，尤其是提出“走出去”战略后，国有企业更是加快了国际化的步伐，从纺织、服装、工程到能源、制造、金融等领域，都有大量的企业参与了国际化的经营和竞争。这一时期的国有企业国际化经营的特征为：一是规模迅速扩张，但是仍然低于国内经济发展水平。从1993年到2000年，我国企业国际化经营的发展比较缓慢，中国经济却发生了巨大的变化。在2000年，党的十五届五中全会将“走出去”作为国家级战略，以此为标志，国有企业的国际化经营规模有了大规模的飞跃。二是区位分布广泛，在全球所占份额依然十分有限。根据2010年《中国对外直接投资统计公报》可知，截至2010年底，我国企业共在178个国家和地区进行了跨国投资，在非洲地区的投资覆盖率达到85%，亚洲的这一数据则达到90%。而我国非金融类企业国际化经营流量仅占到全球总份额的4.05%，而其存量仅仅占到全球总份额的1.27%，仍处在一个相对较低的水平，鉴于国有企业是“走出去”战略的核心，上述数字实际上反映了国有企业国际化经营的特征。三是以资源行业为主。王霞（2011）[311]认为，这一时期国有企业的国际化经营以能源和资源国际化为主，主要是在海外收购各类矿山和油田，关于高科技行业和制造业的国际化投资相对不足。

9.3.1.3 深入扩展阶段（2012年党的十八大至今）

2012年11月，党的十八大报告提出，加快“走出去”步伐，增强企业国际化经营能力，培育一批世界水平的跨国公司，在这一背景下，做强做优、建设世界一流跨国公司成为国有企业改革发展的目标，围绕这一战略目标，国有企业的国际化步伐不断加速。国务院办公厅于2016年印发的《关于推动中央企业结构调整与重组的指导意见》更是明确提出，到2020年，中央企业战略定位更加准确，功能作用有效发挥；总体结构更趋合理，国有资本配置效率显著提高；发展质量明显提升，形成一批具有创新能力和国际竞争力的世界一流跨国公司。党的十九大报告强调，深化国有企业改革，发展混合所有制经济，培育具有全球竞争力的世界一流企业。总的来看，这一阶段国有企业国际化经营有以下特征：一是资源配置更趋合理。国有企业纵向调整加快推进，产业链上下游资源配置不断优化，从价值链中低端向中高端转变取得明显进展，整体竞争力大幅提升。二是借助国际化经营提高企业在国内的竞争力。海外上市逐渐成为中国企业尤其是大型国有企业走向国际市场的首选方式，在境外上市的国有企业存在着通过不断融资壮大实力的需求，增强财富效应，提高自身融资能力，以国际市场募集资本回流国内市场，提高企业经营业绩，规避国内资本市场空心化和边缘化的情况发生。三是相对国际化程度不高。国有企业普遍存在业务区域过于集中的问题，业务主要集中在国内或几个特定的国家，国际化程度不高。这种现象一方面使得中国企业在全球经济危机爆发时受到的影响减弱；另一方面使得中国企业严重依赖国内经济发展，一旦国内经济发展受阻，将不能很好地利用海外业务对冲风险。

9.3.2 中国国有企业国际化的成绩

国有企业国际化经营已经取得显著成绩，充分发挥了国有企业长期积累的资金、技术和人才优势，主动抓住了国际市场当前一个时期的难得机遇，取得了一定的经济效益，也使国际社会对中国企业的认知度、接受度有了显著提升。

9.3.2.1 国际化经营的效益显著提升

截至2014年底，绝大部分中央企业在境外（含港澳地区）设立了分支机构，遍布世界150余个国家或地区，中央企业纯境外单位资产总额、营业收入、利润总额分别约占中央企业总体的12.1%、17.9%和9%；中央企业境外投资额占中国非金融类对外直接投资的70%以上，对外承包工程营业额占我国对外承包工程营业总额的60%左右。国际化经营不仅可以扩大国有企业的市场，给国有企业带来规模效应，还有助于提升经济效益，经济效益提升的主要原因：一是引进国外先进技术，提高企业科技含量。借助并购协同效应，国有企业可以引进更多的高端技术，有助于提升整体产业价值；二是引进先进管理制度。国有企业在国际化过程中注重先进管理制度的引进、吸收和应用。各种现代管理方法如日本的现场管理、美国的财务管理、西门子的营销管理、UTC金牌供应商质量管理等被引入国内，逐步形成了具有自身特点的科学管理模式，促进了公司管理方式的转变，为参与国际竞争打下了重要基础。三是引进高端人才。国有企业注重在国际化经营中引进管理和技术领域中的顶尖人才，培养过硬管理和研发团队，培育核心能力。

9.3.2.2 有力保障国内产业资源供给

中国的矿产非常丰富，在金、锌、铅、钼、煤、锡、钨、稀土、石墨、钒、锑的产量上，中国称霸全球，在铜、银、钴、铝土矿和锰的生产上，中国占据全球第二。但是，由于人口众多、经济规模大、增长方式粗放等原因，我国仍面临资源紧缺的问题，中国也是金属和矿产的头号消费国，铁矿石进口比例高达80%，而铜的进口比例接近50%。根据国内资源相对短缺的实际情况，国有企业积极开展海外资源的收购和开发，加大对重点矿种、紧缺能源的投资开发，为我国能源、矿产和下游相关产业安全和高效发展提供了坚实保障。例如，中国石油已经基本完成在亚洲、中东、非洲、美洲、亚太等区域的多个境外油气合作区的布局，2016年境外油气全年产量突破5000万吨。2016年5月，洛阳钼业以26.5亿美元从美国自由港公司收购刚果（金）最大铜钴矿56%的股权，这一矿区蕴藏着超过2800万吨铜矿和300万吨钴矿，年产能力为20.4万吨铜和1.6万吨钴。

9.3.2.3 境外投资规模和结构不断优化

一是规模大幅增长。“十一五”期间，中央企业直接对外投资年均增长约为39%，对外工程承包营业额年均增长约为38%。二是投资模式多样化。国有企业积极探索、尝试多种国际投资与经营的模式，包括直接并购、股权置换、产能投资，战略联盟和合资合作等，逐步摆脱了传统、单一的绿地投资模式。三是区域不断拓展。在保持对亚、非、拉等发展中地区的传统优势基础上，国有企业抓住我国经济形势稳定、效益良好的有利条件，利用国际金融市场波动、全球经济结构深度调整带来的时机，积极开拓对北美、欧洲、大洋洲的投资合作。四是投资领域多元化。逐步由传统贸易、对外承包工程，扩展到产品与技术设计研发、高端生产制造、稀缺资源开发、物流配套产业园区建设等领域。五是实现投资收益境内外共享。国有企业在海外完成了一批具有国际领先技术水平和质量工艺的大型项目，不仅取得了显著的直接经济效益和广泛社会效益，而且直接带动了国内相关装备制造、工程技术、技术劳务的大规模出口，实现了境内产业支持、境外国际经营的双高增长。

9.3.2.4　国际化经营能力不断提升

一是国际化经营的战略管理意识不断提高，绝大多数国有企业能做到统一思想，从战略高度优先、持续推进企业国际化。二是适应国际化经营的组织体系和体制机制已经初步建立，绝大多数国有企业通过完善组织管理机构，明确职责、落实责任，形成高效的国际业务资源集成和分工协调的经营组织体系。三是国际化经营的基础管理不断夯实，逐步建立与企业实际相一致的境外资产、投资和产权管理、国际化人才队伍建设、薪酬分配、廉洁从业等管理体系。四是防控国际化经营风险的能力不断提高，国有企业已经树立了国际化经营的风险意识，初步建立完善了国际化业务风险管理体系。五是国际化人才队伍建设初见成效，已经在国内经理人市场上初步培育出了一支政治素质高、熟悉国际市场和国际经贸规则及具有较高国际投资、国际人力资源管理能力的专业人才队伍。

9.3.3　中国国有企业国际化的障碍和问题

尽管国有企业的国际化在规模、效益等方面取得了不俗的成绩，但受国际竞争环境的影响，国有企业国际化的道路仍面临诸多障碍，存在许多问题，主要体现在以下几方面：

9.3.3.1　国际层面：经济形势复杂严峻

（1）国际竞争日益激烈。随着经济全球化的进程不断深入，国有企业已经成为国际企业公民，面临的国际化竞争越来越大。国际竞争的新特征主要如下：一是区域经济加快融合成为新动向。建立双边和多边自由贸易区成为各国抢占国际竞争先机的重要选择。美国发起的大西洋贸易与投资伙伴协定（TTIP），意在继续主导 21 世纪国际经济秩序，对我国国有企业国际化经营有较大影响。二是产业优化升级成为新举措。目前，各国之间的经济依存度越来越高，伴随科技创新的加快和品牌效应的加强，大型企业之间的竞争逐渐升级为“产业链”综合竞争力的比拼。三是国家治理成为新举措。通过化解社会矛盾，调整经济结构，协调政府、市场、社会之间的关系，进一步释放企业活力，有助于从根本上提升国有企业国际化经营竞争实力。

（2）国际投资环境仍未转好，自美国经济危机和欧洲债务危机发生以来，世界经济仍然存在较大的下行压力，全球主要经济体的增速明显放缓，跨国投资存在较高的不确定。原因在于，经济低迷会引起失业率增高，造成国家间的政治经济紧张关系，许多国家的政党为最大限度地争取选票，纷纷推行贸易与投资的保护主义手段，以保护本国经济发展，国际投资环境进一步恶化。

（3）贸易和投资规则不断变化。2008 年以来，国际间贸易摩擦案件急剧上升，我国已成为国际贸易争端案件的最大受害国。主要国家和区域集团纷纷调整贸易和投资政策取向，截至2011 年底，世界各国签署的国际投资协定累计达 3164 项。王金波（2014）[312]认为，协议涵盖投资范围较窄、彼此差异较大、碎片化程度显著，未能形成真正意义上的多边投资规则，加剧了国有企业面临的国际化经营环境的复杂性。

9.3.3.2 国家层面：缺乏有效制度保障

（1）企业之间、企业与政府之间未建立有效的协调机制。国有企业在国际化经营过程中，不仅同国外企业开展竞争，也与同领域的国有企业之间开展国际竞争。国有企业之间的国际竞争不仅影响交易价格，增加投资成本，还会增加境外投资、兼并收购的难度。目前来看，企业之间、企业与政府之间有效的协调沟通机制还尚未建立，国有企业之间在进行对外投资时缺乏联系、沟通与协调，导致恶性竞争。同时，国有企业同政府有关部门的联系也存在较多障碍，不能有效利用政府部门的有关平台来实现市场信息、技术信息的共享。这些问题产生的根源在于，国家层面上缺乏有效的制度保障，在企业之间、企业与政府之间未建立有效的协调机制，使得国有企业在“走出去”的过程中存在恶性竞争。

（2）国有企业功能定位不清晰。当前许多国有企业存在商业目标与非商业目标相交杂的问题。一方面，存在商业目标，国有企业是自主决策、自负盈亏的市场主体，需要参与市场竞争，追求利润最大化；另一方面，存在非商业目标，需要履行公共职能，为国家宏观经济政策的执行提供保障。此外，由于政府职能缺位，国有企业还承担着很多本应由政府承担的一些特殊任务，如赈灾、对口帮扶、应急救援及其他政治性任务。功能定位不清使得国有企业在国际化过程中产生三个方面的问题：一是政府色彩较浓，容易招致东道国基于国家经济安全的抵触；二是在非商业目标驱使下，海外发展容易具有盲目性，海外扩张经济效益差，往往会造成国有资产的严重损失；三是有时不能同时兼顾国家和海外利益，这在国内与海外市场之间存在利益冲突时尤为突出。

（3）因所有制身份而遭受外国政府歧视性待遇。国有企业由于市场化改革不彻底，没有划清自己和政府的界限，身份非常特殊，因此海外投资屡屡遭受政治歧视，美国等国家往往以“国家安全”为由否决我国国有企业参与涉美企业的并购投资案，成为我国国有企业“走出去”发展的新挑战。造成这一问题的内部原因在于，从国家制度层面上没有厘清国有企业和国家的界限，政企分开不彻底，国有企业运作的透明度低，国有企业具有特殊的政治优势。

9.3.3.3 企业层面：国际化经营战略和国际竞争能力匮乏

（1）缺乏国际化经营的长期战略规划。缺乏对国际经营环境的研究。一是缺乏对东道国政治和社会风险的前瞻性评估机制。国有企业参与国际市场竞争的能力还较弱，进入发达国家投资的难度大，境外投资主要集中在中东、西亚、非洲等地区，一般仍以工程承包、基础设施建设及资源开发等项目为主。在这些地区，国有企业往往面临较大的政治风险，因战乱、政府违约、禁止进口、汇兑限制及延迟支付等影响企业国际化经营。目前，国有企业在“走出去”之前缺乏对东道国政治风险的前瞻性评估，对东道主国家的政治、经济、社会、民族和文化情况缺乏了解，没有建立有效的政治风险应对预案。二是未深入了解投资东道国的法律法规和国际规则。刘勤志（2010）[313]认为，海外经营风险一般都会最终演化为法律风险，如果缺乏对投资东道国法律的深入认识可能会使企业蒙受重大损失。国际法律和规则是日益缜密的一套约束机制，国有企业国际化经营中，如果无视或者轻视国际规则的作用，只关注国际经营中的经济问题，就会造成对外投资失败，给企业带来无法估量的损失。三是缺乏市场调研，不能准确把握东道国的市场需求。前期调研的好处包括：一是通过对各国市场需求的分析，选择拟进入的国家或地区，以优化市场结构；二是规避投资回报慢、本土企业与政府关系紧密的市场环境，选择需求性强的国家和地区作为投资对象。目前，国有企业在国际投资之前普遍缺乏前期市场调研，导致后期经营活动面临诸多不确定的风险。

长期战略规划能力不足。国际化经营需要建立统一规划、独立审批、集中决策、分级管理、跟踪考核的全过程管理，将境外投资纳入企业的整体战略规划，采用集中决策、适度授权的投资决策机制，规范投资行为，防范投资风险。目前，国有企业普遍缺乏长期战略规划能力，某些企业对于国际化经营、境外投资的理解偏颇，片面追求短期利益，偏离主业经营，超越自身承受能力和经营管理水平，最终造成风险不断累积，造成巨大亏损。可见，国有企业开展国际化经营，必须克服赌徒心态，制定长期战略和总体规划，聚焦主业，突出优势，以健康、可持续发展为首要目标。

（2）国际竞争能力不足。效率低、盈利能力弱。过去国有企业竞争力提升主要靠规模扩张，大部分企业在研发创新、技术、管理、国际化水平等方面与国际先进水平还存在较大差距，除个别装备制造类企业具有一定的技术优势外，普遍存在冗员多、效率低、盈利能力弱的问题，整体表现出“大而不强、大而不优”的特点。2001 年，我国境外投资项目大约是盈利、持平和亏损各占 1/3，由于当时经批准的境外投资企业大多为国有企业，所以这基本就反映了国有企业海外经营的状况。2011 年中国近 2000 家境外中央企业的亏损比例为 27.3%，高于中国全部境外企业 22.4% 的亏损比例。中国石化集团，2014 年收入 4470 亿美元，与壳牌石油基本相当，但员工规模几乎是壳牌的 10 倍之多。当前我国经济发展进入新常态，国有企业再难依靠快速的规模扩张来掩盖效率低下的问题，效率低、盈利能力弱的劣势将会越来越突出，成为国际化经营的一个短板。

内部经营管理、决策、监督机制不健全。一是管理、决策模式亟待完善。国有企业既定的管理思维及管理模式在国际化经营中面临管理不到位、决策迟缓等问题，给企业国际化经营带来巨大障碍。要真正提升国际化经营水平，还必须探索建立国际化管理、决策的模式，对境外企业的经营、投资情况要切实加强监督管理，建立不良境外投资的退出通道，及时处置经营情况恶化的境外项目。二是监督机制尚未落实。国有企业国际化经营还没有建立严格的财务监控制度和信息披露制度，对海外经营企业或者项目的财务管理较为薄弱，没有实现日常监督、事后追责机制的国际化，有时甚至出现违反监管与披露规则的虚假财报和欺诈行为。因此，中央企业要在日常内部监管、追责机制设立上按照东道国的法律要求严格执行，特别是要在境外企业建立完整独立的核算体系，确保境外企业报表符合所在地的法律法规和会计核算以及审计要求。三是国有企业现代企业制度建设还不完善。母公司多以国有独资形式存在，有的甚至还是全民所有制企业，下属企业则多是股权多元化公司，老体制管新体制必然影响国有企业的海外控制力，母公司对海外企业的控制力弱，难以形成国际化的合力。此外，国有企业还存在董事会职权没有依法落实、三项制度改革不彻底等问题，行政色彩浓，普遍面临“人难出、干部难下、激励难到位”等困难。

风险防范意识薄弱。一是境外投资项目过于集中。国有企业在境外投资过程中，往往将巨额资金投入单个项目，导致运营风险集中，一些企业甚至出现了竞相“杀价”的情况。二是未能有效利用合资等微观规则。通过和东道国企业合资的方法，既能保证国有企业掌握海外企业的控制权，又能降低海外投资的政治风险和商业风险。目前国有企业对这一方法不够重视，很多境外投资往往采用绿地投资的形式，使海外子企业的发展不能得到当地政府的支持。三是存在企业控制权转移的风险。国有企业海外投资的很多企业是全资或控股企业，受所在国外商投资政策变化的影响，海外子企业在投资形式、行业和股权比例等会发生变化，造成控制权转移，给国有资产带来巨大损失。

国际化人力资源管理模式效率低下。一是薪酬激励不到位。由于主要业务集中在国内，很多国有企业没有在海外子公司建立有效的绩效管理系统，海外员工和国内员工薪酬水平差距大，影响员工的工作绩效。二是劳动力成本高。在许多企业国际化经营中，对东道国的人力资源政策缺乏了解，受保护主义政策影响，很多时候只能雇用当地员工，导致人力成本超出预期，这一情况在欧美国家尤为突出。三是培养机制落后。目前国有企业国际化经营人才培养主要有三个渠道：①自主培养，在企业内部培养具有管理经验的人才，但这类人才国际化管理思维还有待提高；②对外招聘；③从其他跨国公司中网罗优秀人才。上述培养方式存在一定问题，自主培养的人才往往缺乏国际化思维，对外招聘的人才往往缺乏足够的管理经验，从其他跨国公司中网罗优秀人才往往薪酬成本较高，流动性大。因此，国有企业有必要扩大人才培养机制，充实企业的国际化人才队伍。

9.4 中国国有企业国际化的策略

在经济全球化不断加深、竞争国际化日趋激烈的形势下，要坚持国际化战略、全球化视野，深入推进国有企业的国际化，进一步发挥政府部门、国有企业自身和社会服务机构三大主体的作用，把一大批国有企业建设成世界一流企业。

9.4.1 充分发挥政府部门的支持作用

政府拥有稳定的对外交流渠道、信息资源和协调资源能力，用好这些资源可以帮助企业更好、更顺利地实现国际化经营。

9.4.1.1　为企业国际化经营提供法律保障

当前规范企业国际化经营的法律法规主要有以下特点：一方面，从形式上看，关于规范企业国际化经营的法律法规分散于不同的法律文件中，主要包括《外汇管理条例》《境外投资管理办法》《境外投资项目核准暂行管理办法》《境内机构境外直接投资外汇管理规定》等。张立锋（2007）[314]认为，各部门从各自的管理权限和部门目标出发，制定管理办法，规则缺乏系统性，缺乏有效衔接，层次效力也不够高。另一方面，从内容上看，部门规章主要规范的是企业国际经营的审批环节，主要涉及收购主体、申报材料、审核与批准的程序规则等方面。在国有企业国际化经营的大背景下，应在国家层面制定一部多部门参与的、符合国际惯例的海外投资法，对中央企业设专门章节，规定统一的境外投资规则和程序。此外，还要由国有资产监督管理部门制定进一步的操作规章，从细节上规范国有企业海外经营行为。

9.4.1.2　为企业国际化经营提供制度保障

（1）简化国际化经营的审批程序。过于复杂的审批程序以及过长的审批时间，效率低、门槛高的对外审批制度会增加国有企业国际化经营的成本，影响企业在国际市场上的竞争能力，使一些企业失去对外投资的有利时机。具体地，一是必须简化现有的审批事项，审批的重点应集中在外汇使用风险评估以及是否符合国家产业政策上，其他环节则可以改审批为备案，从而优化国际化投资环境。二是下放审批权限，国家有关政府部门仅保留对少数重大境外投资的核准权限，大部分审核权都下放到省级政府主管部门负责，而境外投资经济技术可行性则由企业自行负责，从而最大限度地提高审批效率。

（2）完善国际化经营的金融支持体系。资金已经成为中国企业对外投资的首要制约因素，中国国际贸易促进委员会发布的《2010年中国企业对外投资现状及意向调查报告》指出，企业对外投资面临的最大挑战是融资困难。在资本市场不发达、融资体系不完善的情况下，国有企业在融资方面存在两极分化的问题：一方面，短期或前景明朗的项目往往能够得到政策性银行、商业银行的支持，受资金限制的影响较小；另一方面，中长期或前景不明朗的项目难以从政策性银行、商业银行获得信贷支持。李桂芳（2010）[315]认为，应该建立国际化经营金融服务体系，拓展国有企业的融资渠道，帮助企业从金融市场上筹集资金，同时，国家也应当对符合国家发展战略的海外投资提供必要的财政支持。

（3）发挥国有资产监督管理机构的出资人作用。一是加强指导。国有资产监督管理机构是国有企业的出资人，虽然不能直接干预企业的经营行为，但可以指导国有企业制定和完善国际化经营战略规划，明确国际化业务发展的重点领域、重点区域和重点项目，使国有企业的对外经营活动能够满足国家战略规划的要求。二是做好服务，提供保障。应指导国有企业建立健全经营、财务、法律和安全等各种风险防控机制，投资和产权管理制度，信息公开制度，国有资本经营预算管理制度等，为国有企业国际化提供制度保障，使国有企业的海外经营有章可循。三是强化考核，落实追责。国有资产监督管理机构作为国有企业的出资人和企业管理者之间是委托—代理的关系，为保障出资人的合法权益，防止国有资产流失，应研究制定针对中央企业国际化经营不同阶段特点的分类考核办法，建立健全考核约束机制和责任追究机制，对国际化经营过程中出现的重大违法、违规行为，加大处罚力度。

9.4.1.3 积极参与制定国际投资的国际规则

长期以来，国际直接投资以发达国家之间相互投资为主，以发达国家向发展中国家投资为辅，据联合国贸发会议统计，1998～2000年，以美国、日本和欧盟三极所主导的国际直接投资占全球国际直接投资流入总量的75%和流出总量的85%。进入21世纪，新兴经济体的国际直接投资呈现井喷式增长，国际投资格局变化的新形势迫切需要制定新的规则，引导、促进国际投资朝着自由化、便利化的方向健康发展。李玉梅等（2014）[316]认为，面对国际投资领域新的形势，为有效应对发达国家出现的逆全球化和投资保护主义潮流，为国有企业国际化经营保驾护航，中国应主动担负起引领国际投资规则制定、推动全球化发展的历史重任。具体地，一是发起制定国际投资规则倡议。应充分利用G20贸易部长会议和世界贸易组织平台，继续高举反对贸易保护主义，促进国际投资自由化、便利化的旗帜，发出制定国际投资规则谈判的倡议。二是成立投资争端解决机制。在世界贸易组织机构框架下成立国际投资争端解决机构，负责争端解决规则的执行。

9.4.2 加强国有企业自身能力建设

将一大批国有企业建设成为世界一流企业，关键在于提高国有企业自身能力，通过“练内功”打造国有企业在国际市场上的核心竞争力。

9.4.2.1 加强与政府的沟通

原因在于，一是有助于保障国有企业境外权益不受侵犯。国有企业力量有限，需要借助国家的力量在海外投资过程中保护自身的合法权益，而随着我国国家实力的不断上升，国有企业能够获得的国家支持也越来越多。二是有助于更好地了解有关信息。国有企业国际化经营过程中，对于投资目标国的整体政治文化环境缺乏了解的渠道和资源，难以对非经济风险进行预测、防范和自我救济。国有企业与政府在“走出去”过程中的沟通是一个双向交流的过程。一方面，国有企业需要主动加强与政府的联系，应主动咨询相关政府部门，了解政府掌握的信息资源，加深企业对东道国投资环境的了解。另一方面，政府也应当重视同国有企业的沟通，构建对外投资与合作信息服务系统，为国有企业提供有力的信息服务支持。

9.4.2.2 深入考察国外市场环境，选择合适的投资模式

国有企业应从东道主国家的实际出发，了解不同国家和地区的市场需求的差异，从而扬长避短，发挥自身优势，选择适合当地需要的投资模式，为东道主国家的消费者提供合适的商品和服务。从发展中国家的情况看，一方面，发展中国家的市场前景依旧十分广阔，能够提供多种基础性资源，与我国经济存在紧密的互补关系，且很多资源类和建筑类国有企业已经在发展中国家摸索出了一套行之有效的本土化经营模式，取得了很好的经济和社会效益；另一方面，发展中国家也存在诸多非市场风险，政治更迭频繁，社会动荡，需要重点关注在这些国家投资的安全问题。从发达国家的情况看，一方面，发达国家的企业参与国际分工的时间更长，积累的经验也更丰富，国有企业仍然应当积极探索向发达国家进行直接投资，转变过去只重视产品和项目“走出去”的思想；另一方面，可以借国

有企业的国际化经营，学习发达国家先进的管理和营销经验，利用其成熟的市场检验产品和技术，从而提高国有企业的竞争力。考虑到国际市场环境的复杂多变性，国有企业的境外投资可以采用合资方式，通过引入当地合作伙伴，加强对被投资国家市场的了解，熟悉当地各种法律制度和习惯，减少投资成本，规避跨国经营的风险。

9.4.2.3 建立完善国有企业内部国际化协作机制

（1）建立内部模拟法人制度。可以借鉴国外先进管理经验，在全集团内部建立内部市场机制，以利润为中心，以成本为主线，将市场机制引入企业内部，使海外分支机构成为独立的内部模拟法人，使海外子公司按照法人的模式运行，从而在企业内部引入市场压力，增强企业活力。

（2）建立完善覆盖全集团的信息共享平台。通过覆盖全集团的信息共享平台使海外分支机构中的每一位成员都能够共享用户需求、市场波动和社会风险信息，将外部信息传递进入内循环，建立一套生产经营快速决策的联动反应机制，实现企业国际经营效率的提升。

（3）建立完善覆盖全集团的动态监控体系。借助覆盖全集团的动态监控体系对国有企业海外子公司生产经营各个环节进行实时跟踪、动态监测。一旦发现实际运行情况与预期目标有较大背离的，应及时上报并查找原因，对系统进行动态调节与控制。

9.4.2.4 强化风险管控机制

防范海外风险必须建立一套风险预警与风险防范系统，有效应对东道国配额、许可证、技术要求、环保标准、市场准入等方面的限制，以及政治和社会环境等方面的风险。

（1）建立一套科学、合理的风险指标体系。国有企业应评估企业国际化经营中可能存在的风险，要建立一套科学、合理的风险指标体系，涵盖全面的风险种类，制定风险管理制度，对国际化经营中可能出现的风险进行量化，并安排相应的补救方案。

（2）建立境外安全突发事件的应急处置机制。“走出去”的中国企业越来越多，遇到的境外安全事件也在增多。通过检索 2004 ~2015 年的新闻，可以梳理出 37 起媒体公开报道的涉及中国企业的重大境外安全事件，高达 90% 的安全事件为武装分子袭击，普通抢劫占比 5%。为此，国有企业需要建立安全突发事件的应急处置机制，要设立专门的机构和人员负责保护外派人员的生命和财产安全。

（3）动员各部门广泛参与到海外风险评估活动中，国有企业国际化经营中面临的风险多种多样，单凭某一业务部门的力量无法做出全面、科学的评估。必须在对外投资决策中引入相关部门参与，并赋予各部门足够的话语权，利用各部门在相应领域的专业知识、丰富的实践经验发现风险线索。

（4）开展境外投资需量力而行。一是可以先从少数股份开始进行跨国并购，避免引起东道主国家的抵触情绪；二是可以在海外资本市场进行全球融资，优化股权结构，引入国际合作伙伴；三是可以采取多元化的合作方式，不具备控股条件时，也可以参股经营；四是可以采取特许经营的形式以获取投资对象的品牌、技术、管理优势。

9.4.2.5 完善国际化人才培养激励机制

国有企业开展国际化经营，人力资源管理模式是关键。要提高人力资源管理模式的国

际化程度，综合考虑关键岗位的核心价值，对核心人才提供特殊激励，开辟多重上升通道。

（1）建立多元化的人才激励机制。一是人才的激励方式应多元化。建立以货币化激励为基础、以个人荣誉和自我价值实现为特色的多元化激励机制。二是根据不同主体采取有针对性的激励手段。对于科研人员提供专家津贴、科研成果奖金、科研项目专项基金等；对于利用市场化渠道选聘的人才，可尝试建立业绩导向型的薪资激励制度，以业绩表现确定薪酬待遇。

（2）建立多元化的职业发展激励模式。应根据本企业特点进行科学划分，建立灵活的职业发展通道，使大家都能在企业中不断成长进步。一是为科研技术人才开辟符合科研工作特点的职业成长通道，使一批技能型员工能够立足于本岗位，踏实工作。二是为管理人才开辟符合各海外子公司实际特点的晋升通道，使人才能够在其专业领域内不断得到提升。

（3）对部分特殊人才提供菜单式的弹性福利。国有企业可以根据不同海外子公司的情况，建立适当的具有弹性的福利计划，便于员工自主选择，使员工的个人意见得到充分尊重，也使企业的福利计划能够更好地适应不同海外子公司的要求。

9.4.3 发挥社会机构的服务支持作用

社会服务机构主要包括：各类非政府组织、社会团体、科研机构和专业服务机构。国有企业要想进一步提升国际化经营水平，必须重视社会服务机构的作用，利用社会服务机构提供的支持和保障，为国有企业国际化经营保驾护航。

9.4.3.1 充分重视社会服务机构的意见建议

原因主要包括：一是立场中立，观点客观。非政府组织、社会团体和科研机构，往往在一国的政治生活中坚持中立的立场，这使得其对国有企业国际化经营的分析更为客观。二是专业能力强，高校和科研机构的研究人员具有较强的专业能力和知识积累，且队伍数量庞大，专业分工更加细致，能够为研究国有企业国际化经营提供专业性的技术、科研和分析力量，因而其研究成果必然更有针对性、更能满足企业的需要。三是获取建议的成本低。非政府组织、社会团体和科研机构的研究活动一般不需要企业投入较多的支持，不会增加企业的商业成本。因此，国有企业要破除“家丑不可外扬”的思维，加强与非政府组织、社会团体和科研机构的沟通，积极主动让社会公众了解企业国际化过程中面临的问题和挑战，科学合理地借助全社会研究、分析力量，为国有企业的国际化经营出谋划策。

9.4.3.2 积极开展与东道国民间机构舆论的合作

西方国家存在大量的非政府组织、独立研究机构或团体，他们拥有较强的社会感召力、公信力，也会对政府、企业提出满足自身需要的诉求，其舆论影响力不容忽视，有时甚至能够决定国有企业海外经营活动的成败。国有企业要充分重视与东道主国家民间机构的交流，以合作的姿态向这些民间机构提供必要的支持和帮助，从多角度了解东道主国家的社会结构；以平等的姿态倾听这些机构及其人士的意见，并利用该平台使东道主国家的公众能够接受国有企业在当地开展的经营活动，减少外部环境对国有企业海外经营的干扰。

9.4.3.3 充分发挥专业机构的服务力量

国有企业在进行境外投资时，需要聘请专业机构进行专项评估。一是在跨国收购业务上，聘请会计师事务所进行资本核算，评估此次业务的实际价值是否符合预期；二是在进入一国市场之前，聘请专业市场调查机构开展市场研究，评估目标国家的市场能否为企业提供足够的盈利空间；三是在签署合同前，聘请律师事务所，开展合规审查，确保不会发生法律风险。此外，国有企业还可以充分发挥相关行业商（协）会和中介组织的作用，加强行业自律，帮助企业规范经营行为，推动企业间共谋合作、共赢发展。

第 10 章　全民化：落实全民股东权利实现国有资产收益全民共享

国有企业具有国家性和人民性。国有企业既是国家所有的企业，也是全国人民所有的企业。新时代推进国有企业治理体系和治理能力现代化，就是要坚持“全民所有”的理念，落实全民股东权利，从“全民所有”的高度，衡量国有企业改革的政策导向、评估改革效果，实现国有资产收益全民共享，为全体人民的福祉而战。

10.1　国有企业全民化的内涵

党的十八届三中全会通过的《中共中央关于全面深化改革若干重大问题的决定》指出，国有企业属于全民所有，是推进国家现代化、保障人民共同利益的重要力量。这一表述清晰地指出了国有企业的人民性。国有企业全民化指的是，国有企业属于全体人民所有，收益由全体人民共同分享，动员社会公众广泛参与国有资产的监管，以全社会整体效益最大化作为国有企业的经营目标，使国有企业成为全民所有、为全民服务、为国民经济建设和发展服务的市场经济主体。国有企业充分体现人民性的关键在于解决全民股东缺位问题，夯实全民股东权利，明确全民股东的法律地位。

10.1.1　国有企业与人民的关系

人民群众与国有企业的关系包含三个维度，分别是人民群众是国有企业的所有者、人民群众是国有企业的客户、人民群众是组成国有企业的劳动者。这一关系清晰地指出了国有企业的人民性，国有企业充分体现人民性才能获得人民的支持。然而，时下社会大众关于国有企业的认识并不统一，关于国有企业的议论很多。人民群众应如何看待和对待国有企业？国有企业应如何对待人民群众？要想回答这些问题，就要从根本上厘清人民群众与国有企业到底是什么关系。

10.1.1.1　国有企业与人民的三重关系

（1）人民群众是国有企业的最终所有者。国有企业的资本由国家出资，积累起来的资产属于国家所有，归根结底属于全体人民所有。《企业国有资产法》第三条规定：“（企业）国有资产属于国家所有即全民所有。”国有企业越发展，全国人民共同的财产积累就越丰厚，国家可以用来改善民生、促进公平、实现共同富裕、抵御各种风险的经济实力就越强。在这一点上，国有企业从根本上区别于私营企业。私营企业的资本来自个人，资产积累属于个人。私营企业的所有者，不论是大股东还是小股东，都可以明确地宣布企业的全部或部分产权属于个人所有，他可以自由支配，任何机构或个人无权干预；但对国有企业，没有任何人能够宣称企业资产属于个人所有，哪怕是掌管企业经营管理大权的经理人也不能觊觎企业国有资产的所有权，所有私自转移、侵吞企业国有资产的行为均属违法犯罪，都要受到法律的追究。

产权性质的不同导致的结果也不同。私营企业的发展壮大对国民经济发展、人民就业增加和生活改善具有积极作用，同时也造成社会资产在少数人手中的集聚，成为社会贫富差距拉大的重要根源。这方面的副作用无论如何都难以避免。国有企业的发展则完全没有这些副作用，因为人民群众归根结底享有着国有企业资产的所有权和收益支配权，国有企业的发展壮大意味着全体人民共有资产的壮大、共同利益的壮大，在很大程度上起着抑制两极分化的作用。

（2）人民群众是国有企业的客户。像其他任何处于市场经济中的企业和经济主体一样，国有企业也必须靠提供社会需要的产品和服务才能实现盈利和资本增值。国有企业是社会产品和服务的提供者，人民群众是其产品和服务的消费者。在这一点上，人民群众与国有企业处于相对的地位，是既对立又统一的关系，在利益关系上既有一致性又有分歧性。

（3）人民群众是组成国有企业的劳动者。国有企业和其他类型企业一样，需要使用劳动力并占有剩余劳动才能实现资本的保值增值，所不同的是，私营企业中的劳动者是纯粹的被雇佣者，国有企业中的劳动者一方面是被雇佣者，另一方面是企业的最终所有者，一定程度上是企业的主人。国有企业使用劳动者为人民群众提供了一定就业岗位，在国有企业就业的人民群众通过自己的劳动为企业创造财富、获得收入，同时以主人的身份参加企业民主管理。国有企业越发展，在国有企业就业的人民群众的权益就越能获得更好的保障，同时能够为更多的人民群众提供就业岗位。从这个意义上说，作为劳动力使用者的国有企业和作为劳动力供给者的人民群众在根本利益上是一致的。

在计划经济时期，国有企业为绝大部分人民群众提供了就业岗位。实行社会主义市场经济改革以来，国有企业数量大幅缩减、在国民经济中的比重显著下降，与国有企业有劳动关系的人民群众的数量也显著下降，2011 年末国有企业从业人员为 3908 万人，只占全社会劳动者中的一小部分。但是，这部分劳动关系在全社会劳动关系中具有重要示范意义。因为在劳动关系方面，国有企业无疑受着比私营企业更多的约束，不但要遵守国家相关法律法规，切实维护员工合法权益，而且要尊重和维护劳动者的主人翁地位，为员工参与民主管理创造更好的条件。由于在国有企业中劳动有相对稳定、和谐的环境和较高的政治地位，加之近年来国有企业经济效益改善、发展前景看好，国有企业重新成为有吸引力的就业场所，越来越多的青年和人才把国有企业作为就业的优先选择。随着自身经济实力的增长，国有企业有能力吸纳更多的群众就业，人民群众与国有企业的劳动关系有扩大的潜力。

把人民群众与国有企业的上述三种关系综合起来看：在第一种关系即所有权关系上，

国有企业与人民群众的利益是根本一致的；在第二种关系即消费者与供应商的关系上，国有企业与人民群众的利益是对立统一的，既有一致性也有分歧性；在第三种关系即劳动关系上，国有企业与人民群众的利益也是根本一致的。总括起来完全可以说，作为社会主义国家建立和发展起来的为社会主义制度提供根本经济基础的企业，国有企业与人民群众是密不可分的一体两面的关系，人民群众通过国有企业共同拥有财产并实现自主劳动、自我服务，国有企业代表了人民群众的整体利益、根本利益、长远利益。与其他类型企业相比，特别是与私营企业相比，国有企业的利益与人民群众的利益有着最大的交集和一致性。国有企业不断发展壮大，最终获益的将是全体人民。如果国有企业受到压制、削弱而萎缩甚至消亡，最终受损的将是人民群众，特别是绝大部分不拥有资本、只靠提供劳动为生的普通群众。

10.1.1.2　人民对国有企业的期望

正因为国有企业与人民群众有着如此根本、如此密切、如此全方位的关系，人民群众对国有企业才有着太多的期望和要求。而在现实中，国有企业的发展和管理还有诸多缺点和不足，与人民群众的期望和要求还有相当差距，因而也在一定程度上、一定范围内引起了人民群众的不满、批评甚至比较尖锐的指责。人民群众的种种期望及尚存的不满意，归根结底还是来源于上述三重关系。

在第一种关系即资产关系上，人民期望于国有企业的是：一是更多更快地赚取利润、积累资产，更大程度上实现国有资产即人民共有资产的增值；二是以更高的比例、更多的途径、更直接的方式让人民分享国有资产增值的利益。在这方面人民群众不太满意的是：一些国有企业经营不善，经济效益不好甚至亏损，销蚀了人民群众的共有资产；国有企业向国家上缴利润的比例还不够高，上缴利润的范围还没有实现全覆盖；国家对国有企业上缴利润的使用还不太透明，直接用于改善民生的份额还不够高，等等。

在第二种关系即供需关系上，人民期望于国有企业的是：一是确保提供优质的产品和服务；二是尽量降低产品和服务的价格，减轻人民的负担。在这方面，人民不够满意的主要原因：一是一些国有企业特别是基础设施、基础产业领域大型中央企业提供的产品和服务价格还不够低廉甚至偏高；二是一些国有企业的服务态度、服务质量仍存在问题。针对这些问题，国有企业毫无疑问应实事求是、坚决有效地进行分析整改，凡是人民群众提出的合理的、符合实际情况的意见，都应该诚恳地接受、持续地改进，在不断提高产品和服务质量的同时降低价格，不断提高人民群众的满意度。

在第三种关系即劳动关系上，人民期望于国有企业的是：一方面为本企业的劳动者创造尽可能稳定、和谐、幸福的工作生活条件；另一方面为更多的劳动者提供就业岗位。在这方面存在的问题比较复杂，既有国有企业内部收入分配关系不尽合理的问题，也有国有企业特别是公共产品领域国有企业待遇水平普遍高于社会平均水平的问题，还有国有企业目前能够提供的就业岗位十分有限、供给远远不敷需求的问题。解决这些问题，短期内需要国有企业深化内部劳动用工和分配制度改革、不断优化内部分配关系，同时合理控制收入水平，防止与社会平均水平差距拉大；长期内需要国有企业多途径增强吸纳就业能力，为人民群众提供更多就业岗位，而要做到这一点，归根结底要靠国有企业不断发展壮大。

10.1.1.3　人民群众应如何对待国有企业，国有企业又应如何对待人民群众

（1）人民群众对国有企业应该爱护、支持、理解、监督。国有企业作为国家和人民根本利益的重要保障者，全体人民只有爱护国有企业、支持国有企业，这棵大树才能茁壮成长、枝繁叶茂，才能更好地为国家和人民遮风挡雨。否则，如果听信一些似是而非的谬论，听任这棵大树被侵蚀甚至被砍伐，最终受损失的将是全体人民特别是普通群众。

国有企业在改革发展中还存在这样那样的问题和不足，但这些都是前进中的问题、发展中的问题，是通过深化改革、加强管理、加快发展能够解决的问题。对国有企业存在的问题和不足，人民群众一方面应予严责，另一方面应予理解，给国有企业发展完善创造相对宽松的舆论环境。

国有企业掌握和使用的是全体人民的资产和资源，加强监督极端重要。只有严格的监督，才能促使国有企业更好地履责。

（2）国有企业对人民群众应该忠诚、回报、自律、自觉接受监督。国有企业要把忠诚于国家、忠诚于人民作为道德准则和行为规范。凡事多从国家整体利益出发、从人民根本利益出发考虑和处理。要积极回应人民关切，努力让国家、人民满意。

国有企业要以国有资本的不断增值以及利润上缴国家比例的逐步提高回报人民，以上缴税金的不断增加回报人民，以价格合理、质量优良的产品和服务回报人民，以不断增加的就业岗位和稳步改善的工作生活条件回报人民。

国有企业必须正视自身管理中尚存的缺点和不足，必须严格自律，加强内部管理，特别是在规范职务消费、严肃财经纪律、杜绝领导人员贪污腐化等方面有更严厉的措施和更显著的成效。

国有企业必须自觉接受和配合人民的监督，习惯于在有力的监督下和透明度很高的环境中运行和发展。要把人民群众的批评作为改进自身工作的动力，多从自身找问题、找原因，不懈持续改进，努力提高人民群众对企业各方面的满意度。

10.1.2　落实全民股东权利

国有企业与人民的关系表明国有企业具有人民性。要想充分体现国有企业的人民性，就必须夯实全民股东权利，明确全民股东的法律地位。国有企业本质上是人民共有、人民共享的特殊类型的企业，是中国特色社会主义的经济基础，是实现国家富强、人民幸福中国梦的重要支柱。人民群众与国有企业只有走上更加良性的互动轨道，才能实现双赢，才能借助国有企业这个工具和载体实现高度繁荣、共同富裕和公平正义的社会目标。

10.1.2.1　全民股东缺位是国有企业改革异化的根源

过往的国有企业与国有资产监督管理改革主要围绕政府及其下属国资监管机构与国有企业之间的关系而展开，但忽视了国有企业作为“全民所有企业”的根本属性，忽视了国有企业背后的真正“老板”与终极权利主体，忽视了对终极股东权利的敬畏与保护。国有企业虽是全民所有企业，但全民股东对国有企业的知情权与分红权一直没有受到充分尊重。目前尚无证据表明，国有企业改革改善了全民福祉，提升了全民的幸福指数。相反，自1994年至2007年，国有企业仅向国家纳税，而没有分配股利；即使在2007年以

后，部分国有企业开始向国家股东分红，也仅具有象征作用。相反，国有企业高管侵吞国有资产的违法犯罪案件频发。

在中央企业全民股东缺位的情况下，国有企业改革必然由不同层次的代理人，尤其是国资监管机构和大量的国有企业内部人主导和推动。代理人主导的改革必然以强化代理人的权力为取向，国有企业内部人主导的改革必然以高管私利最大化为取向。代理人主导的改革的主要特点是，一些强势的国资监管机构独揽公司治理大权，把国有企业董事会和管理层的权力也统统予以上收，集中体现为“管人管事管资产”的特点。内部人主导的改革的主要特点是国有企业高管利益最大化，主要体现为高管的监守自盗，损公肥私，肆无忌惮地侵吞国有资产。

国资监管机构与国有企业内部人对国有企业改革的利益诉求各有不同，但都缺乏全民股东利益最大化的行为指引与刚性约束。即使为全民股东谋福利偶尔被提及，也仅是悬在半空中的口号，无法落地生根。即使国资监管机构与国有企业内部人在中央企业改革问题上达成妥协，妥协的结果也往往有利于妥协双方的利益，而非全民股东的福祉。

风筝飞得越高，越容易断线。代理环节越多，被代理人越容易被淡忘。全民股东地位的空缺、全民股东权利的虚无及代理人与内部人趋利避害的天性，导致了国有企业改革只能围绕代理人之间、内部人之间、代理人与内部人之间的利益分配与再分配而进行，而作为主人与被代理人的全民股东的利益长期游离于中央企业改革的视线之外。恰恰由于全民终极股东在股权结构中的虚置，全民终极股东在中央企业治理中的缺位，无论国有企业治理制度的设计如何完美，国有资产监管的制度如何健全，都会导致中央企业改革的反客为主、本末倒置，国有企业改革的异化与迷航在所难免。

10.1.2.2　确认全民股东法律地位具有宪法与法律依据

国有企业背后的真正“老板”与终极权利主体不是国家，也不是政府，更不是政府下属国资监管机构，而是包括每位中国公民在内的全国人民，简称“全民”。没有全民参与的国有企业改革，不是彻底的改革；没有全民受益的改革，不是成功的改革。

这一结论既有《宪法》作为基石，也有法律为依据，更有党的政策为指导。我国《宪法》第 7 条明确规定：“国有经济，即社会主义全民所有制经济，是国民经济中的主导力量。”第 9 条规定：“矿藏、水流、森林、山岭、草原、荒地、滩涂等自然资源，都属于国家所有，即全民所有。”《物权法》第 45 条明确规定：“法律规定属于国家所有的财产，属于国家所有即全民所有。”《企业国有资产法》第 3 条也规定：“国有资产属于国家所有即全民所有。”

从代理法角度看，国家是全民投资者的代理人，全民是国家的被代理人与委托人。国有企业与全民之间的委托代理关系可从两个层面理解：从法律形式看，国有企业的名义股东是国家，即中华人民共和国；从法律实质看，实质股东是全民，即全国 14 亿人民；从信托法角度看，全国人民是信托法中的受益人（实质权利人），国家则是受托人（名义权利人）。虽然代理法与信托法的角度略有不同，但都确认全民股东作为实质股东、终极股东的法律地位。

国家股东代理人的法律逻辑在于，全国 14 亿人民无法每日聚集一堂，事无巨细地直接做出企业决策，直接行使股东权利。为降低全民股东权行使成本，国家作为单一的、代表全民利益与意志的法律主体代行全民股东权，遂成为唯一合理选择。这是全民投资者在创设全民企业、行使股东权利时与国家发生的第一层委托代理关系。由于国家与全民股东之间存在股权代持关系，将“国有企业”与“全民所有企业”对立起来的观点，以“国有企业”取代甚至否定“全民所有企业”的观点都是错误的。

《宪法》和法律反复强调“国家所有即全民所有”，并非偶然。这是由我国社会主义国家的性质所决定的。《宪法》第1条开宗明义规定：“中华人民共和国是工人阶级领导的、以工农联盟为基础的人民民主专政的社会主义国家。社会主义制度是中华人民共和国的根本制度。禁止任何组织或者个人破坏社会主义制度。”第2条进一步明确规定：“中华人民共和国的一切权力属于人民。”

既然国家的一切权力属于人民，国家投资设立的企业就是全民投资设立的企业，国家股东取得的股东权利就是为全民取得的股东权利。国有企业治理权既然源于全民，就应为全民福祉而行使，并由全民直接或间接参与行使。由于国有企业实质股东人数最多，利益相关者人数最多，国有企业注定应成为企业透明度最高的公司。国有企业透明度至少不应逊于上市公司。

10.1.2.3 确认全民股东地位，符合全面深化改革的主旋律

《中共中央关于全面深化改革若干重大问题的决定》深刻阐明了国有企业与全民之间的逻辑联系：“国有企业属于全民所有，是推进国家现代化、保障人民共同利益的重要力量。”该决定还强调，全面深化改革要“以促进社会公平正义、增进人民福祉为出发点和落脚点，进一步解放思想、解放和发展社会生产力、解放和增强社会活力，坚决破除各方面体制机制弊端，努力开拓中国特色社会主义事业更加广阔的前景”；“全面深化改革的总目标是完善和发展中国特色社会主义制度，推进国家治理体系和治理能力现代化”；“让发展成果更多更公平惠及全体人民”。

2014年2月17日，习近平总书记在省部级主要领导干部学习贯彻党的十八届三中全会精神全面深化改革专题研讨班开班式上发表重要讲话时强调，“推进国家治理体系和治理能力现代化，必须完整理解和把握全面深化改革的总目标，这是两句话组成的一个整体，即完善和发展中国特色社会主义制度、推进国家治理体系和治理能力现代化。我们的方向就是中国特色社会主义道路”。他还指出，“对党和人民事业有利的，对最广大人民有利的，对实现党和国家兴旺发达、长治久安有利的，该改的就要坚定不移地改，这才是对历史负责、对人民负责、对国家和民族负责”。

党的十八届三中全会精神与习近平总书记一系列重要讲话对确认全民股东的法律地位、夯实全民股东的权利、深化国有企业改革具有重要指导意义。确认全民股东的法律地位，夯实全民股东的各项权利，始终把全民利益最大化作为创新国资监管、完善国有企业治理、提高国有企业透明度的指南针，有助于推进国有企业治理体系和治理能力现代化，让国有企业发展成果更多更公平地惠及全体人民，促进社会公平正义，增进人民福祉。夯实全民股东的权利，对党和人民事业有利，对最广大人民有利，对实现党和国家兴旺发达、长治久安更有利。因此，夯实全民股东的权利就是完善和发展中国特色社会主义制

度、充分展现社会主义制度优越性的重要一环。

10.1.2.4 多层次代理链条旨在实现全民股权，而非否定全民股权

国家作为全民利益的代理人并未否定全民股东的法律地位。但是，国家并非唯一的代理人。相反，在全民股东与国有企业之间还存在多层次代理环节。鉴于多层次代理环节以及代理人私利会蒙住代理人的眼睛、逐渐衰减终极股东的地位，遂有必要剖析全民股东的代理链条，确定代理环节中的风险点。

国家虽是单一法律人格，但其法律人格仍然具有虚拟性。国家权力分别由最高权力机关（全国人民代表大会）、最高行政机关（国务院）、最高审判机关（最高人民法院）与最高检察机关（最高人民检察院）等国家机构行使。鉴于国务院是诸多国家机构中最适合担任全民股东权代理人的主体，国家立法机关代表全民，通过立法程序创设了国家对国务院的第二层委托代理关系。例如，《物权法》第 45 条规定："国有财产由国务院代表国家行使所有权；法律另有规定的，依照其规定。"《企业国有资产法》第 3 条规定："国务院代表国家行使国有资产所有权。"因此，国务院是代表国家代行全民股权的法定代表机构。

我国虽为单一制国家，但中央政府无力直接对每一家国有企业行使股权。立法机关遂根据事权与财权相匹配的原则，通过立法程序授权地方政府对部分国有企业代行股权职责。根据《企业国有资产法》第 4 条，仅关系国民经济命脉和国家安全的大型国有企业、重要基础设施和重要自然资源等领域的国有企业由国务院代表国家履行出资人职责；其他国有企业一概由地方政府代表国家履行出资人职责。由国务院代行股权的国有企业被称为"中央企业"，由地方政府代行股权的国有企业被称为"地方国企"。由于国务院与地方政府代行股权的授权依据均来自法律，国家对国务院和地方政府的授权委托均属于第二层委托代理关系。

中央与地方政府在代行全民股权时都无法亲力亲为，《企业国有资产法》第 11 条建立了国务院和地方政府对下属机构的第三层委托代理关系：国务院国资监管机构和地方政府依法设立的国资监管机构代表本级政府履行出资人职责；国务院和地方政府还可根据需要授权其他部门（如财政部门）或机构履行出资人职责。此类机构简称"全民股权代理人"，属于代理法中的"复代理人"或"次代理人"，是位居第三层次的全民股权代理人。

多层次代理链条制度设计的本意是实现全民股权，而非限制、排除、否定或虚化全民股权。全民股东的代理环节之多、人数之众，只能说明减少中间代理环节、降低代理成本的必要性与紧迫性，而依然无法颠覆全民股东的正当性、合宪性与合法性。基于全民股东的法律地位，夯实全民股东的各项权利，保护全民股东的知情权、决策权、监督权、分红权、诉权。改革的当务之急是，建立国有企业面向全民分红的制度，确认全民股东对国有企业的分红权；提升国有企业的透明度，建立强制性信息披露制度，赋予公众对国有企业的知情权。

10.1.3 落实全民股权的具体内容

10.1.3.1 创新国有企业利润分配制度，推行面向全民的积极分红政策

（1）国有企业纳税义务不应代替国有企业的利润分配义务。国有企业具有企业的一

般属性，包括盈利性与社会性。盈利性不但意味着企业自身具有追求利润的权利能力与行为能力，而且意味着企业要将其赚取的超出资本的税后利润分配给投资者。在纵向的行政关系中，国有企业应当根据税法向政府纳税。在横向的民事关系中，国有企业应当基于股权关系向全民或国家股东分红。国有企业纳税的行政义务与国有企业分红的民事义务泾渭分明，不可相互替代。但在很长的一段历史时期，国有企业与政府之间的税收关系、国有企业与全民股东之间的股权关系混沌不分，政府税收代替了国家分红。

实际上，国务院 1993 年 12 月 15 日发布的《关于实行分税制财政管理体制的决定》（以下简称《决定》）已经意识到了分红与税收之间的法律区别，明确指出要“逐步建立国有资产投资收益按股分红、按资分利或税后利润上交的分配制度”。但遗憾的是，《关于实行分税制财政管理体制决定》并未将这种改革措施立即付诸实施，指出“作为过渡措施，近期可根据具体情况，对 1993 年以前注册的多数国有全资老企业实行税后利润不上交的办法，同时，微利企业缴纳的所得税也不退库”。国有企业只纳税、不分红的过渡措施自 1994 年 1 月 1 日一直持续到 2007 年。

（2）国有资本经营预算制度与国有资本收益制度的初步建立及其局限性。2007 年 9 月 8 日，国务院发布了《关于试行国有资本经营预算的意见》，指出要建立国有资本经营预算制度。国有资本经营预算是国家以所有者身份依法取得国有资本收益，并对所得收益进行分配而发生的各项收支预算，是政府预算的重要组成部分。国有资本经营预算的收入是指各级人民政府及其部门、机构履行出资人职责的企业（即一级企业）上交的国有资本收益，主要包括：国有独资企业按规定上交国家的利润；国有控股、参股企业国有股权（股份）获得的股利、股息；企业国有产权（含国有股份）转让收入；国有独资企业清算收入（扣除清算费用），以及国有控股、参股企业国有股权（股份）分享的公司清算收入（扣除清算费用）；其他收入。

中央本级国有资本经营预算从 2008 年开始实施，2008 年收取实施范围内企业 2007 年实现的国有资本收益。2007 年进行国有资本经营预算试点，收取部分企业 2006 年实现的国有资本收益。各地区国有资本经营预算的试行时间、范围、步骤，由各省、自治区、直辖市和计划单列市人民政府决定。该意见指明了国有资本预算制度的改革方向，原则性较强，可操作性较弱。

为细化《国务院关于试行国有资本经营预算的意见》，财政部和国资委于 2007 年 12 月 11 日联合发布了《中央企业国有资本收益收取管理暂行办法》。国有独资企业上交年度净利润的比例因行业而异：资源型国有企业上交利润的 10%；一般竞争性国有企业上缴 5%；军工、转制科研院所国有企业暂缓三年上交或免交。国有控股、参股企业应付国有投资者的股利、股息，按照股东会决议通过的利润分配方案执行；国有控股、参股企业应依法分配年度净利润，当年不分配的，应说明暂不分配的理由和依据，并出具股东会决议。该《办法》有三点缺憾：一是适用范围窄，仅适用于中央企业，即国务院国资委监管的企业和中国烟草总公司，而不适用于地方国有企业；二是对国有独资企业的分红比例虽有刚性要求，但分红比例过低，仅有象征意义；三是对国有控股企业是否分红，更无强制性约束力，因此国有控股企业可以逃避分红义务。

（3）推行面向全民股东的积极分红政策的正当性与必要性。鉴于国有企业是全民所有企业，《决定》明确提出，要“划转部分国有资本充实社会保障基金。完善国有资本经营预算制度，提高国有资本收益上缴公共财政比例，2020年提到百分之三十，更多用于保障和改善民生”。把部分国有企业股权划转给社会保障基金固然有助于改善民生，把未划转给社会保障基金的国有企业股权中的分红权行使好，更有助于改善民生。这意味着，党和国家不但察觉到国有企业分红比例较低的问题，而且注意到国有企业分红与民生脱钩的严重问题。

分红权是全民股东的核心权利。切实提高国有资本收益上缴公共财政比例，切实用于保障和改善民生，必须创新国有企业利润分配制度，推行面向全民的积极分红政策。

一是建立全民分红制度有助于保障和改善民生，充分体现社会主义制度优越性。《决定》指出，要“让发展成果更多更公平惠及全体人民”。建立让全民看得见、摸得着的分红制度，并推行积极的分红政策有助于稳步提高全体人民的财产性收入，改善全体人民的物质与文化生活水平，鼓励全民在获得分红后扩大消费、踊跃投资，刺激国内消费与民间投资，驱动国民经济可持续稳定增长，全面激发全体国民的爱国热情和民族自豪感，更多凝聚改革共识，充分释放社会主义制度尤其是国有经济制度的优越性，早日实现民富国强的中国梦。

二是建立全民分红制度有助于鼓励民间消费与民间投资。消费是市场经济活动的起点与归宿，是国民经济可持续稳定增长的重要引擎。党的十八大报告强调，要“使经济发展更多依靠内需特别是消费需求拉动”。要保障和改善民生，全面提高人民物质文化生活水平，既要采取轻徭薄赋、放水养鱼的税收政策，又要鼓励民间投资与百姓消费，以拉动经济可持续稳定增长。而全民分红恰恰有助于为民间消费与民间投资注入正能量。因此，建立全民分红政策不仅有助于拉动消费内需，而且有助于刺激投资需求，鼓励投资兴业，进而创新产品、扩大就业、增加税收，提高消费潜能，扩大消费内需，从而形成消费驱动投资、投资助推消费的良性互动的经济增长新动力。因此，孤立地看待国有企业分红政策是片面的，忽视全民分红对消费与投资的拉动作用更是错误的。有人会问，国有企业将国有资本收益上缴公共财政，由政府直接支配，而不分配给全民，岂不更有利于改善民生。此种观点值得商榷。国有企业上缴利税由政府直接支配，固然可以改善民生，但前提条件是政府的投资决策科学准确。“春江水暖鸭先知”，在市场经济条件下，最聪明的投资者和消费者并非政府，而是市场主体与百姓。这也是党的十八届三中全会强调发挥市场在资源配置方面发挥决定性作用的逻辑所在。

三是建立全民分红制度有助于理顺国有企业参与的两类不同法律关系，即民事法律关系与行政法律关系。股权关系是典型的民事关系，而税收关系是典型的公法关系。长期以来，尤其在计划经济体制下，国有企业参与的两类不同法律关系经常混沌不分。国有企业以税代利的做法否定了国家代表的全民作为投资者（股东）的一般性，并以行政法中的纳税义务取代了公司法中的分红义务。

建立全民分红制度有助于正本清源，理顺不同法律关系。当然，私法关系与公法关系可进一步细分。例如，在私法关系中，代表全民的国家不但基于股东资格与企业发生股权关系，还基于国家物权与企业发生债权关系（如矿产资源特许使用费与国有土地出让金）。对不同层次法律关系的科学梳理有助于加快法治中国建设步伐，完善社会主义市场经济体制，推进社会主义民主政治。

四是建立全民分红制度有助于明确国有企业的盈利性。当国家在垄断领域引入市场竞争机制时，某些国有垄断企业尤其是中央企业为对抗市场竞争机制，宣称自己是承担社会责任的特殊企业，是国家化身，不以营利为目的；当消费者要求其承担社会责任时，此类企业辩称自己具有商事企业的一般性，要追求盈利最大化，拒绝承担社会责任；当国家行使分红权时，又辩称自己不具有盈利性。换言之，国有垄断企业可上下其手，滥用不同角色对抗消费者、中小竞争者和国家股东。企业盈利性的试金石不在于商品或服务的提供是否有偿、价格几何，而在于是否将税后利润分配于投资者。如果企业不将利润分配于投资者，即使企业赚钱也非真正商事企业。因此，建立全民分红制度有利于明晰国有企业盈利性，推动国有企业角色定位的清晰化，理顺国有企业角色错位的乱麻。至于不以盈利为目的的国有企业应当改制为非营利事业单位，不宜保留商事企业身份。

五是建立全民分红制度有助于创造国有企业与民企公平竞争的法律环境。国有企业分红制度看似仅涉及国有企业与国家之间的相互关系，实则涉及民企与国有企业之间的公平竞争问题。这是由于，国有企业只需要缴税，而无须向国家股东分红。民营企业既要向政府纳税，又要向投资者分红，其生存与竞争压力之大远超国有企业。因此，民营企业和外资企业从公平竞争的角度，关注国有企业分红政策改革，也在情理之中。而全民股东行使分红权不仅造福全民，也有助于优化公平竞争秩序，打造国有企业和非国有企业公平竞争、共同发展的法治环境。有压力才有动力。在市场公平竞争的外在压力之下，国有企业自会发愤图强，人浮于事、机构臃肿的痼疾会慢慢革除，国有企业的活力和核心竞争力也会逐渐增强。

六是建立全民分红制度有助于遏制国有企业内部控制人的腐败现象。国有企业内部人尤其是高管的奢靡之风、腐败之风与浪费之风既有制度、文化与个人等诸多因素，也与国有企业积累的巨额利润没有分配给全民股东有关。也恰恰由于缺乏全民分红制度，导致不少国有企业在海外投资于失败的并购项目时，屡屡一掷千金，不断支付高额学费。《中华人民共和国政府采购法》仅要求国家机关、国有事业单位采购货物工程服务时履行公开招标义务，但不要求国有企业履行公开招标义务。国有企业虽控制与使用着巨大公共资源，却无须遵守强制公开招标采购的要求，致使商业贿赂现象蔓延。国有企业分红越少，国有企业高管的道德风险越高，国家和人民财产损失越大。“扬汤止沸，不如釜底抽薪”，为预防高管道德风险，必须大幅减少高管支配的全民股东财富，维护好、实现好全民股东的分红权。

10.1.3.2 建立国有企业信息披露制度，赋予全民股东知情权

（1）国有企业透明度缺乏是制约国有企业治理体制与治理能力的瓶颈问题。我国《公司法》和《证券法》仅为上市公司设定了强制性的信息披露义务。至于非上市公司之外的其他公司，采取股份有限公司、有限责任公司、国有独资公司的国有企业，则没有法定的信息披露义务。《企业国有资产法》亦未要求国有企业履行信息披露义务，仅在第54

条第1款提及国有资产转让的信息公开制度："国有资产转让应当遵循等价有偿和公开、公平、公正的原则。除按照国家规定可以直接协议转让的以外，国有资产转让应当在依法设立的产权交易场所公开进行。转让方应当如实披露有关信息，征集受让方。征集产生的受让方为两个以上的，转让应当采用公开竞价的交易方式。"

虽然我国不少国有企业已嫁接资本市场，但按照现行立法，倘若国有企业的控股子公司为上市公司，该上市公司固然要对公众投资者履行信息披露义务，但母公司自身无须履行信息披露义务，受同一母公司控制的其他关联公司（如姊妹公司）也无须对公众履行信息披露义务。因此，履行上市公司信息披露义务的国有上市公司数量有限，绝大多数国有企业的财务与经营状况对公众与全民股东来说处于秘而不宣的状态，更无法奢谈全民股东的知情权。

（2）面向内部职工的厂务公开制度不能取代面向全民股东的国有企业信息披露制度。我国国有企业具有职工参与企业民主管理的传统。《公司法》与《企业国有资产法》均规定了国有企业民主管理制度。《公司法》第十八条第二款要求"公司依照宪法和有关法律的规定，通过职工代表大会或者其他形式，实行民主管理"。《企业国有资产法》第20条重申国家出资企业依照法律规定，通过职工代表大会或者其他形式，实行民主管理。

为建立厂务公开制度，中共中央办公厅与国务院办公厅于2002年6月3日发布了《关于在国有企业、集体企业及其控股企业深入实行厂务公开制度的通知》，国有企业、集体企业及其控股的企业都要实行厂务公开。企业重大决策必须通过厂务公开听取职工意见，并提交职代会审议，未经职代会审议的不应实施；涉及职工切身利益的重大事项，更应向职工公开，职代会按照法律法规规定具有决定权和否决权，既未公开又未经职代会通过的有关决定视为无效；在国有和国有控股企业，经职代会民主评议和民主测评，大多数职工不拥护的企业领导人员，其上级管理部门应采取相应的组织措施；企业领导人员违反职代会决议和厂务公开的有关规定，导致矛盾激化，影响企业和社会稳定的，要实行责任追究。

近年来，全国厂务公开协调小组一直强调发挥国有及其控股企业的示范带头作用。例如，《全国总工会关于2008年厂务公开民主管理工作的意见》指出，围绕产权转让、股权激励、工程建设项目招投标等企业重大问题，职工关心的收入分配、职业培训、带薪休假及企业年金等切身利益问题，企业领导人员职务消费、薪酬等廉洁自律方面的问题，加大公开力度。继续把改制企业作为工作重点。各级厂务公开协调领导机构要积极参与和监督企业改制相关政策、方案的制定和实施。为保障职工的知情权等权利，全国各级工会积极推动企事业单位民主管理规范化建设。截至2012年底，全国已建立工会的企事业单位单独建立厂务公开制度的有515.4万余家，单独建立职工代表大会制度的有504.7万余家。[317]

从当前看，厂务公开制度对公有制企业具有强制性，但对非公有制企业仅具有倡导性。厂务公开制度仅面向内部职工，而非面向全社会。厂务公开制度旨在维护职工权益，鼓励职工参加企业民主管理，而非增进全民股东以及其他利益相关者的福祉。国有企业职工利益与国有企业之间存在劳动合同关系，而全民股东与国有企业之间存在股权关系。由于股东与劳动者的主体不同，对国有企业享有的权利并不相同，致使股东利益与职工利益有时兼容，有时发生冲突。因此，面向内部职工的厂务公开制度固然重要，但不能取代面向全民股东的国有企业信息披露制度。当然，厂务公开制度的成功经验值得立法者在建立国有企业信息披露制度时参考。

（3）强化国有企业的透明度与信息披露义务已成为国际惯例。OCED 在 2005 年发布的《国有企业治理指引》第 5 章专门规定了透明度与信息披露（Transparency and Disclosure），要求国有企业根据《OECD 公司治理原则》保持高标准的透明度。首先，协调机构或者持股机构应当建立囊括所有国有企业的前后一致的总体报告制度，并每年出版一本国有企业总体报告。其次，国有企业要建立有效的内部审计程序，明确内部审计机构的职责，内部审计机构要向董事会、审计委员会或类似公司机构报告工作，并接受其监督。再次，国有企业尤其是大型企业要接受基于国际标准的外部审计机构的年度独立审计。国家现行的专门控制程序并不代替独立外部审计。接着，国有企业要与上市公司一样遵守相同的高质量的会计与审计标准。大型或上市的国有企业要根据高质量的国际公认标准披露财务与非财务信息。最后，国有企业要披露《OECD 公司治理原则》规定的所有方面的重大信息，并专注于国家和普通公众关注的重要领域。此类信息诸如：对公众所做的有关公司宗旨及其履行情况的明确陈述；公司的股权与表决权结构；任何风险因素及控制此类风险的措施；从国家接受的任何财务资助（包括担保）以及代表国有企业所做的承诺；与关联方的所有重大交易。

从国别情况看，国有企业信息披露制度不断趋于完善。例如，德国于 2009 年修改了《联邦预算法典》，除了规定联邦政府控股机构提交年度报告外，还要求联邦控股机构和国有企业董事会成员接受国会专门委员会就国有企业预算尤其是分红与投资政策等问题的质询。

希腊于 2005 年修改立法，导入了内部审计师制度。近年来，由于希腊接受了欧盟和国际金融机构的金融援助，希腊财政部采取措施提高了国有企业的财务状况透明度。经审计后的 52 家国有企业的 2009 年财务会计报告已在财政部网站公开。

意大利在 2005 年要求国有企业指定一名高管（通常是公司财务总监）负责办理原来仅适用于上市公司，但现在也适用于非上市国有企业的会计程序与财务报表。2008 年，通过立法要求国家独资或者控股的国有企业在招聘人员或对外采购咨询服务时遵循透明、公开与公正的程序。2009 年，再次修改法律，把原来仅适用于上市公司的公司内部审计机构向董事会或其下属审计委员会报告的制度，推广适用于国家直接或间接控股的企业。

韩国于 2005 年建立了互联网上的公共机构公开信息系统，要求国有企业按照财务与非财务信息的 27 个标准化范畴，在网上披露运营数据，供公众自由查询。此类数据包括职工数量、公司部门、主要经营指标、消费者满意度调查结果、职工平均工资、高管薪酬、近期与长期负债等。在 2012 年之前，披露信息会扩大到 32 个范畴，包括子公司以及最近被招聘职工的信息。

新西兰致力于提高国有企业透明度。自 2010 年 1 月开始，新西兰持股部门开始在七大国有企业（包括新西兰铁路公司以及能源产业和农业领域的国有企业）推行持续性信息披露制度，旨在方便公众及时了解对国有企业商业价值产生重大影响的相关信息。

土耳其 2007 年部长理事会决定授权财政部编制覆盖所有国有企业的总报告。2009 年《监督与报告公共企业的公报》再次授权财政部搜集并出版囊括所有国有企业（包括地方国有企业）的信息。自 2006 年开始，国有企业定期在本公司网站公布年报。

瑞典 2007 年 1 月颁布了国有企业对外报告指引，要求国有企业披露的对外报告（包括年报、临时报告、公司治理报告、公司内控陈述、可持续发展报告）应当像上市公司那样公开透明。该指引体现了“要么遵守，要么解释”的原则。

瑞士在 2011 年之前的国有企业总体报告仅覆盖采取股份有限公司形式的最大国有企业以及瑞士邮政公司。国会于 2010 年 2 月通过的法律要求提交国会与普通公众的综合报告自 2011 年起覆盖所有国有企业。

（4）全面建立国有企业信息披露制度、赋予全民股东知情权的必要性。针对多年来国有企业财务与经营信息长期处于保密状态，而国有企业内部控制人监守自盗的犯罪行为频频发生，《决定》明确提出，要“探索推进国有企业财务预算等重大信息公开”。这就为全面建立国有企业信息披露制度、赋予全民股东知情权指明了方向。要以更大的政治勇气与决心，全面建立国有企业信息披露制度，把国有企业治理的监督权交给全社会，真正实现国有企业的社会协同共治。

一是国有企业公开透明是全民所有企业的首要核心特征。国有企业是全民所有的企业，意味着全国 14 亿人民都是国有企业的股东和剩余索取权人。上市公司的股东虽数以万计，但中央企业的终极受益人数以亿计。既然上市公司必须有透明度，国有企业更应具有透明度。即使国有企业不是上市公司，其公开透明也应高于上市公司。《决定》强调“探索推进国有企业财务预算等重大信息公开”，就是要恢复国有企业作为全民所有企业的本来面目。国有企业公开透明既造福全民股东，也有助于维护交易安全与公共利益。例如，在债权债务关系中，债权人需要国有企业债务人公司的真实信息；在环境法律关系中，潜在受害者也需要国有企业排污的真实信息。

二是国有企业公开透明是完善国有企业治理的制度基石。没有公开透明，就没有公司良治。美国联邦最高法院大法官布兰迪西曾说：“公开透明是治疗社会与产业疾病的一剂良药”，“阳光是最好的防腐剂，电灯是最有效的警察”，该句箴言普适于国家治理、公共治理与公司治理，尤其是国有企业治理。没有公开透明，就无法预防与遏制国有企业内部控制人滥用权力的腐败行为。实现国有企业公开透明有助于激励代理人与内部控制人慎独自律，约束其失信行为，减少全民股权代理环节，降低股权行使成本，捍卫全民股东权利。在完善国有企业治理的诸多手段中，公开透明的效果最好，成本最低。试图将国有企业仅仅理解为国有企业，否认其作为全民所有企业的法律属性，进而把国有企业与国家混淆起来，再把国有企业利益、国有企业内部控制人利益与国家利益混淆起来，最终把国有企业信息披上“国家秘密”的马甲，在逻辑上是错误的。国有企业的神秘历史不终结，就无法实现国有企业治理体系和治理能力的现代化。

三是国有企业公开透明是建立国有企业内部控制人激励机制的法律前提。国有企业公开透明之后，才有可能探索国有企业高管与职工的持股计划，进一步推进国有企业高管薪酬的市场化；没有国有企业公开透明的前提保障，一切增加国有企业内部人控制的改革计划都属于免谈话题。原因很简单，普通公众有理由认为，在暗箱作业中上下其手的内部控制人必已获得阳光财富之外的太多不义之财。

四是国有企业公开透明是维护全民股东权益的法律杠杆。分红权是目的，知情权是手段。知情权获得实现以后，耳聪目明的全民股东在行使分红权、决策权、监督权乃至诉权等诸多股权时便会势如破竹，所向披靡，失信的股权代理人与国有企业内部控制人也会闻风丧胆，进而被迫改恶向善。而没有知情权，股东的所有权利都会被悬在半空中。这也是不少国有企业多年以来存在“穷庙富方丈”“富庙变穷庙”的原因之一。国有企业不透明，一本糊涂账，何谈全民分红，何以淘汰庸才，何以重典治恶，何谈公益诉讼，何谈反腐倡廉？

五是国有企业公开透明是激活国企之间公平竞争的切入点。“流水不腐，户枢不蠹”，耳聪目明的全民股东对不同国有企业的分红水准、公司治理水平以及核心竞争力的客观评价，必然有助于激励国有企业高管和职工诚实守信、勤勉尽责地服务于国有企业，提升全民股东福祉，最终成就高管与职工自身的职业理想与人生价值。而没有知情权，全民股东就无法评价良莠不齐的国有企业内部控制人，就无法逆转“劣币驱逐良币”“好人受气”“坏人神气”的不正常现象。因此，有了国有企业公开透明制度，同一行业的中央企业之间会竞争，不同行业的中央企业之间也会竞争，中央企业之间、地方国企之间、中央企业与地方国企之间会出现你追我赶的公平竞争态势。

10.1.3.3　将竞争性领域的全民股权界定为无表决权优先股

（1）国有企业控制权提高了股权行使成本。由于我国国有企业资本规模较大，即使国有企业改制为股份公司，高度集中的股权结构仍将长期存在。但控制权极易引起非控股股东（中小股东）的非议，而且提高了股权行使成本。虽然股权分置改革已顺利结束，但股权结构高度集中的问题未获根本解决。高度集中的股权结构在国有企业与民企都普遍存在。

一股独大本身既非天使，也非魔鬼。倘若控制股东慎独自律，关心公司利益与其他股东的利益，控制股东就会变为天使；倘若控制股东滥用控制权，损公肥私，控制股东也会堕落为魔鬼。

问题在于，实际掌握控制权的股权代理人以及国有企业内部控制人存在滥用控制权的天然冲动。不但非控制股东有理由担心控制权的滥用，全民股东也有理由担心全民股权代理人及国有企业内部控制人滥权谋私。而且，不管控制权行使的目的与效果如何，全民股东都要为控制权之行使而付出昂贵的代价（如决策成本、人员成本及腐败成本）。

（2）将全民股权界定为无表决权优先股是兴利除弊之举。除非国家确有必要控股的行业外，应将处于控股地位（持股50%以上）的国有股原则上界定为在股东大会上无表决权，但在公司利润和剩余财产分配上享有累积优先权的股份，以取得国有股与其他股东利益间的平衡与协调。

2013年《公司法》第三十四条有关出资比例与分红比例脱钩的规定、第四十二条有关出资比例与表决比例脱钩的规定，为国家股东将其在有限责任公司中的股权界定为分红比例多于出资比例、表决比例低于出资比例的优先股东铺平了道路。第131条针对股份公司中的股份类别更是明确规定："国务院可以对公司发行本法规定以外的其他种类的股份，另行做出规定。"可见，这就为国务院出台优先股的行政法规预留了制度接口。

全民优先股的制度设计存在四大制度优势：一是有利于保障全民股东在财产利益（如股利与剩余财产）的分配方面享有优先于其他普通股东的权利，以确保全民股权保值增值。二是有利于大幅减少全民股东为行使控制权而被迫委托一系列代理人与内部控制人的高额代理成本。三是有利于运用利益制衡机制，倒逼普通股东认真对待、审慎行使控制权，自觉避免滥用表决权；否则，滥权股东不仅在全民股东优先分红后颗粒无收，而且全民股东有权通过知情权与诉权等手段追究其滥用控制权的法律责任。四是有利于弘扬全民股东与其他股东之间包容妥协与多赢共享的理念。全民股东放弃表决权，其他股东甘愿将分取股利与剩余资产的权利劣后于全民股权，就是优势互补的必然选择。

（3）全民优先股东享有除表决权之外的一系列股东权。有人可能会担心，全民股被界定为无表决权优先股后，全民股没有了表决权，其他股东会肆无忌惮地侵吞公司财产、侵害全民股权。这种担心可以理解，但不必要，因为全民股东虽然在股东会上不享有表决权，但依然在股东会上享有知情权、质询权、提案权、请求召集和自行召集临时股东会请求权、股东代表诉讼提起权等一系列权利。

倘若全民股东对股东会决议不满意，而且存在着股东会决议应予撤销（如利害关系股东没有自行回避股东会表决）或者被确认无效（如股东会决议的内容违反了强制性法律规定）的情形，还可向法院提起股东会决议撤销之诉或无效确认之诉。

倘若公司董事、监事、经理和控制股东胡作非为，违反对公司所负的诚信义务，侵吞公司财产，从而殃及全民股东利益，全民股东可敦促公司追究失信者的民事责任。如果公司拒绝或怠于采取救济措施，全民股东就可挺身而出，以自己名义，但为了公司利益，对行为人提起股东代表诉讼。因此，没有理由担心全民股东被界定为无表决权优先股会导致全民股东利益受损。

（4）全民优先股东表决权在法定条件下可以复活。由于全民股是累积优先股，当公司的年度盈余达不到全民股应分取的股利时，不足部分应在下一年度盈余中优先补足全民股，补足后的剩余利润方可分配于普通股东。还可考虑把全民优先股设置为参加的优先股，全民股东不仅按原定比例分配股利，而且在公司有盈余时与普通股东共享剩余盈余。因此，把全民股界定为无表决权优先股的确是实现全民股权保值增值的有效途径。当然，全民股不享有表决权并非绝对。《公司法》和公司章程可以规定，当全民股的优先股利在一定期限内未获满足时，全民股自动开始享有表决权，此即无表决权优先股的复活。

（5）全民优先股的适用范围存在法定例外情形，并非所有行业的公司的全民股权都能界定为优先股。在法定例外情形下，处于控股地位的全民股东可被界定为享有表决权的普通股东，全民股东仍可在股东会上行使表决权，以影响公司的重大决策。至于何种情形为例外，要根据国家安全的政策目标予以确定。至于处于参股地位的全民股，既可界定为享有表决权的普通股东，也可界定为无表决权的累积优先股。

10.1.3.4　全民股权的行使应当遵循股权行使的一般法律规则

（1）股权是独立的民事权利。所谓股东权，简称股权，是指股东基于股东资格、依据公司法和公司章程而享有的、从公司获取经济利益并参与公司治理的权利。股东权是独立于物权和债权的新型民事权利。全民股东权既不同于物权，也不同于债权，而是全民股东在履行出资义务后换来的新型民事权利。

以行使目的为准，股东权分为自益权与共益权。自益权是股东为维护自身利益而行使的权利，共益权是股东为维护公司利益和全体股东利益而行使的权利。自益权主要包括股利分配请求权、剩余财产分配请求权、新股认购优先权、退股权、股份转让权、股东名册变更请求权。共益权包括知情权、表决权、代表诉讼提起权、临时股东大会召集请求权、临时股东大会自行召集权与主持权、提案权、质询权、公司决议无效确认诉权、公司决议撤销诉权、累积投票权、公司解散请求权。以行使方法为准，股东权分为单独股东权与少数股东权。以产生根据为准，股东权分为法定股东权与章定股东权。前者由法律（含公司法、证券法、企业国有资产法等）规定，后者由公司章程规定。

《公司法》第三条第一款规定，公司是企业法人，有独立的法人财产，享有法人财产权。公司以其全部财产对公司的债务承担责任；第4条规定，公司股东依法享有资产收益、参与重大决策和选择管理者等权利。《企业国有资产法》第二条规定，企业国有资产，是指国家对企业各种形式的出资所形成的权益；第十六条规定，国家出资企业对其动产、不动产和其他财产依照法律、行政法规以及企业章程享有占有、使用、收益和处分的权利。国家出资企业依法享有的经营自主权和其他合法权益受法律保护。

全民股东权与法人所有权相伴相随，既严格区别，又相辅相成，辩证统一。没有法人所有权，就没有股东权。没有股东权，也没有法人所有权。为维护交易安全、促进公司可持续发展，必须确认和保护公司的法人所有权和自主经营权。全民股东也要尊重公司的法人所有权和自主经营权。为实现国有资产保值增值，公司及其经营者必须敬畏和保护全民股东权。否定、漠视、侵害全民股东权的做法是违法的，将全民股东权与国家所有权混淆起来的理论也是错误的。漠视公司法人所有权、损害公司利益的行为同样是违法的。

（2）股权模式是国有企业公司制改革的目标。从法学角度看，国家所有制的法律实现方式分为三种：所有权（物权）形式、债权形式和股东权形式。从法律史角度看，物权、债权与股东权的产生次第相随。若以国有资产的法律表现形式为线索，国有企业改革也经历了物权模式、债权模式与股权模式三个阶段。

“物权模式”又称“国家所有、国家经营”的模式或国营企业模式，是传统计划经济体制下的产物。国家既是国有企业的所有者，也是国有企业的经营者。所有权（国家财产所有权）、经营权（国家经营权）和行政权三位一体，人财物产供销等决策一览无余。其缺乏独立于国家投资者的法人资格，如同国家的算盘珠。其存在的目的不是盈利，而是执行国家计划，完成国家生产任务。国营企业经营成果与风险统统归于国家。该模式导致了企业吃国家“大锅饭”、职工吃企业“大锅饭”，企业活力普遍匮乏。

“债权模式”又称“承包租赁模式”或“国家所有、企业经营”模式，是我国在“所有权与经营权适当分离”理论的指导下，为增强国有企业活力而进行的大胆尝试。该模式以国务院1988年2月27日发布的《全民所有制工业企业承包经营责任制暂行条例》、同年6月5日发布的《全民所有制小型工业企业租赁经营暂行条例》为标志。国家通过与企业订立承包、租赁合同等方式赋予企业经营权，但保留国家对企业资产的所有权。“两权分离”理论虽强调企业经营权的相对独立性，但未禁止国家所有权中四项权能的具体行使，势必导致两个主体就同一客体行使同一权能时发生冲突。由于企业经营权受到国家所有权非规范、非理性的制约，企业必然缺乏独立于投资者的法人资格、独立意志与市场竞争意识，难以成长为契合市场经济要求的市场主体，难以实现从身份到人格的历史转变。

“股权模式”又称“现代公司模式”或“企业所有、企业经营”的模式，是指国家享有股东权、企业享有法人所有权与经营权的产权结构与治理模式。物权、债权与股权都是财产价值的法律实现方式，并不必然发生财产价值的衰减。国有企业推行公司制改革后，国家所有制（全民所有制）的法律实现方式也将发生深刻变革。传统的静态、机械、单一、封闭的物权模式，以及随意、有期限的债权模式，将被动态、灵活、丰富、规范、开放的股东权模式所取代。

全民股东对其投资设立的公司享有股东权，并以其认缴注册资本为限对公司债务负有限责任。公司具有独立的法人地位，自主经营，公平竞争。全民股东既可享有知情权、分红权、转股权、退股权、解散公司诉权，也可通过股东会、董事会与监事会等平台参与公司治理。公司债权人和劳动者等利益相关者亦可各行其权、各尽其责、各得其所。

股权模式以全国人大常委会1993年12月29日通过《中华人民共和国公司法》为标志。《公司法》确立了国有独资公司的法律地位，鼓励国有企业改制为投资主体多元化的有限责任公司与股份有限公司，引进了以股东会、董事会与监事会为骨干内容的现代公司治理制度，并为国有企业改制为股份有限公司后进入资本市场融资、实现扭亏为盈，清除了制度障碍，奠定了法律基础。该法后于1999年、2004年、2005年、2013年、2018年多次修正修订。历史已经并将继续证明，股权模式是企业国有资产的最佳法律实现方式。

（3）“管人管事管资产”不符合股权的基本原理。《决定》提出：“完善国有资产管理体制，以管资本为主加强国有资产监管。”这一论述有极强的现实性与针对性，但在实践中，国资监管部门的主要职责经常被误解为“管人管事管资产”。

“管人管事管资产”的说法不符合公司法及股权的基本原理。首先，除职工代表出任的董事、监事外，所有董事、监事均由股东会任免，董事长由董事会任免，总经理由董事会任免。全民股东即使是大股东，也无权越过股东会与董事会直接任免公司董事、监事和总经理，直接“管人”。其次，公司的宏观决策由股东会做出，中观决策由董事会做出，微观决策由经理层做出，大股东也不宜越俎代庖，代为“管事”。最后，全民股东向公司缴纳的注册资本已转化为公司的法人财产，据以获得股东权。既然全民股东丧失了对注册资本的物权，公司对其取得的全部财产享有物权和经营自主权，全民股东当然不能直接“管资产”。

“管人管事管资产”的错误说法的理论根源在于，将股权误解为具有直接占有、管领、支配、使用、处分与收益的物权。国资监管部门等全民股权代理人必须实现由“管人管事管资产”到“管资本”的角色转变，而“管资本”的核心就是“管股权”，代表全民股东对国有企业行使股东权。

国有企业改革能否成功、全民股权能否保值增值，都取决于股权的行使与保护工作。长期以来，全民股东“只播种、不收获”，行使的股东权内容并不完全，影响了国有资产的保值增值。要完善国有企业的现代企业制度，全民股东代理人必须积极稳妥地行使股东权利，尽快补课，收复“失地”。为维护自身的最佳利益，全民股东要善于行使知情权、表决权、诉权、分红权，学会用手投票（表决权）、用脚投票（股权转让）、用钞票投票（购买股权）与用诉状投票（行使诉权）。当然，在全民股权为优先股的情形下，表决权被冻结，但分取股利与剩余资产的权利受到法律的优先保护。

10.2 国有企业全民化的国际实践

国有资产以何种方式进行收益分配，在国外已有各具特色、富有成效的实践，并积累了相当宝贵的经验，对探索和建立适合我国国有资产收益分配制度模式具有重要的借鉴价值和启示作用。

10.2.1 国有资产利润分配的国际实践

从世界范围来看，不论是什么机构作为国有资产的代表，由于出资人是全体国民，利润当然是属于全体所有，绝大多数的国家的普遍做法是将国有企业利润上缴财政，用于公共支出。

10.2.1.1 以国家专门机构或控股公司为主导的分配模式

法国采取以国家专门机构或控股公司为主导的分配模式。法国的国有企业主要分布在能源、交通、通信、金融等行业，企业规模和影响力比较大。为了加强对国有企业的管理，2004 年，法国成立了国家参股局，代表国家行使股东职能，专门负责管理国有企业。该机构隶属法国经济财政部，有较大的独立自主权，其领导者每年要向议会的财政委员会进行述职。国家参股局负责执行一切股东职能，包括：明确规定经济战略和金融战略，确定业绩指标和警戒门槛，并进行定期跟踪；向每个大型国有企业委派国家股东代表（一般不超过三人），并由这些人组成国家股东代理处参加企业的董事会和股东会，明确地传达国家的指示；整理每个企业向其提供的信息，并制定在国有企业所有投资和外部发展时应该遵守的规则；对国有企业高管的薪酬和激励实施分类管理。

关于国有企业的分红政策，在国家参股局成立前，分配原则一般是：国有资本的红利上缴国库，分红后的剩余利润全部留归企业支配，其中大部分用作后备基金和发展基金，主要用于再投资和弥补亏损。国家参股局成立之后，对国有企业的税后利润分红政策没有统一规定，主要通过委派国家股东代表参加公司董事会决定企业利润分配政策。总体来看，明确专门机构集中履行出资人职责有助于保障国有股东收益权的落实。

10.2.1.2　以公共财政为主导的分配模式

英国采取的是以公共财政为主导的分配模式。英国的国有企业主要可以分为三类：一是政府直接管理的国有企业。这类企业的生产经营活动由政府和所属部门直接经营管理，企业不具有独立法人地位，数量也不多，主要存在于一些科学研究和试制行业。二是具有独立法人地位的国有企业。这类企业依据议会专门法令建立，大多涉及基础设施、公共服务和国防等，如铁路、邮政、电信，其经营目标主要不是盈利，而是服务于国民经济发展的需要和社会福利的增进。三是公私合营国有股份公司。这类企业从法律地位和经营自主权看，已近似于私营企业，独立参与市场竞争，目标是实现盈利和企业价值最大化。

在英国国资监管体制中，议会是最高的国有资产管理机构，主要通过立法来管理和控制国有企业，国有企业资产的管理和处置的基本原则由议会立法决定；政府的商业部、财政部等11个部门负责对国有企业的具体管理。此外，英国还在商业部下设了一个国有股东事务管理局，主要是为有关部门或地方政府、国有企业董事会或管理团队提供咨询，同时按照有关部门或地方政府的授权向国有企业派出董事或管理者，相当于提供专业咨询服务的投资银行。

英国将国有企业分红收入以及国有股权转让所得视为政府公共收入，直接上缴国库，纳入中央和地方两级财政预算管理。英国国有企业的分红政策由英国议会决定，对不同定位的企业实行不同的分红政策，由财政部落实且在财政部编制的政府预算中予以明确。国有企业的董事会或管理团队则主要根据议会和财政部的有关要求进行利润分配决策，其他政府主管部门，如商业部等，一般不干预企业利润分配事项。

10.2.1.3　以国有企业董事会为主导的分配模式

瑞典采取的是以国有企业董事会为主导的分配模式。瑞典国有经济发达，国有企业经营良好，其在国民经济中扮演着重要角色，瑞典的每届政府都对国有企业制定有较为明确的施政纲领和政策规划。瑞典的国有企业主要分布在电力、电信、银行、博彩、酒业、邮政等领域，按照经营管理特点可以分为两类：一类是以利润最大化为主要目标、完全按市场化运作的企业，包括电力公司、电信公司等，这些企业与其他企业面临同样的环境和政策，追求利润最大化；另一类是以为社会提供特定的公共服务为主要任务，并不完全市场化运作的企业，包括歌剧院、酒精专卖公司、药品专营公司等，法律对这些企业所处的市场有准入或经营方面的限制性条款，国家要求企业有一定的财务效率，但更关注其创造的社会价值。

瑞典由议会统一行使国有资产所有权。根据宪法，议会决定管理和处置国有资产的基本原则，审核批准实质性变更国有企业经营方向、稀释所有权、增资以及购买和出售股份等涉及国有企业经营的重大事项。议会授权政府负责国有企业日常监管，不干涉包括分红在内的企业正常经营管理活动。根据瑞典《政府预算案》，如无特别规定，如果国有企业国家持股少于一半或投票权少于半数，政府可自行决定是否出售国有股份。瑞典政府负责国有企业日常监管，但没有设立专门的部门统一行使出资人职责，而是按照企业所处行业特点及业务管理需要，由已有职能部门分别对国有企业承担具体管理责任。这些部门监管国有企业主要通过两条途径进行：一是派出董事参与董事会工作，并对董事会进行评价。

政府委派的董事主要负责向董事会解释议会、政府的有关决定（如主业的确定等），反映议会、政府的意图，并及时将董事会运行情况向政府报告。从每年的11月开始，政府部门会对国有企业的董事会业绩进行分析、评估，包括董事的能力、表现等，政府委派的董事也将参与相关评价。二是进行财务和行业分析。政府部门有专人分析行业和私营企业的主要经营指标水平，与其对比后提出国有企业的相应业绩指标。除了上述监管措施之外，政府部门不干预企业日常经营，董事会在日常经营中拥有很大的自主权。

至于国有企业的利润分配政策，由于瑞典的国有企业监管体制赋予了董事会较大的自主权，该政策主要由董事会确定，每个国有企业都有适合自身的分红政策，并没有强制统一。分红政策主要考虑企业的财务状况和预期资本金需求。对于主要从事社会公共服务业务的国有企业，有的并不需要上缴利润，但有的分红比例也很高。由于瑞典大多数国有企业经营效益都比较好，通过分红形式向国家上缴经营收益，而且国有企业的利润上缴已成为国家财政预算的重要来源。

10.2.1.4 *以主权财富基金为主导的分配模式*

新加坡淡马锡模式是以主权财富基金为主导的分配模式。新加坡对国有企业的监管分为三个层次：第一层是财政部；第二层是法定机构和国有控股投资公司；第三层是从事实体经营的国有企业，即政府控股、参股的企业，在新加坡也被称为“政联企业”或“国联企业”。第一层的财政部代表国家行使出资人权利，主要负责国有资产的宏观管理，制定国有经济的发展战略，并对国有控股投资公司实施监管，具体包括向国有控股投资公司派出董事，审核控股的财务报告等。第二层架构中的法定机构主要负责管理公益性事业和企业，如交通部下属的电信局、港务局、宇航局；国家发展部下属的建屋发展局、市区征建局等，监督国有企业以合理的价格提供公共服务。新加坡庞大的经营性国有资产主要由第二层架构中的国有控股投资公司管理。国有控股投资公司不从事实体业务经营，主要负责落实政府部门制定的国有经济发展战略，通过投资控股或参股众多的国有企业具体操作国有经济布局和结构调整，获取资本经营回报。由于政府充分授权，国有控股投资公司承担了大量国有企业的日常监管工作。实践中，新加坡有四大控股公司，即淡马锡公司、国家发展控股公司、国家科技有限公司和新加坡保健有限公司，其中1974年成立的淡马锡公司规模最大，直接拥有多家公司的股权，这些公司包括新加坡电信、新加坡报业控股、新加坡航空公司、星展银行等新加坡几乎所有最重要、营业额最大的企业，所持有的股票市价占到整个新加坡股票市场的47%，在海峡时报指数中的权重也几乎达到了50%。可以说，淡马锡公司是新加坡国有企业的总管家，在新加坡国资监管体系中处于核心地位。

利润分配方面，淡马锡主要考虑下属企业的现金流决定分红比例。近年来，为了筹集更多资金用于投资，新加坡国有企业的分红水平较高，一般为盈利的35%～70%，高的甚至达到盈利的80%～90%。淡马锡每年将从其管理的国有企业取得红利和私有化收入按一定比例上缴给财政部，大部分留在企业作为再投资用于主权财富基金运作。据统计，淡马锡近年上缴新加坡财政部的分红平均为股票市值的7%左右。

10.2.2 国有资产利润分配全民化的国际实践

10.2.2.1 美国阿拉斯加州的永久基金模式

美国是当今世界市场经济发展最为发达的国家，其国有资产主要分布在公路、铁路、机场、邮政、电力、能源等基础设施和公益性领域，政府在国有资产管理以及国有资产利润分配方面已颇具经验，其中，尤以阿拉斯加州的永久基金为典型代表。自1982年至今，阿拉斯加州政府连续多年向当地住满6个月以上的居民派发社会红利，2014年，阿拉斯加州永久基金已实现超过人均2000美元的社会分红。通过阿拉斯加州石油收益的分红，使得石油创造的收益真实公正地进行分配，民众能够自行决定怎样使用资金。美国阿拉斯加州的永久基金模式第一次在实践中成功尝试了米德的“社会分红”构想，开创了地方资源收益全民分红的形式，是国有资本收益直接分红形式的典型代表，具有目标开创性、管理独立性、地方资源收益资本化等特点。

（1）目标开创性。阿拉斯加州的永久基金是在“永久基金归全民所有”的创造性的目标基础上建立的。阿拉斯加州的自然资源所有权属于该州公民，因此，经由地方政府负责开采、生产及加工获得的巨额的石油资源租赁收益当属该州公民。在米德的“社会分红”构想的理论基础上，确立“永久基金归全民所有”的根本目标，是永久基金能够成功建立并发展的重要决定。

（2）管理独立性。美国阿拉斯加州的永久基金是以独立的政府持股基金为社会分红管理模式的主要代表。永久基金的运营是由独立于政府之外的阿拉斯加永久基金公司管理的，除受到地方立法机构的监督外，不受政府的行政干涉。阿拉斯加永久基金公司在法律层面上应属独立法人，并非政府部门，是以盈利为目的的企业，其日常经营运作政府不得进行行政干预。管理独立性将永久基金的运营与阿拉斯加永久基金公司的企业目标直接挂钩，摆脱了不必要的行政干预，在实现阿拉斯加永久基金公司企业效益最大化的同时，达到永久基金价值增值的目的。

（3）地方资源收益资本化。永久基金的本质是以国有资产收益为本金的公共基金，因此，永久基金的投资必须要在不损失本金的前提下产生新的收益。通过由州政府所有的、具有盈利性质的美国阿拉斯加永久基金公司（APEC）的运作，将阿拉斯加州的石油、矿产的开采、经营、租赁收入转化为用于在资本市场上追求保值增值的证券投资本金，完成地方资源收益向证券资金的资本化转变，由全州公民投票约束本金使用，避免本金的滥用。永久基金董事会保持审慎的投资态度，仅投资确定产生收益的投资品，确保适度风险，保证基金投资年均5%的长期投资回报率。

10.2.2.2 挪威的养老基金模式

君主立宪制的挪威王国是一个拥有丰富石油与天然气资源的高福利国家。同美国阿拉斯加州类似，挪威全球养老基金亦是全球极负盛名的以石油资源收益为基础的主权财富基金，是挪威政府对于石油枯竭预先做好的防范措施，同时防范油气资源收入对国家其他部门产生的挤出效应。

（1）挪威全球养老基金的运作模式。挪威全球养老基金的前身是挪威政府石油基金，该基金的成立源于20世纪90年代挪威政府对于石油资源的不可再生性导致的石油利润下降可能造成的经济波动，及对人口老龄化导致的社会养老缺口问题的考虑。

在基金的资金来源方面，挪威政府参与石油收入再分配的两条途径确定了挪威政府石油基金的初始资金来源：一是石油税收收入，即除征收28%的企业所得税之外，另对石油产业征收50%的特别税；二是国家直接参与石油资源开发，收益约占国家石油收入的35%。证券市场上的投资收益是石油基金的主要组成部分，为保障挪威汇率平稳，避免国内通货膨胀，石油基金全部投资于海外市场，从固定收益债券投资逐步转变为固定收益债券和股权的组合投资。2010年挪威政府石油基金改为挪威全球养老基金。

在基金的运作管理方式上，挪威全球养老基金是由以极高的透明度和优良的公司治理闻名国际投资界的挪威中央银行资产管理部实施日常运营管理，以海外市场的固定收益债券和股权相结合的分散化的投资组合为策略，且为尽量减少不同国家金融市场系统性风险的影响，其股权投资及债券投资覆盖发达国家和新兴市场国家的多数企业和政府债券。同时，挪威中央银行资产管理部在投资过程中侧重投资房地产等非石油产业的证券投资，实现石油资源收益向金融收益的资本化转变。此外，挪威全球养老基金每年均会以季报和年报的方式对外公告其投资意向，公民可从中了解基金的实际情况和发展方向，基金借此接受公民和议会的监督。

（2）挪威全球养老基金与公民福利。挪威全球养老基金是以自然资源收入平衡代际收入、维护代际公平为目标的储备基金。刘黎平（2013）[318]指出，主权财富基金中的储备基金类型主要用于代际财富的转移和分享，其目的主要是为应对自然资源收入下降对养老基金体系的冲击。

具有储备基金突出特点的挪威全球养老基金本着“石油财富属于未来的挪威人民”的主旨，以应对石油枯竭带来的政府财政税收减少以及弥补扩大的养老金缺口为主要任务。将石油资源收益转变为公民养老金的代际转移，是挪威社会福利体系中的重要一环。挪威政府将全球养老基金并入国家财政预算体系，将石油收入及基金证券投资收益作为该基金收益，当国家财政预算出现赤字时，划转部分基金平衡国家预算，确保国家财政的稳定投入，维持其社会福利体系的正常运作，同时由议会规定4%的划转比例。4%是基金的预期年回报率，即政府仅可使用基金的利率而非本金，避免基金滥用情况的发生。

10.2.2.3 蒙古国的矿产分红模式

蒙古国的矿产分红模式是在美国阿拉斯加州永久基金模式的借鉴中形成的，但与永久基金模式存在差别。蒙古国模式是公民作为国有资产直接所有者参与国有企业股票分红的典型例子。通过对美国阿拉斯加州永久基金的借鉴，蒙古国结合自身国有企业私有化积累的有效经验，利用开发矿产资源获取的收益向全体公民发放股票红利，使全体公民作为国有资产的直接所有者，共同享受国有资产收益，实现国有资产收益的“全民共享”。

蒙古国模式的雏形是20世纪90年代国有企业私有化改革中政府向公民分发的国有企业产权证书。1991年5月，蒙古国家小呼拉尔通过了《财产私有化法》，将对除铁路、能源、矿山、民航、银行、邮电等关系国民经济命脉部门以外的绝大多数国有企业和农牧业实行私有化。之后，蒙古国依照此法建立以总理为领导的政府所属的财产私有化委员会，

并根据自身国情，参照俄罗斯国有企业私有化做法，将价值 220 亿图克里克的占全国 44% 的国有资产向每个蒙古国公民发放产权证书，以此实现国有资产私有化。在实现国有资产私有化过程中，蒙古国公民可通过面额为 7000 图克里克的“蓝卡”购买国有企业的股票，以此使国有企业转变为股份制企业。蒙古国通过国有企业私有化，使每个蒙古国公民成为国有资源的真正主人，在国有企业私有化过程中，明确了产权关系，并给予市场更多的竞争。由每个公民所持有的产权凭证购买国有企业股权，之后通过所拥有的股权享受国有企业红利的做法可谓是对“全民分红”的富有实践意义的尝试。鉴于对美国阿拉斯加州永久基金的参考，为了确保全民分红的可持续性并实现全民分红收益最大化，蒙古国政府在解决塔温陶勒盖煤矿设备落后、产能低下、缺少充足的启动资金等问题的同时，提出以增强国民经济水平和人民生活水平为目标的塔温陶勒盖煤矿的资金吸引计划。蒙古国政府采取 IPO（首次公开募股）募集资金，其中，蒙古国有企业 Erfenes 控制塔温陶勒盖煤矿 85% 的资源。Erfenes 公司的股权被划分为四部分，30% 由海外投资者掌握，国内投资者拥有 10%，10% 用于全民免费分红，而蒙古国政府持有剩下的 50% 的股份。蒙古国政府保证分配给蒙古国公民的国有企业股票红利是具有发展潜力的优质股，保证公民长期享受国有资产的巨额收益，避免了政府“让国家矿产资源的收益惠及每个公民”的承诺流于形式。

2011 年 3 月 31 日，蒙古国宣布履行“让国家矿产资源的收益惠及每个公民”的承诺，将塔温陶勒盖煤矿总股票份额中的 10% 作为红利股票（折合 15 亿股）发放给全体公民。当时，蒙古国有 280 万公民，通过以股份形式发放的全民分红，分配而来的红利股票合计每个公民能够得到 536 股。此外，蒙古国政府在对公民发放红利的同时，还规定了国民不能在煤矿开采和股份稳定前出售这些股票。政府还向公民普及股票市场的资本知识，进一步避免了重蹈俄罗斯私有化困境的可能。

10.3　中国国有企业全民化的演化进程

中国国有企业改革经历了放权让利、承包经营、产权明晰、市场竞争、垄断经营等阶段，国有企业全民化改革稳步推进，不断深入。《中共中央关于全面深化改革若干重大问题的决定》指出，国有企业属于全民所有，是推进国家现代化、保障人民共同利益的重要力量。这一表述清晰地指出了国有企业改革的方向，发挥公有制的优越性，赋予国有企业人民性，使国有企业改革的成果能够惠及社会全体成员。

10.3.1　产权领域全民化进程

10.3.1.1　*初步探索阶段（2007 年之前）*

很长一段时间里，混淆了国有企业纳税的行政义务与国有企业分红的民事义务，国有企业与政府之间的税收关系、国有企业与全民股东之间的股权关系混沌不分，政府税收代替了国家分红，使得产权领域全民化进程一直停滞不前。1993 年出台的《关于实行分税制财政管理体制的决定》已经意识到了分红与税收之间的法律区别，明确指出要逐步建立国有资产投资收益按股分红、按资分利或税后利润上缴的分配制度。但是这种改革措施并没有立即付诸实施，当时规定在国有企业利润上缴方面可以采取过渡措施，1993 年以前注册的多数国有全资老企业可以不上缴税后利润，微利企业缴纳的所得税也无须退库。国有企业只纳税、不分红的过渡措施自 1994 年 1 月 1 日一直持续到 2007 年。

在这一阶段，国有企业仅向国家纳税，而没有分配股利，国有企业与国资改革忽视了国有企业作为全民所有企业的根本属性，忽视了国有企业真正的所有者与终极权利主体，主要围绕国资监管机构与国有企业之间的关系而展开。在全民股东缺位的情况下，国有企业改革的主要推动者不是社会公众，而是以国资监管机构和国有企业内部人为代表的不同层次的代理人。代理人主导的改革必然以强化代理人的权力为导向，使得国资监管机构掌控公司治理大权，从而形成了“管人管事管资产”这一错误的理念。

10.3.1.2 制度完善阶段（2007 ~2012 年）

2007 年，国务院发布了《关于试行国有资本经营预算的意见》（以下简称《意见》），指出要建立国有资本经营预算制度。国有资本经营预算是国家以所有者身份依法取得国有资本收益，并对所得收益进行分配而发生的各项收支预算，是政府预算的重要组成部分。国有资本经营预算的收入是指各级人民政府及其部门、机构履行出资人职责的企业（即一级企业）上缴的国有资本收益，主要包括：国有独资企业按规定上缴国家的利润；国有控股、参股企业国有股权（股份）获得的股利、股息；企业国有产权（含国有股份）转让收入；国有独资企业清算收入（扣除清算费用），以及国有控股、参股企业国有股权（股份）分享的公司清算收入（扣除清算费用）；其他收入。王保平和孙娜（2007）[319]认为，《意见》指明了国有资本预算制度的改革方向，原则性较强，但可操作性较弱。为细化该《意见》，财政部和国资委于 2007 年 12 月 11 日联合发布了《中央企业国有资本收益收取管理暂行办法》。

上述措施主要存在以下问题：一是适用范围窄，仅适用于中央企业，即国务院国资委监管的企业和中国烟草总公司，而不适用于地方国企；二是对国有独资企业的分红比例虽有刚性要求，但分红比例过低，仅有象征意义；三是对国有控股企业是否分红，更无强制性约束力，国有控股企业可以逃避分红义务。王克稳（2009）[320]认为，虽然《企业国有资产法》第十八条第二款重申，“国家出资企业应当依照法律、行政法规以及企业章程的规定，向出资人分配利润”，并在第 6 章专门规定了国有资本经营预算制度，但依然没有扭转国有企业向国家股东少分红甚至不分红的现实。

10.3.1.3 深入推进阶段（2012 年党的十八大以来）

鉴于国有企业是全民所有企业，《中共中央关于全面深化改革若干重大问题的决定》（以下简称《决定》）明确提出，要“划转部分国有资本充实社会保障基金。完善国有资本经营预算制度，提高国有资本收益上缴公共财政比例，2020 年提到百分之三十，更多用于保障和改善民生”。此外，《决定》深刻阐明了国有企业与全民之间的逻辑联系：“国有企业属于全民所有，是推进国家现代化、保障人民共同利益的重要力量。”党的十八届

三中全会精神对落实全民股东的法律地位、确认全民股利、深化国有企业全民化改革具有重要的指导意义。党和国家已经认识到全民化改革的意义，察觉到国有企业利润上缴比例较低和国有企业分红与民生脱钩的问题，国有企业在产权领域的全民化改革将继续推进，不断深化。

10.3.2　劳动关系领域全民化进程

10.3.2.1　初步探索阶段（1992年之前）

这一时期是我国社会主义市场经济体制目标确立的重要历史时期，人们逐步意识到传统的计划经济体制的弊端，社会主义市场经济体制开始初步确立。伴随着社会主义市场经济体制的初步确立，国有企业劳动关系全民化进程开始了初步探索：一是劳动关系的主体明晰化，确保了劳动者能够自主行使劳动权利。一方面，国有企业逐渐成为自主经营、自负盈亏的经济实体，逐步确立了企业法人的身份并开始拥有独立的用工权。另一方面，随着劳动合同制度的产生，劳动者及其工会组织逐渐成为劳动关系的主体，能够自由地行使其合法权力。二是劳动关系的确立契约化，使劳动者的权益有了规范化的保障。劳动合同制度的施行，赋予了劳资双方一定的自主权，劳动力的供求双方能够进行自由的双向选择。在劳动关系双主体的情况下，劳动关系是在双方自愿的前提下，通过签订合法的劳动合同来确立，劳动合同保障企业和劳动者各自的权利与义务。

10.3.2.2　持续推进阶段（1993~2012年）

1993年，党的十四届三中全会通过的《中共中央关于建立社会主义市场经济体制若干问题的决定》指出，社会主义市场经济是同社会主义基本制度结合在一起的，建立社会主义市场经济体制，就是要使市场在国家宏观调控下对资源配置起基础性作用。伴随着社会主义市场经济体制的确立和完善，劳动关系全民化改革的进程深入推进，主要表现在国有企业内部劳动关系的调整方式日益法制化，劳动者合法权益有了法律保障。1994年，《劳动法》颁布，此后相继颁布实施了一系列配套的法律法规和调整劳动关系的制度性规定，为劳动者实现合法权益提供了法律上的保障，也标志着我国劳动关系的调整进入法制化阶段。2001年8月，由国家层面开始，建立起三方协调机制，并逐渐拓展到地方和企业层面。与此同时，全国各级工会也开始依法调解和处理劳动关系矛盾，组织职工进行群众监督，为职工提供法律服务和援助。2008年《劳动合同法》的正式施行，成为我国新时代调整劳动关系的又一个重要法律依据。以上这些均能说明国有企业内部劳动关系的管理逐步走上法制化轨道，不断向着有序的方向发展。

10.3.2.3　深入推进阶段（2012年党的十八大以来）

经过40多年的改革，国有企业人事、劳动和分配制度已基本实现了规范化、制度化和市场化，已经建立了同市场经济相融合的内部劳动关系，但在部分企业和部分领域人事、劳动和分配制度改革还很不到位，历史遗留问题较为突出，员工终身制、同工不同酬等问题仍然比较突出，三项制度改革需进一步深化落实。党的十八届三中全会再次提出要深化企业内部管理人员能上能下、员工能进能出、收入能增能减的制度改革，劳动关系领域的全民化改革进入新的阶段。这一阶段的主要措施有：建立职业经理人制度，建立长效激励约束机制，合理增加市场化选聘比例，合理确定并严格规范国有企业管理人员薪酬水平、职务待遇、职务消费和业务消费等。持续深化企业内部三项制度改革，推进经理层任期制和契约化管理，推行职业经理人制度，探索企业领导人员差异化薪酬分配办法，建立健全与劳动力市场基本适应、与企业经济效益和劳动生产率挂钩的工资决定和正常增长机制，推动企业内部管理人员能上能下、员工能进能出、收入能增能减。

10.3.3 客户关系领域全民化进程

10.3.3.1 客户关系的经济性阶段（1997 年之前）

早在 1993 年，《消费者权益保护法》便已经颁布施行，成为规范企业行为、保护消费者合法权益的重要法律约束。但是，由于社会主义市场经济体制刚刚开始建立，各种相应的机制，特别是现代公司治理制度建设滞后，对企业必要的监督约束制度缺位，导致这一阶段国有企业的行为表现出较强的短期性，缺乏长期持续发展的战略气度和胸怀，销售收入、股东回报、上缴利润、所纳税负额度、职工收入水平等，成为国有企业对社会所应承担的最基本的责任指标，不少国有企业对客户关系领域承担社会责任的意识淡薄，因此，这一时期国有企业在客户关系领域的突出特征是经济性，国有企业盲目追求利润，忽视了在客户关系领域承担社会责任的义务。国有企业客户关系的经济性突出表现为企业诚信的缺失。企业诚信缺失，一方面，源于企业在市场经济活动中伦理道德文化缺失，过分追求经济效益的获得，而忽视甚至无视企业诚信责任的履行；另一方面，源于企业经营管理者的道德认知水平的低下，在获取经济效益的同时，将企业从社会中孤立出来，无视企业的社会效益，没有认识到企业对于利益相关方所必须承担的责任与义务。

10.3.3.2 客户关系全民化的起步阶段（1997～2012 年）

随着中国逐步融入国际经济大格局，上至政府，下至企业都逐渐认识到企业社会责任的重要性和迫切性，从政策和社会层面开始逐步推动企业关注消费者的诉求，重视消费者权益的保护。这一时期国有企业在客户关系领域呈现出经济性和非经济性相互交织的特征，国有企业开始重新审视客户关系，维护客户的合法权益，实现企业和客户的“双赢”，国有企业的客户关系全民化进程开始启动，并日益深入。

外部约束也促使国有企业开始审视客户关系，重视消费者权益的保护。2002 年证监会颁布的《上市公司治理准则》第 86 条明确规定“上市公司在保护公司的持续发展、实现股东利益最大化的同时，应当关注所在地社区的福利、保护环境、公益事业等问题，重视公司的社会责任”。这是我国第一次在法规条文中明确提出的企业必须履行对消费者的社会责任。2006 年 10 月，党的十六届六中全会做出了《中共中央关于构建社会主义和谐社会若干重大问题的决定》，指出要广泛开展和谐创建活动，形成人人促进和谐的局面。着眼于增强公民、企业、各种组织的社会责任，要加强政务诚信、商务诚信、社会诚信建设，增强全社会诚实守信意识。

10.3.3.3 客户关系全民化的深入发展阶段（2012 年党的十八大以来）

2012 年 11 月党的十八大以来，习近平总书记多次在重要场合对国有经济、国有企业与国企改革做出重要指示，推动了国有企业客户关系全民化的深入发展。习近平总书记指出："深化国企改革是大文章，国有企业不仅不能削弱，而且还要加强。""国有企业特别是中央管理企业，在关系国家安全和国民经济命脉的主要行业和关键领域占据支配地位，是国民经济的重要支柱，在我们党执政和社会主义国家政权的经济基础中也是起支柱作用的，必须搞好。""要把国有企业做强做优做大，不断增强国有经济活力、控制力、影响力、抗风险能力。"习近平总书记关于国有企业的系列重要讲话从战略高度揭示了国有企业三个维度的社会责任：①社会主义经济主体维度的社会责任；②宏观调控主体维度的社会责任；③市场主体维度的社会责任。社会主义经济主体维度的社会责任指的是，国有企业是中国特色社会主义的重要物质基础和政治基础，是我们党执政兴国的重要支柱和依靠力量，国有企业属于全体人民，公有制经济是全体人民的宝贵财富，是保障人民共同利益的重要力量，是全体人民共同富裕的重要保障。宏观调控主体维度的社会责任指的是，国有企业必须贯彻落实国家宏观调控政策，调整自身经营行为，实现资源优化配置，"放大国有资本功能"，引导产业与市场积极有效地发展，实现促进经济增长，增加就业，稳定物价，国际收支平衡的调控目标。市场主体维度的社会责任指的是，作为市场主体的国有企业应承担的社会责任与一般企业大致相同，既要提高国有企业效益和效率，提高竞争力和抗风险能力，又要诚信经营，履行对利益相关者与合作伙伴的社会责任。在国有企业社会责任的三个维度中，履行市场主体维度的社会责任体现了国有企业客户关系的全民化。国有企业的利益相关者包含中央企业的客户，履行对利益相关者的社会责任就包含履行国有企业的消费者责任。国有企业作为产品生产者与服务提供者，理应对客户负责，提供质量上乘的产品与服务。因此，党的十八大以来习近平总书记关于国有企业的系列重要讲话为国有企业客户关系的全民化指明了方向。

国有企业客户关系的全民化呈现出新的特点：一是国有企业加强自主创新，主动参与品质革命。2018年的《政府工作报告》明确指出，将深入推进供给侧结构性改革，发展壮大新动能，加快制造强国建设。在国有企业客户关系全民化深入发展的新阶段，作为制造业升级、向高质量提升的主要力量，国有企业客户关系的全民化不仅体现为诚信经营，为消费者提供质量上乘的产品与服务，更体现为通过创新驱动发展，用创新去赢得更大的市场，赢得更多消费者的青睐与认同。作为国家宏观调控的重要主体，国有企业成为推动供给侧结构性改革的主要力量，全面开展质量提升行动，推进与国际先进水平对标达标，弘扬工匠精神，开展了一场中国制造的品质革命。二是经济增长主动力的转变推动了国有企业客户关系全民化的深入发展。党的十八大以来，新动能重塑经济增长格局、深刻改变消费方式。2017年最终消费对经济增长贡献率为58.8%，最终消费支出占国内生产总值的53.6%，自2012年以来连续6年占比超过50%，对经济发展的基础性作用不断增强，成为经济增长主动力。经济增长主动力的转变推动了国有企业客户关系全民化的深入发展，国有企业成为推动个性化定制、人工智能核心技术研发和产业化应用、物联网、云计算、光纤和4G网络覆盖等发展的主力军，有效激发了市场消费活力，释放了消费能力，推动了安全可信的信息消费环境的构建。

10.4 中国国有企业全民化现状

10.4.1 中国国有企业全民化取得的主要成绩

10.4.1.1 产权领域

初步建立国有资本经营预算制度与国有资本收益制度。改革开放以来，我国国有企业产权领域全民化进程以2007年中央发布的《中央企业国有资本收益收取管理办法》（以下简称《办法》）和党的十八届三中全会为临界点，先后经历了三大改革历程，初步探索了符合我国国情的全民化改革。2007年财政部会同国资委发布的《中央企业国有资本收益收取管理办法》规定，按适度、从低原则，中央企业的国有资本收益分三档上缴，从而开始了国有企业向国家上缴红利的历史。《办法》规定：一是根据不同行业的特征确定国有独资企业上缴年度净利润的比例，资源型国有企业上交利润的10%，一般竞争性国有企业上交5%，军工、转制科研院所国有企业暂缓3年上交或免交。二是国有控股、参股企业应依法分配年度净利润，应付国有投资者的股利、股息按照股东会决议通过的利润分配方案执行，当年不分配的，应说明暂不分配的理由和依据，并出具股东会决议。2013年党的十八届三中全会通过《中共中央关于全面深化改革若干重大问题的决定》，要求在2020年提高国有资本收益上缴公共财政比例至30%，全民股东分享国有企业红利的比例越来越高。

10.4.1.2 劳动关系领域

劳动、用工、分配制度改革持续深入推进，国有企业吸纳就业的能力不断提高。邵国栋（2014）[321]认为，改革开放以来，国有企业一直在探索三项制度改革，通过1992年破“三铁”（“铁饭碗”、“铁工资”和“铁交椅”）、1992年实行全员劳动合同制、1998～2000年国有企业改革三年攻坚战等努力，目前，绝大多数国有企业形式上按照现代企业制度的要求建立了与市场经济相适应的内部人事、劳动和分配三项制度，与三项制度改革相配套的社会保障制度也逐步建立和完善。具体表现在：一是企业已拥有完全的选人用人自主权，劳动用工已基本实现市场化和规范化。企业不断加强岗位优化，科学设置岗位，规范定岗定编，按照企业发展要求加强劳动用工计划管理，按照公开公平、竞争择优的原则，建立起与岗位相匹配的人才选拔机制。二是确立了市场化选聘管理人员制度，实行岗位管理，普遍能做到能上能下。对内部管理人员由身份管理转为岗位管理，中层以下管理人员普遍实现了能上能下的制度，市场选聘和竞争上岗已成为常态。三是在工资总额控制上实现了员工收入绩效化。绝大部分企业建立了以业绩贡献为导向、以绩效考核为基础的薪酬管理体系，在工资总额限定的情况下，通过优化内部分配结构，合理拉开不同分公司、子公司之间的收入分配差距。

10.4.1.3 客户关系领域

国有企业社会责任意识不断增强，对消费者权益的保护意识不断提高，客户关系全民化改革进程不断深入。一是国有企业客户关系全民化意识不断增强。国有企业积极将包含消费者权益保护在内的社会责任理念融入企业经营发展战略和日常运营之中，在员工培训和入职教育中，专列社会责任课程，帮助全体员工树立包括消费者权益保护在内的社会责任观念，对下属企业和合作伙伴提出明确的社会责任要求。二是出台社会责任报告，介绍国有企业在保护客户权益方面的努力。许家林、刘家英（2010）[322]认为，绝大多数国有企业能做到在企业官网上建立社会责任专栏，发布社会责任报告，披露自身的数据，主动接受社会监督。

10.4.2 当前国有企业全民化存在的问题

10.4.2.1 产权领域

（1）全民股东缺位问题依然存在。一是法律虽然规定国有企业是全民所有企业，但是全民股东的法律地位一直没有得到真正落实，全民股东的知情权与分红权一直没有受到充分尊重。虽然早在1994年，国家已经明确了国有企业的利润分配义务，但直到2007年之前，绝大多数国有企业没有向国家分配股利，即使在2007年以后，部分国有企业开始向国家股东进行的分红也仅具有象征意义，分红占利润的比重太小。二是在国有企业所有者缺位的情况下，国有企业管理层侵吞国有资产等违法犯罪案件频发，一些高管监守自盗、损公肥私，肆无忌惮地侵吞国有资产，国有资产流失严重。三是国有企业改革由不同层次的代理人尤其是国资监管机构和大量的国有企业内部人主导和推动，而非根据全民股东的意志推进，导致国资监管机构的地位越来越强势，全民股东的合法权益无法得到有效保障。

（2）垄断行业国有企业的盈利性尚未真正明确，影响全民股东股利分配权的实现。不能明确垄断国有企业的盈利性，会导致国有垄断企业滥用不同角色对抗全民股东和消费者。主要表现在：一是当国家在垄断领域进行市场化改革、引入市场竞争机制时，国有垄断企业尤其是中央企业为对抗市场竞争机制，宣称自己是承担社会责任的特殊企业，不具有盈利性，代表国家执行宏观调控政策。二是当消费者要求其增进消费者福利时，国有垄断企业尤其是中央企业宣称自己具有商事企业的一般性，要追求利润最大化，具有盈利性，拒绝承担保护消费者合法权益的社会责任。三是当全民股东要求行使分红权时，国有垄断企业尤其是中央企业又辩称自己是国家政策执行的载体，不以营利为目的，不能向全民股东进行利润分配。股利分配权是全民化在产权领域的重要体现，垄断行业凭借尚未明确企业盈利性这一漏洞，阻碍全民股东参与企业利润的分配，影响了产权领域的全民化进程。

（3）利益集团阻挠全民股东参与国有企业的利润分配，全民股权无法得到保障。在转型市场经济中，处在垄断地位的国有企业、体制内的员工、大型国有企业内部的经理人群等构成了强势精英集团。从理性经济人的角度分析，利益集团必然会极力反对国有企业分红改革，阻碍全民股东参与国有企业的股利分配。一方面，他们认为，一直以来国有企业都是遵循着利润作为国家投资留存在企业内部，作为企业发展基金的模式，不能接受国有企业利润分配上缴的制度。这种发展模式使得国有企业形成一种观念，即国有资产是他们经营积累起来的，现在却要他们上缴，阻力不言而喻。另一方面，利益集团提出，经理人如果把过多的关注放在利益相关者的诉求上，平衡各方利益会导致有限的资源过度分散，降低了企业经营的效率，同时也会损害股东利益的反对理由。

（4）现行体制阻碍了国有企业利润分配制度的重构，影响全民股东利益。由于现行国资预算编制主体、程序、范围和内容的不清晰，导致在国有企业利润分配改革过程中出现了各种巨大争议。一个现实问题是，国有企业的红利是应该上缴给财政部，还是由国资委将其作为国有资产经营预算的一部分自行管理，目前两部委均各持己见。此外，虽然公众对国有企业分红基本达成了普遍共识，但对于是否所有国有企业需要分红，国有企业应该向哪个部门上缴红利，以及如何运用这些分红等方面仍然存在争议，这极大地阻碍了全民化改革的进程，影响全民股东权利的落实。

10.4.2.2　*劳动关系领域*

（1）国有企业对就业存在挤出效应。具体表现在：一是国有企业对就业存在拖累效应。王旭升、王婧（2008）[323]认为在历史上国有企业承担着企业办社会的责任，吸纳了过多的就业，在国有企业中存在劳动力过剩的问题。此外，在现阶段我国供给侧结构性改革的重要任务是去产能，关停“僵尸企业”，这会引发新一轮的失业潮，而国有企业吸纳的就业已经不能弥补其造成的职工下岗人数，对就业的吸纳能力表现为负效应，加剧了我国就业形势的紧张。二是国有企业对民营企业的就业存在挤出效应，进而对社会整体的就业水平也存在挤出效应。国有企业由于其特殊的社会地位，享有软预算约束和特殊补贴，因此占据了过多的资源，挤占了民营经济的资源，从而影响了民营企业的发展，而民营企业是解决就业问题的主力军，国有企业对民营企业存在的资源挤出效应，影响了民营企业解决就业问题的能力。

（2）受历史遗留问题约束，老中央企业推进三项制度改革困难较多。具体表现在：一是企业冗员严重，无法正常退出。一些老中央企业，历史负担较重，员工数量远大于企业的正常需求，使得企业内部三项制度无法深入推进。二是企业内部员工身份复杂，不利于三项制度推进。一些企业过去由政府部门、事业单位改制或翻牌而来，一些企业到目前为止还保持着政企合一的体制，这些历史原因使得很多企业内部员工身份多元化，公务员身份、事业身份、企业身份交织在一起使得三项制度改革无法全面推进，平均主义和“大锅饭”现象仍不同程度地存在。三是对企业管理人员仍保持着干部管理方式。一些国有企业内部管理行政色彩浓厚，对各层级企业高管仍主要以行政委任的方式进行选拔和管理，内部竞争上岗仅是辅助手段，社会公开招聘、人才市场选聘更只是小范围的尝试，造成了各层级的企业高管难以按照企业家标准进行选聘，更多是比照一定级别的行政官员来选拔和管理。

（3）受管理体制约束，国有企业普遍面临着“人难出、干部难下、激励难到位”三大困难。一是国有企业承担着稳定就业的职责，难以实施经济性减员。依照《劳动合同法》，企业在经营发生严重困难时，可以与职工解除劳动合同关系，但事实上受“政府不希望、管理人员没动力、员工不愿意”等约束，国有企业一般不会因经济效益不好而实施经济性减员，而且越是经济下行，国有企业越被要求承担起稳定社会就业的职责。二是企业高管的行政委任制和行政身份，使企业干部“能上不能下”。目前，国有企业中层以上管理人员的市场化配置力度尚不够大。近几年，中央及地方在积极探索一级企业高管的市场化选聘，但效果并不理想，整体比例不高。三是企业内部分配约束多，员工激励难以到位。激励主要依靠绩效薪金，手段单一，中长期激励机制缺失。非上市的一级国有企业中，仅有个别地方企业实施了股权激励。

10.4.2.3　客户关系领域

（1）国有企业利用行业垄断地位侵占消费者剩余。国有企业因其在各行业领域普遍所处的垄断地位，在对相关产品制定垄断价格的同时并没有实现这些产品的充分供给，这种追逐垄断利润而侵占消费者剩余的行为一直以来为社会各界所诟病，特别是在通信、能源、交通等这些具有自然垄断或行政垄断性质，且与民众生活联系密切的、提供公共产品和公共服务的行业，国有企业在价格制定上存在相当程度的隐蔽性与随意性。近年以来农业生产资料价格持续上涨的幕后推手，正是为农业生产提供煤炭、石油、电力等能源资源的国有企业，后者通过这些资源产品价格的上涨在实现企业经济利益的同时，将价格上涨的成本转嫁给农民与普通消费者。

（2）存在产品质量问题。尽管相对于国有企业而言，产品质量问题更多地见诸中小私营企业，但自从2008年三鹿毒奶粉事件曝光以来，国有企业产品质量问题越来越受到社会各界的广泛关注。虽然绝大多数国有企业并不直接从事或参与假冒伪劣产品的生产，但由于国有企业在质量监管，特别是原材料进货把关方面存在的管理疏漏，致使一些涉及食品药品安全与医疗器械安全的产品质量问题又在相当程度上波及国有企业。应当看到的是，产品质量的严格把关是关系到社会民众切身利益的重要问题，国有企业在产品质量方面社会责任的履行不足，不仅损害了消费者的合法权益，也势必严重影响企业的品牌形象与商业信誉。

（3）制度缺位。当前国有企业履行社会责任的外部制度约束不足，国内就企业承担社会责任问题方面的立法实践落后，导致国有企业在客户关系全民化方面缺乏外部动力。一是目前国内涉及客户关系领域的社会责任的法律规范散见于《消费者权益保护法》《产品质量法》等一系列单行法中，这些单行法律法规对企业承担保护客户合法权益的社会责任均只做了零星规定。二是目前国内在客户关系领域的企业社会责任的法律制度方面还存在着与国际立法实践脱轨的现象，立法实践还处于起步阶段，既落后于发达国家的立法水平，也难以满足当前社会主义市场经济发展的实际需要。

10.5　国有企业全民化改革的必要性和策略

中国的历次改革成败的关键是国有企业改革。现在到了全民共享国有企业改革红利的时候了，必须积极推进国有企业全民化改革，国有资产的收益向民生化方向倾斜，充实社保基金，加大养老、医疗、教育的投入，缩小贫富差距，改善收入分配不均的现象。

10.5.1 国有企业全民化改革的必要性

国有企业是国之重器，改革成败关乎经济全局、民众利益。全面深化国有企业改革，必须坚持全民化的方向，为全体人民的福祉而战。实现国有企业全民化是国有企业和人民群众特殊关系的必然要求，是发展社会主义市场经济的必然要求，是缩小收入差距、构建和谐社会的必然要求，是解决发展过程中存在的利益固化问题的必然要求。

10.5.1.1 全民化是国有企业和人民群众特殊关系的必然要求

国有企业和人民群众的特殊关系要求深入推进国有企业全民化改革，使全体人民共享国有企业改革和发展的成果。国有企业和人民群众是密不可分的一体两面的关系：人民群众是国有企业的所有者，共同拥有国有企业的财产，并在国有企业中实现自主劳动、自我服务；国有企业是人民共有、人民共享的特殊类型的企业，代表了人民群众的整体利益、根本利益、长远利益。这一关系包括三个维度：人民群众是国有企业的最终所有者；人民群众是国有企业的客户；人民群众是组成国有企业的劳动者。在这一关系下，一方面，人民群众对国有企业应该爱护、支持、理解、监督，国有企业是国家和人民根本利益的重要保障者；另一方面，国有企业对人民群众应该忠诚、回报、自律、自觉接受监督。国有企业要把忠诚于国家、忠诚于人民作为道德准则和行为规范，凡事多从国家整体利益出发、从人民根本利益出发考虑和处理。

10.5.1.2 全民化是发展社会主义市场经济的必然要求

一是建立完善以公有制为主体、多种所有制经济共同发展的基本经济制度的必然要求。国有企业经历了几十年的发展，取得了巨大的成果，但是其财富的积累很大程度上是建立在对民营企业财富的挤压基础之上，造成了对民营企业的挤出效应，违背了市场经济的要求。只有对国有企业进行全民化改革，打破垄断利益，才能给民营企业营造公平的发展环境。

二是遵循市场经济基本原则的必然要求。在社会主义市场经济下，国有企业作为国家出资的企业，属于全民所有，应该向全社会分红。谢伟杰、陈少晖（2019）[324]坚持，我国作为一个以公有制为主体的社会主义国家，要在“共享发展”执政理念的引领下，积极推进国企利润社会分红制度的建构与完善。

三是适应市场竞争的必然要求。国有企业分红改革前，国有企业部分分红或者不分红，绝大部分的利润留存在企业，这成为国有企业在市场竞争中取胜的重要法宝，并引发了企业过度投资，影响国有资产的配置效率，导致了大量的国有资产流失。通过全民化改革，提高国有企业税后利润上缴的比例，降低企业的现金流，一方面会对企业形成外在的压力，促使企业提高自身竞争实力，以适应激烈的市场竞争；另一方面也会压制企业盲目投资的欲望，减少国有资产的流失，有助于国有资产保值增值目标的实现。

10.5.1.3 全民化是缩小收入差距、构建和谐社会的必然要求

国有企业全民化改革的核心问题是国有企业的利益分配问题，这一问题的本质是国有企业利润在不同所有者之间的分配。国有企业利润分红作为国家的收入，说到底是全国人

民的收入，应该由全民来分红。但是，绝大多数国人一直无法享受经济增长带来的福祉。据财政部发布的全国财政决算，2012 年，中央国有资本经营收入为 970.68 亿元，而同年的国有企业利润为 2.1 万亿元，上缴利润中的九成又返还给国有企业。[325] 某些国有上市公司高管的年薪高达 1200 万元，一些垄断行业职工的收入也远远高于其他行业职工收入，这种收入差距还在不断扩大。“不和谐”的利润分配格局和居民收入差距引来了越来越多的争议，引起民众的不满，由此而引发的社会危机屡见不鲜。黄毅（2014）[326] 认为，如果收入差距不断扩大，将很有可能引发社会危机，甚至可能造成政治危机。可见，国有企业全民化改革是构建和谐社会的一项重要举措，具有迫切性。

10.5.1.4　全民化是解决发展过程中存在的利益固化问题的必然要求

国有企业一方面取得了巨大成就，另一方面却出现了利益固化的风险。其主要表现为：一是单个国有企业庞大的经济总量和复杂的附属公司业务关系为内部人控制提供了巨大的空间，道德风险和监管失灵比改革开放之初更加严重和难以控制。二是地方政府和国有企业的相互依赖性增强，许多公司俨然成为了政府公司，政府给项目、给资金、给政策，政府部门变成拨付资金的集团公司，国有企业变成完成特定任务的财务公司。三是政府对这些国有企业的人事任免和财务分配有很强的干预惯性，公司高管的职务与政府官员职级挂钩，领导干部可以相互调动任职。

实现国有企业全民化有助于解决利益固化问题。一是有助于实现全社会共享国有企业改革的红利。通过确认全民股东的法律地位，夯实全民股东的各项权利，使全社会都能享有国有企业发展带来的红利，从国有企业的经营中得到切实的好处。二是有助于推进国有企业治理体系和治理能力现代化。把全民利益最大化作为创新国资监管、完善国有企业治理、提高国有企业透明度的指南针，实现国有企业内部治理体系的现代化，使国有企业真正受到全社会的监督，促进社会公平正义，增进人民福祉。三是有助于遏制国有企业内部控制的腐败现象。国有企业内部人尤其是高管的奢靡之风、腐败之风与浪费之风既有制度、文化与个人等诸多因素，也与国有企业积累的巨额利润没有分配给全民股东有关。通过建立全民分红制度，可以杜绝国有企业奢靡之风、腐败之风与浪费之风产生的根源，使国有企业的收益用在真正需要的地方。

10.5.2　国有企业全民化改革的策略

10.5.2.1　深化国有企业全民化改革

国有资产收益全民化的基础是国有企业的市场化运营和国有资产收益最大化，这要求政府在国有资产的管理和使用过程中，必须处理好政府与市场的关系，由市场机制代替行政干预，并起资源配置的决定作用，做政府在国有资产的管理和配置上的“减法”，才能发挥国有企业在国有资产配置中的主动权，激发国有企业的活力。因此，政府必须进一步深化国有企业改革，以改革倒逼政府简政放权，发挥市场作用。

（1）构建基于全民分红视角的国有企业利润分配框架。推进国有资本经营预算制度纵向改革，支出向民生倾斜。由于我国特殊的国有企业发展情况，国资预算制度发展时间较短，存在较大的发展空间。因此，推进国有资本经营预算纵向改革，有利于从制度上推进国有企业实现社会分红。一方面，要明确国资预算中用于社会保障支出的比例，以法律形式固定下来，确保国有企业利润上缴体现其宏观社会责任。从国家层面上看，国家应当逐渐完善国有资本经营预算制度，不仅要在收入上明确国有资本收益范围和比例，而且要明晰预算支出的方向和结构，尤其是用于民生方向的支出。对于改善民生方向的支出比例可以类比于国有资本收取的办法，即明确各项目的支出比例，从而在提高上缴收入的同时，可以逐渐适当地提高用于民生支出的比例，协调收支向国有企业社会分红目标的共同发展。另一方面，要扩大国资预算支出对公共事业的投入。作为被广泛关注的就业、教育、医疗卫生等反映人民群众最关心、最直接、最现实的利益问题，体现的就是民生问题。因此，国有企业社会分红目标的实现就是要解决这些问题，不断改善民生，对公共事业的投入也是改善民生的一种有效方式。为此，推进国资预算纵向改革，扩大对公共事业的投入，不仅体现了国有企业的宏观社会责任，而且有利于国有企业社会分红目标的实现。

间接分红，推进社会保障人员覆盖改革。2015 年 11 月，中共中央发布的“十三五”规划建议提出，要完善社会保险体系，实施全民参保计划，推进参保人员全覆盖。在党的十八大提出的将划转国资收益用于充实社保基金的基础上，参保人员的全覆盖体现了国有企业向全民分红的性质。可以说，推进社会保障人员覆盖的改革是国有企业实现社会分红目标的一种间接方式。加快全民参保计划的实施，推进社保人员全覆盖要求逐步扩大试点范围。当前全民参保计划先在试点地区实行，还未推广到全国，距离实现真正的全民参保还远。因而，政府应努力推进试点改革，扩大试点地区范围。参保计划实施以来，一些地区已经取得了较大成功。各地区还应结合当地特色，借鉴已有试点地区成功经验，加快全民参保步伐，力争到 2020 年实现全民覆盖，同时要加强各部门之间的协调。由于全民参保计划的登记涉及人社部、公安部、民政部等多部门的参与，这些部门之间的协调联系有助于推进信息资源共享，减少计划在实施过程中不必要的重复工作，从而提高计划实施的工作效率。因而，加强各部门间的协调，极大地促进了全民参保计划的完成。

直接分红，开设全民分红账户。保障和改善民生没有终点站，虽然社会保障体系逐步建成全民参保，教育、医疗等民生方面的支出范围也逐渐扩大，但是，仍然存在空间、时间上的不全面性，人员“缺位”现象依然存在。国际经验给了中国一种新的启示，在条件允许和可行性分析下，中国或许也能采取直接社会分红方式，开设全民分红账户。这种创新式的直接社会分红模式对于国有资本收益管理提出了更高的要求。一方面，对于国有资本经营收支范围和比例要更加公开、透明。将年度国有资本的收入和支出对社会公开，使国有企业所有者了解和掌握自身拥有的权益，在扣除必要保障国家安全支出等重要方面后，计算应向全民分红的比例或额度，并及时、准确地发放到所有者账户。简单地说，就是根据当年国有资本经营支出用于全民分红的比例，平均分配到每个公民账户。另一方面，严格管理该账户。全民分红账户的开设使全民公平、平等地享受到了作为国有企业所有者的权利。全民分红账户需要协调各利益相关者的利益，减少由于强势精英带来的不公平分配，因此，一要严格对该账户管理者的选择，防止“寻租”；二要加强管理该账户与其他账户的区别和联系，谨防混淆。为了保障所有国有企业红利能够分到每个分红账户上，可以采取区别于银行账户的管理方式，开设专门的账户管理。

（2）推行积极分红政策。大幅提高国有资本收益上缴公共财政比例，推行积极分红政策，反对低分红或不分红政策。从《公司法》角度看，股东究竟应追求股东短期利益最大化，还是长期利益最大化，是追求股东利益最大化，还是公司利益最大化，并无单一标准答案，而纯属股东包括国家股东的商业判断范畴。但鉴于全民股东长期未获分红，应强制国有控股公司推行积极分红政策，公司税后可分配利润半数以上应作为股利分配。公司慷慨分红的，应予以鼓励。对于无红可分的亏损公司，国家有权对亏损国有企业和管理层开展专项审计，及时敦促公司淘汰庸才，追究背信高管的责任。国有企业管理层若主张不分红或少分红更符合全民股东的最大利益，应主动承担举证责任，以自证清白。

每家中央企业的法定代表人要在每年一度的全国人民代表大会上报告面向全民分红的决议，无红可分、拒绝分红的企业应当详述理由，接受全国人大代表和媒体质询。同理，地方国企的法定代表人也应在本地人民代表大会上报告面向当地全体居民分红的决议，无红可分、拒绝分红的企业也应详述理由，并接受当地人大代表和媒体质询。

（3）完善国有企业分红向养老保险基金倾斜机制。由于我国是社会主义公有制为主体的国家，国有企业在国民经济中的覆盖面广，资产规模大，对国有企业的收益进行分红对社会发展具有重要意义，而对国有企业红利进行分配要体现国有企业是全民所有的产权特征，因此分红应注重民生方面。目前，我国养老金缺口规模大，并且随着老龄化问题的加重，情况会更加严重，划拨国有企业红利，对于解决养老金缺口具有重要意义。因此解决上述国有企业利润向养老保险分红存在的问题，体现出其重要性。

调整优化国有企业利润收支结构，重视养老保险的支出。目前，我国国有资本收益存在收取比例偏低、收取范围偏窄、支出结构不合理等问题，而这些问题会影响国资预算拨入养老保险的资金数量，不利于解决养老金缺口问题。提高国有资本收益收取比例、扩大收取范围、优化支出结构具有重要意义。第一，国际上对国有企业红利分配比例基本高于30%，而我国介于10%～25%，党的十八届三中全会提出，到2020年，国有资本收益上缴比例提高到30%，因此应逐步提高收取比例，扩大可分配国有企业红利总量。第二，我国金融性国有企业盈利能力强，并且随着改革的深入，盈利总额在不断提高，把这些国有企业纳入国有资本经营预算的实施范围，全面体现国有企业全民所有的性质，国有企业红利由全民共享。第三，从支出结构看，国有企业红利用于社保等民生支出的比例较小，应提高此方面的支出比例，随着我国社保改革的深入，社保覆盖人群逐渐提高，并努力朝全民覆盖的目标前进，而养老保险事关全民退休后的待遇问题，养老金缺口势必得到解决，全民所有的国有企业红利向养老保险分红是应有之义，应加大注入养老保险的资金流，为全民创造福利。

出台相关的法律法规，推动建立国有企业利润向养老保险分红的长效机制。法律是政策长期稳定贯彻执行的依据，是推动建立国有企业利润向养老保险分红长效机制的保障。首先，法律应明确规定相关责任者的地位，目前普遍存在政出多门、多头管理的混乱局面，在国有企业利润分配过程中财政部、国资委等具体的职权范围，以及利润上缴国家财政、划拨入全国社保基金后资金管理运营责任者等，所涉及相关部门责任应做出明确规定。其次，对于国有企业利润划拨全国社保基金具体的比例、数额等应做出明确规定，目前尚无明确的法律法规对此做出规定，因而在国有企业利润分配过程中对于养老保险的分红比例较小，而大多数利润回归到国有企业自身发展建设中，国有企业红利向养老保险分红缺乏法律保障。并且，对于划拨后的资金管理运营也应该做出相关规定，投资管理人、托管人等的选择也至关重要，保证资金的安全和保值增值。此外，关于利润分配过程、基金管理过程监管的规定也显得格外重要。除了规定相关部门内部监管以及专门设立的监管部门外，外部社会监管的法律权利也应赋予，应及时公布信息、接受社会监管。

解决养老保险碎片化问题，推动国有企业红利全民共享的实现。养老保险是国有企业红利进行全民分红的重要途径之一，而对养老保险的分红又主要通过红利划拨全国社保基金，因此对拨入全国社保基金的红利进行分配，应体现全民共享的目标机制，全民共享不仅包括范围上的全民，还应注重分配过程中的公平和效率问题。目前，养老保险覆盖范围在进一步提升，并且朝着全民覆盖的目标前进。由于养老保险碎片化问题阻碍了全国社保基金分配过程中公平和效率的实现，即不利于提高国有企业利润全民分红的效果，因此解决养老保险碎片化问题有其必要性。养老保险碎片化主要受“补丁”式改革策略、分级财政体制、城乡二元结构等因素的影响，要从产生原因上寻找解决措施，逐步解决养老保险碎片化问题，从而建立统一的养老保险制度，推动统筹层次的提高，实现养老保险基金从收到支的统一。

10.5.2.2 完善金融市场运作机制

无论国有资产收益分配全民化改革以何种模式开展，都必须涉及其保值增值的要求，这必然要与国有资产收益资本化挂钩。这就要求我国必须继续深化金融改革，逐步扩大金融开放，增强金融创新，加强金融市场监管，确保国有资产收益资本化之后的资金安全性、流动性和盈利性，将改善民生同金融发展有机结合，实现双赢。

（1）深化金融改革，逐步扩大金融开放。继续推进利率市场化，为国有资产收益的再投资创造宽松有序的市场环境。利率是金融市场的价格衡量工具，建立由市场决定的利率形成机制和利率调控机制对促进我国金融市场由低水平向高水平发展大有裨益。目前，我国完全放开存贷款利率管制，意味着利率市场化的基本完成，利率的决定权由央行移交商业银行，商业银行可根据自身资金状况和市场供需决定客户存贷款利率，定价自主权扩大。但放开利率管制不意味着市场决定的利率形成机制和利率调控机制的完全建立，仍需继续推进利率市场化。央行应发挥利率作为金融市场价格的引导作用和作为货币政策工具的调控作用。建立以市场基准利率和收益率曲线为基准的金融市场利率定价机制，形成以上海银行间同业拆借利率、短期回购利率以及国债利率为主的短期市场利率，并利用再贷款、中期借贷便利、抵押补充贷款等工具引导和稳定中长期市场利率，形成金融产品价格围绕市场基准利率波动的价格体系。同时，货币政策需逐步由数量调控向价格调控转变，货币政策工具选择由原有的货币供应量为主向利率为主、货币供应量与利率相结合转变，理清由市场基准利率到金融市场利率的传导机制，发挥利率传导机制和调控机制的有效性。

以人民币纳入 SDR（特别提款权）作为重要契机，继续推进人民币国际化进程，发挥人民币国际储备货币优势，推动人民币资本项目可兑换，带动资本在国内金融市场和国际金融市场的自由流动，仿效挪威全球养老基金，借助外汇、黄金以及其他国家金融产品等多种金融工具，在不同国家的金融市场上进行分散化投资，实现国有资产收益再投资的投资组合的多样化，规避国内金融市场或单一国家金融市场的系统性风险。

（2）增强金融创新，加强金融市场监管。金融创新是金融要素的重新组合，金融创新能够提高金融机构的盈利能力，扩展其业务范围，并扩大金融产品收益模式的选择范围，防范金融风险。商业银行作为金融市场的主要金融机构，转变经营方式，增强表外业务创新，利用互联网和大数据等信息技术，吸引更多高素质金融人才，实现金融工具创新、金融技术创新、金融服务创新、金融企业组织和管理方式的创新。支持P2P、第三方支付平台等新型金融组织的金融创新，鼓励互联网金融为实体经济服务，为企业提供更多的货币市场和资本市场的金融工具选择，帮助企业规避风险，增加收益。以金融创新降低投资风险成本，提高资金利用效率和预期收益率，实现“全民共享”的国有资产收益最大化。

加强金融市场监管。金融开放将联系国内金融市场和国际金融市场，金融创新则可能带来金融监管空白，势必加剧金融风险，这就要求提高金融监管部门的监管有效性。监管机构应致力于防范日益增强的金融市场的系统性风险，规范金融市场运作机制，严厉惩处或制裁严重影响金融市场安全的违法违规行为，维护金融市场的安全稳定。加强联系和合作，完善联席会议制度，应对分业监管的混业经营趋势和互联网金融产生的监管空白和监管重复，提高金融监管有效性，为国有资产的保值增值提供安全稳定的金融环境保障。

10.5.2.3 建立健全国有资产收益分配全民化的配套制度

随着国有资产收益全民化的不断深入，政府应着手进行国资收益分配全民化的制度设计，真正明确国有资产收益“全民共享”的最终目标，加快完善国有资产管理制度、国有资产收益分配全民化的监督机制以及国有资产收益使用的信息披露制度等各项配套的制度框架，为国有资产收益全民化分配提供切实的制度保障。

（1）完善国有资产管理制度。完善国有资产管理制度，建立健全由国有资产监管机构作为国有资本投资、运营公司出资人，授权国有资本投资、运营公司对其控股企业或参股企业履行出资人职责三层架构设计组成以“管资本”为主的国有资本授权经营体制，建立健全国有资本经营预算制度，保障国有资产收益分配全民化落于实处。

明确国有资产监管机构的职能定位。完善国有资产管理制度，必须明确政府与市场的关系，充分发挥市场在资源配置中的决定作用，避免政府对国有企业的过度行政干预所造成政企不分的局面，国有资产监管机构应准确把握其职能定位。国有资产监管机构是在各级人大授权之下，扮演国有资本投资、运营公司的出资人角色的政府直属机构，仅履行国有资产监管者的职能。国有资产监管人必须划清监管边界，妥善建立并认真实施监管的权利清单和责任清单，增强监管企业活力和提高效率，聚焦监管内容，既要科学管理、减少监管空白，又要依法管理、法不授权不可为。此外，在国有企业的治理结构、战略规划制定、资本运作模式、人员选用机制、经营业绩考核等方面行使精确有效的分类监管。

改革国有资本授权经营体制。改革国有资本授权经营计划，必须摆脱当前仍然存在的

"管人管事管资产"的管理理念，建立以"管资本"为主的国有资本授权经营体制，要求国有资产监管人依法授权国有资本投资、运营公司对其授权范围内国有资本履行出资人职责。在"管资本"为主的国有资本授权经营体制下，国有资本投资、运营公司必须以其出资额为限，作为独立于政府之外的国有资本运作的专业化平台，通过市场化方式依法参与其控股企业或参股企业的重大决策制定，不对企业日常经营进行干预，使其控股企业或参股企业能够按照市场化运作机制开展其经营活动。

建立健全国有资本经营预算制度。在完善的国有资本经营预算制度的框架下，对国有资本收益的收入与支出比例及结构进行合理的统筹规划，在保证国有企业持续经营的前提下，由国资委确定国有企业利润留存比例并审核留存利润的再投资方向，确保国有企业上缴利润用于实处，以便保持国有企业拥有资金的稀缺性，避免国有企业过度投资，降低职业经理人在职消费的道德风险发生的可能性。同时，审计机关应对国资预算的编制和执行情况进行严格把关，在审计过程中是否存在通过关联企业隐瞒或转移收入等情形导致的国资收益的隐性损失，保证国有资本收益收入的完整性，并对国有资本收益支出进行严格把控，确保国有资本收益的支出方向及数额的合理性。

建立以相关者利益最大化为目标的国有企业利润分配政策体系。鉴于国有企业经营特点各异，结合国有企业分类监管的情况，政府出资人可以分类分户制定国有企业利润分配政策，但所形成的政策体系应当基于相关者利益最大化目标，统筹考虑以下要素：一是社会公众和政府宏观管理需要，主要是保证国有资本收益用于民生支出的需要和用于国有经济布局调整的需要等。二是政府出资人的利益，主要是在与混合所有制企业其他股东博弈中要合理维护好政府股东利益。三是企业自身利益，主要涉及保持企业现金流稳定、合理降低企业资本成本、保证企业投资需求、维护企业可持续发展能力等方面。四是企业债权人利益，主要涉及维持合理的企业资本结构、保持一定偿债能力等方面。

（2）建立健全国有资产收益分配全民化的法律制度。为确保国有资产收益全民化分配做到有法可依，就必须尽早建立健全国有资本收益分配全民化的法律制度，以法律形式规范监督政府和国有企业执行国资收益在民生方面的投入，并通过法律约束，避免国有资产收益被个人或个别群体用以牟取私利。

必须以法律形式确定国有资产收益全民化分红的比例。《中共中央关于全面深化改革若干重大问题的决定》明确提出，2020 年国有资本收益上缴公共财政比例须达到 30%。这是实现国有企业利润"全民共享"的第一步，但这远远不够。政府与立法机构应在国有资产收益全民化分配的推进中，探索并找出适合我国国情的国有资产收益全民化分配的比例，并以法律形式将此比例固定，使国有资产收益全民化分配真正落于实处，避免当前国有企业利润以增资扩股、改革重组等方式返还给国有企业内部的现象再次产生。

必须以法律形式确定全民化分配的国有资产收益来源范围。目前，我国仅将国有企业上缴利润作为全民化分配的资金来源，基于我国庞大的人口数量，上述资金在提高全体国民生活水平方面所能发挥的作用极为有限。因此，必须扩大用以全民化分配的资金来源范围。除将国有企业的利润上缴作为我国社会分红资金的主要来源，政府应拓宽用以社会分红的资金来源，将包括国有资产出让及租赁收入以及各项基金税费在内等部分财政收入纳入分红资金来源，并将所定范围写入相关法律法规中，法律形式将其确定下来。全体人民是国有企业的真正股东，而政府是全体人民的代理者，因此全体人民有权享受全部财政收入。将全部财政收入用以社会分红，这也符合政府创造更多条件以增加人民财产性收入的愿景。

必须以法律形式确定和监督国有资产收益全民化分配的使用方向，规范其资金操作。首先，应将国有资产收益全民化分配的具体使用方向，例如社会保险，养老保险，教育、医疗保险等方面，写入法律。以法律的强制性固定国有资产收益全民化的具体方向，有利于避免国有资产收益以其他方式重新流回国有企业或行政单位，保障国有资产收益分配划拨比例的有效性和真实性。其次，国有资产收益补充社会保险基金已写入政府政策中，但这个条件对于确保实现国有资产收益保值增值的目标是不够充分的。信息不对称因素的存在或有可能致使社会保险基金管理机构钻法律的空子，不顾国有资产的公有性和保本要求，在资本市场进行违规的投机操作，以公利牟取私利，极有可能造成国有资产的流失和公民福利的巨大损失，拉大社保和养老缺口。立法机构应将国有资产收益的保本要求作为法律底线，要求社会保险基金管理机构进行合法的分散的组合性投资，监督相关机构的具体操作，确保国有资产收益保值增值的实现。

（3）建立健全国有资产收益分配全民化的监督机制。建立健全国有资产收益分配全民化的监督机制不能仅仅局限于政府自身的监督机制的建立，更应建立立法机构监督及公众舆论监督有机结合的国资收益分配全民化的监督制度。

立法监督。国有资产收益分配全民化的立法监督主体应是全国人大及其常委会。国有资产监管机构应向全国人大提交关于国有资产监管及使用的详细信息的书面报告，包含其履行国有资本投资、运营公司出资人的职责内容，对国有资本投资、运营公司的授权、投资等重大事项决策的制定及参与情况、对国有资产监管重点领域、国有企业营运及红利分配情况、国有资本经营预算民生支出等方面内容，由全国人大代表全体公民行使对国有资产经营使用的最终监督权。

公众舆论监督。政府应帮助公民强化作为国有资产最终所有者的意识，鼓励公民积极对国有资产收益的使用方向及数额大小的合理性行使法律赋予的监督权，发挥网络、电视、手机等新媒体技术平台的时效短、参与度大等优势作用，鼓励更多的公民参与到国有资产收益分配全民化的制度设计及国有资产使用方向等问题的讨论中，激励公民在讨论中表达公民意愿，构建全体公民参与国有资本收益全民化分配的监督平台，促使公民主动参与国有资产收益全民化分配情况监督，并且利用微博、微信等新媒体工具更大地发挥社会舆论的监督力量，真正体现全体公民作为国有资本收益的最终所有者的地位。

（4）建立健全国有资产收益使用的信息披露制度。鉴于国有企业是股东人数最多、公开透明度最高的公众公司，应借鉴国际国有企业透明度与信息披露的先进经验，尽快出台《国有企业透明法》，确立各类国有企业包括非上市公司的信息披露义务，确认全民股东的知情权，建立跨产业、跨地域、覆盖所有国有企业的“24 小时全天候、360 度全方位”的信息披露制度。

鉴于国有企业的利益相关者远远超过上市公司，为节约立法资源，应将我国《证券法》和相关法律法规为上市公司设定的信息披露制度推广于各类国有企业。国有企业定期在网站上公布年报、中报、季报甚至月报，遇有重大情况的还要随时公布临时报告。国有企业年报要经国家审计署随机抽取的外部审计机构依法审计。为使公开透明原则贯彻到位，确保信息公开制度的可操作性，国有企业的信息公开应同时符合真实性、准确性、完整性、合法性、最新性、易得性、易解性和公平性八项标准；违者，应承担法律责任。

全国人民代表大会及全国人大代表对中央企业、地方人大及地方人大代表对当地国有企业依法享有质询权。任何中国公民与媒体也当然享有知情权，并依法行使账簿查阅权。公众查阅会计账簿时对某些科目存疑的，公众还有权查阅发票、合同等原始凭证。

商业秘密（包括技术秘密和经营秘密）是公司在市场竞争中克敌制胜的法宝。公开透明原则并非否定商业秘密的价值，要在尊重和保护国有企业依法享有商业秘密的前提下，旗帜鲜明地提高财务和经营状况的公开透明水平。既不能借口商业秘密之保护，而否定公众的知情权，也不能以公众的知情权否定和取代国有企业的商业秘密。如何把握商业秘密与公众知情权的辩证关系，是考验国有企业治理水准的试金石。当然，国有企业经营活动涉及国家安全的应依法保守国家秘密，但保密范围要从严界定，越少越好。

参考文献

［1］《国企改革若干问题研究》编写组．国企改革若干问题研究［M］．北京：中国经济出版社，2017：131.

［2］129家中国企业、48家中央企业上榜！［EB/OL］．http：//www.sasac.gov.cn/n2588025/n2588164/n4437258/c11796022/content.html.

［3］翁士洪，顾丽梅．治理理论：一种调适的新制度主义理论［J］．南京社会科学，2013（7）：49－56.

［4］许耀桐．以现代化为指向识解国家治理［N］．中国社会科学报，2014－02－07（A07）.

［5］全球治理委员会．我们的全球伙伴关系［M］．牛津：牛津大学出版社，1995.

［6］李维安．中国公司治理原则与国际比较［M］．北京：中国财政经济出版社，2001：81－82.

［7］刘文虎．公司治理及其评价研究综述［J］．合作经济与科技，2015（13）：75－76.

［8］费方域．企业的产权分析［M］．上海：上海三联书店，1998：164－170.

［9］吴敬琏．现代公司与企业改革［M］．天津：天津人民出版社，1994：185－196.

［10］刘俊海．全面推进国有企业治理体系和治理能力现代化的思考与建议［J］．法学论坛，2014（29）：46－57.

［11］严若森，贾伟娟．人性假设与公司治理："治理人"假设的提出［J］．人文杂志，2015（1）：45－51.

［12］刘丽文．国有企业治理结构优化途径研究［D］．南昌：江西财经大学硕士学位论文，2017.

［13］李洋．国有企业治理结构的选择［D］．大连：东北财经大学硕士学位论文，2016.

［14］严若森．权威博弈与国有企业改革策略［J］．人文杂志，2013（3）：26－32.

［15］严若森．政府的治理边界与中国国有企业改革深化［J］．人文杂志，2008（3）：81－85.

［16］汪婧．国有控股混合所有制企业股权制衡机制研究［D］．北京：首都经济贸易大学硕士学位论文，2017.

［17］李维安．公司治理问题的研究现状评述——现代公司的治理机制与经营行为的探讨［J］．南开学报（哲学社会科学版），1996（3）：39－44.

[18] 李维安，邱艾超，古志辉．双重公司治理环境、政治联系偏好与公司绩效——基于中国民营上市公司治理转型的研究[J]. 中国工业经济，2010（6）：85－95.

[19] 李维安，邱艾超，牛建波等．公司治理研究的新进展：国际趋势与中国模式[J]. 南开管理评论，2010，13（6）：13－24.

[20] 钟海燕，冉茂盛，文守逊．国有控股、治理特征与公司投资[J]. 山西财经大学学报，2010（8）：87－94.

[21] 李维安．国企从企业治理模式向公司治理模式转型[J]. 现代国企研究，2018（Z1）：86－89.

[22] 许耀桐，刘祺．当代中国国家治理体系分析[J]. 理论探索，2014（1）：50.

[23] 党印，鲁桐．企业的性质与公司治理：一种基于创新的治理理念[J]. 制度经济学研究，2012（4）：64－91.

[24] 张承耀．“内部人控制”问题与中国企业改革[J]. 改革，1995（3）：29－33.

[25] 费方域．什么是公司治理？[J]. 上海经济研究，1996（5）：37－40.

[26] 卢昌崇．企业治理结构[M]. 大连：东北财经大学出版社，1999.

[27] 徐晓东，陈小悦．第一大股东对公司治理、企业业绩的影响分析[J]. 经济研究，2003（2）：64－74.

[28] 韩贵义．我国国有企业治理诊断模型与评价研究[J]. 中国科技论坛，2010（10）：62－66.

[29] 岳福斌．现代产权制度研究[M]. 北京：中央编译出版社，2007.

[30] 刘立国，杜莹．我国上市公司盈余管理的动因及治理[J]. 审计文汇，2002（1）：26－27.

[31] 夏小林．国有资本“一股独大”何错之有——简论关于国企改革的若干问题[J]. 经济导刊，2014（6）：28－32.

[32] 蓝定香．大型国企产权多元化改革研究[M]. 北京：人民出版社，2012.

[33] 鲁桐．国企公司治理面临的挑战和对策[J]. 中国国情国力，2018（4）：13－15.

[34] 李维安，张国萍．经理层治理评价指数与相关绩效的实证研究——基于中国上市公司治理评价的研究[J]. 经济研究，2005（11）：87－98.

[35] 余菁．转型中的中国国有企业制度[M]. 北京：经济管理出版社，2014.

[36] 潘红波，夏新平，余明桂．政府干预、政治关联与地方国有企业并购[J]. 经济研究，2008（4）：41－52.

[37] 张军，王祺．权威、企业绩效与国有企业改革[J]. 社会科学辑刊，2004（5）：101.

[38] 徐传谌，刘凌波．我国国有企业特殊社会责任研究[J]. 经济管理，2010（10）：171－176.

[39] 黄速建，余菁．国有企业的性质、目标与社会责任[J]. 中国工业经济，2006（2）：68－76.

［40］刘玲．国有企业社会责任研究——以“企业—政府—社会”关系为框架[J]. 理论界，2007（9）：95－96.

［41］刘粹．我国国有企业公司治理的问题及对策研究［D］．沈阳：辽宁大学硕士学位论文，2012.

［42］温洁瑜．国有企业高管腐败现象研究[J]. 审计月刊，2017（6）：49－51.

［43］曲亮，章静，郝云宏．独立董事如何提升企业绩效——立足四层委托—代理嵌入模型的机理解读[J]. 中国工业经济，2014（7）：109－121.

［44］陆红军．央企外部董事的缺位及对策[J]. 国企，2011（10）：110－113.

［45］郜峰．国有企业监事会制度亟待完善[J]. 理论前沿，2003（18）：16－17.

［46］滕雨格．上市公司独立董事与监事会职能的冲突与协调[J]. 法制博览，2014（1）：267.

［47］汤吉军，年海石．国有企业治理结构变迁、路径依赖与制度创新[J]. 江汉论坛，2013（2）：71－74.

［48］陈军歌．国有企业信息化监管机制问题分析[J]. 经营管理者，2017（27）：11.

［49］徐传谌，张东明，杨洁．大型国有集团公司治理效率指标的选择与构造[J]. 经济与管理研究，2008（1）：15－20.

［50］鲁桐，党印．金融危机后公司治理研究的最新进展[J]. 产经评论，2014，5（1）：136－149.

［51］黄华．国外四种公司治理模式的比较及启示[J]. 经济纵横，2005（2）：44－46.

［52］周文峰，陈苗杰，陈立峰．公司治理模式比较研究及启示[J]. 福建论坛（社科教育版），2009（6）：55－56.

［53］李角奇．美、德、日公司治理模式之比较[J]. 党政干部学刊，2009（10）：47－51.

［54］洪功翔．美国公司治理变迁阶段研究［J］．商业研究，2009（2）：32－37.

［55］吴小林，郭苏文．美、德、日公司治理模式比较及演进趋势[J]. 湖北社会科学，2014（6）：94－98.

［56］穆妍．浅析企业的公司治理模式[J]. 新经济，2015（Z1）：67－68.

［57］迟福林．海南新体制构架与实践[M]. 海口：海南出版社，1992.

［58］陈清泰．公司治理——解开中国国企改革的关键一环[J]. 经济社会体制比较，2002（4）：5－9.

［59］陈清泰．国有企业改革与公司治理[J]. 南开管理评论，2009，12（5）：4－5.

［60］吴凡，卢阳春．我国国有企业治理存在的主要问题与对策[J]. 经济体制改革，2010（5）：67－71.

［61］孔陆泉．改善国有企业治理的问题探讨[J]. 现代经济探讨，2012（1）：60－63.

［62］杜欣月．中国国有企业公司治理机制研究［D］．北京：首都师范大学硕士学

位论文，2013.

［63］ 韩烨. 国有企业治理研究 ［D］. 长春：吉林大学硕士学位论文，2013.

［64］ 墙波. 构建“全民所有制”的国有企业治理模式［J］. 重庆与世界（学术版）2013，30（7）：10－13.

［65］ 李荣融. 关于国有企业改革的几个问题［J］. 宏观经济研究，2007（7）：3－10.

［66］ 常修泽. 广义产权论的基本要义及价值追求［J］. 中共天津市委党校学报，2010（6）：29－36.

［67］ 常修泽. 用产权人本协同共进理论探讨国有制改革——《产权人本共进论——谈国有制改革》前言［J］. 改革与战略，2010，5（16）：16－18.

［68］ 厉以宁. 关于中国企业文化的几个问题［J］. 北京大学学报（社会科学版），2011，48（1）：95－99.

［69］ 常修泽. 包容性改革论探讨——中国中长期全方位改革的战略选择［J］. 经济社会体制比较，2013（6）：4－20.

［70］ 常修泽. 现代治理体系中的包容性改革——混合所有制价值再发现与实现途径［J］. 人民论坛·学术前沿，2014（3）：14－22.

［71］ 邹俊，张芳. 沉淀成本对国有企业治理结构路径依赖的影响及其市场化超越［J］. 现代经济探讨，2017（5）：11－15.

［72］ 王世权，王丹. 公司治理制度变迁的驱动因素与约束条件——基于国有企业内部监督制度演化的案例分析［J］. 产业经济评论，2011，10（3）：36－52.

［73］ Berle A. A.，Means G. C.. Corporations and the Public Investor［J］. American Economic Review，1930，20（1）：54－71.

［74］ Tehmina Khan. Sustainability Accounting Education：Scale，Scope and a Global Need［J］. 现代会计与审计，2011，7（4）：323－328.

［75］ Lskavyan V.，Melkonian V.. A Computational Model of Model of Politicians－Bureaucracy Relationship in a Competitively Authoritarian Environment［J］. International Journal of Computational Economics & Econometrics，2011，2（1）：1－23.

［76］ 张涛，朱学义. 民营上市公司股权结构与企业绩效——基于“代理成本”视角的研究［J］. 财会通讯，2012（33）：75－78，161.

［77］ Laeven L.，Valencia F.. Systemic Banking Crises：A New Database［J］. IMF Working Papers，2008，8（8/224）：1－78.

［78］ 朱德胜，刘晓芹. 内生性视角下股权结构与公司业绩关系的实证研究［J］. 中国经济评论，2007（5）：31－36.

［79］ Jodice P. G. R.. Ecology and Conservation of the Marbled Murrelet［A］// C. J. Ralph，G. L. Hunt，M. G. Raphael，J. F. Piatt. Colonial Waterbirds［C］. 1995，20（2）：370.

［80］ Hsu S. M.，Raine L.，Fanger H.. Use of Avidin－biotin－peroxidase Complex（ABC）in Immunoperoxidase Techniques：A Comparison between ABC and Unlabeled Antibody

(PAP) Procedures [J]. Journal of Histochemistry & Cytochemistry Official Journal of the Histochemistry Society, 1981, 29 (4): 577.

[81] 王明杰，朱如意．上市公司女性董事对公司绩效影响研究[J]. 统计与决策，2010 (5): 145-148.

[82] Carpenter Catmull, Cook E.. The Reyes Image Rendering Architecture [J]. Acm Siggraph Computer Graphics, 1987, 21 (4): 95-102.

[83] Loi G. L., Agrawal B., Srivastava N., et al.. A Thermally-aware Performance Analysis of Vertically Integrated (3-D) Processor-memory Hierarchy [C] // Design Automation Conference. ACM, 2006: 991-996.

[84] 许江波．公司治理和破产关系的理论与实证研究——基于董事会结构和国有股比例的分析[J]. 中国工业经济，2009 (8): 131-140.

[85] Chou P. Y., Fasman G. D.. Empirical Predictions of Protein Conformation [J]. Annual Review of Biochemistry, 2003, 47 (47): 251-276.

[86] Hermalin B. E., Weisbach M. S.. Boards of Directors as an Endogenously Determined Institution: A Survey of the Economic Literature [J]. Federal Reserve Bank of New York Economic Policy Review, 2003, 9 (Apr): 7-26.

[87] 刘亚铮，常建莉．中小板上市公司董事会特征与绩效关系研究[J]. 中国集体经济，2009 (8S): 144-145.

[88] 张为．上市公司董事会特征对公司绩效影响的分析[J]. 财务与金融，2010 (2): 93-95.

[89] Agrawal M., Konolige K.. Real-time Localization in Outdoor Environments using Stereo Vision and Inexpensive GPS [J]. Proc. int. conf. on Pattern Recognition, 2006, 3 (2): 1063-1068.

[90] 何枫．公司治理及其管理层激励与公司效率——关于中国上市公司数个行业的实证研究[J]. 管理科学学报，2008，11 (4): 142-152.

[91] Larsen C. P., Pearson T. C., Adams A. B., et al.. Rational Development of LEA29Y (Belatacept), A High-affinity Variant of CTLA4-Ig with Potent Immunosuppressive Properties [J]. American Journal of Transplantation, 2005, 5 (3): 443-453.

[92] 冉光圭．中国上市公司融资结构与公司治理绩效的实证研究[J]. 企业经济，2011 (5): 171-176.

[93] 鲁桐，党印，仲继银．中国大型上市公司治理与绩效关系研究 [J]．金融评论，2010，2 (6): 33-46，121.

[94] 李汉军，张俊喜．上市企业治理与绩效间的内生性程度[J]. 管理世界，2006 (5): 121-127.

[95] 郝云宏，周翼翔．董事会结构、公司治理与绩效——基于动态内生性视角的经验证据[J]. 中国工业经济，2010 (5): 110-120.

[96] 郑志刚，孙艳梅，谭松涛等．股权分置改革对价确定与我国上市公司治理机制

有效性的检验[J]. 经济研究，2007（7）：96－109.

[97] 孙凌姗，刘健. 机构投资者在公司治理中的作用——基于中国上市公司的实证研究[J]. 兰州商学院学报，2006，22（3）：90－94.

[98] 傅建源，杨奇平. 中国上市公司自愿信息披露与公司治理结构的实证研究[J]. 特区经济，2007（8）：124－125.

[99] 吕伟，张学渊，佘名元. 财富榜、声誉成本与会计稳健性[J]. 经济科学，2013，35（6）：101－115.

[100] 黄晓蓓，郑建明. 媒体关注、分析师跟进与业绩预告违规[J]. 国际商务（对外经济贸易大学学报），2015（3）：141－150.

[101] 李明，叶勇. 媒体负面报道对控股股东掏空行为影响的实证研究[J]. 管理评论，2016，28（1）：73－82.

[102] 李小荣，罗进辉. 媒体关注与公司现金股利支付[J]. 经济理论与经济管理，2015，35（9）：68－85.

[103] Sherman H.. Corporate Governance Ratings [J]. Corporate Governance An International Review，2004，12（1）：5－7.

[104] Klapper L. F.，Laeven L.，Love I.. What Drives Corporate Governance Reform? Firm－Level Evidence from Eastern Europe [Z]. Policy Research Working Paper，2005.

[105] Strenger C.. The Corporate Governance Scorecard：A Tool for the Implementation of Corporate Governance [J]. Corporate Governance An International Review，2004，12（1）：11－15.

[106] Koehn D.，Ueng J.. Evaluating the Evaluators：Should Investors Trust Corporate Governance Metrics Ratings? [J]. Journal of Management & Governance，2005，9（2）：111－128.

[107] Chhaochharia V.，Laeven L.. Corporate Governance Norms and Practices [J]. Journal of Financial Intermediation，2009，18（3）：405－431.

[108] Lazarides T.，Drimpetas E.. Evaluating Corporate Governance and Identifying Its Formulating Factors：The Case of Greece [J]. Corporate Governance International Journal of Business in Society，2008，11（2）：136－148.

[109] Zheng Y.，Zhou H.. An Intelligent Text Mining System Applied to SEC Documents [C] // Ieee/acis，International Conference on Computer and Information Science. IEEE，2012：155－160.

[110] 裴武威. 公司控制模式研究 [D]. 武汉：武汉大学博士学位论文，2001.

[111] 海通证券研究所上市公司治理评价项目组. 上市公司治理评价体系及其应用[J]. 证券市场导报，2002（10）：4－9.

[112] 南开大学公司治理研究中心课题组. 中国上市公司治理评价系统研究[J]. 南开管理评论，2003，6（3）：4－12.

[113] 牛建波，李胜楠. 对公司治理评价的评价[J]. 财经科学，2004（2）：22－26.

[114] 周繁. 公司治理评价模式的探讨[J]. 中山大学研究生学刊（社会科学版），2004（3）：75－85.

[115] 张大力. 国内外公司治理评价的回顾与再评价[J]. 现代商贸工业，2008，20（2）：24－25.

[116] 蒙立元，张颖. 上市公司治理评价指标体系的中外比较[J]. 财会月刊，2009（30）：94－96.

[117] 李维安，徐业坤，宋文洋. 公司治理评价研究前沿探析[J]. 外国经济与管理，2011（8）：57－64.

[118] 李维安，牛建波. 中国上市公司经理层治理评价与实证研究[J]. 中国工业经济，2004（9）：57－64.

[119] 邱艾超. 国有上市公司治理转型、治理要素提炼与公司绩效[J]. 产经评论，2014（4）：128－140.

[120] 田利辉. 国有股权对上市公司绩效影响的U形曲线和政府股东两手论[J]. 经济研究，2005（10）：48－58.

[121] 李维安，张国萍. 公司治理评价指数：解析中国公司治理现状与走势[J]. 经济理论与经济管理，2005（9）：58－64.

[122] 罗党论，唐清泉. 政治关系、社会资本与政策资源获取：来自中国民营上市公司的经验证据[J]. 世界经济，2009（7）：84－96.

[123] 樊纲，王小鲁，朱恒鹏. 中国市场化指数——各省区市场化相对进程2011年度报告[M]. 北京：经济科学出版社，2011.

[124] 谢在阳，林润辉，曲亮. 董事会二元权力结构、网络位置与企业绩效——基于国有企业的实证研究[J]. 证券市场导报，2017（9）：19－25，40.

[125] 陶虎，齐新家. 山东省国有独资企业治理效率实证研究[J]. 技术经济，2007，26（12）：93－96.

[126] 李维安，唐跃军. 公司治理评价、治理指数与公司业绩——来自2003年中国上市公司的证据[J]. 中国工业经济，2006（4）：98－107.

[127] 李灿. 国有企业绩效评价研究：理论发展与模式重构[J]. 财经理论与实践，2012，33（6）：97－101.

[128] 陈霞，马连福，丁振松. 国企分类治理、政府控制与高管薪酬激励——基于中国上市公司的实证研究[J]. 管理评论，2017，29（3）：147－156.

[129] 李武立. 论国有及国有控股企业经营管理者绩效评价体系和薪酬激励机制[J]. 生产力研究，2008（4）：109－111.

[130] 张天华，张少华. 偏向性政策、资源配置与国有企业效率[J]. 经济研究，2016，51（2）：126－139.

[131] 盛丹，刘灿雷. 外部监管能够改善国企经营绩效与改制成效吗？[J]. 经济研究，2016，51（10）：97－111.

[132] 经济合作与发展组织.《OECD公司治理原则》实施评价方法[M]. 周清杰译.

北京：中国财政经济出版社，2008.

［133］何自力．论公司控制与公司治理［J］. 天津社会科学，1997（6）：11－17.

［134］李淮安．上市公司治理准则：奠定中国证券市场可持续发展的制度基础［J］. 南开管理评论，2002，5（1）：1.

［135］胡鞍钢．中国现代化之路（1949—2014 年）［J］. 中国战略报告，2016（2）：29－59.

［136］编辑部．“现代国企”的时代特征［J］. 现代国企研究，2018（7）：3.

［137］钱乘旦，陈意新．走向现代国家之路［M］. 成都：四川人民出版社，1987.

［138］李泽实．现代化理论与中国发展［J］. 开放导报，2014（1）：64－66.

［139］俞可平．衡量国家治理体系现代化的基本标准［N］．南京日报，2013－12－10（A07）.

［140］戴长征．中国国家治理体系与治理能力建设初探［J］. 中国行政管理，2014（1）：10－11.

［141］李景鹏．关于推进国家治理体系和治理能力现代化——“四个现代化”之后的第五个“现代化”［J］. 天津社会科学，2014（2）：57－62.

［142］莫纪宏．国家治理体系和治理能力现代化与法治化［J］. 法学杂志，2014，35（4）：21－28.

［143］许耀桐．法治　德治　共治　自治“第五个现代化”独特内涵与历史轨迹［J］. 人民论坛，2014（10）：28－30.

［144］唐皇凤．推进国家治理体系和治理能力现代化的一场深刻变革［J］. 中国党政干部论坛，2018（5）：22－26.

［145］燕继荣，何增科，叶庆丰．关于国家治理现代化的对话［J］. 科学社会主义，2014（1）：4－7.

［146］李晓乐．新中国国家治理模式嬗变的历史逻辑［J］. 广西师范大学学报（哲学社会科学版），2018，54（1）：43－48.

［147］涂小雨．新时代全面深化改革视阈中的治理转型考察［J］. 科学社会主义，2017（6）：125－128.

［148］俞可平．推进国家治理体系和治理能力现代化［J］. 前线，2014（1）：5－8.

［149］周晓菲．治理体系和治理能力如何实现现代化［N］．光明日报，2013－12－04（004）.

［150］李军鹏．国家治理体系和治理能力现代化是迫切要求［J］. 财经国家周刊，2013（24）.

［151］徐邦友．国家治理体系：概念、结构、方式与现代化［J］. 当代社科视野，2014（1）：32－35.

［152］陈朋．决定国家治理能力高低的三要素［N］．学习时报，2014－03－10（006）.

［153］娄成武，张国勇．治理视阈下的营商环境：内在逻辑与构建思路［J］. 辽宁大

学学报（哲学社会科学版），2018，46（2）：59－65.

［154］李仪．以“六化”推动国家治理现代化[J]．人民论坛，2017（33）：75－77.

［155］缪文卿．国家治理的三重维度及其实践意蕴[J]．求索，2017（12）：80－86.

［156］肖春花．主体与方式：国家治理现代化的应然维度[J]．延边党校学报，2017，33（6）：45－47.

［157］肖春花．国家治理现代化的多维度透视[J]．福州党校学报，2017（6）：21－23.

［158］吴汉东．国家治理能力现代化与法治化问题研究[J]．社会治理法治前沿年刊，2015（5）：6－21.

［159］俞可平．关于国家治理评估的若干思考[J]．华中科技大学学报（社会科学版），2014（3）：1－2.

［160］高闯等．公司治理：原理和前沿问题[M]．北京：经济管理出版社，2009.

［161］刘志丹．国家治理体系和治理能力现代化：一个文献综述[J]．重庆社会科学，2014（7）：33－40.

［162］徐勇，吕楠．热话题与冷思考——关于国家治理体系和治理能力现代化的对话[J]．当代世界与社会主义，2014（1）：4－10.

［163］任瑞明．浅谈推进国有企业治理体系和治理能力现代化[J]．商场现代化，2015（23）：102－103.

［164］施智梁．国资委研究中心主任再发声：国企不能退出竞争性领域［EB/OL］．红歌会网，http：//www. szhgh. com/Article/news/finance/2014 － 08 － 28/61068. html，2014－08－28.

［165］编辑部．“现代国企”的时代特征[J]．现代国企研究，2018（7）：3.

［166］中共中央 国务院关于深化国有企业改革的指导意见［N］．人民日报，2015－09－14（006）．

［167］熊润频．坚持党的领导 加强党的建设 推进国有企业治理现代化[EB/OL]．http：//www. sc. gov. cn/10462/10778/10876/2016/4/25/10377561. shtml，2016－04－25.

［168］岳海峰．国家治理体系和治理能力现代化的三重维度[J]．中国党政干部论坛，2014（7）：42－44.

［169］楚序平．实现国企治理现代化要在四方面“下狠手”［EB/OL］．http：//www. ce. cn/cysc/newmain/yc/jsxw/201412/16/t20141216_ 4135980. shtml，2014－12－16.

［170］昆仑岩．改革必须确保强我“命门”［EB/OL］．http：//www. qstheory. cn/zhuanqu/zywz/2014－09/16/c_ 1112506155. htm，2014－09－16.

［171］杨荷生．全面推进国企公司治理体系和治理能力现代化的思考[J]．企业改革与管理，2016（2）：27.

［172］李树林．推进治理能力现代化 折射治国方略新提升[J]．实践（思想理论版），2014（6）：20－21.

［173］吴升．儒家管理哲学理念与现代企业管理制度的契合[J]．求索，2016（7）：

81 –85.

［174］李小雁，张文欣．儒家管理哲学理念与现代企业管理制度的契合[J]. 保险职业学院学报，2017，31（4）：58 –61.

［175］中共天津市委党校第98期进修一班“从严治党问题研究”课题组，井建斌，涂明君．推动国有企业法人治理结构现代化建立科学规范的国有企业惩防体系[J]. 求知，2016（9）：37 –39.

［176］徐向艺．有效治理视角下国有企业制度创新与改革路径探索[J]. 中州学刊，2015（5）：32 –37.

［177］李维安，邱艾超．国有企业公司治理的转型路径及量化体系研究[J]. 科学学与科学技术管理，2010，31（9）：168 –171.

［178］李维安．国企从企业治理模式向公司治理模式转型[J]. 现代国企研究，2018（Z1）：86 –89.

［179］汤吉军．国有企业治理体系的制度分析[J]. 现代经济探讨，2015（9）：45 –47，62.

［180］严若森．中国国有企业治理重构的战略重点［N］．光明日报，2014 –10 –05（006）．

［181］宋方敏．深化国企改革要构建中国特色社会主义国有经济治理体系[J]. 红旗文稿，2014（23）：18 –21.

［182］闫翠翠．供给侧结构性改革视阈下国有企业完善现代企业制度的路径选择[J]. 科学社会主义，2017（2）：114 –119.

［183］卢俊，王鹓．权力制衡、契约精神与企业效率——国有企业治理体系和治理能力现代化的途径[J]. 国有经济评论，2015，7（1）：54 –68.

［184］常辉．20世纪西方大国资本主义国有经济研究[M]. 北京：人民出版社，2016：1 –2.

［185］余菁．国有企业公司问题研究：目标、治理与绩效[M]. 北京：经济管理出版社，2009.

［186］《国企改革若干问题研究》编写组．国企改革若干问题研究[M]. 北京：中国经济出版社，2017：1.

［187］赵世萍．美国、英国国有企业改革对我国的启示[J]. 当代经济，2017（32）：6 –7.

［188］陈皓．分权制度下政企合谋与产业结构升级［D］．重庆：西南大学硕士学位论文，2016.

［189］杜天佳．法律框架下国有资产监管多元模式探析［D］．北京：中国政法大学硕士学位论文，2009.

［190］王军林．国家出资企业中国资委的法律地位研究［D］．长春：吉林大学硕士学位论文，2014.

［191］财政部资产管理司．英国国有资产管理情况及启示[J]. 预算管理与会计，

2016 (4): 59 -63.

[192] 沈四宝. 最新美国标准公司法[M]. 北京: 法律出版社, 2006.

[193] 张俊. 国家企业权力规制论 [D]. 上海: 华东政法大学硕士学位论文, 2016.

[194] 石长江, 王永钦. 论日本的融资体制与公司治理结构[J]. 财经问题研究, 2004 (5): 26 -29.

[195] 潘华实. 日本国有企业管理体制及其启示[J]. 当代亚太, 1999 (3): 43 -47.

[196] [美] 凯文·基西, 史蒂夫·汤普森, 迈克·莱特. 公司治理: 受托责任、企业与国际比较[M]. 刘霄仑, 朱晓辉译. 北京: 人民邮电出版社, 2013.

[197] 李海洪, 郑庆华. 德国公司治理模式的演进[J]. 财务与会计, 2008 (12): 73 -74.

[198] 王荣华. 完善公司治理加强国有企业中小股东权益法律保护[J]. 学术交流, 2011 (2): 52 -55.

[199] 邵宁, 秦永法. 大企业治理构架[J]. 董事会, 2015 (12): 33.

[200] 曾娜. 职工代表大会在公司中的地位和作用[J]. 昆明理工大学学报 (社会科学版), 2001, 1 (3): 22 -25.

[201] 杜丹阳, 郑方. 淡马锡模式对我国国有企业董事会治理的启示[J]. 商场现代化, 2007 (20): 101 -102.

[202] 郝臣. 国外国有企业董事会建设比较研究[J]. 经济与管理研究, 2009 (9): 123 -128.

[203] 林毅夫. 自生能力与国企改革[J]. 领导决策信息, 2001 (34): 19.

[204] 张春霖. 理解现实的企业——从玛格丽特·布莱尔的理论得到的一些启示[J]. 经济社会体制比较, 1998 (5): 6 -9.

[205] OECD. OECD Guidelines on Corporate Governance of State - Owned Enterprises (Chapter 6th), 2005.

[206] OECD. Board of State - Owned Enterprises: A Overview of National Practices [R]. 2013.

[207] 王卫平. 国有资产的特性及其对国有企业成为市场竞争主体的制约[J]. 当代经济研究, 2002 (6): 31 -33.

[208] 马淑萍. 应建立国有企业信息公开披露制度 [N]. 中国经济时报, 2016 -01 -14 (005).

[209] 李维安. 国企治理改革: 从企业治理到公司治理 [N]. 经济参考报, 2018 -12 -10 (007).

[210] 李维安, 郝臣. 中国公司治理转型[J]. 资本市场, 2009 (9): 112 -114.

[211] 林琴, 张文隆, 陈素蓉. 国有企业公司治理模式演进研究——从行政型治理到经济型治理的视角[J]. 公司治理评论, 2010, 2 (3): 106 -118.

[212] 严继超, 程秀生, 席宁. 中国国有企业治理演进模式的研究[J]. 未来与发展,

2010，31（2）：56－59.

［213］李昌庚．中国国企改革路径依赖及其治理模式回应［A］//中国科学院中国现代化研究中心，中国未来研究会现代化研究分会．第十五期中国现代化研究论坛论文集［C］．2017：13.

［214］江平．《公司法》所建立的现代企业法律机制［J］．理论学习与探索，1994（3）：2－6.

［215］楚序平．增强活力、提高效率是国企改革中心任务［EB/OL］．http：//www. chinareform. org. cn/Economy/Enterprise/Practice/201509/t20150929_235144. htm，2015－09－29.

［216］新华社．国资委新增5户央企为建设规范董事会试点企业［EB/OL］．http：//www. xinhuanet. com/fortune/2016－08/18/c_ 1119415346. htm，2016－08－18.

［217］刘静，刘智．后金融危机时代企业实现公司良治的制度架构［J］．煤炭经济研究，2011（2）：59－62.

［218］郭建军．现代企业法务管理体系的模块构成［J］．现代企业，2014（5）：17－18.

［219］孙永祥．所有权、融资结构与公司治理机制［J］．经济研究，2001（1）：45－53.

［220］韩建周，周孟亚．加强和完善企业权力制衡机制的必要性［J］．学习论坛，1998（11）：32－33.

［221］刘蔚．权力制衡与公司企业治理结构［J］．中国商界（下半月），2010（4）：297，299.

［222］李敏．权力制衡、内部控制与盈余管理［J］．财会通讯，2017（36）：94－98.

［223］汤唯．中外视角：社会契约与宪政精神——再读卢梭的《社会契约论》［J］．华东政法大学学报，2004（3）：87－93.

［224］张朝霞，任引沁．当代中国创新发展中的契约精神及其意义［J］．齐齐哈尔大学学报（哲学社会科学版），2017（7）：26－28，31.

［225］项久雨．莫把共同价值与“普世价值”混为一谈［N］．人民日报，2016－03－30（007）.

［226］丁宇飞．国有企业治理的特殊挑战与法律因应［J］．河北北方学院学报（社会科学版），2010，26（2）：32－36.

［227］李毅．股东知情权及其救济制度研究［D］．厦门：厦门大学硕士学位论文，2012.

［228］胡阳．信息透明度与股票盈余的价值相关性［D］．成都：西华大学硕士学位论文，2010.

［229］吴鑫．美国商业秘密不可避免泄漏原则的启示［D］．上海：华东政法大学硕士学位论文，2011.

［230］李月梅．主权思想述论［D］．济南：山东大学硕士学位论文，2006.

［231］马雪琼．中小股东权益的法律救济［D］．兰州：兰州大学硕士学位论

文，2011.

[232] 张洪波，李健．企业社会责任与利益相关者理论：基于整合视角的研究[J]．科学与科学技术管理，2007，28（3）：146－150.

[233] 刘明忠，鲍明铭．集团管控下的风险管理[J]．企业管理，2013（2）：51－52.

[234] 严若森．公司治理成本的构成与公司治理效率的最优化研究[J]．会计研究，2005（2）：59－63.

[235] 左学金，程杭生．中国国有企业改革治理：国际比较的视角[M]．北京：社会科学文献出版社，2005.

[236] 詹正茂．创新型国家建设报告（2013～2014）[M]．北京：社会科学文献出版社，2014.

[237] 谢鲁江，刘解龙，曹虹剑．国企改革30年：1978—2008：走向市场经济的中国国有企业[M]．长沙：湖南人民出版社，2008.

[238] 平新乔．新一轮国企改革的特点、基本原则和目标模式[J]．经济纵横，2015（2）：1－6.

[239] 黄桂田．中国上市公司治理与改革的风向标——评《中国公司治理分类指数报告No.15（2016)》[J]．上海商学院学报，2017（3）：22－23.

[240] 汤亚莉，陈自力，刘星，李文红．我国上市公司环境信息披露状况及影响因素的实证研究[J]．管理世界，2006（1）：158－159.

[241] Pianka E. R.. r and K Selection or b and d Selection? [J]. American Naturalist, 1972, 106 (951): 581－588.

[242] 李维安．现代企业活力理论与评价[M]．北京：中国财政经济出版社，2002.

[243] [美] 大卫·格雷森，简·尼尔森．企业责任联盟：过去、现在和未来[M]．殷格非译．北京：企业管理出版社，2014.

[244] 张梦珂．表观遗传学简介[J]．中华实验眼科杂志，2013，29（11）：72－73.

[245] 晏智杰．“按劳分配”评议[J]．北京大学学报（哲学社会科学版），2002，39（3）：85－90.

[246] 余炳雕，胡方．小宫隆太郎的日中宏观经济理论及其启示[J]．现代日本经济，2003（5）：1－5.

[247] 宋志平．市场化是国企改革的关键 [N]．人民日报，2015－01－12.

[248] 刘叶华．AX公司以市场为导向的管理机制优化研究 [D]．济南：山东大学硕士学位论文，2015.

[249] David M. Walker. 牛津法律大辞典[M]．北京：法律出版社，2003.

[250] 张强，林国忠，高爱民．企业破产机制与改革新思路[M]．北京：中国经济出版社，1997.

[251] Fisher. Elementary Principles of Economics [M]. New York: Macmilan, 1923: 27.

[252] Demsetz Harold. Toward a Theory of Property Rights [J]. The American Economic

Review, 1967, 57 (2): 347 - 359.

[253] [美] 道格拉斯·C. 诺思. 经济史中的结构和变迁[M]. 陈郁，罗华平等译. 上海：上海三联书店，上海人民出版社，1994.

[254] [美] 科斯. 企业、市场与法律[M]. 盛洪，陈郁译. 上海：格致出版社，2009: 34 - 54.

[255] [美] 奥利弗·E. 威廉姆森. 资本主义经济制度[M]. 段毅才，王伟译. 北京：商务印书馆，2002.

[256] 吴敬链. 不改革国有经济就无法实现共同富裕 [N]. 经济参考报，2011 - 09 - 26.

[257] 张维迎. 企业理论与中国企业改革 [M]. 北京：北京大学出版社，1999.

[258] 毛木子. 茅于轼建议国企私有化　华生称公私并存才成功 [EB/OL]. 腾讯财经，http://finance.qq.com/a/20120428/002747.htm，2012.

[259] 宗寒. 正确认识国有企业的作用和效率——与刘瑞、石磊先生商榷[J]. 当代经济研究，2011 (2): 39 - 45.

[260] 马克思，恩格斯. 马克思恩格斯选集（第三卷）[M]. 北京：人民出版社，1995: 323.

[261] 百度百科. 华盛顿共识 [EB/OL]. http://baike.baidu.com/view/147672.htm? fr = ala0_ 1_ 1.

[262] 财政部资产管理司. 2017 年 1—12 月全国国有及国有控股企业经济运行情况 [EB/OL]. http://zcgls.mof.gov.cn/zhengwuxinxi/qiyeyunxingdongtai/201801/t20180122_2798986.html，2018 - 01 - 22.

[263] 国家统计局. 中华人民共和国 2017 年国民经济和社会发展统计公报 [EB/OL]. http://www.stats.gov.cn/tjsj/zxfb/201802/t20180228_ 1585631.html.

[264] 王文成，王诗卉. 中国国有企业社会责任与企业绩效相关性研究[J]. 中国软科学，2014 (8): 131 - 137.

[265] 证券时报. 国资委：加强中央企业债券管理和债务风险管控 [EB/OL]. http://kuaixun.stcn.com/2016/0506/12705207.shtml，2016 - 05 - 06.

[266] 吴敬琏. 当代中国经济改革教程[M]. 上海：上海远东出版社，2010: 49 - 50.

[267] 章迪诚. 中国国有企业改革编年史：1978 — 2005 [M]. 北京：中国工人出版社，2006.

[268] 许小年. "国进民退"背离改革方向[J]. 商界（评论），2009 (11): 103.

[269] 管跃庆. "讲政治、守规矩、有担当"是国企领导干部必须坚持的职业操守 [N]. 广西日报，2015 - 03 - 10.

[270] 植草益. 微观规制经济学[M]. 北京：中国发展出版社，1992: 228 - 233.

[271] 迟福林. 经济转型与结构性改革——经济全球化新挑战的中国选择[J]. 上海大学学报（社会科学版），2017，34 (2): 1 - 13.

[272] 吴新博. 信息不对称条件下委托—代理关系的主要问题[J]. 北京师范大学学

报（社会科学版），2005（5）：112－116.

［273］顾娟，刘建洲．信息不对称与股票价格变动——我国证券市场信息传导机制的经济学分析[J]. 经济研究，2004（2）：106－114.

［274］郭媛媛，周伟贤．国有企业信息披露制度的国际比较和启示[J]. 未来与发展，2010（4）：80－84.

［275］邹武鹰．公司治理外部监督的法律研究［D］．长沙：湖南大学硕士学位论文，2003.

［276］马建堂，刘海泉．中国国有企业改革的回顾与展望[M]. 北京：北京经济学院出版社，2000.

［277］钟雪斐．国有企业信息披露法律制度研究［D］．北京：中国政法大学硕士学位论文，2011.

［278］刘坤．论股东代表、董事、监事的职责和义务[J]. 经营管理者，2015（22）.

［279］田昆儒．信息披露：公司治理的决定性因素——基于公司治理原则信息披露的国际比较[J]. 南开管理评论，2001，4（1）：32－34.

［280］赵中丰．高管权力、媒体监督与信息披露质量［D］．大连：东北财经大学硕士学位论文，2017.

［281］胡阳，尚鑫．论国有企业法治建设的意义[J]. 法制与社会，2018（7）：140－141.

［282］刘小春．中央企业公司治理法治化研究［D］．长沙：湖南大学硕士学位论文，2017.

［283］赵中行．试论我国国有企业改制的法制化建设[J]. 沿海企业与科技，2011（10）：46－48.

［284］张培尧．论国有股权行使制度［D］．北京：中国政法大学硕士学位论文，2011.

［285］杜稳灵，张登伦，王爱峰等．国有企业人事管理绩效考核存在的问题与对策[J]. 技术经济与管理研究，2003（1）：71－72.

［286］苗春．国有企业法制化管理问题研究[J]. 江苏商论，2009（8）：130－131.

［287］王瑾．国有企业法制化管理的内部环境建设[J]. 西南石油大学学报（社会科学版），2013，15（2）：68－71.

［288］国务院国有资产监督管理委员会．中国企业总法律顾问制度[M]. 北京：经济科学出版社，2004.

［289］郑淑娜．企业国有资产的守护神——《企业国有资产法》内容简介[J]. 中国法律（中英文版），2008（6）：11－13.

［290］侯华．论我国企业法律顾问制度的完善［D］．长沙：湘潭大学硕士学位论文，2003.

［291］周天勇．国有企业出资人制度的原由和框架[J]. 中国工业经济，2002（11）：5－14.

［292］云书海，陈新亮．当代中国法治文化形成的基础[J]．石家庄学院学报，2014，16（1）：47－50.

［293］刘巍，王银华．国有资产流失的原因及对策[J]．学术交流，2003（3）：66－68.

［294］王文杰．《公司法》在国有企业公司化改制中的地位及其立法缺陷[J]．南京大学法律评论，1998（2）：81－87.

［295］刘平．企业战略管理：规划理论、流程、方法与实践[M]．北京：清华大学出版社，2015.

［296］中国政府网．央企法律顾问达到1.8万人　持证上岗率接近60%[EB/OL]．http：//news.sina.com.cn/o/2014－01－16/134229260871.shtml，2014－01－16.

［297］程展．国务院：今年将加快推进国有企业股份制改革[J]．企业改革与管理，2011（5）：84－85.

［298］吴晓云，袁磊．论全球营销战略及整合的全球营销战略模型IGMS——兼评其对我国企业发展跨国经营战略的启示[J]．南开管理评论，2003，6（6）：57－62.

［299］易志高．中国企业国际化经营战略模式研究［D］．南京：中共江苏省委党校硕士学位论文，2006.

［300］姚丽佳．制造业国际化战略类型与绩效的关系研究——以深沪上市公司为例［D］．青岛：中国海洋大学硕士学位论文，2013.

［301］曹然．中国北车长客股份国际化战略研究［D］．北京：对外经济贸易大学硕士学位论文，2015.

［302］黄吉海．加快中央企业实施全球资源整合布局的政策思考[J]．经济研究参考，2012（71）：33－35.

［303］娄渊文．企业核心竞争力在于资源整合能力[J]．决策与信息旬刊，2011（9）：218－219.

［304］逯建，冯泓．战略性贸易能否促进国内产业的区域均衡[J]．世界经济，2016，39（3）：49－70.

［305］金碚，李钢，陈志．中国制造业国际竞争力现状分析及提升对策[J]．财贸经济，2007（3）：3－10.

［306］胡洪力．提高自主创新能力，加快浙江制造企业国际化进程[J]．江苏商论，2007（12）：146－148.

［307］杜玮．FS集团管理控制研究［D］．南京：南京师范大学硕士学位论文，2014.

［308］吴建功．试论国际贸易风险防范能力的培养[J]．高教论坛，2009（12）：12－16.

［309］姜华欣．中国国有企业对外直接投资研究［D］．长春：吉林大学硕士学位论文，2013.

［310］周红英，贺正楚，张训．战略性新兴产业与我国产业结构优化升级[J]．经济

地理，2011，31（12）：2060－2064.

［311］王霞．《2010 年度中国对外直接投资统计公报》发布[J]. 国际经济合作，2011（9）：67－67.

［312］王金波．国际贸易投资规则发展趋势与中国的应对[J]. 国际问题研究，2014（2）：118－128.

［313］刘勤志．A 公司国际化经营战略研究［D］．北京：对外经济贸易大学硕士学位论文，2010.

［314］张立锋．完善法律环境促进中小企业国际化经营[J]. 河北法学，2009，27（5）：163－165.

［315］李桂芳．中国企业对外投资分析报告（2010）［M］. 北京：中国经济出版社，2010.

［316］李玉梅，桑百川．国际投资规则比较、趋势与中国对策[J]. 经济社会体制比较，2014（1）：176－188.

［317］人民网．全国逾 500 万家企事业建立职代会和厂务公开［EB/OL］．http：//acftu. people. com. cn/n1/2017/1010/c195003－29578191. html，2017－10－10.

［318］刘黎平．全球主权财富基金的发展及对我国的启示[J]. 生产力研究，2013（8）：130－132.

［319］王保平，孙娜．《国务院关于试行国有资本经营预算的意见》解读[J]. 财务与会计，2007（22）：15－17.

［320］王克稳．《企业国有资产法》的进步与不足[J]. 苏州大学学报（哲学社会科学版），2009，30（4）：35－40.

［321］邵国栋．国有企业三项制度改革深化初探[J]. 管理学家，2014（18）：445.

［322］许家林，刘海英．我国央企社会责任信息披露现状研究——基于 2006 年—2010 年间 100 份社会责任报告的分析[J]. 中南财经政法大学学报，2010（6）：77－84.

［323］王旭升，王婧．影响中国就业弹性的因素分析[J]. 改革与战略，2008，24（4）：14－16.

［324］谢伟杰，陈少晖．共享理念视角下国企利润社会分红的国际模式与借鉴价值[J]. 亚太经济，2019（3）：106－112.

［325］财经网．国企现在上缴多少利润［EB/OL］．http：//www. yicai. com/news/3116493. html.

［326］黄毅．基于公平理论的国企高管薪酬制度再造研究［D］．武汉：中南民族大学硕士学位论文，2014.

后　记

环顾世界，在百年未有之大变局的潮涨潮落中，国际金融危机的影响并未消散，全球化进程遭遇逆流，新技术、新产业革命催生发展理念模式深刻变化，新一轮大发展大变革大调整已在眼前。聚焦自身，处于并将长期处于社会主义初级阶段仍是基本国情，社会主要矛盾转化影响深远，各类挑战和风险交错叠加，改革发展稳定重任在肩。这种前无古人的伟大实践，必将给理论创造、学术繁荣提供强大动力和广阔空间。这是一个需要理论而且一定能够产生理论的时代，这是一个需要思想而且一定能够产生思想的时代。认识规律，创造智慧，寻求共识，突破现状。14 亿人凝聚改革共识、开创改革局面，这一不朽进程是中国现代化思想的解放史、发育史、成熟史和贡献史。

当今，中国主流社会已经对国企改革的方向、发展的模式达成了基本共识。这个共识来之不易，经历过很长时间的权衡、徘徊、反复、纠结和数轮决断。在全面深化改革这场决定中国命运和前途的关键抉择中，在这轮塑造中国前途的抉择中，多少改革实践与发展过程的亲历者都不会忘记：实践探索者付出过怎样的艰辛和代价，专家学者付出过怎样的智慧和心血，舆论媒体发出过怎样的呼吁和声援，决策者拿出过怎样的勇气和决断。改革开放后，历届中央领导集体和一代代国企人锐意进取，攻坚克难，为国有企业改革发展开创了新的局面。抚今追昔，令人感慨系之。

思想是行动的先声，市场是最好的试金石。大浪淘沙，所有思想的碰撞，所有改革方案的讨论，所有坐而论道，最终都是起而行之，改革需要“踏石留印、抓铁有痕”。现在看来，中国梦既是民族的梦，也是改革的梦，发展的梦，每一个人的梦。唯有改革才能发展，唯有发展才能圆梦。

“经国序民，正其制度。”制度稳则国家稳，制度强则国家强。人类社会发展史表明，一种发展道路，总是体现为一定的制度安排；治国理政的先进理念和成功实践，如果不转化为成熟定型的制度，并得到有效贯彻执行，就很难持续长久发挥效能。这一轮国企改革如以前一样，由现实的问题倒逼，旨在解决发展中的问题。与此同时，具有宏观思考视角和理论思维能力的人们也注意到，随着国家现代化进程加深，制度化程度不断提升，社会经济发展水平不断提高，国企改革发展问题呈现了系统性、整体性、关联性、耦合性和复杂性。局部的改革可能已经不能满足人们的期待，推动新一轮全面深化改革不仅需要勇气和魄力，还要有扎实的操作感、科学的系统思维和精细的专业精神。

改革需要总体驾驭，不能一蹴而就，要有韧性的准备。改革还必须能够控制风险，要有战略上的定力。要超越思维惯性和路径依赖，真正建立与国际接轨的、规范法治的中国国有企业治理体系，真正培育有市场活力、行业控制力和国际影响力的中国国有企业治理能力。认真学习贯彻习近平新时代中国特色社会主义思想，坚持以马克思主义政治经济学为指导，全面总结我国国有企业改革的实践经验和历史教训，积极借鉴西方经济学有益成分和其他国家国有企业改革实践经验，突出问题导向，以国有企业改革重要领域、关键环节和主要问题为主线，系统梳理相关政策和理论，努力形成具有中国特色的国有企业改革发展理论体系。

明者因时而变，知者随事而制。身处百年未有之大变局，行至民族复兴关键一程，必须在坚持和完善中国特色社会主义制度、推进国家治理体系和治理能力现代化上下更大功夫，立足于中国国情、在实践中发展壮大、日益彰显强大生命力和巨大优越性，“中国之治”在波澜壮阔中谱写华章。推进与高标准市场体系建设和全球经济治理体系变革相匹配的中国国有企业治理体系和治理能力现代化，是一场艰苦的实践和伟大的探索，既然已经发生，正在进行，唯有奋勇向前。中国国有企业改革跨入了一个新的征程，党的十九届四中全会审议通过了《中共中央关于坚持和完善中国特色社会主义制度、推进国家治理体系和治理能力现代化若干重大问题的决定》，充分体现了以习近平同志为核心的党中央高瞻远瞩的战略眼光和强烈的历史担当，充分反映了新时代党和国家事业发展的新要求和人民群众的新期待。面对未来的改革，需要韧性的准备，更需要有力的行动。

有关国有企业治理体系和治理能力现代化的课题像一座山、一片海，而写作过程的艰辛就像汪洋大海的一叶漂泊小舟，快乐来自于靠岸时刻。很难忘记有多少个深夜，静思后迸发出思路和灵感，然后起床用笔记下来。春节在写作中度过，没有做到真正休假，床头、脚下、桌边，到处摆放着书刊资料，学术研究过程是乏味痛苦的，但回想起来却也乐在其中。知难而进，试图在更加悠长的历史和更加宽阔的视野中审视探究。这个过程可能就是涅槃重生。

感谢迟福林、程恩富、张东刚、殷仲义、陈淮、李凯、常修泽、张占斌、巴曙松、黄群慧、李维安、张宇、姚洋、蒋庆哲等恩师的指点指导。感谢季晓南、卢卫东、毛一翔、楚序平、张文兵、孙明旭、杨瑞勇、秦永法、胡钰、陈莹、王旭升、余菁、吕文栋、刘凤义、汤吉军、高明华、梁军等领导和专家的关怀关注。感谢徐贵祥、唐先武、詹世革、孔令健、陈绍山、汪家庚、汤英牛、罗欣、郭逸晴、廖家莹、齐冬平、于博、李斌、田书和、张红、杨少华、杨柏松、刘晓琳、刘其先、马宝军、乔慧宇、白鹭、胡森林、周静、郑春蕾、白茹、郑松献、蔡文龙、李艳艳、朱东耀、刘雅馨、艾静、范雯、黄博娜、王汝成、王润娜、胡海燕、彭小慧、吕建秋、仝荣伟、王鹓、彭雪、宋建锋、樊亚明、黄了桐等同学、同事或朋友的帮助支持。感谢经济管理出版社陈力副社长和梁植睿编辑的指导帮助。感谢可亲可敬可爱的父母和妻儿。本书写作过程中参考借鉴了有关部委的内部资料和调研报告，特别是周丽莎、徐旭红提供了有价值的参考资料，在此向有关人员致以诚挚的敬意。

在北京国家图书馆、上海浦东干部学院、深圳前海、青铜之都湖北大冶卢家湾、福建古田干部学院、海南三亚海棠中央、哈尔滨中央大街、千岛湖海瑞祠、成都杜甫草堂、美国密苏里州立大学，参悟思考，经过数次修改终于完成本书。在这一刻，确是如释重负。除了轻松，我更加领悟了人生的每一步都必须扎扎实实、一个脚印一个脚印地走。学术上，从积累，到掌握，到驾驭，到创新，细细构思、苦苦思索、字字推敲，虽仍有不足，也可初成文章；人生中亦是如此，只有一步一个脚印地走，才能在每日入眠之前发觉不愧于今天、无愧于自己。对于书中见解的不成熟之处，衷心恳请读者们的谅解包容和指点帮助，我会继续努力，不辜负这个伟大的时代。